# JOVENS E TRAJETÓRIAS DE VIOLÊNCIAS: OS CASOS DE BISSAU E DA PRAIA

*Organizadores:*
*José Manuel Pureza*
*Sílvia Roque*
*Katia Cardoso*

**JOVENS E TRAJETÓRIAS DE VIOLÊNCIAS: OS CASOS DE BISSAU E DA PRAIA**

ORGANIZADORES
José Manuel Pureza
Sílvia Roque
Katia Cardoso

REVISOR
Victor Ferreira

EDITOR
EDIÇÕES ALMEDINA, S.A.
Rua Fernandes Tomás, nºs 76-80
3000-167 Coimbra
Tel.: 239 851 904 · Fax: 239 851 901
www.almedina.net · editora@almedina.net

DESIGN DE CAPA
FBA.

FOTOS
Cabo Verde: Katia Cardoso
Guiné-Bissau: Sílvia Roque

PRÉ-IMPRESSÃO
G.C. – GRÁFICA DE COIMBRA, LDA.
Palheira Assafarge, 3001-453 Coimbra
producao@graficadecoimbra.pt

IMPRESSÃO
PENTAEDRO, LDA.
Julho, 2012

DEPÓSITO LEGAL
346717/12

Os dados e as opiniões inseridos na presente publicação são da exclusiva responsabilidade do(s) seu(s) autor(es).
Toda a reprodução desta obra, por fotocópia ou outro qualquer processo, sem prévia autorização escrita do Editor, é ilícita e passível de procedimento judicial contra o infractor.

---

BIBLIOTECA NACIONAL DE PORTUGAL – CATALOGAÇÃO NA PUBLICAÇÃO
JOVENS E TRAJETÓRIAS DE VIOLÊNCIAS

Jovens e trajetórias de violências. Os casos de Bissau e da Praia
Orgs. José Manuel Pureza, Sílvia Roque, Katia Cardoso
ISBN 978-972-40-4821-5

I – PUREZA, José Manuel, 1958-
II – ROQUE, Sílvia
III – CARDOSO, Katia

CDU 316

PATROCÍNIO

# ÍNDICE

| | |
|---|---|
| Agradecimentos | 7 |

**Introdução. A "juventude como ameaça" e a "juventude como desafio": dilemas da segurança humana** 9
*José Manuel Pureza*

1ª PARTE – CIDADE DA PRAIA, CABO VERDE 17
**Capítulo 1. *Thugs* e violências: mitos, riscos e omissões** 19
*Katia Cardoso*
Introdução 19
1. *Thugs*: quem são e como se organizam? 20
    1.1. Maioritariamente masculinos e "globalizados" 22
    1.2. Geograficamente dispersos 25
    1.3. Internamente organizados e hierarquizados 27
    1.4. Externamente "inspirados" 28
2. Condições para a violência coletiva juvenil em Cabo Verde 32
    2.1. Pobreza *vs.* desigualdades e expectativas de consumo 33
    2.2. "Desestruturação" familiar *vs.* normalização da violência 36
    2.3. O papel das drogas e das armas de fogo 38
3. Respostas à violência juvenil 42
    3.1. Respostas em relação aos deportados 47
Conclusões 50
Referências bibliográficas 52

**Capítulo 2. Delinquência juvenil coletiva na Cidade da Praia: uma abordagem diacrónica** 57
*Redy Wilson Lima*
Introdução 57
1. Os "piratinhas" e os netinhos de vovó 58
2. Reação dos jovens deportados norte-americanos e a constituição dos primeiros grupos *thugs* 60

| | |
|---|---|
| 3. Consolidação da cultura *thug* | 64 |
| 4. Redefinição do fenómeno *thug* | 68 |
| 5. Desterritorialização do fenómeno da delinquência para as prisões | 73 |
| 6. Construção da agenda política da violência urbana | 75 |
| Notas finais | 79 |
| Referências bibliográficas | 81 |

**Capítulo 3. Tolerância Zero Crioula: Cabo Verde
e a "Guerra contra o crime"** — 83
*Lorenzo I. Bordonaro*

| | |
|---|---|
| Introdução | 83 |
| 1. Pobreza urbana e juventude | 86 |
| 2. O crime enquanto agência e autoempoderamento | 88 |
| 3. Pânico do crime e tolerância zero | 94 |
| 4. O Mercado da Segurança | 101 |
| Referências bibliográficas | 105 |

**Capítulo 4. Entre o real e o percecionado: Estudo exploratório
do discurso mediático sobre a violência urbana na Praia (2005 e 2009)** — 107
*Marta Peça*

| | |
|---|---|
| Introdução | 107 |
| 1. Os meios de comunicação social e a cobertura de fenómenos violentos | 108 |
|    1.1. O jornalismo em Cabo Verde | 110 |
| 2. Representações mediáticas da violência urbana: criminalidade violenta, grupos de jovens e fluxos transnacionais na mira | 111 |
|    2.1. Os atos violentos | 113 |
|    2.2. Os agentes da violência: jovens na ribalta | 118 |
| 3. A prevenção e o combate à violência urbana nos média: o enfoque punitivo | 121 |
|    3.1. As forças de segurança | 122 |
|    3.2. O discurso político | 125 |
|    3.3. As outras vozes | 130 |
| 4. A noticiabilidade das causas | 133 |
| Notas finais | 135 |
| Referências bibliográficas | 137 |

2ª PARTE – BISSAU, GUINÉ-BISSAU 147

**Capítulo 5. Por que razões não se "mobilizam" os jovens? Gerindo possibilidades mínimas em Bissau** 149

*Sílvia Roque*

1. Invertendo a questão: por que razões os jovens não se "mobilizam"? 149
2. Explicitando os termos da questão: violência, mobilização e jovens 153
3. Subordinação, vitimização e masculinidades 160
4. Duas *estórias* de (im)possibilidades 167
5. Gerindo "possibilidades mínimas": "bandidos", "desenrascados", "conformados" 173
6. Controlo social, integração e paternalismo 184
7. Medo, violências (i)legítimas e securitização 190
Desesperança em lugar da violência: uma conclusão 199
Referências bibliográficas 201

**Capítulo 6. Falhanço em cascata: como Sociedades Agrárias Africanas em colapso perdem o controlo sobre os seus cadetes** 209

*Ulrich Schiefer*

1. O potencial de violência e a *conditio humana* 210
   1.1. Desintegração e colapso 211
   1.2. Sociedades agrárias africanas 213
   1.3. Produção 216
   1.4. Ambiente 216
   1.5. Guerra 217
2. Socialização em sociedades agrárias 219
   2.1. Indivíduo, grupo e sociedade 219
   2.2. Confiança 220
   2.3. Inveja 221
   2.4. Medo 221
   2.5. A gestão tradicional do potencial da violência 221
   2.6. Conflitos como mecanismo de gestão 226
3. Sociedades Agrárias sob ataque 227
   3.1. A dominação política da sociedade central 229
   3.2. Modernização 229
   3.3. Migrações 231
4. A erosão das sociedades agrárias 232
   4.1. Os efeitos da modernização fracassada sobre as sociedades agrárias 232

| | |
|---|---|
| 5. O bairro periurbano como destino intermédio das fugas do campo | 233 |
| 6. A perda de controlo sobre os cadetes | 235 |
| Referências bibliográficas | 239 |

**Capítulo 7. "Raparigas de agora é só provocação!" Dinâmicas violentas das negociações geracionais e de género na Guiné-Bissau**  241
*Sílvia Roque e Joana Vasconcelos*

| | |
|---|---|
| Introdução | 241 |
| 1. Violências, jovens e género | 243 |
| 2. Relações de género: pluralidade e conceções dominantes | 246 |
|     2.1. Linhas de força das relações de género no contexto guineense | 250 |
|     2.2. Modelos de feminilidade e masculinidade dominantes | 253 |
|     2.3. O lugar das raparigas na estratificação social de género | 256 |
| 3. Instituições, estatutos e violência estrutural | 258 |
|     3.1. O hibridismo das regras e instituições e os estatutos das mulheres | 259 |
|         3.1.1. Poligamia | 262 |
|         3.1.2. Recursos e heranças | 264 |
|     3.2. Sobrevivendo entre crises | 266 |
|         3.2.1. Pobreza e desigualdades | 267 |
|         3.2.2. Reconfiguração das relações de poder e violência | 271 |
| 4. Conjugalidades em transformação e violências diretas | 273 |
|     4.1. A crescente recusa do casamento forçado | 277 |
|     4.2. Violência entre namorados | 280 |
| Conclusões | 283 |
| Referências bibliográficas | 285 |

| | |
|---|---|
| 3ª PARTE – CONCLUSÕES | 291 |

**Dos atores às trajetórias: desafios de uma análise centrada na "normalidade" das violências**  293
*Sílvia Roque e Katia Cardoso*

| | |
|---|---|
| Referências bibliográficas | 298 |

| | |
|---|---|
| ANEXOS | 299 |

Ficha Técnica – Questionário sobre Análise Situacional da Violência na Praia e em Bissau  301

# AGRADECIMENTOS

Este livro resulta do trabalho que, desde outubro de 2007, foi desenvolvido no âmbito do projeto "Trajectórias de disseminação e contenção da violência: um estudo comparativo entre Bissau e Praia", financiado pela Fundação para a Ciência e Tecnologia,[1] e, ainda, no âmbito mais vasto de trabalho do Núcleo de Estudos para a Paz do Centro de Estudos Sociais da Universidade de Coimbra. Para que ele fosse possível, foi essencial a contribuição e empenho de várias pessoas e instituições, às quais desejamos agradecer:

A todos e todas que nos emprestaram um pouco do seu tempo e das suas vivências participando em entrevistas – individuais e coletivas – inquéritos, cursos de formação e seminários realizados em Bissau e na Praia.

Ao Instituto Nacional de Estudos e Pesquisas da Guiné-Bissau (INEP), em especial ao seu diretor Mamadu Jao, e ao Instituto Superior de Ciências Jurídicas e Sociais (Cabo Verde), pelo constante apoio académico e logístico.

Ao Instituto Promundo (Rio de Janeiro, Brasil), instituição parceira do projeto, em especial ao Márcio Segundo, pela dedicação, partilha de saberes e competência.

Ao Norwegian Peacebuilding Resource Centre, pelo apoio dado à publicação do livro.

A todas e a todos os investigadores convidados que participaram no projeto, Alfredo Handem, Ana Leão, Leão de Pina, Lorenzo Bordonaro e Ulrich Schiefer pela generosidade e constância dos seus contributos.

Às investigadoras do antigo Núcleo de Estudos para a Paz, em especial a Carla Afonso, Marta Peça, Mónica Rafael, Rita Santos, Sofia Santos e Tatiana Moura pela amizade e trajetórias partilhadas.

À Ana Catarina Silva, Cláudia Costa, Vasco Batista, Aissatu Forbs Djaló e Suaré Balde e ainda às equipas que colaboraram na aplicação dos inquéritos por terem tornado menos difíceis e morosas algumas das principais tarefas do projeto.

Ao Eduardo Vasconcelos e ao Victor Ferreira pelo rigor na revisão dos capítulos.

---

[1] PTDC/AFR/71908/2006/FCOMP-01-0124-FEDER-006993

Aos muitos investigadores, amigos e colegas, Bernardino Gonçalves, Catarina Laranjeiro, Cristina Roça, Diogo Cabral, Filipa Silva, Fodé Mané, Joana Vasconcelos, Margarida Fontes, Miguel de Barros, Orlando Borja, Raul Mendes Fernandes, Redy Lima, Sara Negrão e Stéphane Laurent, pelos bons momentos de reflexão, apoio e inspiração.

INTRODUÇÃO

## A "JUVENTUDE COMO AMEAÇA" E A "JUVENTUDE COMO DESAFIO": DILEMAS DA SEGURANÇA HUMANA

*José Manuel Pureza\**

Este é um livro que, sem o assumir expressamente, é sobre segurança humana. Melhor, é um livro que parte à procura do que seria um investimento forte numa agenda de segurança humana tal como esta foi desenhada na década de 1990, com a plena consciência de que as inquietações que marcam estas páginas deixaram entretanto de marcar a orientação prevalecente nos discursos sobre a segurança humana e nas políticas deles decorrentes.

Na verdade, ao interrogar as trajetórias de disseminação e de contenção da violência, tomando os jovens da Praia e de Bissau como grupo social com um relevo singular a esse respeito, este livro retoma as duas preocupações essenciais da agenda inicial da segurança humana: assumir que a questão fundamental é a da vida (in)segura das pessoas das comunidades estruturalmente mais frágeis por força da pobreza, da guerra ou da subalternização nas trocas internacionais e identificar os traços de insegurança e as políticas de resposta a partir dos contextos locais e não seguindo um catálogo predeterminado a partir das preocupações dos países mais poderosos no sistema internacional. O que tornará estranho este livro aos olhos dos leitores familiarizados com a literatura dominante sobre segurança humana é precisamente a escala, o objeto e o *locus* da investigação a que dá voz – afinal de contas uma escala, um objeto e um *locus* que seriam os recomendados pelas pesquisas que estiveram na origem da noção de segurança humana. Importa, por isso, analisar com rigor as razões dessa estranheza.

1. «A segurança humana é como o desenvolvimento sustentável – todos são a favor, mas poucos têm uma ideia clara sobre o que significa.» Esta avaliação de Roland Paris (2001: 88) evidencia as consequências fragilizadoras que a amplitude e a vaguidade do conceito tiveram sobre as políticas concretas de segurança humana. Enunciada como «*protection from sudden and harmful disruptions in the patterns of daily life*», a segurança humana aparece

---

\* Centro de Estudos Sociais, Universidade de Coimbra.

como resposta a sete tipos fundamentais de ameaças: económicas, alimentares, de saúde, ambientais, pessoais, comunitárias e políticas (PNUD, 1994: 24-33). A amplitude assim emprestada à ambição da segurança humana é bem expressa na vaguidade da definição dada por Mary Kaldor – «defesa dos indivíduos e das comunidades em vez de segurança dos Estados» (2007: 182) – bem como do «conjunto de princípios que esclarecem as diferenças relativamente às abordagens convencionais da segurança e do desenvolvimento»: primazia dos direitos humanos, autoridade política legítima, multilateralismo, abordagem ascendente e regional.

Este espaço conceptual quase infinitamente aberto pode, ainda assim, ser balizado por três referências normativas essenciais, insistentemente referidas pela academia na defesa da bondade desta referência supostamente inovadora. A primeira dessas referências é o estabelecimento de políticas que garantam o cumprimento de condições elementares de humanidade nas tensões entre Estados e pessoas. A centralidade atribuída a este vetor mostra como a segurança humana é expressão da conceção, dominante na literatura dos países do centro, segundo a qual a periferia do sistema-mundo é um lugar de falha da modernidade, designadamente no plano institucional e jurídico (veja-se a pujança académica e política de conceitos como "Estados falhados" e "novas guerras"). A ideologia da segurança humana tem pois raízes fundas nesse discurso hegemónico que estabelece relações de causalidade entre subdesenvolvimento, má governação, insegurança e violência comunitária. A segunda referência colocada no centro da segurança humana é a eliminação do medo (*freedom from fear*). Há uma óbvia relação entre o discurso da segurança humana e o desenvolvimento do regime internacional de proteção dos direitos humanos. Em grande medida, a expressão mais estruturada desta ancoragem da segurança humana no primado da proteção das pessoas em escala transnacional tem vindo a ser a noção de responsabilidade de proteger. E a ambiguidade política une, sem surpresa, ambos os conceitos. Por fim, a terceira daquelas referências é a prevenção estrutural da insegurança. O conceito de segurança humana, ecoando influências claras da escola da *peace research*, incorpora uma orientação preventiva traduzida no combate às causas profundas da insegurança antes que estas deflagrem em violência. Faz parte, por isso, de uma constelação de orientações que convergem para a ambição de construção de uma paz multidimensional por oposição às diferentes formas de violência. E, neste sentido, a prevenção de expressões de violência estrutural e de violência cultural constitui um ingrediente essencial da segurança humana.

A segurança humana situa-se assim na confluência de duas componentes essenciais. Em primeiro lugar, *uma componente de desenvolvimento*. Para o discurso da segurança humana o subdesenvolvimento é, em última análise, uma ameaça. E, por isso mesmo, a noção de segurança humana traz no seu bojo um cenário de securitização do desenvolvimento. Nas palavras de Mark Duffield e Nicholas Waddell (2004: 12), «o desenvolvimento relaciona-se com diversidade e escolhas que permitem às pessoas gerir melhor as contingências da sua existência e, através de intervenções regulatórias e compensatórias, ajudar as populações, à escala global, a atingir e manter a homeostase. Esta é a vida desenvolvida [*developmental life*] securitizada no âmbito da segurança humana». A par desta componente de desenvolvimento, a segurança humana acolhe *uma componente de segurança* em sentido estrito, ou seja, a assunção da proteção das pessoas como imperativo, o que envolve como objetivo estratégico dar aos Estados, a todos os Estados, a capacidade efetiva de *in loco* criarem condições para que as pessoas sob sua jurisdição se sintam dia-a-dia seguras.

Passando das abstrações conceptuais para a política dos conceitos, em que estes se assumem situados no mundo da vida, importa sublinhar que o contexto prático de aplicação das políticas de segurança humana se vem revelando muito mais de retração do que de consolidação da orientação reformadora marcada no princípio da segurança humana. Ou, talvez melhor, de adulteração dos seus propósitos transformadores iniciais.

O almejado equilíbrio dinâmico entre os diferentes elementos do conceito de segurança humana, isto é, entre o polo de desenvolvimento e o polo de segurança, tem vindo, na prática, a dar lugar a uma acentuação das preocupações de segurança tradicionais.

Ao invés da trajetória percorrida, sobretudo nas décadas de 1980 e de 1990, em matéria de entendimento de segurança, que prometia uma combinação virtuosa entre segurança (entendida como segurança das pessoas) e desenvolvimento (entendido como desenvolvimento multidimensional), no nosso tempo a grande aquisição parece ser a drástica redução da agenda com o retorno às perguntas clássicas sobre a segurança e às respostas tradicionais para elas.

2. Nessa narrativa tradicional da segurança, os jovens entram invariavelmente como um fator de risco: «[A] juventude significa em simultâneo várias

coisas: os terrores do presente, os erros do passado, as previsões do futuro, as antigas esperanças e os novos desafios» (Comaroff e Comaroff, 2000: 92).

Essa representação da juventude como traço de ameaça percorre de uma maneira geral os enunciados da modernidade. Remetida para a irrelevância nas formulações fundadoras dos direitos e da cidadania, a juventude veio a assumir um lugar desafiador desses enunciados à medida que a sua irregularidade – física e moral – se ofereceu como demonstração do fracasso da esperada reprodução dos mecanismos de suporte de um capitalismo expansivo e otimista. Os *gangs* urbanos ou os mitos cinematográficos simbolizadores do desassossego e do desajustamento antecederam a expressão funda do novo protagonismo desmistificador da juventude que foram os grandes movimentos políticos e culturais da década de 1960, passíveis de síntese na conhecida fórmula «o Estado de Bem-Estar é afinal um estado de mal-estar». As décadas finais do século passado trazem assim a ameaça juvenil para o centro dos discursos da segurança, evidenciando o fosso crescente entre a sua representação ideal como reduto das potencialidades de futuro e a experiência concreta da subversão dos corpos e das mentes. Por outras palavras, essa progressiva centralidade da "juventude como ameaça" no discurso normal da modernidade sobre a segurança foi um dos resultados mais relevantes da incapacidade de o Estado garantir a disciplina dos corpos e a acalmia das mentes, contendo dentro dos limites da ordem capitalista a impetuosidade transformadora dessa mesma condição juvenil.

Essa experiência de emergência da juventude como ator singular na trajetória da modernidade nos países do centro do sistema mundial não se replicou na periferia. Se tomarmos especialmente em consideração o caso da periferia africana, a condição de subalternidade resultante do modo de inserção de África no sistema-mundo capitalista provocou dinâmicas de urbanização sem industrialização (e consequentemente sem proletarização) que trouxe para essas novas manchas urbanas gentes rurais que mantiveram no essencial uma estrutura de solidariedades verticais, de perfil clientelar, em detrimento dos processos de autonomização individual próprios da modernidade capitalista, como nos demonstram em especial os capítulos sobre a Guiné-Bissau.

E é justamente agora, quando a estandardização moderna, impulsionada pelas dinâmicas da globalização dos mercados, invade toda a periferia, impregnando as *borderlands* com os desenvolvimentos mais recentes das culturas juvenis globais – «culturas do desejo, da expressão de si e da representação», na síntese de Comaroff e Comaroff (2000: 94) –, que mais intensamente se registam défices de cumprimento das promessas da modernidade nessas mesmas *borderlands*. Na verdade, este é um tempo de distância crescente entre os padrões globais de desejo e de felicidade e as fragilidades cada vez maiores das políticas públicas locais e nacionais para garantir o seu cumprimento. Essa erosão, no quadro da globalização dos mercados e da padronização de uma "boa governação" cada vez mais minimalista, dos incipientes poderes dos Estados nacionais para garantirem políticas de crescimento capazes de dar resposta às exigências de inserção juvenil vem dando origem a diferentes formatos de violência juvenil organizada, desde os *gangs*, como os *thugs* da Praia, aos grupos de vigilantes, como os de Bissau, em ambientes urbanos, e às milícias em contextos de conflitos de larga extensão territorial.

Desde os finais dos anos 1980, foram surgindo na Praia grupos mais ou menos organizados de jovens relacionados com atos delinquentes. No entanto, foi quando a sua inspiração exógena e "modernizada" se revelou que estes acabaram também por se tornar visíveis e temidos. Tal como avançado neste livro por Redy Lima, estes grupos incorporam «a ideologia *thug life*, introduzida nos guetos negros norte-americanos na década de 1990» e «transportada para o contexto cabo-verdiano pelos jovens deportados dos Estados Unidos da América e reforçada pelas novas tecnologias, num meio caracterizado por forte hibridez social». Os *thugs* passaram por um processo de "nacionalização" e apropriação. Na realidade, no entanto, estas referências não são necessariamente violentas; o que está em causa é a transformação da imagem social dos jovens cabo-verdianos, sendo a "modernização" da sua imagem e a sua atitude de rebeldia vistas à partida como negativas.

Discursos políticos e populares sobre estes grupos têm sido genericamente marcados por algumas mistificações, entre as quais aquelas que colocam no centro das preocupações com a violência juvenil em Cabo Verde a figura do deportado, frequentemente associado de forma exagerada, estereotipada e criminalizante à violência e ignorando o mecanismo regulatório global que origina esses fluxos, processo explicado por Katia Cardoso.

Os jovens assumem, assim, um protagonismo problemático: «o "desvio" da juventude transformou-se num símbolo da decadência moral da sociedade cabo-verdiana, alertando o imaginário popular para a retórica do medo, do controlo e da vigilância», como refere Lorenzo Bordonaro. Esse imaginário popular é alimentado pelos discursos mediáticos, os quais se têm, no entanto, vindo a transformar na última década: enquanto «[n]as notícias do início da década transparecem retratos estereotipados da violência urbana e do protagonismo dos jovens em particular, assentes em metáforas [...] e comparações distorcidas e desproporcionais [...] que amplificam a violência sentida [...], com o passar dos anos esta imagem foi-se diluindo. No ano de 2009, são notórias diferenças significativas na forma como os responsáveis pelos atos violentos são retratados nos jornais», esclarece-nos Marta Peça.

Talvez esta mudança de representação acabe também por ser acompanhada por uma alteração de políticas, menos marcadas pelo que Lorenzo Bordonaro define como «relações de poder desequilibradas» «num mercado social internacional», que fazem da "guerra contra o crime" em Cabo Verde um «produto de um sistema transnacional de governação e de financiamento».

Esta mudança paradigmática teria, porém, que assentar, em primeiro lugar, na desocultação dos processos estruturais que as desigualdades e a marginalização ao nível global constituem como violência e, muitas vezes, reproduzem. Em segundo lugar, há que contribuir para a desconstrução da relação jovem-agressor, visibilizando essa grande maioria de jovens a nível mundial que não se envolvem em processos ou grupos violentos, essa grande maioria de "jovens normais", ponto de partida de Sílvia Roque para análise das razões que levam os jovens em Bissau a não se envolverem em fenómenos de violência coletiva, *gangs* ou grupos armados quando todas as condições estruturais parecem criadas para tal.

Algumas destas explicações são avançadas por Ulrich Schiefer no seu ensaio sobre a gestão do potencial de violência dos jovens pelas sociedades agrárias da África subsariana, e particularmente da Guiné-Bissau, incluindo o impacto das «fracassadas migrações intercontinentais, produtoras de uma sobrepopulação nos bairros periféricos das cidades africanas, onde a perda de controlo sobre os cadetes parece mais óbvia».

Assim, não se trata de analisar sociedades imutáveis e idilicamente integradas e funcionais mas de chamar aqui a atenção para os mecanismos de contenção da violência existentes ou em desaparecimento e as transformações sociais que ora colocam em causa a resiliência das populações, ora são operadas num contexto de expectativas juvenis legítimas em permanente mutação, como a busca de maior autonomia ou de um estatuto mais valorizado.

Também não se trata de negar qualquer expressão violenta por parte dos jovens, particularmente no que diz respeito à violência exercida no âmbito dito "privado" ou à violência sexuada. Sílvia Roque e Joana Vasconcelos procuram colocar no centro da análise as formas como «os entendimentos da família, dos lugares e das funções de mulheres e jovens na sociedade e, ainda, como os ideais de masculinidade e feminilidade contribuem para formar entendimentos das relações de género e práticas violentas a fim de as justificar ou legitimar». É particularmente relevante o papel das considerações moralizantes da sociedade que afetam de forma específica as jovens raparigas, tornando-as alvo de crítica e controlo por parte das gerações mais antigas como dos jovens rapazes.

Não há, pois, nenhum determinismo na colocação dos jovens no âmago da agenda de segurança humana. Por um lado, os relatos de tipo essencialista sobre a condição juvenil são construções tributárias de um universalismo que se mostra arrogantemente distante dos contextos que impõem pluralidade de relatos. Mas, por outro lado, também os exercícios de contextualização se mostram frequentemente reféns de lógicas apriorísticas inadequadas – os dois estudos de caso incluídos neste livro mostram que nem um contexto de conflitualidade persistente (Guiné-Bissau) empurra necessariamente os jovens para práticas de violência armada organizada, nem um contexto de paz formal (Cabo Verde) é determinante para a anulação dessas práticas.

Se nos primórdios da noção de segurança humana está a insistente pergunta "segurança para quem?", este livro procura acrescentar-lhe fundamentalmente uma outra: "segurança porquê?".

## REFERÊNCIAS BIBLIOGRÁFICAS

COMAROFF, J. e COMAROFF, J. (2000), "Réflexions sur la jeunesse. Du passé à la postcolonie", *Politique Africaine*, 80: 90-110.

DUFFIELD, M. e WADDELL, N. (2004), *Human security and global danger. Exploring a governmental assemblage*. Lancaster: Department of Politics and International Relations, University of Lancaster.

KALDOR, M. (2007), *Human security. Reflections on globalization and intervention*. London: Polity Press.

PARIS, R. (2001), "Human security: paradigm shift or hot air?" *International Security*, 26 (2): 87-102.

PNUD (1994), *Human Development Report 1994. New dimensions of human security* (Chapter 2). New York: UNDP [disponível em linha em: <http://hdr.undp.org/en/reports/global/hdr1994/chapters/>].

1ª PARTE

# CIDADE DA PRAIA, CABO VERDE

# CAPÍTULO 1

## *THUGS* E VIOLÊNCIAS: MITOS, RISCOS E OMISSÕES

*Katia Cardoso\**

### Introdução

Por que razões alguns jovens adotam comportamentos violentos? Mais concretamente, por que se organizam em grupos violentos? Estas são algumas questões que têm dado o mote para vários estudos sobre jovens e violência. Tratando-se de um tema bastante complexo, tem sido, no entanto, alvo de algumas análises redutoras, marcadas pela «reificação e naturalização das explicações e das causas» (Roque e Cardoso, 2008: 4). Em contextos africanos, por exemplo, alguns autores alertam para a necessidade de desconstruir a ideia de que existe uma propensão especial dos jovens para a violência (Abbink, 2005), atentando para as suas raízes históricas e estruturais e para a confluência de múltiplos fatores explicativos da violência juvenil (Ratele, 2008; Glaser, 2000; Kynoch, 1999; Mokwena, 1991; Owumi, 1994; e Pinnock, 1984).

Em Cabo Verde, desde finais da década de 1990, o surgimento de grupos juvenis violentos, denominados *thugs,* alterou de forma significativa a perceção sobre a (in)segurança no país. O olhar e os discursos políticos e populares sobre estes grupos têm sido genericamente marcados por algumas mistificações, quer ao nível da análise das causas da violência, quer ao nível das respostas políticas.

Neste capítulo proponho-me, por um lado, complexificar e desmistificar algumas das causas frequentemente apontadas no discurso político e popular para justificar a violência dos grupos de jovens e, por outro, analisar as políticas e respostas ensaiadas para responder a esta mesma violência, destacando a atuação de algumas instituições não-governamentais que trabalham com crianças e jovens. Ao longo do capítulo, merecerá destaque a análise sobre os deportados, uma vez que estão no centro de algumas das

---

\* Investigadora do Centro de Estudos Sociais da Universidade de Coimbra e Doutoranda em Pós-colonialismos e Cidadania Global na Faculdade de Economia da Universidade de Coimbra, desenvolvendo o projeto de tese "Violência urbana em Cabo Verde: o papel dos deportados" [Ref. SFRH/BD/44906/2008].

principais mistificações da violência juvenil em Cabo Verde. A sua identificação com o surgimento dos grupos é frequentemente apresentada de forma exagerada, estereotipada e criminalizante em relação a estes jovens, ignorando o mecanismo regulatório global que origina esses fluxos.

Este capítulo baseia-se no trabalho de campo realizado na Cidade da Praia, no âmbito do projeto "Trajectórias de disseminação e contenção da violência: um estudo comparativo entre Bissau e Praia", durante quatro meses em 2008. No trabalho de campo contei com a colaboração ativa de Leão de Pina (Instituto Superior de Ciências Jurídicas e Sociais, Cabo Verde) e de Orlando Borja (então técnico da Comissão Nacional de Direitos Humanos de Cabo Verde). Em termos metodológicos, o trabalho consistiu na combinação de métodos qualitativos e quantitativos: 1) inquéritos sobre a análise situacional de violência, com a colaboração do Instituto Promundo 2) Entrevistas semiestruturadas com jovens reclusos da Prisão de São Martinho; 3) Entrevistas semiestruturadas com peritos, académicos, organizações locais e internacionais, governamentais e não-governamentais que trabalham nas áreas de juventude e violências; e 4) entrevistas coletivas com jovens dos bairros de Safende (na Associação Espaço Aberto) e da Várzea (na Associação *Black Panthers*).

O material recolhido durante o trabalho de campo do projeto de investigação – entrevistas individuais e coletivas e um inquérito –, bem como alguns excertos de notícias, servirá de base de sustentação central para a abordagem proposta neste capítulo.

## 1. *Thugs*: quem são e como se organizam?

Acho que devemos ver os *thugs* em dois sentidos. Num sentido negativo, as confusões, as paranoias e os vandalismos que fazem e, no sentido positivo, as danças, os espetáculos que dão. O governo deve olhar também para o sentido positivo. O governo não apoia em nada (entrevista coletiva com jovens na Associação *Black Panthers*).

A sugestão expressa neste excerto contrasta claramente com o olhar dominante sobre os *thugs*, partilhado pela opinião pública e pelas instituições políticas cabo-verdianas. A construção da imagem social do *thug* ou de qualquer jovem que, não o sendo, se vista ou comporte como tal tem sido marcadamente estigmatizada. Na verdade, a emergência destes grupos conduziu a uma alteração da imagem do jovem cabo-verdiano tido como bom aluno, bem-comportado, esforçado, trabalhador, capaz de superar as inúmeras dificuldades impostas pelas vulnerabilidades estratégicas do país, levando a que estes fossem construídos como ameaças e bodes expiatórios de qualquer mal-estar na sociedade cabo-verdiana (Lima, 2010; Roque e Cardoso, 2010; Bordonaro, 2009).

Importa analisar os *thugs* num quadro complexo, com a flexibilidade necessária para considerar que essa transformação da representação social dos jovens, essa "modernização" da sua imagem e a atitude de rebeldia que, de alguma forma, corporizam não são necessariamente negativas e violentas. Obviamente que não se trata aqui de aplaudir e romantizar os atos violentos nem apelar à impunidade, mas antes de realçar as tensões entre local/global e interno/externo e a complexidade da cultura juvenil e dos fatores estruturais da violência coletiva juvenil. Ou seja, considerar que:

> A violência dos gangs não é gratuita [...] não só simboliza a posição marginal dos jovens na estrutura social, como também cria e reproduz os significados de identidade individual e comunitária no contexto local (Salo, 2006: 173).

Ora, até finais dos anos 1990 e inícios dos anos 2000, a violência juvenil não constava da lista de preocupações e problemas que afetavam o país. A partir de então, a introdução de um novo tipo de violência, organizada e armada, protagonizada por grupos de jovens alterou a tranquilidade das ilhas, em particular da capital, Cidade da Praia. Alguns investigadores (Lima, 2010) têm, no entanto, questionado a "novidade" desse tipo de grupos, lembrando, por exemplo, o surgimento dos "piratas" e "dos netinhos da vovó", que, durante os anos 1980 e inícios dos 1990, respetivamente, provocaram o pânico na população praiense, adotando um *modus operandi* semelhante ao dos *thugs*. A grande diferença reside na visibilidade e na construção mediática[2] dessa violência, bem como na existência de uma linguagem e influência mais globalizadas e de uma maior acessibilidade das armas de fogo. O facto de ser tema de inúmeras notícias e crónicas contribuiu em grande medida para criar o que Bordonaro (2009) designa por "pânico moral" na sociedade cabo-verdiana e para instigar a legitimação de opções de justiça popular. A divulgação de e-mails em 2006 e 2010 contendo fotografias de

---

[2] Tema desenvolvido no Capítulo 4, da autoria de Marta Peça.

presumíveis *thugs* apoia este "apelo" à resolução da violência pelos meios não oficiais e legais, visível, por exemplo, nos comentários às edições online dos jornais cabo-verdianos.[3]

Vejamos, então, algumas das características principais dos *thugs* que ilustram, por um lado, a sua especificidade e, por outro, a sua pertença a um "código" cada vez mais globalizado.

## 1.1. Maioritariamente masculinos e "globalizados"

Quando questionados sobre a utilização da expressão *thugs*, alguns dos próprios *thugs* manifestam o desconhecimento da origem e do motivo da utilização do termo:

> Sabes, eu nem sei porque é que é *thugs*. (...) Amigos que me influenciaram estavam no grupo... (jovem preso em São Martinho).

Esta designação – tal como a crioulização da expressão *cash or body* para *kasubódi* para denominar os assaltos à mão armada – resulta da apropriação de modelos juvenis globais, divulgados, por exemplo, através dos filmes e da música (*hip hop*) e tornados mais próximos pelos deportados cabo-verdianos provenientes dos Estados Unidos. Esse papel desempenhado pelos deportados é muitas vezes abordado de forma acrítica e estigmatizante, tornando-se num dos principais "mitos" da violência coletiva juvenil cabo-verdiana, que analisarei mais adiante. Alguns deportados entrevistados apontam para um erro na interpretação dessa cultura global, nomeadamente, na apropriação do *thug life* por parte dos *thugs*:

> Só por verem um vídeo de *rap* pensam que essas pessoas andam a espalhar tiros ou a vender drogas... mas esses rapazes não fazem isso porque têm muito dinheiro, mas as pessoas pensam logo que é isto que andam a fazer (deportado preso em São Martinho).

---

[3] Em muitos países o vigilantismo é um fenómeno com expressão e organização crescente e que surge muitas vezes em consequência de uma falta de confiança generalizada nas forças policiais e judiciais (Graham *et al.*, 2010; Kynoch, 1999). Esses grupos acabam por ser «parte do problema e não da solução e em muitos casos confundem-se com os próprios *gangs* que inicialmente se propuseram combater» (Kynoch, 1999: 56).

Confundem *thugs*... Os *thugs* nos EUA não fazem *kasubódi*. Nos EUA, os *gangs* é que fazem isso, não os *thugs*. Aqui é porque querem se vestir bem mas não têm emprego, não querem estudar, dão *kasubódi*. Acham que *thug* é isso. Eu acho isso ridículo. Imitam algo sobre o qual não sabem nada. Para quê? Quando não conheces uma coisa não imites. Ok, queres vestir como os deportados, podes vestir, mas nos EUA não tem nada a ver com isso. *Thug* é na música. *Thug Life*, Tupac. Há *thugs* e há *gangs* e eles não percebem a diferença entre as duas coisas (deportada, presa em São Martinho).

Muita gente não sabe o que *thug* representa. A noção de *thug* começou a ser usada por Tupac, um *rapper* controverso. Talvez ele pudesse fazer uma música violenta mas o seu espírito não era violento. Conheço muito a história dele. Eu sou fã dele. A mãe dele era *Black Panther*. Sempre cresceu no contexto do *Black Power*... As músicas comerciais, que vendem, talvez seja preciso fazer músicas que falem de violência porque é isso que o público curte, é isso que vende mais. Mas a maioria das músicas dele falam da situação da comunidade, dos problemas de *crack*, cocaína, esse tipo de coisas. Ele usou a expressão *thug* para dizer que nós sempre lutamos para ser alguém sem ajuda de ninguém. As roupas que usamos são nosso armamento como quando se usa fato e gravata. Isso é que era a posição dele. Ele morreu e as suas ideias e filosofias foram trocadas, entendes (deportado, preso em São Martinho).

*Hip hop* é a única música do mundo que junta todas as raças, todas, entendes. Já fui a vários concertos de *hip hop* e viras para um lado e para o outro e vês todo o tipo de pessoas. Para além do *reggae* é a única música que faz isso. Mas ok, a maioria dos *rappers* quando cantam as suas músicas não estão a cantar sobre eles próprios, cantam as histórias que aconteceram nos 1980 e 1990. (...) Os cabo-verdianos, quando veem os *clips*, as roupas... é algo que não compreendem. A maioria dos artistas talvez já tenha ido à universidade, teve aulas para escrever as músicas. Não sabem isso, entendes? Olham para eles e pensam que vieram diretamente da rua... mas não é assim. Eles falam do que veem dentro das comunidades, coisas reais. As roupas são só *style*. Os cabo-verdianos não compreendem que é *style*... (deportado, preso em São Martinho).

Esta visão de certa forma truncada do que é ser *thug* e a associação com a violência – tal como os demais aspetos desta problemática – encontrou eco na comunicação social e no senso comum de grande parte da população cabo-verdiana (especialmente da cidade da Praia). Não é despiciendo o facto de uma grande percentagem de inquiridos (64,8%) considerar que o que leva a polícia a abordar os jovens é a sua aparência, a sua forma de vestir. Ilustra exatamente esta ligação entre o estilo *rapper* e o jovem truculento, perigoso. No entanto, importa assinalar, nesse contexto, o surgimento de um movimento de *hip hop* crioulo, que pretende desconstruir essa associação e chamar a atenção para as desigualdades sociais e outras questões que afetam a sociedade cabo-verdiana, constituindo-se como um movimento de resistência e de apelo à não-violência.

Os grupos de *thugs* são constituídos, na sua maioria, por jovens do sexo masculino residentes nos bairros mais periféricos da cidade, em contexto de exclusão social, de abandono escolar ou desemprego. No entanto, fazem também parte destes grupos jovens com um outro perfil social, ou seja, jovens estudantes da classe média, originários das zonas mais favorecidas, apelidados de "*thugs* de elite". Esta heterogeneidade da origem socioeconómica dos *thugs* é particularmente relevante para a desmistificação das razões de mobilização dos jovens para grupos potencialmente violentos, tarefa já iniciada por vários autores (Ratele, 2008; Bay e Donham, 2006; Kynoch, 1999; Mokwena, 1991). Em primeiro lugar, incita-nos a questionar a associação, muitas vezes feita, entre pobreza e violência juvenil. Em segundo lugar, leva-nos a atentar para o papel fundamental desempenhado pela definição da identidade de género já que «os *gangs* não existem apenas como via de resistência e sobrevivência económica dos seus membros» (Salo, 2006: 148), mas são também espaços de afirmação de uma masculinidade dominante. A divisão dos papéis masculinos e femininos em situações de violência armada urbana, tal como em contextos de conflitos armados, tem sido marcada pela invisibilização e pela simplificação do envolvimento das mulheres e jovens raparigas. A participação destas parece limitar-se a «uma de duas opções hipersexualizadas e muitas vezes apresentadas em pólos extremos: a primeira decorre de algum tipo de relacionamento com agentes masculinos da violência armada (namorada, mulher ou companheira) a segunda resulta de algum tipo de "desvio" de comportamento, que torna "inevitável" a comparação com comportamentos entendidos como masculinos» (Moura, 2007: 50).

No caso da violência coletiva juvenil na Cidade da Praia, esta tendência parece repetir-se. As jovens alimentam a versão dominante de masculinidade, assumindo papéis de auxiliares – "iscos" para atrair potenciais vítimas dos assaltos, cujo principal objetivo é conseguir dinheiro para adquirir droga ou roupas de marca, por exemplo –, de namoradas dos *thugs*, realçando a necessidade de proteção e glamourização do poder e o acesso a armas:

– As meninas são usadas para atrair pessoas que vão ser assaltadas pelos *thugs*. (...) Agora as jovens só querem namorar com os *thugs*. (...) Por causa da influência. Porque têm fama, vestem roupas de marcas, bonitas (...). Sentem-se seguras porque ao pé dos *thugs* ninguém lhes faz mal.
– *Thug* é um grupo que se reúne e faz confusões e as meninas que veem isso acham que eles são fortes e começam logo a ficar apaixonadas.
– Há *thugs* porque as meninas gostam.
(entrevista coletiva com jovens na Associação *Black Panthers*).

Às vezes, são namoradas de um, outras vezes de todos [risos]. As "pequenas" dos *gangs* são terríveis (...). Elas servem de isca. Muitos confrontos surgem por causa das "pequenas", por causa de ciúmes. Namoram com rapazes de outros *gangs* (entrevista coletiva com jovens no Espaço Aberto).

Tínhamos duas. (....) Não, não roubavam. Eram só namoradas. Elas frequentavam a escola (entrevista com *thug* na Prisão de São Martinho).

Havia muitas meninas no nosso grupo. Aliás, é por causa das meninas que entramos nessas coisas. Porque como curtem essas coisas levam-nos a fazer muitas *noias* (entrevista com *thug* na Prisão de São Martinho).

Esta relação entre os *gangs* e as jovens do sexo feminino é muitas vezes contraditória: ao mesmo tempo que são protegidas são também vítimas de violação e de violência doméstica, ou seja, os mesmos membros dos *gangs* que exercem um certo fascínio e despertam e exercem proteção sobre as meninas e mulheres são muitas vezes perpetradores de atos violentos que têm como vítimas preferenciais este setor da população (Kynoch, 1999).

## 1.2. Geograficamente dispersos

São diversos os espaços onde os *thugs* praticam os atos de violência. As "guerras" com os rivais ou os assaltos acontecem tanto nas zonas mais desfavorecidas da Praia como nos bairros de classe média e alta. No entanto, a maioria dos grupos atua preferencialmente fora das áreas de residência, no sentido de garantir um maior anonimato e de não ser hostilizado pelos membros da sua comunidade. Kynoch (1999) realça a ambiguidade dessa relação, uma vez que em alguns casos os *gangs* não são vistos meramente como forças destrutivas, chegando mesmo a desempenhar o papel de «agentes informais de controlo social» (Van Tonder, 1990 *apud* Kynoch, 1999). Um olhar mais crítico sobre esta relação implica, ainda na opinião do mesmo autor, uma análise da forma como os *gangs* têm colmatado as "falhas" da sociedade urbana, ou seja, as falhas do Estado, bem como dos principais agentes de socialização (família, escola) no desempenho das suas funções específicas. Em vários contextos ao nível mundial, estes grupos são apoiados e admirados pelas comunidades em grande medida devido à desconfiança em relação à polícia, consequência, muitas vezes, da violência que esta exerce nos bairros (Kynoch, 1999; Roque, 2009).

Os espaços de diversão noturna e os festivais de verão também têm sido alguns dos locais escolhidos para a prática de atos violentos e confronto entre os grupos. Esta atuação pulverizada tem consequências ao nível da contenção da violência, nomeadamente por parte dos agentes policiais. Acarreta igualmente preocupações acrescidas pelo facto de as escolas do ensino secundário serem também espaços importantes de manifestação desse tipo de violência – registando-se, inclusive, casos de homicídios resultantes de brigas entre alunos – assim como espaços de venda de drogas e álcool e de aliciamento dos jovens para os grupos. As buscas realizadas pela Polícia Nacional no âmbito do Programa Escola Segura[4] dão conta da existência de armas brancas e de fogo nos recintos escolares. Para alguns alunos, ter uma arma significa ter maior capacidade de defesa em relação aos *thugs*. Ora, sendo a escola um local de socialização por excelência, esta situação interpela quer as autoridades governamentais, quer os pais e encarregados de educação no sentido em que, no limite, se pode questionar a escola como lugar "seguro", como referência fundamental na educação dos jovens cabo--verdianos. A falta de segurança nas escolas é considerada uma das expressões da normalização da violência nas sociedades e um dos principais fatores individuais da violência juvenil (Graham *et al.*, 2010).

---

[4] Trata-se de um programa, coordenado pela Polícia Nacional, cujo objetivo é manter a segurança nos estabelecimentos de ensino secundário da cidade da Praia. Inspira-se em programas homónimos, nomeadamente de Portugal. Depois de uma fase inicial (2006-2007) muito criticada devido a um pendor mais repressivo, nos programas implementados a partir de 2008 o lema passou a ser "Um polícia amigo, pedagogo, próximo dos estudantes e professores". O aumento do número de efetivos, a intervenção da polícia à paisana e a utilização de detetores de metais foram algumas das principais inovações implementadas (*Expresso das Ilhas*, 2008a).

## 1.3. Internamente organizados e hierarquizados

Não dispondo da mesma sofisticação, expressão numérica, relações com atividades de criminalidade organizada de outros grupos em contextos africanos ou americanos, os *thugs* em Cabo Verde possuem aquela que é apontada por autores como Kynoch (1999) como uma das características centrais da violência coletiva: a oposição entre grupos rivais. Este elemento, a par dos anteriormente referidos, marca, a meu ver, a "inovação" trazida pela atuação dos *thugs* em relação aos grupos dos anos 1980 ou 1990. Portanto, prevalece uma lógica de controlo territorial, solidariedade de grupo e confronto com os grupos rivais, ilustrada nos seguintes excertos:

> Se o [meu] bairro for ameaçado, aí envolvo-me, pego em armas (jovem participante de entrevista coletiva na Praia).

> Se fores daqui do bairro e vem alguém ou um grupo (10 pessoas ou mais) de um outro bairro e vem-te bater, então as pessoas aqui, os *gangs*, veem isso como um abuso e jamais aceitariam que alguém viesse de um outro bairro para abusar de forma injusta. Isto pode ser uma situação que origina os *gangs*. Mesmo que não faças parte de um *gang*, se vires uma situação dessas, acabas por entrar na briga, por causa da situação da injustiça (jovem participante de entrevista coletiva na Praia).

Neste quadro de divisão dos bairros "amigos" e "inimigos", a deslocação dos membros dos grupos nos bairros rivais é consequentemente limitada, mesmo tratando-se de visitas aos familiares residentes nesses bairros. Para superar estas limitações, de acordo com a informação recolhidas nas entrevistas, os *thugs* optam com mais frequência pelo contacto telefónico ou visitas rápidas de táxi (Cardoso, 2009).

A hierarquia interna dos grupos não é definida por critérios rígidos, isto é, a escolha dos chefes ou a distribuição de tarefas, por exemplo, é muitas vezes feita *ad hoc*:

> Há momentos que há chefe. Uma pessoa que convença as outras a fazer determinadas coisas. Por exemplo, eu posso estar num grupo e tenho a ideia de assaltar uma pessoa, nesse momento sou eu o líder... (jovem participante de entrevista coletiva na Praia).

Qualquer um dos membros pode ser chefe do grupo. A ideia do assalto pode surgir da parte de qualquer um e todos aceitam (jovem participante de entrevista coletiva na Praia).[5]

Em alguns contextos, a posse de arma de fogo e a idade funcionam como critérios determinantes na distribuição das tarefas do grupo. O domínio dos mais velhos sobre os mais novos é explicado em grande medida pela questão da inimputabilidade. Pode, no entanto, ser revertido nos casos em que os mais novos possuem armas de fogo (Cardoso, 2009). Voltarei a este tema quando abordar os fatores explicativos da violência dos *thugs*.

### 1.4. Externamente "inspirados"

Desde o primeiro momento que se associou os *thugs* aos "americanos" – deportados dos Estados Unidos. Esta associação resulta de dois elementos principais. Em primeiro lugar, da chegada de um número significativo de jovens cabo-verdianos deportados dos Estados Unidos e envolvidos em práticas criminais até então ausentes do quotidiano das ilhas crioulas, como homicídios por encomenda ou ajustes de conta. Em segundo lugar, resulta da aproximação a modelos, símbolos juvenis norte-americanos e globais que a chegada desses deportados representou para os jovens cabo-verdianos.

Questionado sobre o papel desempenhado pelos deportados na violência em Cabo Verde, o presidente da AZM, ONG cabo-verdiana de defesa dos direitos humanos, respondeu que «a participação que terão tido eventualmente foi trazer um certo *know-how*, digamos, para dar expressão a algo que já estava latente e que explodiu». Esta resposta sintetiza a complexidade e a precaução requerida na análise da relação deportados-violência coletiva juvenil na Praia, alertando para os riscos de uma associação imediata e da culpabilização automática dos jovens deportados, principalmente dos EUA, como tem acontecido:

[O]s indivíduos expulsos dos EUA – retornados a Cabo Verde – trazem um arsenal de conhecimento no campo criminal diante do qual os nossos policiais não estão, nem de longe nem de perto, preparados para combater. Mas também por que é que Cabo Verde tem de receber "indivíduos perigosos" criados e educados nos EUA quando a sociedade cabo-verdiana é uma nação pacata, de bran-

---

[5] Os dois excertos expressam a opinião de jovens que já fizeram parte de grupos de *thugs*.

dos costumes e não preparada para conviver com o *know-how* de criminalidade trazido por tais indivíduos? Veja que até há bem pouco tempo os assassinatos em Cabo Verde eram coisa rara. Com o aumento dos indivíduos deportados dos EUA, o índice de criminalidade aumentou em Cabo Verde. Outra preocupação: o Estado de Cabo Verde tem uma ficha criminal enviada dos EUA que acompanha os indivíduos deportados para Cabo Verde? Se não tem, estamos mal (*Expresso das Ilhas*, 2008b).

Deveria ser feito um rastreio dos deportados no Sal,[6] para se saber que tipo de acompanhamento deveria ser dado a cada um dos casos. É claro que essas pessoas perigosas deveriam ser controladas de alguma forma, porque é verdade que constituem um risco (*A Semana*, nº 711, 29 de abril de 2005).

A nossa Praia está influenciada pelos "americanos", percebes? É a mesma vida que os americanos estão a levar lá fora que os nossos jovens estão a tomar como exemplo e a viver no dia-a-dia. E as crianças que estão a levantar-se agora estão todas a ser influenciadas por isto: pelo mundo dos *rappers*, que está a estragar os cabo-verdianos, querem ser *thugs*. Só querem imitar os americanos; todos querem vida fácil... Cabo Verde tem falta de trabalho e todos querem conseguir dinheiro rápido, acabando por afetar a sociedade (jovem na prisão de São Martinho).

No entanto, os deportados e algumas instituições cabo-verdianas, inclusive a própria polícia, têm chamado a atenção para a imprecisão desse binómio deportação-violência dos *thugs*:

"Essa é uma associação injusta e resulta apenas da estigmatização dos repatriados pela sociedade. [...] Devido à informação disponibilizada na televisão ou na internet, atualmente já não é preciso sair do país para aprender como se cometem crimes violentos ou sofisticados", pelo que "um cabo-verdiano que tenha sempre vivido cá é tão capaz de cometer uma ação desse calibre como uma outra pessoa qualquer" (*A Semana*, nº 700, 11 de fevereiro de 2005).

Não acho que são os deportados... é muita outra coisa. Os nossos adolescentes gostam de ver e imitar, os pais não estão preparados para ver o que está a acontecer com o filho e conseguir parar (Presidente da ACRIDES).

---

[6] Ilha onde se situava o então único aeroporto internacional de Cabo Verde.

Antigamente podia dizer-se que os "americanos" estavam a influenciar, mas agora não (jovem na prisão de São Martinho).

Os deportados tinham muita influência só no início. Eles agora só ficaram com a fama. Agora *thugs* na Praia são os que ficam na rua para bater, são os jovens que não têm nada que fazer (jovem participante de entrevista coletiva na Praia).

Ora, apesar de uma potencial contribuição para a alteração do *modus operandi* dos grupos de jovens e o desafio que alguns representaram para a atuação policial,[7] a identificação dos jovens deportados dos países de acolhimento da emigração cabo-verdiana, principalmente dos EUA, que, nos últimos anos, têm chegado em número crescente ao arquipélago, como os impulsionadores do surgimento desses grupos é muitas vezes apresentada de forma exagerada, estereotipada e criminalizante destes jovens, sem se questionar o mecanismo regulatório global que origina estes fluxos. Esta associação tem que ver, em grande medida, com o facto de, por um lado, se desconhecer o motivo da deportação e de, algumas vezes, na origem da deportação se encontrar a prática de crimes, e, por outro lado, de os deportados enfrentarem situações de exclusão e inadaptação no processo de (re)integração no seu (suposto) país de origem:

O que nos acontece nos EUA, onde gozam connosco, apontam-nos por sermos diferentes e falarmos mal a língua, acontece novamente à chegada a Cabo Verde (*A Semana*, nº 711, 29 de abril de 2005).

Temos a palavra repatriado na testa, o que nos faz desde logo criminosos de alto risco, quer o sejamos ou não. Nós vivemos nos EUA, não frequentámos uma escola de terrorismo! (*A Semana*, nº 711, 29 de abril de 2005).

Não sinto que sou bem-vinda. Não me sinto parte de nada. Não te habituas nada a essa nova vida. Logo quando chegas, todos são teus amigos. Tu ainda estás fresca. Tens dinheiro. Não conheces nada. Não sabes nada. Então, todos são teus amigos, todos te procuram. Passado algum tempo – dois, três, quatro

---

[7] Importa, no entanto, distinguir criminalidade organizada (os crimes relacionados com o tráfico de droga praticados por alguns deportados, a cumprir pena nas prisões das Ilhas de Santiago e São Vicente) da violência perpetrada pelos *thugs*. A "profissionalização" requerida pela criminalidade organizada não se coaduna com o (aparente) "amadorismo" dos *thugs*, sendo portanto os desafios colocados à polícia de cariz distinto.

meses – começam a desaparecer aos poucos. Até ficares sozinha... família incluída (jovem na prisão de São Martinho).

Os primeiros casos de deportados cabo-verdianos surgiram logo a seguir à independência. O fenómeno ganhou, porém, maior expressão a partir da década de 1980 e estima-se que exista atualmente um número significativo de deportados (um total de cerca de 1036, em 2009, segundo dados do Instituto das Comunidades de Cabo Verde (2009). Apesar da chamada de atenção de vários estudos (HRW, 2007; UNODC, 2007; Precil, 1999) para a heterogeneidade dos deportados, o perfil do deportado em quase todos os países continua colado à criminalidade, com consequências óbvias para a sua imagem pública e para a sua representação social, marcadamente estigmatizada. Cabo Verde não foge a essa regra, como tem sido referido. Os deportados são maioritariamente do sexo masculino, originários das ilhas do Fogo e Brava (um número significativo permanece, no entanto, na cidade da Praia, ilha de Santiago) e provêm principalmente dos Estados Unidos e de Portugal (Instituto das Comunidades, 2009).

Apesar do número de deportados de Portugal ser também relevante, em Cabo Verde deportado é sinónimo de "americano". A questão da língua (muitos dos "americanos" não dominam o crioulo), a indumentária (o estilo *rapper* dos "americanos") e eventualmente a faixa etária (tendência para a diminuição da idade dos deportados), fazem com que, por um lado, os deportados de Portugal (ou de outros países, nomeadamente europeus) se mesclem melhor com a sociedade enquanto, por outro lado, os deportados dos EUA se destacam pelas suas diferenças:

> Há deportados do Luxemburgo, de Portugal, da França, do Japão, da China mas não és repatriado. Repatriado é só dos EUA. Os outros não são. Acham que os que vêm dos EUA têm capacidade de pensar melhor. Acho que é isso. Quando chegas aos EUA, ensinam-te que és superior, então já pensas melhor (deportado).

O principal motivo da expulsão continua a ser desconhecido ("não mencionado"), com consequências para o reforço da imagem estereotipada e para o desenho das políticas de apoio à reintegração nos (supostos) países de origem. De acordo com dados do Instituto das Comunidades (2009), podemos ainda verificar, por um lado, um decréscimo significativo nos últimos anos de deportações motivadas pela indocumentação e, por outro lado, um aumento dos casos de "agressão" e "droga", em 2009 (Instituto das Comunidades, 2009).

Em 2008, o então Ministro da Administração Interna de Cabo Verde, Júlio Correia, reconhecia que «[...] a questão dos retornados [...] nunca foi convenientemente tratada entre nós, nem sob o ponto de vista político, nem sob o ponto de vista do acolhimento» (entrevista no âmbito da investigação). Para suplantar esta lacuna torna-se fundamental assumir um olhar sobre a deportação que a considere um mecanismo regulatório global, de controlo social, uma componente importante da agenda da paz liberal, que consiste «num conjunto de medidas cada vez mais securitárias que se reproduzem à escala internacional de forma estandardizada e que pretendem controlar as populações consideradas ameaçadoras» (Roque e Cardoso, 2010: 2). Neste sentido, os "marginais", os "ilegais", "os jovens", entre outros, de países periféricos ou das periferias das sociedades centrais constituem, muitas vezes, o alvo prioritário destas medidas (*ibidem*). A engenharia social que é feita nas periferias através, por exemplo, dos programas de reconstrução pós-conflito, também acontece, em certa medida, nas sociedades centrais através das políticas de controlo de fluxos considerados ilegais e da "limpeza" e reordenação das sociedades centrais.

Ou seja, importa não ignorar que as deportações fazem parte de uma perspetiva global que securitiza e criminaliza alguns jovens (e não só), quer a montante, quer a jusante do processo. Por outras palavras, nos países de acolhimento assiste-se à crescente simplificação dos procedimentos, do quadro jurídico-político, facilitando a deportação e vulnerabilizando os "deportáveis", e nos (supostos) países de origem os deportados são alvo de estigma social e contam, em muitos casos, com programas de (re)integração que acabam por não contribuir para alterar essa rotulagem, devido ao seu forte pendor assistencialista, à sua quase total desadequação com as capacidades dos deportados e à (alegada) escassez de recursos financeiros. Verifica-se claramente no âmbito da deportação o reforço da "frente penal" dos Estados em detrimento da "frente social" e a criminalização da pobreza e a marginalização (Wacquant, 1999; 2008), ingredientes essenciais do programa da paz liberal.

## 2. Condições para a violência coletiva juvenil em Cabo Verde
Grande parte das análises das causas da violência juvenil opta por uma abordagem que destaca a anomia social ou a pobreza como fatores primor-

diais. As perspetivas estruturalistas defendidas por autores como Pinnock (1984) e Owumi (1994) consideram os *gangs* uma expressão de resistência à economia política vigente, nomeadamente nas sociedades africanas marcadas, durante os anos 1980, pelos programas de ajustamento estrutural e por ditaduras militares. Glaser (2000) sublinha a alienação dos jovens e os conflitos intergeracionais como fatores fundamentais. Salo (2006) sugere o destaque do contexto histórico em que surgem os *gangs*, bem como dos fatores mais pessoais e individuais, relacionados com a definição da identidade de género. Um retrato plural e complexo das motivações dos jovens para a mobilização violenta passa necessariamente por considerar um vasto conjunto de condições e explicações de cariz estrutural, como o tipo de políticas de desenvolvimento e a desigualdade social; individual, como a construção identitária; ou conjuntural, como alguns fluxos transnacionais que, conjugados com as anteriores, podem levar à adoção de comportamentos violentos (Briceño-León e Zubillaga, 2002).

Em Cabo Verde, as análises académicas e políticas têm sido marcadas por algumas omissões e mistificações que dificultam uma compreensão abrangente do fenómeno. De seguida refiro-me a algumas das causas, aprofundando algumas questões afloradas na secção anterior. O objetivo não é perscrutar cada um dos fatores em presença mas antes fazer um contraponto entre alguns fatores mais visibilizados e mistificados e outros que de certa forma têm sido negligenciados em prejuízo de um olhar mais plural e consequente sobre esta realidade social.

## 2.1. Pobreza *vs.* desigualdades e expectativas de consumo

As explicações monocausais da violência e, em particular, da violência coletiva juvenil, nomeadamente a relação violência-pobreza, têm-se revelado redutoras. Em Cabo Verde, muito mais do que a pobreza, que sempre foi uma característica estruturante da sociedade cabo-verdiana, é fundamental considerar o aprofundamento das desigualdades sociais – resultantes do crescimento económico, e da crescente integração de Cabo Verde na economia global. Se, por um lado, a oferta em termos de produtos materiais e simbólicos é muito mais vasta e atualizada, por outro lado, as condições de acesso a esses produtos são cada vez mais limitadas para uma franja significativa da população, na qual se encontram em número significativo os jovens.

Convém, por conseguinte, não ignorar o impacto das transformações socioeconómicas ocorridas nas últimas décadas, principalmente na cidade da Praia, criando um contexto de tensão, complexificação e conflitualidade marcado por um crescimento urbano acelerado, o que acentua a pressão ao nível das condições de habitabilidade (deficiências na cobertura de luz elétrica e saneamento básico, etc.) e do acesso ao emprego.

Quando questionados sobre o que está na origem do surgimento de grupos juvenis violentos, só 0,6% dos inquiridos apontaram a pobreza, elegendo a seguinte ordenação das causas: em primeiro lugar, uso de drogas ilícitas (17,2%); em segundo lugar, más companhias (14,1%); e, em terceiro lugar, *ex aequo*, desemprego e alcoolismo (12,3%).

A existência de *thugs* de classe média alta, jovens estudantes cujo perfil não coincide com o do jovem delinquente excluído que vê no roubo ou nas práticas ilícitas uma forma de obtenção de meios que lhe permitem "sobreviver" e ascender socialmente, impõe uma reproblematização da relação pobreza-violência:

> No meu grupo há muitos. A maioria que foi presa estudava (jovem preso em São Martinho).

> Alguns são filhos de "bons pais", de classe média e classe alta (jovem, entrevista coletiva *Black Panthers*).

> Há muitos *gangsters* filhos de ricos; filhos de advogados. Quando são presos, saem mais depressa, recebem apoio da família e continuam na mesma vida. Vê-se claramente a diferença entre um pobre e um rico. Vê-se esse efeito. Se forem presos juntos, o rico sai e o pobre fica (jovem, entrevista coletiva Espaço Aberto).

> E muitas vezes a atuação deles não é tanto para aceder a algo, mas é mais para extravasar uma revolta por esse não acesso, por uma realidade que não lhes dá perspetiva. Porque às vezes, quando a gente diz "há uma desigualdade, são os pobres contra os ricos", não é necessariamente isso, mas essa desigualdade cria uma situação... admite-se que há um crescimento económico e a par disso há um aumento do fosso entre a parte da população que tem muito – e que ostenta e que esbanja, é bom que se diga isso – e o resto da população. Quero deixar claro que não é só aquele coitado que tem que roubar para não morrer, mas há todo um clima que essa desigualdade cria, alimenta, sustenta e que acaba tendo a ver com esse tipo de fenómeno (Presidente da AZM).

Neste contexto específico, importa trazer à colação fatores de ordem mais individual, relacionados por exemplo com questões identitárias, com a assunção de uma cultura juvenil global ou inclusive com a prática da violência devido ao prazer que disso possa ser retirado, que ganham maior destaque comparativamente com fatores mais estruturais como a sobrevivência e a resistência face a um quadro económico e social desfavorável.

Alguns estudos (Wilkinson e Pickett, 2009 e Ward, 2007 *apud* Graham *et al.*, 2010) demonstram que os níveis de violência são elevados nas sociedades onde se verificam níveis igualmente elevados de desigualdade social, no sentido em que os objetivos e desejos de consumo são partilhados por toda a sociedade, contrariamente aos meios de acesso a esses objetivos, distribuídos de forma desigual, concentrando-se, geralmente, num número relativamente restrito de pessoas. Para Graham *et al.* (2010), esta correlação desigualdade/pobreza-violência corre alguns riscos que devem ser acautelados, nomeadamente através da ênfase nos fatores mais individuais, psicossociais: pode ignorar, por um lado, a capacidade de agência dos jovens, menosprezando-os enquanto "atores táticos" (Honwana, 2005) e, por outro lado, reforçar o mito do jovem pobre sinónimo de criminoso e violento.

Em Cabo Verde, segundo dados do Instituto Nacional de Estatística (INE, 2002), o índice de Gini, que mede a desigualdade social, aumentou de 0,43 em 1989 para 0,59 em 2002. O facto de 10% da população mais pobre ter apenas 1% do rendimento é ilustrativo da excessiva concentração da riqueza em Cabo Verde (Proença, 2009: 52). Ora, apesar do crescimento económico registado nos últimos anos, a pobreza e a exclusão social continuam a atingir de maneira acentuada os jovens. Os dados sobre o desemprego revelam exatamente uma forte incidência na camada juvenil.[8] Ao mesmo tempo, os jovens são os mais influenciados pelas expectativas induzidas pela promessa do progresso económico, que veem, na maioria dos casos, não ser cumpridas.

A perspetiva dominante relativamente à violência juvenil em Cabo Verde tem como pano de fundo uma abordagem securitária que é mais favorável às elites, no sentido em que pretende manter a imagem internacional do país e garantir, por exemplo, as condições de investimento estrangeiro, controlando a população juvenil considerada, direta ou indiretamente, fonte de insegurança das classes mais favorecidas (Lima, 2010).

---

[8] O desemprego tem um cariz marcadamente urbano, atingindo cerca de 57% dos homens com idade compreendida entre os 15 e os 24 anos (INE, 2008).

## 2.2. "Desestruturação" familiar *vs.* normalização da violência

As mudanças no contexto familiar fazem parte do conjunto das causas de natureza mais estrutural. Os conflitos intergeracionais, vivência de violência ou a falha da família em suprir as necessidades materiais e emocionais dos jovens podem ser algumas das razões que os levam a juntar-se aos *gangs* (Mokwena, 1991).

Em Cabo Verde, a família constitui um pilar fundamental da construção identitária, sendo marcada desde sempre por «constrangimentos vários, como a pobreza, o fracasso e o descrédito nas relações conjugais, violência baseada no género, doenças infecto-contagiosas e sexualmente transmissíveis, migração, conflitos e apoios intergeracionais» (Martins e Fortes, 2010: 3). Deste modo, a utilização da "desestruturação familiar" enquanto fator explicativo da violência juvenil requer uma «desconstrução crítica da ideia de crise na família» que permita evidenciar a «existência de múltiplos modelos de relações familiares, que não se esgotam apenas no modelo normativo de família nuclear e patriarcal» (Martins e Fortes, 2010: 3). Ou seja, a pobreza e os modelos familiares amplos têm uma presença histórica na sociedade cabo-verdiana (Lima, 2010: 205) «sem que isso levasse às manifestações de violência juvenil agora conhecidas» (Roque e Cardoso, 2010: 11).

Portanto, impõe-se um esforço para evitar associações e conclusões moralistas e uma recentragem do debate e um enquadramento mais macro das causas, ou seja, problematizar os efeitos dos modelos económicos e de Estado e da normalização e legitimação da violência na camada juvenil. Neste sentido, o destaque deve ser dado às desigualdades (e não à pobreza) e às «formas infra-sociais da violência em relação às quais os jovens são tanto vítimas como agressores e às condições estruturais que marginalizam o jovem no acesso ao emprego e à capacidade de reivindicação política» (Roque, 2009: 18). Em síntese, importa bloquear a manutenção e consolidação da versão cabo-verdiana do «*young man from a marginal neighbourhood*» (Briceño-León e Zubillaga, 2002: 8).

Este bloqueio passa também por ter em conta a violência como uma constante na sociedade cabo-verdiana, quer na sua versão mais estrutural e simbólica (desde o sistema escravocrata ao colonialismo, passando pela discriminação social, machismo, etc.), quer na sua expressão mais direta (como, por exemplo, a violência sexual ou familiar). Por outras palavras, há que considerar que o país da *morabeza*[9] é também o país onde a violência tem expressões diretas e simbólicas, historicamente legitimadas.

Os dados recolhidos no âmbito do inquérito dão-nos indícios da constância da violência na sociedade cabo-verdiana. Vejamos alguns exemplos: para cerca de 78% dos jovens inquiridos o recurso à força para defesa da honra é uma opção; uma percentagem relevante diz ter sido alvo de violência policial (psicológica: 52%, e física: 42%); e quase 90% dos inquiridos dizem ter presenciado violência no bairro (dos quais, 58% brigas com faca e 49% brigas com arma fogo). Em termos de violência contra a mulher, cerca de 30% dos inquiridos consideram que há momentos em que a mulher merece ser agredida fisicamente. As campanhas conduzidas nos últimos anos pelas instituições e organizações de defesa da igualdade de género e a recente (março de 2011) aprovação da lei sobre a violência baseada no género – que, para além de tornar esta prática um crime público, prevê medidas para a reabilitação dos agressores e apoio psicológico e material às vítimas – dão conta da dimensão desta forma de violência em Cabo Verde. A abordagem (analítica, política, social) dominante aponta para uma espécie de hierarquização da visibilidade e da gravidade das violências, em que os atos praticados pelos *thugs*, por exemplo, são alvo de maior repúdio social quando comparados com outras manifestações da violência, nomeadamente no espaço intrafamiliar. Sem querer desresponsabilizar os jovens, torna-se fundamental não isolá-los da moldura social onde se enquadram. Frequentemente, os mesmos jovens membros dos grupos de *thugs*, agentes de *kasubódi*, são vítimas diretas da violência familiar e/ou de uma violência mais estrutural e difusa (mas não menos grave). "Familiarizados" com as várias formas de violência no seu processo de socialização, esta acaba por ser um recurso mais ou menos óbvio.

Alguns investigadores (Lima, 2010; Varela, no prelo) têm, no entanto, alertado para a necessidade de um olhar crítico e de longo prazo sobre as violências em Cabo Verde. Especificamente em relação aos *thugs*, Varela (no prelo) questiona se não se trata de «vinho velho em odre novo», isto é, de uma manifestação de resposta e resistência contra a subjugação e marginalização social outrora protagonizadas nos morgadios, nas montanhas, tendo lugar agora nos bairros das cidades. Em última análise, o que este

---

[9] Expressão crioula para gentileza, afabilidade, amabilidade, simpatia; é considerada como um dos traços marcantes da identidade cabo-verdiana.

autor propõe é um paralelo, uma linha de continuidade entre o *"thug"* e o "tipo negro/mestiço" marginalizado e dominado por um sistema discriminatório, vítima de violências físicas e simbólicas, onde se incluíam desde açoites e pena capital em pelourinhos, prisões e desterros até à imposição de padrões culturais exógenos ao nível da escolarização.

A consideração da permanência e da "normalização" da violência em Cabo Verde, nas suas mais diversas manifestações, densifica o debate em torno da violência juvenil e contribui para a desmistificação das suas causalidades e respostas.

## 2.3. O papel das drogas e das armas de fogo

Como tem sido referido, a abordagem das causas da violência juvenil impõe uma visão caleidoscópica. De forma isolada, apesar do seu peso, as causas esvaziam a sua capacidade explicativa. Neste sentido, a presença de fatores estruturais e das mudanças sociais por si só não explicam a opção por uma socialização violenta por parte dos jovens. É necessária a existência de outros fatores que acabam por precipitar ou facilitar esse tipo de socialização. Em termos analíticos, o uso, e sobretudo o comércio, de substâncias ilícitas como as drogas e a posse de armas de fogo são concebidos enquanto fatores individuais, fortemente relacionados com a uma versão dominante de masculinidade (Graham *et al.*, 2010). São, portanto, dois aspetos centrais na análise do surgimento dos *thugs*.

Fruto do seu posicionamento estratégico e da vulnerabilidade da costa, Cabo Verde tem servido de placa giratória importante no tráfico de droga entre a América Latina, Europa e América do Norte. As notícias de frequentes apreensões dão conta do aumento do controlo. No âmbito legislativo e institucional assinalam-se algumas medidas importantes, como a criação de uma Estratégia Nacional de Luta contra a Droga, de núcleos concelhios de prevenção, do primeiro centro de tratamento de toxicodependentes (Comunidade Terapêutica da Granja de São Filipe) ou a adoção do Plano de Ação Regional da CEDEAO. Todavia, ainda há um longo caminho a percorrer ao nível das respostas aos novos métodos e práticas criminais associados ao tráfico de drogas, não se resumindo à abordagem mais técnica e securitária como o reforço do controlo das fronteiras.

A eficácia da prevenção e combate ao tráfico de droga passa igualmente por uma aposta mais estrutural na melhoria das condições de vida dos cabo-verdianos, diminuindo as vulnerabilidades sociais e assim contribuindo para reduzir as "facilidades" de acesso aos "correios" por parte dos traficantes. Nos últimos anos têm sido presas principalmente muitas jovens mulheres cabo-verdianas nos aeroportos brasileiros do Rio de Janeiro, São Paulo e Fortaleza. Das entrevistas com algumas que estão a cumprir pena em Cabo Verde realça-se precisamente a vulnerabilidade social e a vontade de melhorar a situação familiar como as principais causas para o tráfico:

> Também há coisas que a gente faz porque sente necessidade de fazer, lá onde moramos a gente não tem nada que fazer... Agora estou arrependida, sem dúvida; mas naquela idade, o meu filho crescendo na rua... se eu tivesse deixado o meu filho no cais a carregar sacos, a roubar o que é dos outros, seria muito pior para mim. De todo o modo, fiz o que fiz, já me arrependi, também, não farei mais... (presa por tráfico de droga, Prisão São Martinho).

> É muito tentador. Agora imagina-te a tirar em oito dias 350 contos ou em oito dias 700 contos. Adormeces pobre e acordas rica. É uma proposta tentadora (presa por tráfico de droga, Prisão São Martinho).

> O meu objetivo era sempre a minha família. A minha mãe tinha uma casa e arranjei-lhe a casa, pus os meus irmãos na escola, os meus irmãos têm todos o 12º ano e também, se não tivesse vindo parar à cadeia, estariam agora nalguma formação (presa por tráfico de droga, Prisão São Martinho).

Em relação às armas de fogo, o então Ministro da Administração Interna reconhecia, em 2008, a proliferação de armas ligeiras como uma realidade e um problema fora do controlo das autoridades: «É facto que neste momento Cabo Verde não conseguiu controlar ainda a circulação de armas» (entrevista no âmbito da investigação). O presidente de uma das organizações da sociedade civil corroborava esta opinião, mostrando-se igualmente preocupado com a crescente facilidade de acesso às armas de fogo:

> Agora, por exemplo, em algumas zonas, creio que... pelo menos eu oiço a rádio que me diz isso... quase diariamente de madrugada há tiroteios numa região de Achada de Santo António, chamada Quelém. E isso está claramente ligado à disponibilidade, à facilidade de acesso, que é algo que de facto acaba sendo preocupante (Presidente da ONG AZM).

A vulnerabilidade, quer ao nível do controlo da costa, das águas territoriais, quer ao nível da própria legislação explica também, em grande medida, a proliferação das armas ligeiras em Cabo Verde:

> porque nós temos um conjunto de legislação aduaneira absolutamente arcaizado, fossilizado em que parece que não demos conta que tudo isso complexificou-se, mas temos uma legislação do século passado (entrevista ao ex-Ministro da Administração Interna).

Apesar de alguns avanços, nomeadamente no âmbito legislativo como, por exemplo, a ratificação da "Convenção da CEDEAO sobre Armas Ligeiras e de Pequeno Calibre, suas Munições e Outros Materiais Afins" ou a criação de uma "Comissão Nacional" e de um "Plano Nacional de Controlo e Combate à Proliferação de Armas Ligeiras e de Pequeno Calibre",[10] a situação atual não é muito diferente da reportada em 2008.

A imprensa continua a dar conta da frequência das apreensões, relacionadas com os *thugs* e também com o tráfico de drogas, sobretudo cocaína, provavelmente proveniente da América Latina. Cerca de 49% dos inquiridos afirmam ter presenciado brigas com armas de fogo nos seus bairros.

Em 2010, em apenas dois meses (abril e maio) foram apreendidas 155 armas de fogo (representando 54% do total das apreensões de 2009: 287 armas), 142 nas rusgas e 13 nas fronteiras, «com uma expressiva quantidade de armas artesanais», cerca de 50%. Quase todas as apreensões (mais de 90%) foram feitas na cidade da Praia (*A Semana*, 2010). A acessibilidade das armas de fogo é, portanto, claramente facilitada pela produção artesanal de armas, denominadas *boca bedju*, cuja sofisticação tem vindo a aumentar.

---

[10] O Plano de Ação foi analisado e discutido num *atelier* que teve lugar no dia 6 de setembro de 2010 e contou com a presença das instituições direta e indiretamente ligadas ao tema: ECOSAP (*ECOWAS Small Arms Control Programme*), Ministérios da Administração Interna, Defesa Nacional, Justiça, Finanças, Deputados da Nação, Polícia Nacional, Polícia Judiciária, Forças Armadas, Magistratura Judicial, Ministério Público, Comissão Coordenadora do Combate à Droga, Comissão Nacional dos Direitos Humanos, Instituto da Equidade e da Igualdade do Género, Direcção-Geral das Alfândegas, ENAPOR, Ordem dos Advogados, Direcção-Geral de Política Externa, Direcção-Geral de Cooperação Internacional, Direcção-Geral de Ensino Básico e Secundário, Direcção-Geral da Juventude, UNODC, Igrejas, Estabelecimentos de Ensino Superior e ONG (Governo de Cabo Verde, 2010a).

O desarmamento da população consolida-se assim enquanto questão a ser seriamente ponderada pelas autoridades cabo-verdianas:

> Normalmente não há uma "fábrica" e esse é o grande problema... é um fulano que faz as armas em casa. E já se começa a fazer armas com um nível de sofisticação muito grande. Não sei se já viu uma *boca bedju*? Há umas rudes e mal feitas mas hoje já há algumas feitas com outros padrões de fabrico, melhores... É uma pessoa, na sua própria casa, que não se sabe onde fica... Já se sabe que não está reduzida ao interior de Santiago ou mesmo na cidade da Praia (entrevista feita ao ex-Ministro da Administração Interna no âmbito da investigação).

> Sim, é fácil arranjar arma. (...) É preciso um contacto para conseguir uma arma (...). As *boca bedju* são armas "feitas" e há gente especializada em fabricá-las, mesmo na Cidade da Praia, e uma pessoa pode consegui-las mesmo por pouco dinheiro... E são as mais baratas que atualmente existem. Por três, quatro contos consegues uma *boca bedju* (jovem preso em São Martinho).

> Aqui é mais simples comprar uma pistola aos domingos do que comprar uma caneta. Porque as papelarias estão todas fechadas mas as armas são vendidas. É mais simples comprar uma arma em Cabo Verde do que nos EUA. Eu, quando cheguei, achava que era difícil, mas passado dois, três dias... Aqui é mais caro, mas também é mais simples. Mais simples arranjar (jovem preso em São Martinho).

> Aqui é pior que o Brasil (...) é uma violência constante. Estás em casa e parece que são pipocas a estalar. São tiros a torto e a direito (opinião de uma residente no bairro de Achada Grande, entrevistada para a reportagem da Televisão de Cabo Verde intitulada "Violência urbana, uma inquietação da sociedade cabo-verdiana").

A proliferação de amas ligeiras é também alimentada pela atração que estas exercem sobre os jovens, designadamente do sexo masculino. Tal como acontece noutros contextos, os jovens cabo-verdianos associam o contacto e a posse de armas (muitas vezes roubadas aos guardas prisionais) com valores como «protecção e defesa e percepções de poder e virilidade» (Moura e Santos, 2010: 8). No caso dos grupos violentos, a arma de fogo funciona como elemento diferenciador dos papéis de liderança, podendo, em alguns casos, alterar a lógica de chefia e comando dos grupos ao reverter a situação de predominância dos mais velhos sobre os mais novos:

Se eu tiver uma, o que eu penso é que um dia hei de usá-la, tarde ou cedo hei de usá-la. Então, eu sabia isso. Eu sabia que um dia havia de ser preso porque pensava sempre usar a minha arma (jovem preso).

Ter arma significa muito. Porque quando tens uma arma sentes que ninguém abusa de ti. Quando eu era pequeno muita gente abusava de mim mas a partir dos doze anos, quando tive a minha primeira arma, já ninguém abusava de mim.

[Q]uando não há armas, quem manda é quem tem mais "força de espírito", quem tem mais moral, mais garra para enfrentar as situações; e é seguido por todos (jovem participante de entrevista coletiva na Praia).

Muitas vezes há alguns que são filhos de pais mais ricos e têm mais armas, acabam por ser chefes e as outras pessoas acabam por obedecê-los e muitas vezes acabam por querer ficar com a maior parte das coisas roubadas (jovem participante de entrevista coletiva na Praia).

No caso dos assaltos não há chefe, agora quando há brigas, nos confrontos entre *gangs*, já há. É quem tem a pistola. Por exemplo, se eu tiver muitas pistolas, distribuo pelo grupo, escolho as pessoas, distribuo as tarefas (jovem participante de entrevista coletiva na Praia).

A posse de armas, especialmente de fogo, determina as posições centrais na estrutura dos grupos. Concretamente no que diz respeito às armas existe uma "hierarquia bélica": no topo estão as armas de fogo, como as 6,35, 32, 38, revólveres, *walthers*, etc., seguidas das armas artesanais, com destaque para as *boca bedju*, e por último as armas brancas, como facas, machados, gás pimenta, tacos de basebol, etc. (Lima, 2010: 24).

## 3. Respostas à violência juvenil

A punição continua a ser a opção mais frequente em matéria de respostas à violência, em detrimento da prevenção e da reabilitação. Talvez por ser considerada a forma mais eficaz de prevenir a violência, o caminho mais rápido e seguro para debelar a violência (Englander, 2007). No caso da violência coletiva juvenil, para além de haver uma aposta prioritária nas estratégias repressivas, ela não é reconhecida como um "problema específico", que requer dos governos e demais instituições um claro investimento (Dowdney, 2005: 142).

Em países como El Salvador, têm sido assinaladas algumas lacunas importantes nos programas de resposta à violência:

[F]alta de vontade política; análise das causas da violência de forma compartimentada e a noção que a violência dos *gangs* pode ser diminuída sem um projecto político integral que combata os problemas dos jovens. A eficácia desses programas passa em grande medida por tornar a sedução dos programas mais forte que a sedução exercida pelos grupos (Roque, 2009: 22).

As respostas à violência juvenil em Cabo Verde não diferem substancialmente das salvadorenhas ou de outros países. Fazem parte dos ingredientes – cada vez mais globalizados – da resposta à violência, o reforço policial, a presença da polícia militar nas ruas, na periferia da Cidade da Praia, e um sistema prisional pouco reintegrador e sobretudo punitivo. Diversos setores da sociedade têm criticado estas medidas:

Sem menosprezar a Polícia Nacional, penso que a Polícia Nacional anexada à Polícia Militar poderia atenuar um pouco a situação, mas só isso também não é o suficiente. Apenas ir e amedrontar a pessoa na rua, para a fazer ficar dentro de casa, uma hora ou outra ela acaba por sair. E se guardar o rancor por mais tempo, quando o extravasar, acaba por extravasá-lo com mais força. Acompanhado disso, o governo deve oferecer ocupação porque acredito que sem ocupação podemos trabalhar, podemos até conseguir frutos, mas será em menor quantidade (entrevista com representante da OMCV).

Porque temos de trabalhar esses dois setores, família e educação, penso que aí, com políticas a direcionar para a família, políticas governamentais juntamente com a implementação das ONG para tentar minimizar este problema da delinquência juvenil, mas eu ainda volto à questão do neoliberalismo, grande oferta generalizada e pouco poder de compra (entrevista com presidente do ICCA).

Ora, tal como acontece noutros quadrantes geográficos, verificámos o predomínio de uma linha repressiva, quer ao nível das respostas legislativas, quer ao nível da atuação policial. No primeiro nível, destaca-se a deficiência na transição para a aplicação prática das leis. Veja-se, a título de exemplo, o decreto-lei nº 2/2006, criado com o propósito de contribuir para solucionar o problema da delinquência juvenil. Entre outras medidas, o decreto-lei estipulou o estabelecimento de um centro educativo para acolher «jovens em conflito com a lei», com vista à sua reinserção social. O Centro Educativo Orlando Pantera, como foi designado, em homenagem ao falecido músico e compositor cabo-verdiano que trabalhou com crianças e adolescentes das Aldeias SOS, continua ainda a aguardar que sejam reunidas todas as condições para o seu funcionamento efetivo.

Mais recentemente, a 30 de junho de 2010, assinala-se a aprovação, por unanimidade, da Lei de Política Criminal, tendo como objetivos principais «prevenir, reprimir e reduzir a criminalidade» e definindo como «crimes de investigação prioritária» os «crimes executados com violência, ameaça grave ou recurso a armas e crimes executados de forma organizada ou em grupo», entre outros. A lei pretende apresentar «ao delinquente uma nova oportunidade de reinserção social» (Governo de Cabo Verde, 2010b). A forma como esta "nova oportunidade" for ou não concretizada poderá servir para corroborar ou refutar a opinião expressa em 2008 por um técnico da Comissão Nacional dos Direitos Humanos e Cidadania:

> Acho que a política de reinserção social em Cabo Verde.... Bem, dizer que não há seria radical, mas quando consideramos os meios que se aplicam e depois os resultados que podem produzir, que é quase nada, então posso voltar atrás para dizer que não há política de reinserção social em Cabo Verde. (...) Não desvalorizamos a ação, o trabalho de quem está no terreno, mas é toda a política. (...) Penso que estar a dizer que não há recursos é uma escapatória, porque a questão é a política, se há uma política de reinserção social, ela deve ter um mecanismo, uma capacidade de procurar recursos (entrevista no âmbito da investigação).

No âmbito das respostas policiais, destaca-se um período inicial de "surpresa" e de falta de preparação para fazer face à nova tipologia da violência, seguido de uma aposta em medidas repressivas e de curto prazo (por exemplo, aumento do número de efetivos ou de esquadras). Sublinha-se o mediatizado e fortemente criticado – nomeadamente, pelo principal partido da oposição – recurso à Polícia Militar para patrulhamento das ruas. A justificação oficial para o uso da Polícia Militar foi o seu papel dissuasor, tendo havido, todavia, algumas queixas de uso desproporcionado da força por parte de alguns agentes.

No entanto, a atuação mais recente (a partir de 2008) tem sido marcada por algumas mudanças de estratégias e por uma lógica de maior "proximidade" com os jovens, com o objetivo de "pacificar" *thugs* rivais. Para um desempenho policial mais adequado importa ter em linha de conta que por detrás dos *thugs* está um quadro de exclusão social que foge da perspetiva meramente repressiva e policial.

Esta tentativa de alargamento e de maior abrangência das respostas por parte da polícia enquadra-se numa perspetiva mais global, coordenada pelo próprio governo, e impulsionada pela recorrência de casos de violência, nos primeiros meses do ano de 2010, e pelo consequente reforço da demanda de soluções eficazes por parte da população. É neste contexto que foi criada, em fevereiro de 2010, uma Comissão Interministerial de combate à violência em Cabo Verde, visando «estabelecer um pacto com a sociedade para uma estratégia nacional e de consenso de combate à violência», que, para além de «aperfeiçoar mais a parte repressiva», pretende «ter uma abordagem não orientada apenas para aspectos sectários, mas um programa abrangente, multifacetado que abrange todas as dimensões» (Governo de Cabo Verde, 2010c).

Este novo plano de ação contra a violência incluiu também «visitas a alguns dos bairros mais problemáticos do país para auscultar as impressões sobre o tema da violência» (Governo de Cabo Verde, 2010d). Os encontros entre membros do governo e os *thugs* foram alvo de várias críticas. Na opinião de alguns, tratando-se de uma atividade conduzida por altas instâncias governamentais e não por instituições que trabalham mais diretamente com a juventude, corre-se o risco de se deixar uma imagem de fragilidade face à criminalidade (RTC, 2010a). Independentemente das críticas e de um eventual aproveitamento político (um ano antes das eleições legislativas de 2011, em que José Maria Neves foi reconduzido no lugar de Primeiro-Ministro), estes encontros marcaram um esforço de aproximação e de conhecimento real da vida dos jovens dos bairros periféricos da cidade da Praia. Para além de respostas de curto prazo, como a construção de placas desportivas (minicampos desportivos) em alguns bairros, esta nova abordagem da violência abarca uma vertente mais estrutural ao propor, entre outras, a criação de autarquias inframunicipais e de centros municipais de desenvolvimento social em todos os municípios, a fim de que as políticas públicas na área social estejam mais acessíveis à população. Destaca-se ainda o projeto Centro de Juventude Móvel, coordenado pela Direcção Geral da Juventude e financiado pelas Nações Unidas. Trata-se de um meio de ocupação dos tempos livres dos jovens dos locais menos favorecidos e mais distantes, através da realização de cursos de iniciação à informática, ações de informação, sensibilização, prevenção e aconselhamento, nomeadamente sobre saúde reprodutiva e VIH-SIDA (Ministério da Juventude, 2009).

No "Fórum Nacional de Consenso por uma Cultura de Paz e Tolerância", realizado a 28 de abril de 2010 e que contou com a participação de juristas, assistentes sociais, psicólogos, geógrafos, etc., foi relembrada a importância de Cabo Verde adotar as recomendações do Relatório da Organização Mundial de Saúde de 2002 (nomeadamente, considerar a violência como um problema de saúde pública), realçando-se o papel da família, da comunicação social e de toda a sociedade civil no combate à violência. Em relação à atuação da sociedade civil nesta matéria, tem sido caracterizada genericamente por alguma lentidão e pela delegação para o governo, não sendo a "violência juvenil" um tema central e mobilizador das agendas das organizações e instituições. Refiro a título de exemplo uma marcha pela paz organizada em 2007 por um grupo de *bloggers* mas que, devido a uma participação não tão numerosa quanto a desejada, acabou por se transformar numa passeata. Na opinião dos organizadores, essa fraca adesão deveu-se ao facto de não se reconhecer esse tipo de iniciativas como uma "forma de luta" (Blogue PEDRABIKA, 2007). No entanto, nos últimos anos, têm surgido experiências de organizações da sociedade civil, algumas em parceria com instituições públicas, que constituem "bons exemplos" e que têm tido consequências diretas na vida de jovens envolvidos com a violência na Cidade da Praia. Destaco o trabalho, como a formação nas mais diversas áreas e atividades culturais, que associações com sede em bairros considerados problemáticos – como a Espaço Aberto, do bairro de Safendi (resultado de uma parceria entre a Associação Zé Moniz, a Comunidade de Sant'Egidio, o Instituto Cabo-verdiano da Criança e do Adolescente e a Câmara Municipal da Praia), e a *Black Panthers*, no bairro da Várzea – têm desenvolvido junto dos jovens, em geral, e dos *thugs*, em particular. Pela sua inovação e pelos resultados obtidos destaco, igualmente, um projeto da ACRIDES na Achada Grande Trás, um bairro onde atuavam três grupos rivais de *thugs*. A intervenção consistiu em apoiar jovens *thugs*, pais de crianças que faziam parte dos programas da associação, no sentido de frequentarem cursos de formação profissional, uma vez que eram jovens estudantes, com o oitavo, nono, décimo e décimo primeiro ano de escolaridade. O objetivo era ajudá-los a ter uma profissão e capacitá-los para uma paternidade responsável (o propósito da ACRIDES é a promoção e defesa dos direitos da criança, atuando ao nível da família no seu todo). O êxito do projeto deveu-se à persistência da equipa (presença no bairro durante dois anos: 2008-2010), ao apoio da comunidade no seu conjunto e à abertura dos próprios jovens, que acabaram por continuar os estudos e atualmente (2011) alguns são voluntários da ACRIDES, formandos do Centro de Formação Profissional.

De acordo com os resultados dos inquéritos, a diminuição da violência da parte do governo passa principalmente por criar emprego (16,6%), aumentar a segurança (11,3%) e construir áreas de lazer e desporto (5,5%), coincidindo com as respostas quando questionados sobre a atuação dos próprios jovens para solucionar a violências: procurar/ter emprego (12,7%); atividades de lazer (9,7%) e mais segurança nas ruas (9,5%).

Perante este cenário, importa aprofundar os programas de prevenção e reabilitação já ensaiados, uma vez que se dirigem às causas da violência e requerem uma abordagem coordenada e participativa entre as várias instituições envolvidas (governamentais, não-governamentais, religiosas, família, etc.), na linha do que foi postulado pelo relatório da Organização Mundial de Saúde de 2002: «ao preparar os programas nacionais de prevenção contra a violência juvenil, é importante ter em vista não apenas os fatores individuais cognitivos, sociais e comportamentais, mas também os sistemas sociais que modelam tais fatores» (Krug *et al.*, 2002: 39).

É fundamental a adoção de políticas públicas especificamente dirigidas aos jovens, nomeadamente ao nível da criação de emprego (uma percentagem significativa dos nossos inquiridos apontou o desemprego como um dos principais impulsionadores da violência na Praia), a requalificação dos bairros periféricos e a capacitação das instituições que trabalham com os jovens ao nível dos recursos materiais e humanos, etc. Os centros de desenvolvimento e os centros de juventude podem fazer a diferença neste contexto, dependendo da eficácia com que forem implementados.

### 3.1. Respostas em relação aos deportados

Nesta matéria, o que se passa em Cabo Verde também não é exceção à regra internacional, ou seja, considera-se fundamental o papel dos programas de (re)assimilação e (re)integração, tendo em conta as situações de exclusão social a que os deportados se encontram sujeitos quando retornam (UNODC, 2007; Brilhante, 2000; Governo de Cabo Verde, 2005; DeCesare, 1998). Ao nível do discurso oficial a deportação é reconhecida como «uma questão de direitos humanos» e uma complexidade inerente ao facto de Cabo Verde ser um país de diáspora.[11] Nos recentes encontros com os congressistas norte-americanos dos Estados onde residem comunidades cabo-verdianas, a problemática da deportação tem sido um dos pontos importantes da agenda (*Expresso das Ilhas*, 2008c). Já foram dados alguns passos significativos mas ainda não existe uma abordagem consistente: a falta de coordenação com os países "deportadores" e entre as instituições nacionais envolvidas, por um lado, e a exiguidade de recursos disponíveis,[12] por outro lado, continuam a ser marcas dominantes deste processo. Uma breve cronologia do apoio aos deportados em Cabo Verde ilustra essas dificuldades e torna visível a necessidade de uma atuação mais concertada e adequada às necessidades dos deportados, numa perspetiva de aprendizagem e aproveitamento de experiências análogas noutros contextos geográficos:

Em 2001, foi criado, por despacho do Primeiro-ministro cabo-verdiano, um grupo de estudo, com o propósito de elaborar um projeto de integração dos deportados, tendo como principais focos o emprego e a formação profissional, a saúde e o apoio psicológico. Na sequência desse projeto surgiu um grupo de trabalho com representantes de vários ministérios (Ministério do Trabalho e Solidariedade, Ministério da Saúde e Ministério da Justiça), sob a coordenação do Instituto das Comunidades e em parceria com o Instituto Nacional de Estatística. Uma das principais resoluções deste grupo de estudo, para além da promoção de um levantamento estatístico sobre os deportados, foi a criação do Programa Nacional de Prevenção e Acompanhamento da Deportação (PNPAD), no âmbito do qual foram criados gabinetes de acompanhamento, um destinado ao acolhimento, localizado na ilha do Sal[13] e quatro gabinetes de atendimento personalizado, numa lógica de acompanhamento mais a longo prazo. Aspetos diversos, como a falta de recursos humanos e financeiros, são apontados como estando na origem das deficiências existentes ao nível do apoio prestado por esses gabinetes aos deportados.

---

[11] *A Semana*, nº 700, 11/02/2005.

[12] No seu relatório de 2007, o United Nations Office on Drugs and Crime (UNODC) propõe que os países mais ricos ("deportadores") passem a considerar o apoio a esses programas como uma forma de ajuda ao desenvolvimento. O que resulta desta proposta é claramente um olhar sobre a deportação que extravasa a lógica de culpabilização e de assuntos internos dos países diretamente envolvidos para ser encarado numa perspetiva multilateral.

[13] Com a abertura de outros aeroportos internacionais justifica-se a criação de mais gabinetes.

Em 2005, sob a tutela do Instituto Cabo-verdiano de Solidariedade, surgiu o Projeto de Reinserção Social dos Repatriados com o objetivo de contribuir para solucionar os problemas de marginalização e exclusão social que atingem os jovens repatriados:

> Consiste na produção a partir de colónias (na lógica das colónias de férias) de uma circularidade de acções que visem formar e sensibilizar o público-alvo sobre a prevenção e combate ao HIV/SIDA, fundamentalmente, não esquecendo o tráfico e consumo de estupefaciente e a criminalidade, permitindo deste modo um plano integral de reinserção social dos deportados da emigração (*PowerPoint* de apresentação do projeto cedido por uma das suas responsáveis).

O plano de atividades do projeto prevê a realização de palestras sobre os mais diversos temas (SIDA, Direitos Humanos, criminalidade organizada, cidadania...); visitas de estudo a várias instituições (por exemplo, hospitais e escolas, onde poderão exercer funções em regime de voluntariado). O projeto inclui também uma vertente de avaliação. Numa primeira fase (2005-2006) dirigiu-se especialmente aos repatriados provenientes dos Estados Unidos (grupo de 30), «porque são os que apresentam mais problemas de adaptação e inserção» (*A Semana*, nº 700, 11/02/2005). O projeto aposta igualmente na vertente de comunicação entre os repatriados e as respetivas famílias. É neste contexto que se insere a criação de uma linha verde e de uma página na internet, com apoio da empresa CV Telecom, um dos parceiros do projeto a par de organismos de cooperação internacional, nomeadamente do Luxemburgo, vários ministérios e direções-gerais, empresas, e algumas associações da sociedade civil (sobretudo, associações religiosas, como a Liga Nazarena de Solidariedade, Igreja Adventista, Tenda El Shadai, etc.).

As expectativas inicialmente criadas, sobretudo pelos deportados, em torno dos projetos e programas são proporcionais às críticas e à desilusão que o seu não cumprimento gerou. Poucas iniciativas do projeto chegaram a sair do papel. A própria conceção do projeto tem sido alvo de crítica, no sentido em que se considera que privilegia o curto prazo, em detrimento de uma ênfase na sustentabilidade das atividades.

Quanto ao PNPAD, a aposta continua centrada em microprojetos individuais, pequenas atividades geradoras de rendimento (Instituto das Comunidades, 2009), como, por exemplo, a abertura de barbearias e salões de cabeleireiro, apoios à agricultura e pecuária (para jovens que cresceram e sempre viveram em centros urbanos) e à aquisição de habitação, opções que, na sua maioria, não maximizam as mais-valias dos repatriados, designadamente ao nível do domínio da língua inglesa, música ou desporto (por exemplo, basquete), e têm subjacente uma lógica de punição e de redenção:

> "Para os repatriados que já estão minimamente inseridos na sociedade, como eu, este programa não vai resultar". As actividades são "demasiado paternalistas" os deportados não precisam "de um *babysitter*". "Sentir que estamos a ser submetidos a um teste pode aumentar ainda mais esse sentimento de rejeição", assegura. No entanto, para "os casos mais problemáticos, este projecto é necessário" (*A Semana*, nº 711, 29/04/2005).

> Se este filme ajudar a sensibilizar as pessoas para verem esse assunto com outros olhos, por mim óptimo. Se servir apenas para se lembrar que os deportados existem, também é óptimo. (...) Muito poucos já conseguiram integrar-se realmente. Mas o grande problema é quando existem instituições que dizem que trabalham e apoiam os deportados... eu acho que estão a brincar. Essa não é opinião do realizador, mas a opinião do Paulo Cabral: para mim, um deportado que veio dos Estados Unidos, não interessa por qual motivo veio, dar-lhe duas cabeças de cabra e quatro galinhas como projecto de vida... me parece que é desadequado... (realizador Paulo Cabral, entrevista de apresentação do filme sobre a vida e a adaptação dos repatriados dos EUA em Cabo Verde – RTC, 2010b).

> O Estado só ajuda se fizermos muita pressão. Gasta-se muito mais dinheiro nos telefonemas e a lisonjeá-los do que a ajuda que dão... Há muitos preconceitos (deportada entrevistada).

> Nós crescemos num país que é a primeira potência mundial e chegamos a um Cabo Verde que nos fecha portas. Os que não têm nenhum apoio têm que sobreviver de alguma forma, e por isso vão para a rua, ou metem-se na droga e nos assaltos à mão armada. O mundo é uma selva. O que vou fazer para não ir dormir sem fome? (*A Semana*, nº 711, 29/04/2005).

### Conclusões

Este capítulo pretendeu ser uma proposta para a desmistificação e complexificação do olhar sobre a relação jovens e violência coletiva em Cabo Verde, nomeadamente no que diz respeito aos protagonistas, às causas e às respostas que têm sido esboçadas. Quer pela sua "novidade", quer pelas interligações a diversas outras temáticas, quer ainda pelo desafio que coloca à imagem dominante do jovem cabo-verdiano, o tema tem sido alvo, por um lado, de uma forte politização (ou melhor (bi)partidarização), servindo de arma de arremesso político entre os dois maiores partidos cabo-verdianos – PAICV e MPD, no poder e na oposição, respetivamente – que trocam acusações quanto à responsabilidade pelo estado da (in)segurança no país, e, por outro lado, de omissões e riscos que põem em causa a sua compreensão e, principalmente, a abrangência e eficácia das respostas. A ligação direta entre os *thugs* e os jovens dos bairros periféricos e pobres da capital e consequente "criminalização da pobreza" é claramente um desses riscos. Outro dos riscos que merece destaque é a estigmatização da imagem do deportado, considerado exclusivamente como violento e criminoso.

Este olhar redutor e estigmatizante sobre a violência juvenil acarreta ainda um outro risco: o de acentuar alguma propensão para a legitimação da justiça popular, para o policiamento informal, para uma sociedade mais controladora, tornando (ainda mais) periclitante o equilíbrio entre a segurança e os direitos humanos.

Quanto às respostas, tem prevalecido uma clara omissão do contexto global das políticas, quer em relação à intervenção policial (com peso excessivo da perspetiva repressiva e punitiva), quer no que toca à deportação, prevalecendo uma lógica de internalização das causas e atores da violência e a externalização das respostas, características centrais do atual projeto de paz liberal.

Estes mitos, riscos e omissões requerem a diversificação e o aprofundamento dos estudos sobre jovens e violência e a consequente aplicação em termos de políticas públicas e de respostas. Uma abordagem aprofundada sobre a reincidência poderá, por exemplo, trazer elementos fundamentais para a compreensão do impacto das políticas de reinserção social e contribuir para a análise e aplicação de medidas mais preventivas da violência e criminalidade juvenil em Cabo Verde.

## REFERÊNCIAS BIBLIOGRÁFICAS

ABBINK, Jon (2005), "Being young in Africa: The politics of despair and renewal", *in* Jon. Abbink e I. van Kessel (orgs.), *Vanguard or Vandals. Youth, Politics and Conflict in Africa*. Leiden: BRILL.

BAY, Edna G. e DONHAM, Donald L. (orgs.) (2006), *States of Violence. Politics, Youth, and Memory in Contemporary Africa*. Charlottesville, VA/London: University of Virginia Press.

BORDONARO, Lorenzo (2009), "Cabo Verde: juventude e guerra ao crime", *P@x*, Boletim Online nº 13, dezembro [disponível em linha em: <http://www.ces.uc.pt/nucleos/nep/media/PAX-13-pt-dez.pdf>].

BRICEÑO-LEÓN, R. e ZUBILLAGA, V. (2002), "Violence and globalization in Latin America", *Current Sociology*, 50(1): 19-37.

BRILHANTE, Miguel (2000), *As representações sociais do repatriado*. Lisboa: Edições Salamandra.

CARDOSO, Katia (2009), "O que há de global na violência colectiva juvenil na cidade da Praia? Algumas pistas iniciais de reflexão", *Revista de Estudos Cabo-Verdianos*, nº 3, Ano III, dezembro: 11-25.

DECESARE, Donna (1998), "Deported 'home' to Haiti", *NACLA Report on the Americas*; Nov/Dec, 3(3): 6-10 [disponível em linha em: <http://www.asylumlaw.org/docs/haiti/HAI_1/Deported%20home.pdf>, consultado em 31/08/2007].

DOWDNEY, Luke (2005), *Nem guerra nem paz. Comparações internacionais de crianças e jovens em violência armada organizada*. Rio de Janeiro: 7Letras.

ENGLANDER, Elizabeth Kandel (2007), *Understanding Violence*. Mahwah, NJ: Lawrence Erlsbaum Associates.

GLASER, C. (2000), *Bo-Tsotsi: the youth gangs of Soweto, 1935-1976*. Portsmouth, NH: Heinemann.

GOVERNO DE CABO VERDE (2005), *Relatório de Actividades do Instituto das Comunidades 2002-2005* [disponível em linha em: <http://www.governo.cv/index2.php?option=com_docman&task=doc_view&gid=10&Itemid=89>, consultado em 31/08/2007].

GRAHAM, Lauren; BRUCE, David e PEROLD, Helene (2010), *Ending the Age of the Marginal Majority. An exploration of strategies to overcome youth exclusion, vulnerability and violence in southern Africa*. Midrand, África do Sul: Southern Africa Trust [disponível em linha em: <http://www.uj.ac.za/EN/Faculties/humanities/researchcentres/csda/staff/laurengraham/Documents/Youth_violence_civic_engagement_SADC_2010-Full.pdf>].

HONWANA, Alcina (2005), "Innocent & Guilty. Child-Soldiers as Interstitial & Tactical Agents", *in* Alcinda Honwana e Filip De Boeck (orgs.), *Makers and Breakers: Children & Youth in Postcolonial Africa*. Oxford, UK: James Currey; Trenton, NJ: Africa World Press; Dakar: Codesria, pp. 31-52.

HRW – Human Rights Watch (2007), "Forced Apart, Families Separated and Immigrants Harmed by United States Deportation Policy", *HRW Report*, 19, no. 3(G) [disponível em linha em: <http://www.hrw.org/en/reports/2007/07/16/forced-apart-0>].

INE – Instituto Nacional de Estatística (2002), *Perfil de pobreza em Cabo Verde: inquérito às despesas e receitas familiares – 2001/2002*. Praia: INE.

INE (2008), *Resultados da revisão das projecções demográficas – Cabo Verde 2000-2020*. Praia: INE.

INSTITUTO DAS COMUNIDADES (2009), *Relatório de acompanhamento da problemática da deportação*. Praia: Instituto das Comunidades.

KRUG, Etiene G.; DAHLBERG, Linda L.; MERCY, James A.; ZWI, Anthony B. e LOZANO, Rafael (orgs.) (2002), *World report on violence and health*. Genève: Organização Mundial de Saúde [disponível em linha em: <http://whqlibdoc.who.int/hq/2002/9241545615.pdf>].

KYNOCH, Gary (1999), "From the Ninevites to the Hard Livings Gang: Township Gangsters and Urban Violence in Twentieth Century South Africa", *African Studies*, 58(1): 55-85.

LIMA, Redy Wilson (2010), "Thugs: vítimas e/ou agentes da violência?", *Revista Direito e Cidadania* (Ed. Especial – Política Social e Cidadania), nº 30: 191-220.

MARTINS, Filipe e FORTES, Celeste (2010), "Para além da crise. Relações familiares na África contemporânea: notas sobre Cabo Verde", comunicação apresentada no 7º Congresso Ibérico de Estudos Africanos, Lisboa [disponível em linha em: <http://repositorio-iul.iscte.pt/bitstream/10071/2267/1/CIEA7_5_MARTINS%26FORTES_Para%20al%C3%A9m%20da%20crise.pdf>].

MOKWENA, Steve (1991), "The Era of the Jackrollers: contextualizing the rise of the youth gangs in Soweto", Seminar No. 7, University of the Witwatersrand, Joannesburg, South Africa.

MOURA, Tatiana (2007), *Rostos invisíveis da violência armada: um estudo de caso sobre o Rio de Janeiro*. Rio de Janeiro: 7Letras.

MOURA, Tatiana e SANTOS, Rita (2010), "A procura de armas de fogo em Portugal: perfis, usos e motivações", *P@x*, Boletim Online, 15, dezembro: 4-8 [disponível em linha em: <http://www.ces.uc.pt/nucleos/nep/media/Pax15-pt.pdf>].

OWUMI, B.E. (1994), "New Trends and attitudes towards crime: The phenomenon of Area Boys in Nigeria", *in* I. O. Albert, J. Adisa, T. Agbola e G. Hercult (orgs.), *Urban Management and Urban violence in Africa*. New York: The Free Press.

PINNOCK, D. (1984). *The Brotherhoods: Street Gangs and State Control in Cape Town.* Cidade do Cabo: D. Philip.

PRECIL, Privat (1999), "Criminal Deportees and Returned Teens a Migration Phenomenon, a Social Problem", The Panos Institute of the Caribbean [disponível em linha em: <http://www.panosinst.org/productions/haitibriefings/h-02-e.php>, consultado em 15/09/2007].

PROENÇA, Carlos Sangreman (2009), *A Exclusão Social em Cabo Verde. Uma Abordagem Preliminar,* Lisboa: ISEG – CesA, Documentos de Trabalho nº 76 [disponível em linha em: <http://www.repository.utl.pt/bitstream/10400.5/845/1/CESA-DT_76-2009.pdf>].

RATELE, Kopano (2008), "Analysing Males in Africa: Certain Useful Elements in Considering Ruling Masculinities", *African and Asian Studies*, 7: 515-536.

ROQUE, Sílvia (2009), "Percursos da violência pós-guerra em El Salvador: uma introdução". Cabo dos Trabalhos, Programa de Doutoramento Política Internacional e Resolução de Conflitos, nº 3 [disponível em linha em: <http://cabodostrabalhos.ces.uc.pt/n3/ensaios.php>].

ROQUE, Sílvia e CARDOSO, Katia (2008), "Por que razões os jovens se mobilizam... ou não? Jovens e violência em Bissau e na Praia", comunicação apresentada na 12ª Assembleia-Geral do CODESRIA, Governar o Espaço Público Africano, [disponível em linha em: <http://www.codesria.org/IMG/pdf/Katia_Cardoso.pdf>].

ROQUE, Sílvia e CARDOSO, Katia (2010), "Entre a marginalização e a securitização: jovens e violências em Cabo Verde e na Guiné-Bissau", comunicação apresentada no 7º Congresso Ibérico de Estudos Africanos, Lisboa [disponível em linha em: <http://repositorio-iul.iscte.pt/bitstream/10071/2250/1/CIEA7_7_ROQUE%26CARDOSO_Entre%20a%20marginiliza%c3%a7%c3%a3o%20e%20a%20securitiza%c3%a7%c3%a3o.pdf>].

SALO, Elaine (2006), "Mans is ma soe. Ganging Practices in Manenberg, South Africa, and the Ideologies of Masculinity, Gender, and Generational Relations", *in* Edna G. Bay e Donald L. Donham (orgs.), *States of Violence. Politics, Youth, and Memory in Contemporary Africa*. Charlottesville, VA/London: University of Virginia Press, pp. 148-175.

UNODC – United Nations Office on Drugs and Crime (2007), *Crime, Violence, and Development: Trends, Costs, and Policy Options in the Caribbean*, Report No. 37820, March, A Joint Report with the Latin America and the Caribbean Region of the

World Bank [disponível em linha em: <http://www.unodc.org/pdf/research/Cr_and_Vio_Car_E.pdf>, consultado em 15/09/2007].

VARELA, Aquilino (no prelo), "A violência em Cabo Verde: entre a fantasmagoria da história, a desterritorialização das tensões sociais e novos agenciamentos", comunicação apresentada no Colóquio Segurança e Violência em Cabo Verde, Assomada, Universidade de Santiago.

WACQUANT, Loïc (1999), *Les prisons de la misère*. Paris: Raisons d'agir.

WACQUANT, Loïc (2008), *As duas faces do gueto* (tradução de Paulo Cezar Castanheira). São Paulo: Boitempo.

## Notícias e Sítios na Internet

*A Semana* (2005), nº 700, de 11/02/2005; nº 702, de 25/02/2005; nº 707, de 1/04/2005; nº 711, de 29/04/2005 [disponíveis em linha em: <http://www.asemana.publ.cv/spip.php?article10483&ak=1&lang=pt>].

*A Semana* (2010), *Apreendidas 155 armas em dois meses mas número de delinquentes baixou*, 5 de junho [disponível em linha em: <http://asemana.sapo.cv/spip.php?article53428&ak=1>, consultado em 10/072010].

Blogue PEDRABIKA (2007), *A marcha* [mensagem de 17 de dezembro, acessível em: <http://pedrabika.blogspot.com/search?q=marcha>].

*Expresso das Ilhas* (2007), *Número de deportados para Cabo Verde aumenta a cada ano*, 16 de novembro [disponível em linha em: <http://www.expressodasilhas.sapo.cv/pt/noticias/detail/id/1257>, consultado em 16/11/2007].

*Expresso das Ilhas* (2008a), *PN arranca com o programa escola segura*, 23 de setembro [disponível em linha em: <http://www.expressodasilhas.sapo.cv/pt/noticias/detail/id/5558>, consultado em 30/09/2008].

*Expresso das Ilhas* (2008b), *Morte, tortura, a medicina batoteira* (artigo de opinião), 28 de março [disponível em linha em: <http://www.expressodasilhas.sapo.cv/pt/noticias/detail/id/2912>, consultado em 28/03/2008].

*Expresso das Ilhas* (2008c), *Aristides Lima recebe, hoje, congressista norte-Americano, Barney Frank*, 30 de março [disponível em linha em: <http://www.expressodasilhas.sapo.cv/pt/noticias/detail/id/2926>, consultado em 30/03/2008].

Governo de Cabo Verde – Página Oficial (2010a), *COMNAC realiza Atelier para discutir Plano de Acção Nacional*, 6 de setembro [disponível em linha em: <http://www.governo.cv/index.php?option=com_content&task=view&id=2765>, consultado em 17/10/2010].

Governo de Cabo Verde – Página Oficial (2010b), *Lei de Política Criminal define crimes de investigação prioritária*, 1 de julho [disponível em linha em: <http://www.governo.cv/index.php?option=com_content&task=view&id=2604>, consultado em 4/07/2010].

Governo de Cabo Verde – Página Oficial (2010c), *Governo cria Comissão Interministerial de combate à violência*, 16 de fevereiro [disponível em linha em: <http://www.governo.cv/index.php?option=com_content&task=view&id=2251>, consultado em 15/03/2010].

Governo de Cabo Verde – Página Oficial (2010d), *Primeiro-Ministro avança novas medidas para combate à criminalidade nos bairros*, 17 de março [disponível em linha em: <http://www.governo.cv/index.php?option=com_content&task=view&id=2344>, consultado em 20/032010].

Ministério da Juventude de Cabo Verde (2009), *Centro de Juventude Móvel* [disponível em linha em: <http://www.juventude.cv/index.php?option=com_content&view=article&id=37&Itemid=40>].

RTC – Radiotelevisão Caboverdiana (2010a), *PM José Maria Neves sobre o encontro com grupos de Thugs*, 27 de abril [disponível em linha em: <http://www.rtc.cv/index.php?paginas=13&id_cod=2049&data=2010-04-27>, consultado em 30/04/2010].

RTC (2010b), *Entrevista de apresentação do filme sobre a vida e a adaptação dos repatriados dos EUA em Cabo Verde*, 14 de abril [disponível em linha em: <http://rtc.cv/index.php?id_cod=1828&paginas=13>, consultado em 20/06/2010].

**Lista de Siglas**

ACRIDES – Associação Crianças Desfavorecidas

AZM – Associação Zé Moniz

CEDEAO – Comunidade Económica dos Estados da África Ocidental

ICCA – Instituto Cabo-verdiano da Criança e do Adolescente

OMCV – Organização das Mulheres de Cabo Verde

CAPÍTULO 2

## DELINQUÊNCIA JUVENIL COLETIVA NA CIDADE DA PRAIA: UMA ABORDAGEM DIACRÓNICA*

*Redy Wilson Lima***

### Introdução

Este capítulo pretende ilustrar as motivações dos grupos denominados *thugs*, apresentando os possíveis motivos da sua desmobilização iniciada no ano 2008 e a sua consequente redefinição a partir de uma resenha histórica do fenómeno da delinquência juvenil coletiva na Cidade da Praia pós-colonial.

Partindo dos finais da década de 1980, tentaremos apontar os diversos momentos de mobilização dos jovens em atos delinquentes suportados por grupos mais ou menos organizados, caracterizando cada um desses grupos nos seus diversos contextos temporais de atuação.

Apesar de os grupos de jovens delinquentes terem surgido antes da década de 2000, tomamos essa década como a mais violenta no que concerne à delinquência coletiva na Cidade da Praia, com o aparecimento da figura social juvenil *thugs*, considerando este movimento como tendo incorporado a ideologia *thug life*, introduzida nos guetos negros norte-americanos na década de 1990 por Tupac Amaru Shakur.[1] Essa ideologia é transportada para o contexto cabo-verdiano pelos jovens deportados dos Estados Unidos

---

* Este capítulo é resultado de uma investigação etnográfica iniciada em 2006 sobre as crianças em situação de rua na Cidade da Praia e aprofundada em 2007 na busca da compreensão dos motivos por detrás da mobilização dos jovens através de atos violentos coletivos.

** Investigador do Centro de Estudos e Pesquisas Avançadas da Universidade de Santiago, Cabo Verde.

[1] *Rapper* e ator norte-americano nascido na zona Este de Harlem, Nova Iorque, conhecido ainda por 2Pac, Pac ou Makaveli. Pac tinha a fama e nome de revolucionário. Era filho de pais ex-*Black Panther Party*, tendo vivido muito tempo com o padrasto, igualmente um ex-membro desse movimento partidário. Nas suas letras falava do nacionalismo negro, igualdade e liberdade. Viveu uma vida violenta contra o sistema social norte-americano e foi assassinado em 1996 por um atirador desconhecido, diz-se que fruto dos "bifes" (disputas entre os MC [*Master of Cerimonies* – considerado um poeta lírico na subcultura *hip hop*] usando palavras provocativas e estigmatizantes) com o rival Notorius BIG.

da América e reforçada pelas novas tecnologias, num meio caracterizado por forte hibridez social.

Por fim, analisaremos as respostas políticas dadas ao fenómeno da delinquência juvenil coletiva na Cidade da Praia, após a sua constituição como problema social e a consequente entrada na agenda política.

## 1. Os "piratinhas" e os netinhos de vovó (finais dos anos 1980/início dos 1990)

A palavra *thug*[2] só entrou no vocabulário praiense no início da década de 2000, mas a organização coletiva da violência juvenil com *modus operandi* específico teve início na década de 1990, embora com pouca visibilidade.

Antes, na década de 1980, as maiores dores de cabeça da população e forças judiciais tinham que ver com as ações dos chamados "piratas".[3] Mais tarde, no início dos anos 1990,[4] grupos de jovens residentes na linha Achada Grande Frente/Lém Ferreira autodenominaram-se "netinhos de vovó",[5] semeando o pânico no seio da população praiense.

Lamentavelmente, não há estudos sobre estes dois fenómenos, no entanto, apesar dessa lacuna, a partir de testemunhos de alguns ex-membros do grupo "netinhos de vovó" e daqueles que conviveram com eles, podemos afirmar que, pela forma como se organizaram e agiram, devem ser considerados como sendo o primeiro grupo juvenil especializado em violên-

---

[2] Como são denominados os *gangs* juvenis da Cidade da Praia.

[3] O termo "pirata", que significava bandido, era utilizado para designar os indivíduos que ganhavam a vida furtando na via pública, normalmente usando a técnica do esticão após a escolha das vítimas. Apesar de agirem individualmente, conhecia-se situações em que grupos eram constituídos, embora mal organizados, pouco coesos e sem qualquer tipo de hierarquização. Raramente recorriam à violência nas suas ações, procurando atuar mais na base da oportunidade.

[4] O núcleo duro do grupo ter-se-á formado nos finais dos anos 1980, mas o grupo ganha visibilidade e temor social no início dos anos 1990, através dos relatos de quem afirmara ter sido assaltado por eles. Inúmeros relatos dão conta da violência com que atuavam, assaltando com recurso a armas brancas e violando as suas vítimas independentemente do sexo. Oficialmente, estes testemunhos nunca foram confirmados pelas forças judiciais e, para muitos, tais histórias não passavam de mitos urbanos.

[5] Esta denominação é explicada segundo duas versões diferentes, uma relacionando-os ao estilo *rude boy* jamaicano patente no grupo *reggae* com o mesmo nome surgido na Cidade da Praia nessa época. A outra refere-se a uma determinada idosa que mantinha uma relação maternal com esses jovens a quem chamavam de vovó e para quem "trabalhavam".

cia coletiva na Cidade da Praia. Tal como acontece hoje com os *thugs*, na altura, em qualquer situação criminal onde os jovens se afiguravam como atores principais, o nome "netinhos de vovó" era automaticamente mobilizado. Os ex-membros do grupo com os quais conversámos afirmaram que a maioria dos atos delinquentes a eles imputada foi perpetrada por indivíduos alheios ao grupo.

A partir de 1993/1994, começou-se a notar, nas principais artérias da cidade, a existência de grupos de crianças denominadas "crianças de rua" ou "piratinhas", aparentemente bem organizados e especialistas em atividades ilícitas (Lima, 2008). O programa do II Governo Constitucional da II República (Chefia do Governo, 1996) refere-se a este facto no ponto alusivo a crianças e o compromisso com o futuro de Cabo Verde 1995/2000, onde se salienta que um dos principais problemas enfrentados pelas crianças cabo-verdianas é a pré-delinquência.[6] Considera crianças e adolescentes pré-delinquentes aqueles cujos comportamentos se desviam da norma, isto é, aqueles que tenham manifestações comportamentais consideradas negativas, vivendo e sobrevivendo nas ruas, embora com contactos esporádicos com a família, com quem de vez em quando partilham o resultado dos delitos. Segundo o documento, de entre as atividades criminosas cometidas por eles apontavam-se furtos, burlas, assaltos, uso de álcool, iniciação à droga e eram referenciados como muito agressivos e intolerantes. O documento menciona também a utilização dessas crianças por delinquentes adultos na prática de delitos, devido à sua situação de inimputabilidade. Em 2007, muito tempo depois de esse documento ter sido elaborado, verificámos no decorrer de uma investigação etnográfica sobre os modos de vida das crianças em situação de rua, na Cidade da Praia, que essas práticas ainda persistem, na medida em que reparámos que algumas dessas crianças eram utilizadas no transporte de drogas, assaltos a residências e a estabelecimentos comerciais. Como referido anteriormente, a inimputabilidade dessas crianças – apesar de a lei cabo-verdiana prever a responsabilidade criminal de indivíduos dos 12 aos 16 anos, na prática isso não se aplica – e a sua constituição física (pequenas e magras) facilitavam a sua penetração em espaços reduzidos, tornando-as atrativas para os adultos infratores (Lima, 2008).

---

[6] Os outros problemas apontados são: maus-tratos, prostituição infantil e abuso sexual, consumo de drogas e de álcool, trabalho infantil, a sua utilização para práticas antissociais, orfandades, deficiência motora e entregues a terceiros para sua educação.

Ao invés de outros países, entre os quais o Brasil, nos quais se transitou do termo menor infrator ou crianças de rua para crianças em situação de rua,[7] como forma de mudar o foco da culpabilização da criança ou do adolescente, visto como perigoso, para a compreensão das causas estruturantes que o levaram à rua; em Cabo Verde, continuava-se a utilizar termos estigmatizantes, marginalizando ainda mais essa população.

## 2. Reação dos jovens deportados norte-americanos e a constituição dos primeiros grupos *thugs* (segunda metade dos anos 1990/início dos anos 2000)

A segunda metade dos anos 1990 foi marcada por novas formas de assalto nas ruas – mais aprimoradas – e abordagens mais violentas.[8] Pelo facto de muitos assaltos serem feitos usando expressões em inglês, os jovens deportados dos Estados Unidos da América afiguraram-se como os principais suspeitos e inimigos sociais, ganhando assim novos estigmas. Desta feita, o foco da preocupação deixa de ser as ditas "crianças de rua" para passar aos denominados "merkanus",[9] ainda mais numa época em que alguns indivíduos suspeitos de estarem envolvidos no tráfico internacional de estupefacientes começaram a ser sumariamente executados em ações dignas de cenas cinematográficas de outras realidades.

Não existem muitos estudos sobre os emigrantes deportados e, segundo Cabral (2007 *apud* Carvalho e Sá, 2007), há uma enorme discrepância nos números oficiais. Enquanto os relatórios anuais da Direcção de Emigração e Fronteiras de Cabo Verde (DEF), o Instituto de Apoio ao Emigrante (IAE) e a lista da Embaixada de Cabo Verde nos Estados Unidos da América apontam para mais de quatrocentas expulsões de cidadãos cabo-verdianos de 1987 a 2007 por motivos diversos, o Instituto das Comunidades dá conta de apenas 260 retornados ao longo desse tempo.

---

[7] Esta evolução terminológica chegou a Cabo Verde em 2005 pelas mãos dos antropólogos José Carlos Gomes dos Anjos e José Carlos Moniz Varela (2005).

[8] Na maioria dos assaltos até então realizados utilizava-se quase sempre armas brancas e raramente os assaltantes agrediam as suas vítimas após a sua materialização. O termo *cash or body* era frequentemente utilizado nesses assaltos, tendo sido mais tarde crioulizado e incorporado no vocabulário de rua como "kasubodi".

[9] Expressão utilizada para designar o indivíduo proveniente dos Estados Unidos da América, quer seja deportado, emigrante ou natural daquele país.

Desde a década de 1980 que o país se vem debatendo com o problema das deportações e, segundo Cabral (2007 *apud* Carvalho e Sá, 2007), os deportados são essencialmente oriundos da Europa, seguido dos Estados Unidos da América. A falta de documentos é apontada como sendo a principal causa da expulsão dos imigrantes, após o tráfico de drogas, porte ilegal de armas, homicídios, agressão, violência sexual, vandalismo, violência doméstica, pequenos furtos e assaltos à mão armada.

Quadro sinóptico dos deportados dos Estados Unidos da América (1987/2006)[10]

| 1987/1991 | 1992/1996 | 1997/2001 | 2002/2006 | Total |
|-----------|-----------|-----------|-----------|-------|
| 6 | 51 | 216 | 149 | 422 |

*Fonte*: Relatórios anuais da DEF, IAEP, Embaixada de Cabo Verde nos Estados Unidos da América (Cabral, 2007, *apud* Carvalho e Sá, 2007).

A partir de 1987, começaram a chegar ao país indivíduos deportados dos Estados Unidos da América, na sua maioria jovens. Isto sem falar daqueles que a família enviava por um período ilimitado, como forma de evitar possíveis expulsões e consequente interdição de reentrada naquele país norte-americano. Como se pode ver pelo quadro acima apresentado, as deportações atingiram o seu máximo na segunda metade dos anos 1990/início dos anos 2000, levando alguns estudiosos (Cabral, 2007, *apud* Carvalho e Sá, 2007) a culpabilizá-los pelo surgimento daquilo a que chamam factos sociais negativos (roubos, assaltos, violações, etc.). No entanto, torna-se forçoso evidenciar que nesse mesmo período chegou ao país um número considerável de indivíduos deportados de países como Portugal, França ou Holanda (Cabral, 2007, *apud* Carvalho e Sá, 2007) por crimes relacionados com o tráfico de drogas ou falta de documentos.

A questão que se coloca é a seguinte: de que forma esta vaga de deportados pode (ou não) ter influenciado a criminalização dos "merkanus"? Por um lado, poderá ter existido uma importação considerável de "expertise" em matéria de técnicas criminais ou violentas: muitas deportações dos

[10] Convém salientar que nem todos os indivíduos deportados cometeram crimes violentos.

Estados Unidos da América deveram-se a crimes violentos como assaltos à mão armada ou homicídios ligados aos *gangs* suburbanos. Por outro lado, estas pessoas trouxeram novas atitudes, formas de estar, de vestir e de comunicar. Comunicavam entre si em inglês, recorrendo a calões usados nos espaços suburbanos norte-americanos e tinham um estilo *thug* de se vestir,[11] reproduzindo o imaginário do jovem delinquente norte-americano no espaço social cabo-verdiano, conhecido apenas dos filmes de Hollywood e vídeos de *hip hop* produzidos nos Estados Unidos da América.

É de salientar o facto de que a maioria dos jovens expulsos dos Estados Unidos da América se fixou, num primeiro momento, nas regiões de origem dos pais, junto dos familiares. A adaptação ao meio nem sempre foi fácil, visto que esses jovens foram socializados nos Estados Unidos da América, país para onde emigraram com os pais ainda crianças. Para Laranja *et al.* (2000, *apud* Carvalho e Sá, 2007), a assimilação dos valores, comportamentos e modos de vida dos países de destino dificulta a integração dos indivíduos quando regressam; as diferenças culturais existentes entre os nacionais e os repatriados dificultam ainda mais a convivência.

A maioria dos deportados é originária das ilhas do Fogo e da Brava, ilhas conhecidas apenas através de histórias contadas pelos pais e familiares, onde predomina um tipo de solidariedade baseada no controle e princípios comunitários, em que todos se conhecem e onde o tempo passa lentamente. Acostumados a um estilo de vida mais intenso e frenético, depressa deixam essas pequenas ilhas para trás, aventurando-se na Cidade da Praia, espaço que se aproxima mais daquele deixado no país que fora o de acolhimento. Numa sociedade com características individualistas e longe dos familiares mais próximos, experimentam novas formas de martírio social,[12] em parte análogas àquelas sentidas na sociedade norte-americana.

Vítimas de discriminação étnica e social nos Estados Unidos da América, embora camuflada; em Cabo Verde, devido à informação social que passam devido à sua forma de estar na sociedade, acabam por cair nesta mesma situação. Por não irem ao encontro dos comportamentos esperados pelo grupo dominante, desrespeitando as normas que não interiorizaram por terem sido socializados noutro contexto, são postos de lado e considerados como um grupo perigoso. Para Becker (1985), quando situações deste tipo acon-

---

[11] Roupas largas acompanhadas por acessórios como bonés, lenços, fios e brincos volumosos, etc.
[12] Novas formas de discriminação.

tecem, isto é, a partir do momento em que uma sociedade representa um grupo específico como desviante – qualificando-o de delinquente, neste caso concreto –, contribuem para a respetiva realização/concretização.

É a sociedade que define a categoria de desvio através de um olhar estigmatizante. Segundo Rodrigues (1997: 48), «a identificação de um grupo com um estigma decorre das imagens construídas dos seus atributos ao longo dos processos de interacção entre os seus membros e os de outros grupos». Eles são tidos como o mal e inimigos a abater para a preservação da sociedade convencional e cumpridora da lei, cabendo à comunicação social o papel de desencadear uma campanha contra esses desviantes, fazendo com que uma parte significativa da sociedade esteja profundamente convencida de que determinados fenómenos representam uma ameaça real aos seus valores e à sua segurança e existência coletiva.

Neste contexto, a formação de *gangs* aparece como uma estratégia de sobrevivência e a carreira delinquente consolida-se a partir das oportunidades existentes numa sociedade onde a economia subterrânea, nomeadamente o tráfico de droga, dita as regras. Tornam-se presas fáceis dos narcotraficantes, que rapidamente os recrutam e os usam como "matadores profissionais". Prova disso foram as inúmeras mortes seletivas relacionadas com ajustes de contas entre indivíduos ligados ao narcotráfico, que tiveram início nesse período.

É de notar que os primeiros grupos, conhecidos mais tarde por *thugs,* apareceram nos finais dos anos 1990, e inicialmente eram constituídos apenas por jovens deportados dos Estados Unidos da América. Poder-se-á dizer que, tendo vivido ou conhecido a realidade dos guetos norte-americanos e tendo caído numa situação de segregação e de exclusão social em Cabo Verde, o agrupamento e a reprodução no contexto praiense de realidades vividas nos bairros periféricos das cidades norte-americanas[13] torna-se forçoso. Inicialmente, esses *gangs* eram grupos muito fechados e localizados em bairros específicos.

Eram poucos os jovens socializados no contexto cabo-verdiano com acesso a esse meio. Alguns ex-"netinhos de vovó" interagiram com eles nos bairros de Achada Grande Frente e Lém Ferreira, ouvindo histórias da vivência *gang* nos Estados Unidos da América, histórias essas reproduzidas depois

---

[13] Embora falemos de grupos/*gangs* formados por deportados, convém notar que muitos deles agiam individualmente, mais concretamente os "matadores profissionais".

para os mais novos, que viam os jovens deportados como autênticos heróis urbanos. É de realçar que muitos deportados tentaram consciencializar os mais novos que a vida bandida, da forma como existe atualmente nos Estados Unidos da América, não seria a melhor solução para a resolução dos seus problemas e dos da comunidade.

Embora houvesse mais do que um grupo de jovens deportados a reproduzir a cultura *thug* no espaço social praiense, raramente havia problemas entre eles e o elemento mais forte dessa união era o facto de terem sido expulsos do país que os acolheu na saga migratória familiar. Portanto, não havia territorialização de espaços. Segundo relatos de alguns deportados e de alguns jovens que privaram com eles, os problemas começaram a surgir quando grupos rivais de narcotraficantes cabo-verdianos começaram a contratar os seus serviços como seguranças em transações de estupefacientes e/ou como matadores.

Estas duas situações colocaram-nos em lados opostos e, então, começaram a surgir os primeiros confrontos entre eles. O refúgio foi o bairro onde residiam e como proteção começaram a recrutar jovens do bairro, desesperados e revoltados com as condições sociais em que se encontravam. O recrutamento foi fácil na medida em que muitos estavam extasiados com as suas histórias e o seu estilo de vida. A desterritorialização dos grupos para outros bairros aconteceu no início do ano 2000,[14] devendo-se, por um lado, à imitação de um estilo de vida novo e admirado e, por outro lado, à necessidade de defesa contra grupos de outros bairros ou do mesmo bairro que foram surgindo. É de frisar que o nome pelo qual esses jovens passaram a ser conhecidos e temidos só entrou no vocabulário praiense por volta do ano 2003.

## 3. Consolidação da cultura *thug* (2003/2007)

Este foi, sem dúvida, o período em que a violência urbana atingiu maiores proporções, tornando-se num problema social efetivo. As execuções seletivas aumentaram e a sociedade praiense depara-se com o surgimento de uma nova figura social: os *thugs*. A consolidação dos grupos *thugs* deu-

---

[14] Neste período havia relatos de atividades de grupos delinquentes em quase todos os bairros da capital. No início, apenas havia um grupo por bairro, mas desavenças entre os seus membros e os "bifes" individuais e territoriais entre os grupos *gangsta rap* que foram aparecendo nas zonas periféricas da cidade contribuíram para o aparecimento de vários grupos num único bairro.

-se quando jovens excluídos, residentes nos bairros periféricos, revoltados com a situação social em que se encontravam, se juntaram aos *gangs* chefiados por deportados e/ou formaram os seus próprios *gangs* como defesa de um eventual ataque. Em alguns casos, os grupos surgiram devido à fama conquistada pelos *thugs* e à admiração que muitas jovens do sexo feminino nutriam por esta nova figura social.

Tal como no caso dos deportados, esses jovens encontravam-se desafiliados. O conceito de desafiliação aqui mobilizado não implica um completo desligamento do social, visto que, apesar de estarem num processo de descoletivização face a uma parte da sociedade, formam novos grupos sociais, ou seja, rapidamente buscaram estratégias de sobrevivência no bairro, juntamente com outros jovens na mesma situação social, entrando num processo de recoletivização à margem das convenções sociais.

A cultura de rua interiorizada nos bairros, primeiramente, através da convivência com os grupos de jovens deportados dos Estados Unidos da América e, posteriormente, através daqueles que evidenciavam largas experiências de rua, assemelha-se àquilo que Bourgois (2001) identificou como sendo um conjunto de redes, símbolos e crenças complexas e conflituosas de modos de interação específicos e de valores e ideologias emergentes, em oposição à exclusão promovida pela classe dominante. A rua funciona como um fórum alternativo onde se pode afirmar a dignidade pessoal autónoma. Acabam por desenvolver uma cultura de resistência caracterizada por diversas práticas de revolta que, com o passar dos tempos, se consolida num estilo de vida marcado pela oposição, seguindo assim uma vida exclusivamente delinquente. Assim, optam por uma carreira delinquente[15] que se processa através da manutenção, durante um longo período de tempo, de uma forma determinada de delinquência – de revolta – fazendo dela o seu modo de vida (Lima, 2010).

Respondendo à questão posta por Roque e Cardoso (2008) relativamente ao facto de a participação dos jovens na violência coletiva ser ou não impulsionada por uma agenda política própria, pode-se afirmar que, no contexto praiense, os grupos *thugs* observados agem como uma força de oposição contra o sistema (político, social, económico e ideológico), reivindicando

---

[15] A carreira delinquente começa a partir do momento em que um determinado indivíduo comete uma transgressão de forma intencional, ou seja, quando realiza um ato não conformista que quebra uma regra ou um conjunto de regras.

melhores condições de vida para os grupos dominados e marginalizados – dos quais fazem parte. Como observa Abdullah (2002 *apud* Roque e Cardoso, 2008), a participação dos jovens neste movimento é, muitas vezes, tomada como um emprego ou um meio de afirmação pessoal e social.

Se é verdade que as histórias contadas pelos jovens deportados dos Estados Unidos da América os influenciaram, os filmes brasileiros tais como "Cidade de Deus" ou "Cidade dos Homens", a telenovela brasileira "Vidas Opostas", os filmes norte-americanos onde se destaca "Shottas" e os vídeos e as músicas *gangsta rap* fizeram o resto. Sentem-se na pele desses personagens, tendo em conta que se veem nas mesmas condições sociais. Tal como os bandidos fictícios dos filmes e telenovelas e os personagens das músicas *rap*, vivem numa sociedade desigual, espacialmente desorganizada, individualista, onde a riqueza simboliza o estatuto social. São discriminados e criminalizados pela população em geral e pelas forças policiais em particular, devido ao acantonamento a que estão sujeitos nos bairros periféricos. Têm fácil acesso a armas de fogo e não têm nada a perder.

A expressão *thug* ou *thug life*[16] tomada de empréstimo ao *rapper* norte-americano Tupac Shakur representa o modo de vida de sobrevivência do jovem negro nos guetos norte-americanos. Surge para designar jovens ou grupos de jovens com estilos de vida particulares, tribalizados[17] e desalinhados das condutas dominantes. Tal como nos Estados Unidos da América, a expressão consolida-se à volta dos grupos *gangsta rap*[18] que foram surgindo um pouco por todos os bairros. Os primeiros grupos *thugs* formaram-se, portanto, à volta desses grupos musicais, fazendo com que as cenas de violência começassem a surgir como resultado dos "bifes"[19] individuais e ter-

---

[16] Foi o nome de um movimento social desvinculado das ONG criado por Tupac Shakur com o objetivo de diminuir a violência juvenil nos guetos pobres norte-americanos. Foi criado um conjunto de condutas, uma espécie de mandamento/regulamento *thug*, estabelecendo o que os *gangs* poderiam ou não fazer nas comunidades.

[17] Tomo aqui a noção de tribos urbanas para as designar como um microgrupo juvenil, com identidades semelhantes e interesse comuns, ligado pela música *rap* e comportamentos violentos, baseados em relações carregadas de afetividade, mas ténues.

[18] É um subgénero do *rap* que tem como característica a descrição do dia-a-dia violento dos jovens negros desafiliados das grandes cidades norte-americanas.

[19] Disputas entre os MC usando palavras provocativas e estigmatizantes.

ritoriais protagonizados pelos MC[20]. Constata-se que os nomes dos grupos *thugs* eram os mesmos dos grupos *gangsta rap* da zona ou dos amigos/grupos de pares aos quais prestavam o serviço de guarda-costas nas deslocações às atividades culturais para que eram convidados, protegendo-os dos grupos rivais com os quais tinham "bifes" (Lima, 2010).

Para além dos "bifes" contra grupos e/ou bairros considerados inimigos, as letras dos *gangsta rappers* denunciam a corrupção social e política, a violência policial, a desigualdade social, a hipocrisia social, o desprezo pelos X9,[21] a pobreza e a apatia social. Esta denúncia funciona como um grito de revolta e uma chamada de atenção à sociedade para a situação vivida nas periferias da cidade. Era também através da música *rap* que o código *thug life*[22] era reproduzido aos mais novos e era necessário que todos o interiorizassem. Os membros tinham de ter consciência que teriam dinheiro à sua disposição, que seriam presos e que morreriam nas ruas.

Vivem o momento baseado numa lógica de não-compromisso, valorizando o "aqui-agora" (Coutinho, 2001 *apud* Lopes de Oliveira *et al.*, 2003), agrupados em associações semiestruturadas, constituídas predominantemente por pessoas que se aproximam pela identificação comum a rituais e elementos de cultura que expressam valores e estilos de vida, moda, música e lazeres típicos de um espaço-tempo (Maffesoli, 2000 *apud* Lopes de Oliveira *et al.*, 2003). Dito de outra forma, os grupos *thugs* apresentam características de

---

[20] MC – *Master of Cerimonies* (mestre de cerimónias). Considerado um poeta lírico na subcultura *hip-hop*.

[21] Expressão importada da realidade das favelas brasileiras que significa a pessoa que passa informação às forças judiciais, isto é, "chibos". Nota-se que muitos jovens misturam expressões importadas do quotidiano dos bairros desafiliados norte-americanos com as usadas nas favelas brasileiras. Neste último caso, as telenovelas brasileiras, muito apreciadas em Cabo Verde, funcionam como veículo de transmissão de outros modos de pensar e estar.

[22] O contrato é baseado na palavra, portanto, há que honrá-lo; eliminar os X9 porque põem em causa a coesão do grupo; respeitar o grupo porque ele é tudo o que importa; fazer segurança na comunidade, protegendo-a da polícia, que é vista como "pau mandado" das classes dominantes; identificar bem o inimigo para evitar danos colaterais; respeitar os mais velhos porque representam a sabedoria; disputas territoriais dentro dos bairros devem ser tratadas com profissionalismo e as desavenças deverão ser resolvidas fora da comunidade; evitar tiroteios em festas e outros espaços de convivialidade; o *thug* tem de ser esperto, tem de conhecer o código, respeitá-lo e deve proteger-se sempre, ou seja, andar armado. Roubar na zona e atacar membros da comunidade é ir contra o código; sequestrar crianças ou usá-las no tráfico é ir contra o código; vender drogas às grávidas é considerado infanticídio; não se pode traficar nas escolas.

tribos urbanas em que cada situação apresenta uma estabilidade vivencial intensa que muitas vezes não deixa rastros para as experiências seguintes. A violência é vivida intensamente em grupo, adotam estilos incorporando três elementos – a imagem, o porte e o uso do calão (Brake, 1974, *apud* Xiberras, 1993) – que, acrescentados às especificidades das tribos urbanas na busca da identidade grupal, reproduzem uma informação social de *thug*. Verificou-se que há um interesse numa autoapresentação performativa: a música *rap* funciona como um dos elos de ligação entre eles; existe um cuidado com a autoimagem – calças e *t-shirts* largas, fios e brincos volumosos, lenços e/ou bonés postos de lado, tatuagens –; nota-se uma preocupação com o porte, uma vez que o corpo é utilizado como um lugar de identidade, de expressão e causador de medo; o uso frequente de calão usado nos guetos norte-americanos e/ou a crioulização de expressões inglesas tal como *kasubodi*; e a adoção de condutas de agressão e destruição com efeitos dramáticos sobre si mesmos e sobre a sociedade (Lima, 2010).

No que toca à hierarquização dentro dos grupos, constata-se que os critérios são a idade, a capacidade de convencer os outros, a posse de armas de fogo, a agressividade, a bravura, a experiência delinquente e o cadastro policial. Os grupos costumam ter em média 14 elementos com idades compreendidas entre os 15 e os 25 anos, aproximadamente. De salientar que os grupos *thugs* ou os *thugs*[23] mais temidos eram aqueles que possuíam um maior arsenal bélico e a hierarquia bélica dos grupos é dividida da seguinte forma: primeiro, as armas de fogo industriais, tais como 6,35, 32, 38 ou revólver; em segundo lugar, as armas artesanais, onde se destaca o *boka bedju*;[24] e, por último, as armas brancas, tais como facas, machados, tacos de basebol, etc. (Lima, 2010).

## 4. Redefinição do fenómeno *thug* (2008/2010)
Se tomarmos o período 2003/2007 como a etapa de consolidação dos grupos *thugs* na capital, o período 2008/2010, nomeadamente dezembro de 2009/janeiro de 2010, marca a viragem do fenómeno da delinquência coletiva juvenil na Cidade da Praia.

---

[23] Possuir ou não arma de fogo e o tipo de arma possuído é um elemento importante para ser chefe ou para a subida de posto dentro do grupo, o que mostra a excessiva cultura de arma de fogo no seio dessa comunidade.
[24] Arma artesanal fabricada na ilha de Santiago a partir de ferro e metal.

Com o aumento da repressão policial,[25] das prisões e das mortes[26] resultantes dos confrontos entre grupos rivais e contra as forças policiais, alguns *thugs* começaram a abandonar os grupos, indo em busca de novas formas de reivindicação social. A diminuição da popularidade desses grupos nas comunidades poderá igualmente ter contribuído para esta situação. Na verdade, muitos membros estavam cansados dos confrontos, sentimento este patente num dos elementos do grupo "The Wolf Gang" da Achada Grande Trás, que exprimiu, em abril de 2010, a sua satisfação e alívio por a paz ter finalmente chegado àquele bairro depois de seis anos de "guerra".[27]

É importante não esquecer que, durante muito tempo, eram os *thugs* que asseguravam a segurança dentro dos bairros e, não obstante o olhar exterior negativo sobre esses bairros e os jovens desafiliados que aí habitam, associado à estigmatização negativa dos mesmos pela comunicação social, entre os mais novos e a população jovem feminina, um jovem *thug* era tido como um herói. Alguns ex-membros chegam mesmo a dizer que só não largaram a "vida bandida"[28] mais cedo devido às mulheres, tendo em conta que antes dificilmente conseguiam namoradas, mas depois, com o batismo *thug*, namoradas era o que não faltava. Para as crianças e jovens desses bairros, os *gangs* funcionavam como modelos de inserção e afirmação pessoal e social e, nalguns casos, como um meio de coesão comunitária. A violência característica desses grupos transforma-se naquilo que Roque e Cardoso (2008) classificam como uma estratégia organizada de sobrevivência ou de afirmação de grupos de jovens.

Já em 2007, alguns dos primeiros *thugs* com os quais conversámos queixavam-se da perda de carga filosófica e ideológica e do pendor político que marcaram o movimento na primeira metade dos anos 2000. Classificavam os jovens que se autointitulavam *thugs* como "projetos *thugs*", ou seja, indivíduos que se autointitulam *thugs* porque ser *thug* é estar na moda. Para eles, os novos elementos dos grupos desprezavam o verdadeiro significado da

---

[25] Uso da Polícia Militar (PM) na patrulha dos bairros considerados mais problemáticos, principalmente à noite.

[26] Não há dados sobre o número de *thugs* mortos entre os anos 2003 e 2010, mas com base nas histórias dos *thugs* e das conversas com a polícia podemos afirmar que ultrapassa as duas dezenas. O número de *thugs* feridos com alguma gravidade nos confrontos ultrapassa as duas centenas.

[27] Designam as lutas entre grupos rivais como guerras ou *fights*.

[28] Significado da expressão *thug life*, tornada mundialmente popular por Tupac Shakur.

palavra e da vivência subjacente à mesma porque não a conheciam. Ouviam Tupac cantar *thug life* mas, como não percebiam o inglês, não entendiam o real significado do código comunitário dos grupos, expresso nas letras, o que os levava a achar que a expressão significava apenas *bang bang*.[29] A ideia passada às crianças, aos jovens dos bairros e à sociedade em geral era a de que para se ser *thug* bastava vestir roupas largas, meter uma arma de fogo nas calças, uma faca no bolso e ir gingando (Lima, 2010). Alguns jovens presos com os quais tivemos a oportunidade de falar reiteraram esse pensamento, argumentando que ser *thug* é saber sobreviver nas ruas, no meio das adversidades e não vangloriar o porte de armas ou as conquistas femininas. Para esses, o código é claro. A mãe que diariamente sofre para pôr um prato de comida na mesa não é inimiga. Os inimigos estão bem identificados. São eles os políticos e as suas promessas irrealizáveis em tempo de campanhas eleitorais, as forças policiais que não passam de "pau mandado" do sistema e os ricos egoístas que exploram o cidadão trabalhador. Ser *thug* não é moda, é sobrevivência. Para os *rappers* que se definem como *thugs,* isso significa ser livre e poeta, devendo fazer uso da violência só quando necessário for.

Logo no início da investigação etnográfica realizada sobre os grupos de jovens delinquentes na Cidade da Praia, entre os anos 2006 e 2009, identificámos grupos de crianças que denominamos grupos *kasubodi*[30] por terem como principais atividades os roubos, os furtos e os assaltos. Na maioria das vezes, o lucro destas atividades revertia para a compra de armas de fogo que serviam, por um lado, de proteção contra indivíduos mais velhos ou grupos *thugs* rivais dos grupos da comunidade onde estavam inseridos e, por outro lado, para a compra de álcool e droga, muito apreciados na comunidade *thug* uma vez que funcionavam muitas vezes como anestesia em situações em que tinham de usar a violência.

A maior aspiração dessas crianças era vir a fazer parte dos grupos *thugs,* que, como se constatou, funcionavam como academias juvenis de recrutamento de futuros *thugs*. Eram independentes dos grupos *thugs*, apesar de conviverem no dia-a-dia com eles. Quando provassem ser confiáveis e mostrassem ser possuidoras de capacidades indispensáveis para o grupo sénior, então eram convidadas a associarem-se a estes, mediante um processo de

---

[29] Violência gratuita, sem nenhuma causa.

[30] As idades dos membros desses grupos situavam-se entre os 12 e os 15 anos, e os mais velhos, por serem normalmente fisicamente mais fortes e destemidos, lideravam o grupo.

iniciação comandado pelo chefe do grupo. Normalmente, a criança escolhida recebia ordens para assaltar pessoas na rua, liderar um espancamento a determinados indivíduos ou qualquer outro tipo de delinquência como forma de provar vir a ser um bom soldado (Lima, 2010).

Alguns estudiosos, que se aventuraram na análise do fenómeno depois de 2007, não conseguiram despir-se das ideias preconcebidas pela maioria da população e, suportados por perspetivas positivistas desarticuladas do contexto espácio-temporal cabo-verdiano, caíram facilmente no erro de os considerar como grupos *thugs*. É de destacar que se corre o risco de os resultados saírem enviesados pelo facto de nenhum desses estudos[31] se basear no método etnográfico, privilegiando o método extensivo-quantitativo, com pouco tempo de estadia no terreno, quando não com o envio de terceiros para a recolha de informações, que depois eram trabalhadas nos gabinetes. Também havia a dificuldade em se chegar aos grupos com elementos mais velhos, tendo em conta que era preciso ter algum tempo para se estabelecer confiança, e, por isso, acreditando nos interlocutores nos bairros, eram quase sempre levados aos grupos *kasubodi* que, no deslumbre de impressionar o investigador e os habitantes do bairro pela necessidade de uma auto-afirmação, ludibriavam o investigador conforme a sua vontade, fazendo-o acreditar que aquilo que contavam era a vida de um *thug*.

Com a prisão e/ou morte dos primeiros líderes, sobretudo a partir de 2008, desencadeou-se uma espécie de desestruturação grupal, especialmente por falta de referências, o que levou a que muitas crianças – principalmente as que nunca foram aceites pelos grupos seniores – tomassem conta dos grupos ou criassem os seus próprios grupos intitulando-os de *thugs*, tentando reproduzir as ações levadas a cabo por outros.

Perseguidos pelo Piquete, Brigada Anticrime (BAC) e Polícia Militar (PM), por um lado, e pela comunidade local, cansada de ter de se abrigar em casa à noite devido aos tiroteios constantes, por outro lado, rapidamente perceberam que a moda tinha passado. Com a banalização da violência e os constantes ataques dentro dos bairros, dizer que se é *thug* deixou de provocar admiração e, por essa razão, a expressão passou a ser rejeitada por muitos jovens.

---

[31] A maioria dos estudos era realizada por estudantes universitários das escolas nacionais e estrangeiras. Igualmente, o estudo encomendado pelo Ministério da Justiça aos investigadores Gabriel Fernandes e José Pina Delgado (2008) tinha um prazo muito curto, o que impedia a estada do investigador durante muito tempo no terreno.

Vestindo a pele de Onfray, arriscamos afirmar que este período pode ser considerado um tempo intermédio, «o fim de um universo e a dificuldade do advento de outro» (Onfray, 2009: 83). Queremos com isto dizer que, com a perda de referência filosófica e ideológica que marcou a geração anterior,[32] a nova geração[33] de delinquentes depara-se com uma crise identitária pessoal e grupal.[34] Há nitidamente uma peleja entre duas visões no que concerne a realidade social praiense subalternizada: a da geração anterior, que reivindicava a igualdade social, oportunidades para todos e a liberdade através da violência urbana, e a da nova geração, mais niilista, seduzida pelo dinheiro fácil, usando qualquer meio necessário para atingir a fama – imitação direta de alguns membros dos grupos dominantes.

Depois de desejarem durante muito tempo fazer parte de um grupo *thug* como forma de afirmação pessoal e social, tendo finalmente lá chegado, sentem um estranho vazio, visto que a conjuntura é outra. Ser *thug* já não suscita admiração e os ídolos já lá não estão. Os ex-*thugs*, seus ícones de admiração no passado, criticam as suas ações e duvidam dos seus conhecimentos relativamente ao real peso que a expressão carregava na primeira metade dos anos 2000. Consequentemente, as jovens do sexo feminino já não se sentem atraídas por delinquentes, devido ao estigma que estes carregam. Consciencializaram-se de que ser *thug* pressupõe mais sacrifícios do que mordomias e, por conseguinte, são frequentemente perseguidos pelo trauma de nunca terem sido convidados a associarem-se aos grupos antes dessa referida desestruturação. Por tudo isso, resolvem partir para a violência gratuita ou como lazer, sem um inimigo específico declarado.

Por terem características e motivações diferentes dos jovens deportados dos Estados Unidos da América e dos *thugs*, faltando-lhes as cargas filosóficas, ideológicas e políticas patentes nas duas gerações que os antecederam, esses grupos, numa perspetiva sociológica, não devem ser considerados

---

[32] Consideramos essa geração como a segunda geração de *thugs* surgidos na Cidade da Praia, tendo em conta as suas especificidades. A primeira geração fora a dos grupos de deportados dos Estados Unidos da América.

[33] Consideramos essa nova geração como a quinta geração da delinquência juvenil coletiva surgida na Cidade da Praia, depois dos "netinhos de vovó", dos "piratinhas", dos jovens deportados dos Estados Unidos da América e dos *thugs*.

[34] Não se vê nesses novos grupos e/ou grupos redefinidos a identidade de resistência (Castells, 2003) característica dos grupos formados pelos jovens deportados dos Estados Unidos da América e dos grupos dos *thugs*.

*thugs*, salvo se limitarmos apenas ao significado terminológico da palavra, que quer dizer assassino, delinquente ou bandido. Sendo assim, consideramos que, atualmente, os grupos de jovens delinquentes ativos na Cidade da Praia se encontram num processo de redefinição. Compete-nos verificar a médio e longo prazo se os grupos se reestruturam com a volta ao convívio social dos líderes presentemente na prisão (que podem querer reaver a posição de chefe quando soltos da prisão) ou se evoluem, adaptando-se a formas de delinquência mais violentas e aprimoradas.

## 5. Desterritorialização do fenómeno da delinquência para as prisões

A partir de 2008, com o aumento das prisões dos membros desses grupos, relatos de confrontos entre grupos rivais dentro da Cadeia de São Martinho começaram a fazer-se ouvir.[35] Os guardas prisionais confirmam as histórias, mas não lhes dão muita importância. A razão dos confrontos prende-se com o facto de, em muitos casos, todos os membros de um grupo e seus rivais serem presos e colocados num único espaço – o espaço prisional – onde a convivência diária é obrigatória. Desta feita, as inimizades da rua são transportadas para dentro da prisão, fazendo com que os encontros no pátio sejam impossíveis de evitar. Diariamente, havia jovens presos, grande parte preventivamente, que, na prisão, se refugiavam junto dos ex-elementos dos grupos do bairro, reproduzindo assim, no estabelecimento prisional, a realidade vivida nas ruas da cidade. Dos filmes e das músicas *gangsta rap* conheciam a realidade das prisões norte-americanas e tentavam pôr em prática as ações de dominação, a partir da ocupação de espaços.

Acostumados a sobreviver em pequenos espaços devido à característica espacial da Cidade da Praia, típica de uma sociedade pequena e desorganizada, usam o *know-how* aprendido na rua para sobreviverem lá dentro. Convém lembrar que, para além de proteger o seu bairro do ataque de grupos de outros bairros com os quais tinham desentendimentos, tinham também de proteger o seu quarteirão dos grupos rivais do mesmo bairro. Por conseguinte, a limitação de espaços não constituía, à primeira vista, um problema. No entanto, na prisão quem manda não é o chefe do grupo do bairro mas, sim, os guardas prisionais, aos quais tinham de se submeter. Estes não passam de polícias, categoria considerada inimiga. Os guardas, tendo conhecimento

---

[35] Os guardas relatam confrontos nas imediações da Cadeia entre grupos rivais antes e depois das visitas prisionais.

disso – e, nalgumas situações, por vingança em relação a algum episódio tido com determinados grupos fora das paredes prisionais –, usam a violência e a humilhação para com os reclusos, revoltando-os ainda mais.

A maioria dos jovens com um passado de violência coletiva com os quais conversámos confirma o tratamento desumano a que são submetidos. O líder de um dos grupos *thugs* da Achadinha Cima, preso no final de 2007, depois de libertado juntou-se a outro ex-preso e ex-soldado desse grupo e criaram um grupo *rap* denominado "Enviados Pa Rima", utilizando o microfone para denunciar as torturas e os maus-tratos sofridos na Cadeia de São Martinho. Outros ex-presos por delinquência coletiva juvenil desse mesmo bairro têm a pretensão de criar uma associação de ex-*thugs* reclusos, com o objetivo de denunciar o terror por que passaram na prisão às mãos dos guardas.

Devido à sobrelotação da Cadeia de São Martinho, o Governo de Cabo Verde decidiu ampliá-la através da construção de um novo edifício com capacidade para 600 reclusos, construção essa terminada no final de 2009 e inaugurada no início de 2010. Os reclusos com idade compreendida entre os 16 e os 21 anos, considerados presos com estatuto especial,[36] foram transferidos para esse novo espaço. Tendo em conta que os *gangs* juvenis da Cidade da Praia são compostos por jovens da faixa etária entre os 15 e os 25 anos, os grupos ficaram desfalcados. No edifício antigo, destinado aos indivíduos maiores de 21 anos de idade, os confrontos não são usuais, uma vez que ali a constituição de grupos não é tolerada pelos reclusos mais velhos, como forma de evitar possíveis confrontos. Segundo testemunhos de alguns guardas, há jovens com menos de 21 anos de idade que requerem à Direção da Cadeia de São Martinho a transferência para o edifício dos maiores de 21 anos, por temerem represálias de grupos rivais por ações efetuadas nas ruas.

Através da relação dos reclusos com estatuto especial, facultada pela Direcção Geral dos Serviços Penitenciários e de Reinserção Social (2009), não conseguimos identificar o número de *thugs* presos. Informalmente, nem os próprios funcionários têm essa perceção, mas afirmam que o grosso desses indivíduos entrou entre 2007 e 2008. Os dados do documento acima referido indicam que, até dezembro de 2009, estavam em reclusão na Cadeia de São Martinho 135 indivíduos entre os 16 e os 21 anos de idade, dos quais 21

---

[36] O decreto-legislativo nº 2/2006, que efetiva a implementação do serviço de reinserção social em Cabo Verde, estabelece que os jovens com idade compreendida entre os 16 e os 21 anos devem ser julgados no tribunal comum, mas com estatuto especial.

por homicídio, 2 por tentativa de homicídio e 12 por assalto à mão armada. Baseando-nos no pressuposto de que os homicídios e os assaltos à mão armada[37] são atividades em que os *thugs* estão frequentemente envolvidos e reconhecendo alguns nomes da lista como sendo de membros desses *gangs*, estimamos que 20 a 30 desses reclusos sejam membros desse tipo de grupos. É de sublinhar que a maioria dos reclusos com o estatuto especial foi condenada ou espera uma condenação por roubo, tipo de atividade criminosa normalmente atribuída às "crianças de rua"[38] e toxicodependentes.

Os restantes *thugs*, a maioria, encontram-se no edifício destinado aos reclusos com mais de 21 anos de idade. Na falta de dados sobre os jovens com idade compreendida entre os 22 e os 25 anos, não temos a possibilidade de definir o número de membros de *gangs* encarcerados.

## 6. Construção da agenda política da violência urbana

Em 2006, com o aumento de insegurança na Cidade da Praia, fruto em parte da ação dos *thugs*, sentiu-se a necessidade de se fazer uma análise do quadro legal existente no que respeita à intervenção tutelar educativa e à execução da pena. Dessa reflexão surgiu, em novembro de 2006, o decreto-legislativo nº 2/2006, que efetivou a implementação do serviço de reinserção social em Cabo Verde, que, de forma abrangente, tem por finalidade a prossecução de políticas públicas de reinserção social, visando a prevenção e repressão da delinquência juvenil; a intervenção em meio prisional e na comunidade; e o acompanhamento da liberdade condicional, bem como a implementação e a execução de penas alternativas à prisão. Foi também criado o Centro Reeducativo Orlando Pantera para onde as crianças prevaricadoras (crianças em conflito com a lei) passaram a ser enviadas. Deixou de se considerar os indivíduos com idade superior a 12 anos como pré-delinquentes.

---

[37] Os assaltos eram uma fonte de financiamento para a sobrevivência financeira do grupo. É de salientar que alguns elementos dos grupos assaltam individualmente ou acompanhados de um ou dois amigos próximos com a finalidade de comprarem armas de fogo, visto que a posse dessas armas, mais potentes, pode resultar na subida de posto dentro do grupo. Existem ainda toxicodependentes dentro dos grupos que assaltam individualmente para satisfazer o vício. Todavia, quando o líder não tem conhecimento ou não autoriza essa prática, o seu praticante poderá sofrer consequências por ter exposto o grupo em demasia.

[38] A partir de 2008, as "crianças de rua" maiores de 16 anos passaram a ser julgadas e condenadas, eliminando judicialmente um problema praiense a que as entidades públicas não conseguiam dar resposta através de políticas públicas inclusivas.

A partir dos 12 anos e até aos 16 anos as crianças que cometem crimes são consideradas delinquentes e estão sujeitas a medidas tutelares socioeducativas que vão de simples coação verbal a penas de internamento no referido Centro, conforme a gravidade e a natureza do ato. Dos 16 aos 21 anos o jovem que prevarica é julgado no tribunal comum, todavia gozando de um estatuto especial.

A violência urbana juvenil coletiva na Cidade da Praia estava assim constituída como um problema social. Os sociólogos geralmente consideram um problema social quando uma alegada situação se torna incompatível com os valores de um significativo número de pessoas que concordam com o facto de serem necessárias ações governamentais para alterar a situação (Rubington e Weinberg, 2010). No caso praiense, as execuções,[39] os assaltos à mão armada e os confrontos entre os grupos rivais em quase todos os bairros da cidade preocupavam a população, desencadeando várias reportagens nas rádios, televisões e jornais (em papel e *online*) dando conta desse fenómeno. Essa situação era tida como um atentado ao bem-estar social e deitava por terra o tão propalado país da "morabeza".[40] Muitas associações e ONG mostravam-se indignadas com o problema e várias vezes se levou a questão ao parlamento, onde a violência urbana era usada como arma de arremesso político de ambos os lados, na tentativa de buscar culpados pela conjuntura que se vivia. Perante isto, decretou-se tolerância zero ao crime, principalmente ao crime associado a grupos juvenis, reestruturando a polícia e elaborando a legislação acima referida.

Com o aumento da repressão, das prisões e das mortes resultantes do confronto entre grupos rivais e contra a polícia, muitos jovens deixaram os grupos e tentaram consciencializar os mais novos a seguirem outros caminhos. Ficou a impressão de que se conseguiu controlar a situação, porém, os vários episódios violentos ocorridos entre novembro de 2009 e janeiro de 2010 na Cidade da Praia e também no Mindelo provaram que apostar em políticas repressivas, não acompanhadas de políticas públicas preventivas para a colmatação desse problema, não trouxe qualquer resultado con-

---

[39] Eram derivadas dos ajustes de contas entre narcotraficantes.

[40] Entendida como uma categoria cultural essencial para a manutenção da coletividade cabo--verdiana. É tida como aquilo que melhor caracteriza e identifica o cabo-verdiano – cordial, hospitaleiro, solidário, urbano, cosmopolita, democrático, etc.

creto, uma vez que a violência juvenil coletiva se encontrava num processo de desterritorialização.

Em Cabo Verde, sedimentou-se a prática de ler o social através de óculos positivistas e etnocêntricos. A análise deste fenómeno específico carece de novas perspetivas sociológicas, isto é, de se ler o social sob um novo prisma que seja capaz de ajudar a descobrir caminhos de acordo com a realidade cabo-verdiana. Torna-se necessário compreender as novas representações do mundo contemporâneo a partir de esquemas inéditos, mesmo que estranhos aos fazedores das políticas públicas.

Contudo, era necessário incluir este fenómeno na agenda política. Em março de 2010, numa visita a um dos bairros da capital com inúmeras histórias de violência, José Maria Neves, Primeiro-Ministro de Cabo Verde, disse à televisão pública que para resolver o problema de vez era necessário buscar entender a razão do mesmo, mostrando-se publicamente disponível para um encontro com os *thugs*. Igualmente, agendou um Fórum Nacional de Consenso sobre o Combate à Violência, encomendou um estudo[41] à universidade pública para medir a violência em Cabo Verde,[42] anunciou a criação do Ministério da Juventude, que antes se encontrava sob a tutela do Ministério do Desporto. Estava assim construída a agenda política da violência urbana em Cabo Verde.

Para Gerstlé (*apud* Marôpo, 2008: 73), agenda política é «o conjunto de problemas chamados ao debate público, recebendo a intervenção das autoridades políticas legítimas». Marôpo chama a atenção para o facto de que, para Gerstlé, a influência dos média é essencial nesse processo. O facto de diariamente as populações serem bombardeadas com novos acontecimentos violentos na televisão, na rádio e nos jornais em forma de reportagens e crónicas fez com que se pressionasse cada vez mais o poder público, obrigando-o a reagir. A forma como a situação era colocada, como problemática, tinha um peso significativo na sua constituição como agenda política.

---

[41] Em 2008, os investigadores Gabriel Fernandes e José Pina Delgado (2008) concluíram um estudo sobre os jovens em conflito com a lei, encomendado pelo Ministério da Justiça, através da Direcção de Reinserção Social, com o objetivo de fornecer os parâmetros para a inteligibilidade do fenómeno da delinquência juvenil em Cabo Verde, explicitando os fatores que lhes estão subjacentes, bem como a caracterização do quadro atual.

[42] O estudo encomendado dois anos antes pelo Ministério da Justiça tinha informações que serviam para medir a violência nas ilhas, o que prova a desarticulação institucional em Cabo Verde. Outro estudo existente é o de Barry *et al.* (2003).

Segundo Cobb *et al.* (1997, *apud* Marôpo, 2008), o processo de construção da agenda pode dar-se de diferentes modos.[43] No caso específico da delinquência juvenil coletiva na Cidade da Praia, pode dizer-se que essa agenda partiu de uma iniciativa exterior, uma vez que nasce em grupos associativos e ONG, incorporados depois na agenda formal do Governo.

A incorporação da violência juvenil urbana coletiva na agenda política, não obstante ter desencadeado acirradas discussões académicas nas várias universidades cabo-verdianas, escolas secundárias e fóruns associativos, na prática, a nível político, ficou ao nível do discurso. As medidas repressivas intensificaram-se, baseadas numa visão patológica do social, pondo ênfase nas questões morais, tomando os alegados delinquentes como doentes e o seu *habitat* social como espaços de propagação do mal.[44] As instituições cabo-verdianas, públicas e privadas, e os estudiosos das questões sociais, ao acusarem a família de ter falhado na socialização dos jovens, não tendo sabido transmitir as normas morais ou os valores essenciais de cariz judaico--cristão, estão a descurar as causas estruturais que podem estar na origem do problema e a desculpabilizar as instituições públicas por não saberem dar uma resposta cabal ao fenómeno.

Convém salientar que, fora da esfera política, algumas associações e/ou grupos informais, sabendo da função de contrapeso ao poder estatal que a sociedade civil deve desempenhar, mobilizaram recursos, buscando uma solução que amortecesse o problema. Dentre eles, destacam-se as ações do grupo *Djuntarti* na realização de um festival de *hip hop* denominado *Hip Hop Konsienti*, visando a consciencialização dos grupos *rappers* da sua capacidade de influenciar a juventude cabo-verdiana para o bem e para o mal, e a Associação das Crianças Desfavorecidas (ACRIDES) com ações inclusivas junto dos jovens membros de *gangs* juvenis da Achada Grande Trás.[45]

---

[43] Três modelos são apontados. O modelo de mobilização, o modelo de iniciativa interior e o modelo de iniciativa exterior.

[44] Um mês depois da violência juvenil urbana coletiva ter entrado na agenda política, as forças policiais – civis e militares – sob a supervisão do Ministro da Administração Interna, Lívio Lopes, desencadearam uma operação policial gigantesca na Cidade da Praia denominada "ratoeira", que consistia em rusgas aleatórias e prolongadas nos bairros periféricos e policiamento de proximidade ou proteção nos bairros centrais.

[45] Nesse bairro existem 8 grupos juvenis ligados, direta ou indiretamente, à delinquência, formados a partir de grupos *rappers*. O bairro está dividido em 3 zonas – Bairro, Marrocos e Achada Baixo – e normalmente as "guerras" urbanas eram travadas entre estas zonas e contra

## Notas finais

Ao contrário do que se propala no seio da comunidade intelectual e académica cabo-verdiana, a delinquência juvenil coletiva e/ou a violência urbana não é uma novidade em Cabo Verde.

Numa abordagem diacrónica do fenómeno constata-se que, já nos finais dos anos 1980, existiam grupos de crianças e jovens dedicados a atos delinquentes. Se num primeiro momento a associação de crianças e jovens em grupos não era prática constante, com a agudização da desigualdade social em Cabo Verde, os jovens desafiliados residentes em bairros estigmatizados utilizaram a estratégia de associação grupal como forma de sobrevivência, estabelecendo objetivos concretos e identificando aqueles que consideram ser os responsáveis pela sua situação social como inimigos.

É de notar que os jovens deportados dos Estados Unidos da América são os pais ideológicos daquilo que mais tarde veio a despoletar-se como o movimento *thug*. A situação social precária por eles experimentada, numa sociedade onde o sucesso é sinónimo de riqueza e não tendo os meios para lá chegarem, leva-os a aproveitar as margens deixadas pelo sistema, fazendo uso das artes apreendidas em outros contextos através das histórias contadas pelos jovens exilados, nos filmes brasileiros e norte-americanos e nos *clips* e músicas de *hip hop* para alcançarem os seus intentos.

Com o aumento da repressão, a prisão dos líderes, as mortes dos membros dos grupos e a reprovação social desses atos, assiste-se a uma clara desestruturação dos grupos, dando assim espaço de liderança às crianças, anteriormente pertencentes a grupos *kasubodi*, que, por uma precipitação da comunicação social, de alguns estudiosos e da população em geral, foram declarados *thugs* sem o serem na verdade. Ao contrário da geração delinquente anterior, esses novos grupos reinventam-se longe da ideologia *thug life* apropriada do movimento criado nos Estados Unidos da América por Tupac Shakur e adaptado ao contexto praiense com novos símbolos e significados, embora conservando a filosofia e as práticas originais.

Verifica-se que os grupos *thugs* surgidos no início dos anos 2000, de forma semelhante ao que aconteceu nos Estados Unidos da América, nasceram à

---

os bairros próximos, como Achada Grande Frente e Lém Ferreira. No Bairro, zona central, existem 5 grupos, *The Wolf Gang, Bagdah, Lost, T-Boston* e *Detroit*. Em Marrocos existem 2 grupos, Primeira Classe (constituído por crianças) e *On Fire*. Por fim, na Achada Baixo existe apenas um grupo, denominado *New Gangster* ou *New G*.

volta dos grupos *gangsta rap* do bairro, intensificando, dessa forma, as lutas territoriais historicamente existentes devido aos "bifes" entre *rappers*. A proliferação das armas de fogo – industriais e artesanais – elevou o nível da violência, uma vez que anteriormente as armas mais utilizadas nos confrontos entre grupos eram pedras, garrafas e, sobretudo, combates corpo-a-corpo.

Evidencia-se uma desterritorialização do fenómeno, transferido para a Cadeia de São Martinho, transportando as desavenças territoriais das ruas para dentro dos muros de enclausuramento, a partir do reagrupamento dos *thugs* nesse contexto. Num plano mais amplo, verifica-se uma desterritorialização regional da delinquência para outras localidades e ilhas do país, embora nesse caso seja necessário um estudo mais aprofundado no seio dos grupos, particularmente do Mindelo, Ilha de São Vicente – palco recente de violentos confrontos grupais –, antes que se possa denominá-los *thugs*, com características idênticas às dos grupos verificados na Cidade da Praia.

## REFERÊNCIAS BIBLIOGRÁFICAS

Ames, Barry; Renno, Lucio e Rodrigues, Francisco (2003). "Democracy, Market Reform and Social Peace in Cape Verde – A comparative series of national public attitude surveys on democracy, markets and civil society in Africa", *Afrobarometer Working Paper*, no. 25 [disponível em linha em: <http://www.afrobarometer. org/index.php?option=com_docman&Itemid=39&limitstart=100>].

Anjos, José Carlos Gomes e Varela, José Carlos Moniz (2005), *Diagnóstico da situação de vulnerabilidade das crianças em situação de rua face às IST/VIH/SIDA*. Praia: Ministério do Trabalho e Solidariedade/ICM.

Becker, H. S., (1985 [1963]), *Outsiders: Études de sociologie de la déviance*. Paris: Éditions A. M. Métailié.

Bourgois, Philippe (2001), *En quête de respect: le crack à New York*. Paris: Seuil.

Carvalho, Ineida Romi Tavares Varela e Sá, Alcindo José (2007), "O retorno de emigrantes e o problema de reinserção em Cabo Verde", *Revista de Geografia* (Recife), 24, nº 2: 121-135 [disponível em linha em: <http://www.ufpe.br/revista geografia/index.php/revista/article/view/118/73>].

Castells, Manuel (2003), *A era da informação: economia, sociedade e cultura. Volume II. O poder da identidade*. Lisboa: Fundação Calouste Gulbenkian.

Chefia do Governo (1996), *Programa do II Governo Constitucional da II República*. Praia: Assembleia Nacional de Cabo Verde.

Direcção Geral dos Serviços Penitenciários e de Reinserção Social (2009), *Relação dos reclusos com idade compreendida entre os 16 a 21 anos*. Praia: Ministério da Justiça.

Fernandes, Gabriel e Pina Delgado, José (2008), *Estudo sobre a situação dos jovens em conflito com a Lei em Cabo Verde*. Praia: Ministério da Justiça.

Lima, Redy Wilson (2008), "Histórias de crianças de rua na Cidade da Praia,", Comunicação apresentada no *Seminário Na rua ninguém manda! Histórias de crianças de rua em Cabo Verde*, Universidade Nova de Lisboa – Faculdade de Ciências Sociais e Humanas, 29 de janeiro.

Lima, Redy Wilson (2010), "Thugs: vítimas e/ou agentes da violência?", Comunicação apresentada no *Colóquio Segurança e Violência em Cabo Verde*, Universidade de Santiago, 21-22 de abril.

Lopes de Oliveira, Maria Cláudia; Camilo, Adriana e Assunção, Cristina (2003), "Tribos urbanas como contexto de desenvolvimento de adolescentes: relação com pares e negociação de diferenças", *Temas em Psicologia da SBP*, nº 1: 61-75.

Marôpo, Lídia (2008), *A construção da agenda mediática da infância*. Lisboa: Livros Horizonte.

Onfray, Michel (2009), *A potência de existir*. Lisboa: Campo da Comunicação.

Rodrigues, José Manuel Cavaleiro (1997), *Nós não somos todos iguais: campo social de residência e estratégias de distinção num bairro de realojamento*. Lisboa: ISCTE.

Roque, Sílvia e Cardoso, Katia (2008), "Por que Razão os Jovens se Mobilizam... ou Não? Jovens e Violência em Bissau e na Praia", comunicação apresentada na Assembleia-Geral do CODESRIA, Yaoundé, 7 a 11 de dezembro [disponível em linha em: <http://www.codesria.org/IMG/pdf/Katia_Cardoso.pdf>].

Rubington, Earl e Weinberg, Martin S. (2010), *The Study of Social Problems: seven perspectives*, 7ª Edição. New York: Oxford University Press.

Xiberras, Martine (1993), *As teorias da exclusão: Para uma construção do imaginário do desvio*. Lisboa: Instituto Piaget.

CAPÍTULO 3

## TOLERÂNCIA ZERO CRIOULA: CABO VERDE E A "GUERRA CONTRA O CRIME"

*Lorenzo I. Bordonaro**

**Introdução**

Desde 2001 que a delinquência juvenil se tornou numa questão central no debate político e público em Cabo Verde. O aumento da pobreza extrema nas áreas urbanas, o desemprego, a desigualdade social e a disseminação de cocaína e *crack* levaram a um aumento significativo dos crimes contra a propriedade. A imprensa nacional e a TV aumentaram o pânico moral e o sentimento de insegurança, motivando uma forte polémica contra o governo. Num momento de rápida mudança social, o "desvio" da juventude transformou-se num símbolo da decadência moral da sociedade cabo-verdiana, alertando o imaginário popular para a retórica do medo, do controlo e da vigilância. Os jovens e adolescentes do sexo masculino da periferia das cidades da Praia e Mindelo foram apontados como responsáveis por este aumento da criminalidade e da violência, como demonstra a demonização de vários aspetos da cultura juvenil por parte dos meios de comunicação populares. As questões sociais e económicas foram substituídas por preocupações relevando do pânico e de caráter moral, ficando as primeiras ofuscadas por atos criminosos que foram tratados pela justiça criminal e pelo sistema prisional. O Governo de Cabo Verde, que tem estado cada vez mais envolvido nas políticas europeias e internacionais em matéria de controlo da criminalidade e das fronteiras, tem um enorme interesse económico em atrair investidores e turistas ao país, fazendo consideráveis esforços para "restaurar a ordem" nas periferias das cidades e melhorar o funcionamento da polícia e do sistema jurídico. A Polícia Nacional e a Polícia Militar, ao identificarem as áreas sensíveis das duas cidades, têm intervindo com brutalidade e frequentemente recorrendo ao abuso de poder.

*

* CRIA/ISCTE-IUL <Lorenzo.bordonaro@iscte.pt>.

E. massaja os pulsos e faz uma careta, enquanto se senta no pequeno quarto onde eu estava autorizado a falar com ele em novembro de 2008. O quarto não tem janelas e a única mobília que tem são duas cadeiras e uma pequena mesa velha. As paredes e o chão estão desbotados e o cheiro a desinfetante misturado com sujidade é impressionante. «Eles têm-me algemado durante todo o dia – é uma tortura, o metal das algemas corta-me os pulsos e isso dói», diz-me ele enquanto olha para trás, para a porta semiaberta, para confirmar se os guardas estão a ouvir a nossa conversa. E. tem dezassete anos: é um dos presos mais jovens da maior prisão de adultos de Cabo Verde, São Martinho, situada a poucos quilómetros a norte da Praia, a capital. Foi preso quando tinha dezasseis anos e cumpre oito anos e onze meses por homicídio.

Antes de ser preso, E. passava os dias no bairro da Várzea, onde nasceu e foi criado pela tia. O pai morreu quando ele tinha quatro anos, e a mãe emigrou para Boston quando ele tinha três anos. «Não tenho nenhuma relação com a minha mãe», afirma friamente, «foi a minha tia que me criou». A tia tem cinco filhos, vive sozinha e trabalha como empregada doméstica. O marido emigrou para Portugal há vários anos atrás.

> Eu fumava muito e tomava drogas. Costumávamos roubar pessoas na rua, como tu sabes, para poder ter algum dinheiro. Éramos três. Tínhamos uma faca e uma arma! Eu tinha comprado uma arma. Foi uma 6,35. É fácil comprar armas aqui, há muitas armas à venda. Paguei por ela oito *contos* (pouco mais de setenta e dois euros). Eu era o único que portava uma arma. Nós nem sequer escondíamos o rosto, era a coragem que vinha da droga. Costumávamos cheirar cocaína. Isso é muito caro. Tu pagas cerca de cinco centenas de *escudos* (quatro euros e cinquenta cêntimos) por um saco pequeno, o suficiente para uma linha. Na Várzea, onde eu morava, eles costumavam vender cocaína, havia alguns nigerianos que vendiam. Eu comecei quando fiz quinze anos. Antes costumava fumar haxixe, mas nunca fumei pedra (*crack*). A cocaína dá-te um *feeling*, como se quisesses ir para uma discoteca, dançar... nós gastávamos muito em drogas, com certeza, mas também em roupas. Andávamos vestidos muito *cool*. Então, numa noite em que atacámos um tipo para o assaltar, como ele estava a fazer muito barulho, esfaqueámo-lo numa perna. Não tínhamos ideia de que ele poderia morrer por causa disso! Só pensámos, «bom, ele vai para o hospital e volta para casa». Eles levaram-no para o hospital, onde posteriormente morreu.

Tal como muitos outros presos que entrevistei, E. falou-me da brutalidade dos guardas, mostrando-me as marcas nas costas, nos braços, nas pernas. «Às vezes os guardas atam-nos os pés e as mãos, trazem-nos à sala de aula da prisão e batem-nos, chutam-nos, atacam-nos com paus, mesmo no rosto. Por nada.» Ele olha nervosamente à sua volta, e verifica se há guardas a espreitar para o quarto. «Havia um diretor da prisão que esteve contra tudo isto algumas vezes, e nós podíamos falar com ele. Mas eles conseguiram expulsá-lo daqui para fora com acusações falsas, e agora o subchefe é quem gere a prisão. E é ele quem manda os guardas espancarem-nos. A quem é que podemos queixar-nos?»

A população carcerária de Cabo Verde aumentou 100% nos últimos dez anos: neste capítulo apresento uma interpretação desta realidade perturbadora, abordando a questão dos jovens infratores e das crianças em conflito com a lei, a perceção da criminalidade juvenil em Cabo Verde, e a forma como o governo tem lidado recentemente com estas questões. Atualmente Cabo Verde atua de acordo com uma abordagem repressiva no que respeita à criminalidade juvenil. Neste contexto draconiano, acompanho a aplicação das políticas e leis relacionadas com a delinquência juvenil, assim como o discurso público e dos meios de comunicação social sobre esta questão. Ao mesmo tempo, através de entrevistas com os presos mais jovens, que se encontram em prisões e em instituições, recoloco o comportamento dos jovens infratores e as suas atividades num contexto social mais amplo, procurando dados urgentemente necessários sobre as dimensões culturais e sociais de jovens infratores, fazendo uma análise crítica da abordagem repressiva à prevenção da delinquência juvenil que atualmente caracteriza a política do governo.

O meu objetivo é apresentar jovens como E., destacando tanto a vitimização praticada contra eles pelas forças estruturais e políticas repressivas locais, bem como as suas tentativas de lidar com as forças que os oprimem. Parecidos com os personagens da obra etnográfica de Bourgois (2003) sobre os traficantes de *crack* em East Harlem, Nova Iorque, os jovens que conheci nas prisões e instituições de Cabo Verde

não aceitam passivamente a sua vitimização estrutural. Pelo contrário, ao envolverem-se na economia informal e abraçarem com orgulho a cultura de rua, procuram uma alternativa para a sua marginalização social. Neste processo diário, tornam-se os agentes que de facto administram a sua própria destruição e o sofrimento da sua comunidade (Bourgois, 2003: 143).

## 1. Pobreza urbana e juventude

Desde 1990, com a liberalização da economia nacional e a intervenção do FMI na gestão do país, Cabo Verde tem sofrido transformações económicas e políticas drásticas, que têm levado a uma crescente diferenciação social. Cabo Verde é, de facto, um caso notável no continente africano no que respeita ao bom desempenho económico aliado à implementação de um sistema político democrático, funcional e não problemático. O recente interesse da indústria de turismo internacional pelo país e o aumento do investimento estrangeiro imobiliário fez o PIB disparar. A taxa de crescimento anual de Cabo Verde é hoje comparável e até mesmo superior à da maioria dos países emergentes no mundo. Em 2007, a ONU alterou a classificação desta pequena república, passando-a da categoria de "país menos avançado" para a de "país de desenvolvimento médio".

Nas duas últimas décadas, o país registou um aumento da população total, que passou de 340 000 habitantes, em 1990, para 500 000 habitantes, em 2009, em resultado de vários fatores, incluindo a queda da taxa de mortalidade infantil, o aumento da esperança de vida e a descida das taxas de emigração. A percentagem de população urbana também aumentou de forma espetacular. Em 1990, 55% do total da população vivia em áreas urbanas, aumentando em 2009 para 61,5%. Até 2020 espera-se que esta percentagem aumente para os 68%. Mindelo, a segunda maior cidade, passou de 51 000 habitantes, em 1990, para mais de 74 000, em 2008, enquanto a capital, Praia, passou de forma impressionante de 71 000, em 1990, para 130 000 habitantes, em 2008 (INE, 2008).

Todos os indicadores nacionais revelam uma grande disparidade entre o crescimento dos rendimentos e a polarização das classes sociais: embora a classe média tenha crescido consideravelmente nos últimos anos, há um estrato da população que ainda vive em condições de extrema pobreza. Apenas 10% da população absorve 50% do consumo do país, enquanto os 20% mais pobres totalizam apenas 3% do mesmo. Estudos recentes (INE, 2002; Sangreman, 2005) confirmam que a percentagem de população "pobre" e "muito pobre" aumentou desde 1990. Nas últimas décadas, a percentagem de população pobre cresceu de 30 para 37%, ao mesmo tempo que a dos "muito pobres" aumentou de 14 para 20%. Embora 70% da população pobre viva em áreas rurais, é nas áreas urbanas que a pobreza é mais grave (INE, 2002) e onde mais aumentou (Sangreman, 2005: 20).

A situação da juventude nas áreas urbanas é particularmente crítica. As taxas de desemprego nas áreas urbanas são alarmantes, atingindo uma percentagem de 57% para os homens entre os 15 e os 24 anos (INE, 2008). Este aumento está igualmente relacionado com a descida da taxa de emigração transnacional (Carling, 2004). Tradicionalmente, em Cabo Verde a emigração era o principal fator de mobilidade social. Nas últimas duas décadas, no entanto, as políticas de imigração dos países de destino têm impedido uma geração inteira de seguir os passos dos pais e avós, tornando quase impossível para a maioria melhorar as condições socioeconómicas:

> [...] não há dúvida de que, com o aperto das oportunidades para a emigração, os pobres têm sido os mais afetados. Isto tem implicações importantes para o desenvolvimento de um país onde uma grande proporção de famílias depende das remessas vindas do estrangeiro. Nesta situação, o acesso à esfera transnacional tornou-se uma dimensão importante de estratificação social, entrelaçada com o estatuto socioeconómico. Vir de uma família pobre diminui as possibilidades de emigrar e, quando se passa o mesmo com os familiares mais próximos, reduzem-se consequentemente as possibilidades de receber as remessas (Carling, 2004: 120).

Especialmente nas áreas urbanas, os jovens das classes sociais mais desfavorecidas de Cabo Verde partilham as mesmas terríveis condições dos jovens em alguns contextos africanos. Esta questão relaciona-se com a problemática da inserção de um grande número de jovens no sistema socioeconómico e político pós-independência. Embora as oportunidades de prosseguir estudos superiores diminuam para os jovens do ensino secundário, o número de desempregados jovens aumenta a um ritmo alarmante. Mesmo os jovens com estudos estão atualmente confrontados com a falta de oportunidades, com o bloqueio da mobilidade social e o desespero quanto ao futuro. Nas áreas urbanas de todo o país, os jovens parecem condicionados a permanecer jovens (dependentes, solteiros, etc.), sem fácil acesso aos salários, ao casamento ou a viver autonomamente, numa condição que Henrik Vigh (2006) – referindo-se à juventude na Guiné-Bissau – definiu de forma enfática como uma "moratória social".

As duas principais cidades (Praia e Mindelo) refletem a crescente polarização da população cabo-verdiana. As famílias das classes média e alta ocupam as zonas mais antigas da cidade e as áreas de construção recentemente planeadas, ao mesmo tempo que outros bairros surgem espontaneamente e sem planeamento em terrenos menos valorizados. É nestas áreas que a maioria dos problemas sociais associados à infância e à juventude se têm tornado altamente visíveis na última década. Ambiguamente identificados como "em risco" ou como "um risco", as crianças e os jovens destes bairros são cada vez mais alvo de políticas governamentais e de instituições de bem-estar social, assim como alvo da polícia e do sistema penitenciário.

## 2. O crime enquanto agência e autoempoderamento

Já alguma vez seguraste uma arma com as tuas mãos? Consegues lembrar-te exatamente da forma e do peso da arma? Do aço reluzente? Do seu poder? Lembras-te se te sentiste como se estivesses num filme? Nós sempre ansiámos por nos tornar o que pensamos que é fixe. Nós queremos ser *cool*. Atirando com a tua arma, segurando-a de lado, tal como nos filmes nas favelas brasileiras, como um *rapper*. Podes sentir o poder da identidade decorrente disto? Agora tenta imaginar que estás na prisão. Tenta imaginar-te a crescer numa favela. Estás condenado e orgulhoso. Pensa em ti como um personagem de um videoclipe. Podes sentir o poder a crescer? Podes sentir o aumento de poder? Há coisas que não vais entender a menos que tenhas cheirado cocaína ou que tenhas segurado uma arma na tua mão (do meu diário de trabalho de campo, 5 de novembro de 2008).

Deixei a minha mochila e os meus pertences à entrada, na sala de segurança, e atravessei o empoeirado campo de futebol escoltado por um guarda. Conheci N.B. na biblioteca e sala de aula da prisão de São Vicente. O polícia olhou para mim e disse-me com um sorriso sarcástico que estaria à espera lá fora, para minha segurança – Eu poderia chamá-lo a qualquer momento se precisasse. Expliquei a N.B. que tipo de trabalho estava ali a fazer. Ele pôde decidir se falava comigo ou não, sem qualquer consequência. N.B. foi um fluxo de palavras, tornando-se impossível tirar notas.

Foram o meu pai e a minha mãe que me criaram. O meu pai costumava trabalhar no porto e quando ia para o local de trabalho passava em frente da "Praia do Iate" (porto turístico). Foi aí que eu conheci as outras crianças de rua, foram eles que me convenceram a ir para a rua. É sempre assim. Encontras um colega que te diz como é a vida na rua. Na rua, sentes-te livre, ganhas o vício do dinheiro – tens que conhecer o dinheiro – conheces vários vícios... Eu não queria voltar para casa. E, quando eles me levaram à força, eu não queria ficar lá, fugi nova-mente. Eles estavam habituados a bater-me. Mas a minha mãe estava muito pre-ocupada quando eu fugi de casa.

Eu fui a muitas instituições de apoio... o Nhô Djunga, a do ICM, na Aldeia SOS,[1] na Praia. Mas fugi sempre de lá. À noite ficava na Praça Nova, para pedir dinheiro. Eu conheci o Catita, o Macoc e o Cacot no Nhô Djunga (a Aldeia, como a chamamos). Somos quase uma família.

Na rua temos a nossa lei. Há grupos, os mais jovens e os mais velhos. Se és jovem, tens que esconder o dinheiro dos mais velhos. Na rua, as crianças apren-dem tudo muito rapidamente: tudo o que tu queres aprender, aprendes. Aos 7, eu já conhecia o meu amigo na rua. Aos 9, comecei a viver na rua.

Pouco a pouco comecei a entrar na criminalidade. No início fumava, cigar-ros, depois haxixe. Estamos todos habituados a fumar. Depois chegou a cocaína. Experimentas por curiosidade. E queres fumar uma e outra vez... Eles vendem cocaína em toda a parte: Chã de Alecrim, Monte Sossego. Eu comecei a fazer pequenos furtos. Nem sei porque comecei com esta vida. Realmente não tenho motivo para isso. A minha família é uma família pobre. O Nhô Djunga pode ofe-recer muitas coisas, mas não pode lutar contra a injustiça.

Existem diferentes categorias, enquanto cresces. Primeiro és um piratinha, em seguida um pirata, depois um *ladron* e finalmente um bandido. A polícia começou a conhecer-me. Quando eu fiz 16 anos, a Polícia Judiciária começou a perseguir-me. A primeira vez que fui para a cadeia tinha 17 anos, e apanhei três anos. Dona Loti (a assistente social do Nhô Djunga, a instituição de apoio) foi consultada e concordou com a pena – ela disse ao juiz que ela tinha ten-tado reeducar-me mas que não tinha conseguido. Saí quando tinha 20 anos. Na

---

[1] O entrevistado refere-se aqui a três instituições de apoio a crianças em risco. O Centro Juvenil *Nhô Djunga* é a instituição estatal mais antiga para crianças em risco em Cabo Verde. Construído durante o período colonial tardio na periferia de Mindelo e chamado Albergue de S. Vicente, foi chefiado por João Cleofas Martins "Nhô Djunga" (1901-1970), fotógrafo, escritor e filantropo. Em 1988, foi transferido para o centro da cidade e rebatizado com o nome deste intelectual. Hoje é gerido pelo Ministério do Trabalho, Família e Solidariedade. O ICM (Instituto Cabo--verdiano de Menores) é o órgão do Ministério do Trabalho, Família e Solidariedade para a proteção de crianças, renomeado em 2006 para ICCA (Instituto Cabo-verdiano da Criança e do Adolescente). Aqui, N.B. refere-se ao Centro de Acolhimento Noturno, instituição de apoio noturno apenas, executado pelo ICM-ICCA. A Aldeia SOS é uma ONG Internacional (SOS Aldeias das Crianças), que desenvolve projetos e presta apoio a crianças em várias partes do mundo, com presença ativa em Cabo Verde desde 1984.

prisão, com aqueles que já lá estavam, eu aprendi ainda mais sobre criminalidade... quando estás na prisão as pessoas falam, começas a ter amigos e dizes: «quando sairmos daqui ficamos juntos, fazemos um *gang*, saímos com prostitutas, organizamos crimes...» Achas que és o dono do mundo.

Quando eu saí não tive apoio. E não sabia fazer nada, não tinha nem educação nem habilidades. Não tinha tido nenhum apoio à formação. E foi assim que comecei no mundo da prostituição, das drogas, da cocaína. Eu era chulo. Mediava entre as prostitutas e os clientes, levava-as até aos turistas e tinha a minha parte. Também costumava roubar para fumar droga e para estar com mulheres.

E então eles apanharam-me outra vez. Estou a cumprir cinco anos por roubo. Aqui a única maneira que eles têm de fazer a justiça é com prisão. Não há nenhum outro lugar: eles poderiam criar algo como trabalho forçado, ou redução de pena..., mas... nada. Eles deveriam promover a formação profissional, para que as pessoas conseguissem arranjar um emprego quando saíssem. Mas eu não tenho o apoio do diretor da prisão. Muitos saem daqui e voltam imediatamente depois. Deveria haver algum tipo de programa de reintegração social. Aqui não fazem nada desse tipo. Apenas futebol. Eles deveriam dar-nos alguma formação, deveríamos ter a oportunidade de sair daqui com um diploma.

A história de N.B. não é única. A maioria dos homens jovens que entrevistei nas prisões de São Vicente e de São Martinho (prisões de São Vicente e Praia, respetivamente) partilharam comigo histórias semelhantes, onde a pobreza, a cultura de rua, das drogas e da criminalidade se sobrepuseram e produziram trajetórias de vida surpreendentemente semelhantes.

Eles condenaram-me por roubo. Apanharam-me quando eu tinha 16 anos, e condenaram-me a cinco anos por roubo e furto. Eu costumava assaltar e roubar as pessoas, juntamente com alguns colegas; às vezes roubávamos as pessoas dentro de casas. Quando eles me apanharam, eu estava a roubar uma loja. Alguém me viu entrar no prédio e chamou a polícia. Quando a polícia chegou, eu ainda estava lá. Eu já tinha antecedentes criminais, tinha sido levado para a esquadra por duas vezes, mas ainda não tinha dezasseis anos. Eu costumava assaltar as pessoas na rua mas sem usar nenhuma arma. Eu precisava de dinheiro para comprar roupa, para me vestir bem. E para as drogas. Eu fumava pedra (*crack*). Uma pedra média custa cerca de trezentos escudos, mas se tens dinheiro fumas muito (risos), não te podes limitar a uma por dia ou assim. Quando fumas sentes que sais de ti mesmo (Y., 18 anos).

W. tinha dezanove anos e cumpria cinco anos por roubo e furto. Foi preso quando tinha dezasseis anos:

Eu saí da escola quando tinha quinze anos e frequentava o oitavo ano. Estava farto da escola. Juntei-me com alguns colegas meus e começámos a portar-nos mal (*fasi cabeça ridju*). Tinha quinze anos. Comecei a procurar um emprego, mas era ainda muito jovem para conseguir arranjar um. E comecei a minha vida criminosa. Comecei a roubar e a usar drogas. Atuava com um grupo de companheiros na zona da Achadinha.[2] Arrombávamos casas e lojas; roubávamos as pessoas na rua. Éramos três: usávamos pedras, armas ou facas. Assaltávamos também apartamentos e casas na zona de Palmarejo. Nunca nos apanharam! Roubávamos televisores, DVD, e vendíamo-los. Comprávamos roupas e acessórios. E drogas. Mas eu nunca fumei base (pedra). Eu fumava haxixe e costumava cheirar cocaína. Quando tu *snifas*..., não estás mais em ti mesmo, estás num estado que não é normal. Entras no crime com mais... afasta o teu medo para longe. Porque às vezes tens medo, e com a vontade de a usar, deixas de sentir medo. Eu costumava vestir-me de uma maneira bem fixe. Tinha dinheiro. A polícia já estava habituada a levar-me para a esquadra. De me levar e de me bater. Às vezes, se a polícia te conhece, prende-te e leva-te para a esquadra sem qualquer razão.

A psicóloga da prisão, Dra. Maria de Rosário, contou-me a história de um jovem que tem acompanhado nos últimos meses:

A maioria dos rapazes está aqui por crimes relacionados com o consumo de drogas. Há um rapaz, que agora tem 22, que quando tinha dezanove anos foi acusado por homicídio e condenado a 17 anos. Ele é toxicodependente. Ele usa todo o tipo de droga, pedra (*crack*) e haxixe. (...) O sonho dele é sair da prisão e estar envolvido no tráfico de drogas. Usar drogas e traficar. Ele diz que não cometeu nenhum crime, que é inocente. Quer ter uma vida fácil. O que quer é ir para o Brasil. E se o matarem não há problema. O maior problema que temos aqui nesta prisão é a toxicodependência. As drogas são vendidas aqui livremente. Já tivemos casos de meninos que ficaram viciados enquanto estavam na prisão. Há uma grande oferta de todos os tipos de drogas.

---

[2] Bairro da Praia.

De acordo com Rui de Pina, subinspetor da Polícia Judiciária, os jovens adolescentes do sexo masculino estão mais envolvidos em furtos (enquanto carteiristas) e em roubos, crimes estes que estão ligados ao uso de drogas, uma vez que a maioria dos criminosos mais jovens é viciada em drogas. Enquanto nos anos 1990 era a heroína que dominava o mercado, hoje, o *crack*, a marijuana e a mistura de ambos são as substâncias mais difundidas. A cocaína, porém, é de longe a droga ilegal mais difundida entre os jovens infratores: raramente usada em estado puro, é mais comumente fumada na forma de *crack* (pedra). Produzida localmente por traficantes nigerianos que conseguem importar pequenas quantidades de cocaína pura do Brasil, a presença do *crack* no mercado da droga de Cabo Verde aumentou enormemente na última década. O subdiretor da PJ afirma que estes imigrantes provenientes do continente africano fazem de Cabo Verde e do tráfico de drogas um trampolim para chegar à Europa: quando juntam a quantidade de dinheiro suficiente, deixam o arquipélago com destino à Europa. A forte dependência do *crack* e a alteração do estado psicológico que produz no consumidor ("sentes-te fora de ti", "como se já não estivesses em ti mesmo", "dá-te um *flash*") é a causa mais comum para a maioria das infrações praticadas pelos jovens.

O Comandante João Santos, da Polícia Nacional, apresentou um quadro semelhante: jovens abaixo dos 16 anos estão mais envolvidos em roubos e furtos de carros e lojas. Os produtos roubados são imediatamente revendidos para comprar drogas e álcool. Quando estes jovens crescem, segundo ele, envolvem-se gradualmente em crimes mais pesados, furtos e roubos maiores, como roubos de TV, de CD e DVD, de joias. O consumo de drogas está estreitamente ligado a estes tipos de crime.

> Nos anos 1990, a heroína era largamente utilizada. Atualmente as pessoas mais jovens usam cocaína, *cocktails* (cocaína e marijuana), ou *crack*. Há uma grande oferta e os preços são baixos. A idade dos consumidores também diminuiu. A cocaína aqui é muito barata porque os traficantes misturam o produto puro com outras substâncias que são piores que a substância pura. Como a maioria das pessoas está desempregada, não tem um emprego fixo, por estar muito dependente destas substâncias acaba por se envolver em crimes. Agressões e violência sexual são raras e, quando acontecem, são geralmente cometidas pelos ex-namorados contra as ex-namoradas.

A maioria dos homens jovens que entrevistei nas prisões de Cabo Verde era, e em alguns casos ainda é, consumidora de drogas ilícitas. Ainda que os crimes dos infratores mais jovens estejam relacionados com o consumo de drogas, seria uma visão bastante redutora afirmar que o aumento do consumo de drogas entre os jovens de Cabo Verde é a raiz dos seus problemas. Tal como afirma Philippe Bourgois a respeito dos traficantes de *crack* em Nova Iorque,

> as drogas [...] são o epifenómeno da profunda expressão dos dilemas estruturais. [...] O problema do abuso de substâncias nos EUA é pior na década de 1990 do que num passado recente, motivado pela polarização entre as raízes estruturais que geram o comportamento autodestrutivo e a atividade criminosa (Bourgois, 2003: 319).

As trajetórias de vida dos reclusos mais jovens da prisão de Cabo Verde entroncam-se num cenário de profundas divisões sociais. Nas favelas do Mindelo e da Praia, as disjunções estruturais da sociedade cabo-verdiana afetam quase metade da população jovem das áreas urbanas, sendo esta a expressão concreta e dolorosa da extrema pobreza urbana e da crónica falta de oportunidades. A interação entre o consumo de drogas, o consumo conspícuo e a dramática limitação de oportunidades para certos estratos da população em relação aos outros (cf. Martins, 2010), são as razões centrais para o recente aumento da criminalidade nas cidades de Cabo Verde.

É perante estas limitações estruturais e evidências de sofrimento social que o crime pode ser para os jovens uma estratégia alternativa para o seu empoderamento. Quando as opções de formação e agência faltam dramaticamente, o crime e a vida na rua podem ser considerados como uma tentativa de autoformação/capacitação: a cultura de rua representa um espaço alternativo para a dignidade pessoal autónoma (Bourgois 2003: 8). Em Cabo Verde, a prática de crimes ou o consumo de drogas por parte de jovens infratores não resulta da incapacidade de dar resposta às suas necessidades básicas. Olham para as drogas e para o crime como a forma de empoderamento ou fortalecimento (pessoal, social, económico) por que anseiam e que é praticamente impossível de alcançar por outros meios. O crime, neste sentido, pertence à «série de estratégias que os pobres urbanos inventam para fugir ou contornar as estruturas de segregação e de marginalização que os apanham, incluindo as estratégias que resultam num sofrimento autoinfligido» (Bourgois, 2003: 18). A violência é para os jovens de Cabo Verde uma forma de atuar, uma forma de reorganizar a realidade (Riches, 1986; Whitehead, 2004) e de mudar o destino individual. Identifico nos atos rotulados como "crime" o pulso latejante das suas restritas atividades impulsionando o rompimento das condições estruturais que os oprimem. Nas ações dos jovens que conheci nas favelas e nas prisões de Cabo Verde, reconheço o «magnetismo destrutivo de drogas, crime e violência na procura da mobilidade ascendente» (Bourgois, 2003: xxi). A prisão e a repressão contra o crime situam-se na interface entre a opressão estrutural e a ação individual.

Vários rapazes que entrevistei na prisão revelaram um certo orgulho pelos seus atos criminosos. Falavam sobre eles olhando-me diretamente nos olhos, com algum prazer ao contar os detalhes do que fizeram, talvez até algum divertimento. Para os jovens provenientes de zonas pobres da cidade, o facto de ser preso e falar sobre os atos criminosos constituiu uma espécie de declaração de existência, uma maneira de afirmar orgulhosamente que conseguiram "fazer algo". Os crimes são prova das suas atividades, tal como os *self-made men* e os jovens empresários estavam orgulhosos deles próprios. As ações ilegítimas eram a prova de que fizeram algo nas suas vidas, são estas que comprovam que eles foram capazes de moldar de alguma forma o próprio destino. Dentro da prisão, as suas narrativas mais pareciam heroicas reivindicações de independência e autonomia num lugar onde toda a independência e autonomia são diariamente desafiadas e potencialmente negadas.

### 3. Pânico do crime e tolerância zero
A preocupação pública com a segurança em Cabo Verde atingiu proporções obsessivas na última década. Desde 2000, a criminalidade tornou-se numa questão central do debate político e público em Cabo Verde. Como já referi anteriormente, a falta de oportunidades, o consumo de drogas, a pobreza e o desemprego impulsionaram os jovens do sexo masculino da periferia do Mindelo e da Praia a cometer pequenos delitos. De acordo com dados da polícia, nos últimos anos verificou-se um grande aumento da pequena criminalidade, principalmente de furtos, arrombamento de residências ou lojas e assaltos. A pacífica sociedade cabo-verdiana foi abalada pelos poucos casos de ataques fatais. O assalto a pessoas, conhecido como *kaçubodi* (do inglês, *cash or body*), foi popularizado e provocou o pânico entre a popula-

ção, assim como polémicas contra o governo, especialmente quando, nesses atos, começaram a ser utilizadas pistolas e armas artesanais.

O nascimento de pequenos *gangs* nos arredores da Praia, identificados com bairros específicos e envolvidos em guerras com *gangs* de áreas rivais, tem sido particularmente chocante. *Os bandidos,* tal como os membros desses pequenos grupos são chamados em Cabo Verde, tornaram-se os bodes expiatórios da sociedade cabo-verdiana, contribuindo para a estigmatização e criminalização da juventude em geral e da ascensão da cultura *hip- -hop* na periferia da Praia.

Nenhum estudo de vitimização foi realizado até ao momento em Cabo Verde, sendo difícil, portanto, avaliar o verdadeiro peso destas infrações penais. Os registos policiais contêm informações sobre os crimes descobertos pela polícia e os crimes denunciados à polícia. Devido à diversidade de práticas de registo de crimes, aos problemas práticos e à agenda política, as estatísticas de criminalidade refletem apenas o desempenho da polícia relativamente a crimes denunciados e registados. É bem sabido que muitos crimes não são descobertos pela polícia, nem relatados pelos cidadãos. Esta parte da criminalidade desconhecida é normalmente denominada como "cifras negras". Embora uma grande parte destas cifras negras possa ser composta por pequenos delitos considerados "não suficientemente graves" para serem denunciados à polícia, elas podem afetar bastante as perceções da comunidade e os seus sentimentos de insegurança.

Mesmo considerando apenas os dados fornecidos pela polícia de Cabo Verde, é inegável o aumento na última década dos crimes contra a propriedade e contra as pessoas. Segundo a polícia, os números oficiais das ocorrências criminais relatadas passaram de 10 877, em 1996, para 21 967, em 2009. Destes, os crimes contra as pessoas aumentaram de 6385 para 10 650, enquanto os crimes contra a propriedade passaram de 4492 para 11 317. A taxa média de homicídios voluntários no período entre 2004 e 2009 foi de cerca de 6 por 100 000 (Polícia Nacional, 2010), um número relativamente baixo se analisado numa perspetiva de comparação internacional.[3]

A mera comparação com as taxas de crimes violentos em outros contextos, no entanto, não pode explicar o sentimento generalizado de insegurança sentido nas últimas décadas nas áreas urbanas de Cabo Verde. Mais do que

---

[3] Em 2004, a taxa de homicídio era de 5,6 por 100 000 na Europa e 21,6 na África Ocidental e Central (Geneva Declaration Secretariat, 2008).

os números reais, tem sido o aumento repentino das ocorrências que motivou o pânico no que diz respeito ao tema da segurança urbana.

Este aumento da criminalidade, para além disso, é o epítome dos desafios sociais que a sociedade cabo-verdiana tem vindo a enfrentar durante estes anos. Num momento de rápida transformação e de polarização de classes, a criminalidade juvenil transformou-se numa questão simbólica, tornando-se os jovens delinquentes os "bodes expiatórios" das não expressadas preocupações morais no que diz respeito à transformação cultural e social e ao crescente fosso geracional.

Na perceção destes fenómenos em Cabo Verde, a comparação com o Brasil teve também um papel importante. As cidades brasileiras constituem internacionalmente um modelo de insegurança urbana, de tráfico de drogas e de criminalidade juvenil. Os cabo-verdianos sentem que têm uma afinidade especial com a sociedade brasileira. A transmissão, desde 2007, da *Record Internacional*, canal de televisão internacional brasileiro, aumentou recentemente a influência do Brasil na perceção local sobre a criminalidade e sobre as periferias das cidades. «Aqui estamos num Brasil pequeno», costumam afirmar as pessoas ou «o que está a acontecer na periferia da Praia é exatamente o mesmo que aconteceu há algumas décadas atrás no Rio de Janeiro». Além disso, vários cabo-verdianos viveram e estudaram no Brasil, trazendo para o seu país estes modelos de análise social e psicológica.

A imprensa nacional e a televisão desempenharam um papel central na promoção do pânico moral e no sentimento de insegurança. Desde 2000 que começaram a surgir vários artigos na imprensa nacional, ostentando títulos que anunciavam o aumento da criminalidade, o envolvimento de jovens da periferia e a incapacidade da polícia em lidar com esta nova ameaça. Várias zonas nas cidades do Mindelo e da Praia foram consideradas perigosas. Bancos, restaurantes, repartições públicas, empresas e ministérios começaram a contratar seguranças particulares, ao mesmo tempo que surgiram, em zonas da cidade das classes média e alta, muros, cercas elétricas, arame farpado, câmaras de vigilância e edifícios com seguranças.

O governo de Cabo Verde, respondendo às acusações de incompetência por parte dos partidos políticos da oposição e da imprensa, adotou uma abordagem repressiva da criminalidade juvenil, fazendo o cerco às áreas públicas e à periferia das duas cidades principais. Em 2005, a antiga POP – Polícia de Ordem Pública – foi reestruturada e renomeada PN – Polícia Nacional – e a Polícia Judiciária duplicou nesse mesmo ano o número de agentes. O ano de 2006 em especial foi um ano de mudança, depois de o Ministro da Administração Interna, Júlio Correia, ter gritado: «"Carga!" contra o crime» (*A Semana*, 2006).

As forças policiais foram aumentadas e reorganizadas e foram celebrados acordos de cooperação e parceria com as polícias europeias. Foram ainda criados os batalhões de polícia especial – os "piquetes" – com a função de patrulhar as áreas urbanas durante o dia e durante a noite. A polícia militar foi chamada a intervir na Praia em duas ocasiões e, em fevereiro de 2010, o Ministro da Administração Interna e o Conselho de Segurança Nacional promoveram um conjunto de novas medidas para "a situação de violência" da periferia da Praia.

Este endurecimento das políticas no que toca à criminalidade em Cabo Verde foi caracterizado por episódios de violência e abuso praticados pelas forças policiais, tanto durante as operações, como em contextos de reclusão. Estas violações de direitos humanos foram destacadas no Relatório de 2009 do Departamento de Estado dos EUA sobre Direitos Humanos, que deu conta de «casos em que elementos das forças policiais cometeram abusos contra os detidos» e de situações de «abuso policial contra os detidos, de impunidade da polícia, de más condições das instalações prisionais, de detenções preventivas prolongadas, de excesso de atrasos nos julgamentos» (US Department of State, 2009). A implementação desta abordagem estritamente repressiva no que toca à criminalidade juvenil levou a um grande aumento da população carcerária que, de acordo com as minhas investigações nos arquivos da prisão, quase duplicou nos últimos 10 anos. De acordo com o relatório acima referido, a população prisional alcançou em 2009 um total de 1300 prisioneiros em todo o país – cerca de 255 presos por 100 000 habitantes (US Department of State, 2010), representando a maior taxa entre os países da África Ocidental (ICPS, 2009).

A prisão de São Martinho, na Praia, a maior do país, foi originalmente projetada para 250 presos. Em novembro de 2008, passou a abrigar cerca de 630 presos em condições desumanas. A nova prisão, inaugurada em janeiro de 2010, tem capacidade para 600 reclusos. O edifício foi iniciado em 2004 e deveria aquartelar todos os reclusos, no entanto o número total de presos, sempre crescente, era já superior a 600 em 2008, ficando a nova estrutura sobrelotada antes mesmo de ser usada. As condições das prisões são geralmente pobres e as instalações bastante sobrelotadas. A população prisional é muito jovem, em parte devido à redução da idade de responsabilidade criminal (16 anos) e ao facto de 50% do total da população cabo-verdiana ter menos de 18 anos. Apesar disso, os jovens são mantidos junto da população carcerária adulta: na mesma cela sobrelotada um jovem de 16 anos pode passar anos com pessoas nos seus trintas ou quarentas. O saneamento e a assistência médica são deficitários. Os reclusos queixaram--se recorrentemente destas insuficiências durante as entrevistas:

> Nós somos 22 na minha cela. Existem apenas 10 camas, os outros têm que dormir no chão. Mas existem celas com mais pessoas ainda! No primeiro mês ficas na cela de isolamento, para te habituares. É uma cela comprida com 6 camas. Mas na cela em que eu estava, nós estávamos habituados a estar lá 20.
>
> Numa cela com 10 camas podes encontrar 30, 40 a dormir no chão... Os mais velhos costumam ter uma cama. Mas se tu tiveres dinheiro também podes comprar uma.

Segundo a psicóloga da prisão, Dra. Maria do Rosário, são comuns os problemas psicológicos entre os reclusos, principalmente devido ao abuso de drogas. Efetivamente, confirma a psicóloga, as drogas circulam bastante livremente na prisão: «há uma enorme oferta, de todos os tipos. Nós já tivemos casos de reclusos que ficaram toxicodependentes na prisão». Os rumores apontam para a conivência de vários guardas da prisão no que respeita à circulação interna das drogas.

As violações de direitos humanos são frequentes, não levando, no entanto, a qualquer ação disciplinar.[4] Há abusos por parte de guardas e situações de espancamento entre presos. Estas ações são protegidas por um código de silêncio generalizado entre os funcionários e realizadas com a conivência e a cumplicidade dos superiores hierárquicos. Queixas de maus-tratos são recorrentes entre os reclusos que entrevistei:

> Às vezes os guardas chegam à noite e algemam-te as mãos e os pés. Eles levam--nos para a sala de aula e começam a bater-nos. Nas celas não há casa de banho.

---

[4] As violações de direitos humanos dos presos em Cabo Verde já tinham sido denunciadas em 2000, num relatório da ONG Cabo-verdiana Associação para a Solidariedade e Desenvolvimento Zé Moniz (Cruz e Cruz, 2000), e foram confirmados recentemente no Relatório de 2009 sobre Direitos Humanos do Departamento de Estado dos EUA (US Department of State, 2010).

Então, quando tens que ir, tens que pedir e esperar até que te deixem ir. Se tu insistires e perguntares mais que uma vez, eles algemam-te imediatamente e deixam-te as mãos e os pés algemados, umas 6, 8 horas.

Pedi para ir à casa de banho. Bati à porta. Eles algemaram-me as mãos e os pés.

Quando eu ainda estava na cela de isolamento, tinha acabado de chegar, eles algemaram-me as mãos e os pés e trouxeram-me para a sala de aula. Bateram-me, pontapearam-me. Aqui não podes dizer nada. É o subchefe que dá a ordem para bater nas pessoas.

Eu estava a conversar com um colega na cela de isolamento, e isso não é permitido. Eles algemaram-me e depois bateram-me: bofetadas, pontapés, socos... e depois deixaram-me lá algemado durante toda a noite. E quando eu tentei explicar, bateram-me novamente.

F., 19 anos, foi preso quando tinha 17 e cumpria cinco anos por roubo na prisão de São Martinho. Foi crítico relativamente à proposta da prisão quanto à reeducação dos infratores mais jovens:

Agora ficas com outras pessoas que têm muito mais experiência no crime *(banditascu)* do que tu. E tu aprendes. Aqui não recebes qualquer ajuda. Nenhum juiz veio aqui para conversar com os presos desde que aqui estou. É isto que realmente ajuda? As pessoas vêm para aqui, saem e continuam a fazer as mesmas coisas. Tu não recebes qualquer ajuda aqui. As celas estão sobrelotadas. Numa cela com dez camas, vês outras trinta pessoas deitadas a dormir no chão. É isto que vai ajudar? Não, não vai ajudar ninguém. Só torna as coisas mais complicadas. Será que eles pensam que cinco ou seis anos de prisão vão mudar alguma coisa? Não vão. As pessoas falam, influenciam-se umas às outras. Tudo isto não vai mudar nada.

A atitude geral implícita no sistema prisional em Cabo Verde é inteiramente punitiva. Pouco ou nenhum esforço é feito quanto à "reabilitação", à formação profissional e à educação: a prisão é concebida como o castigo merecido para os criminosos, tornando difícil o apelo ao respeito pelos direitos humanos dos presos.

De acordo com a tendência repressiva, foi aprovado um decreto-lei (2/2006, de 27 de novembro) que incentiva a criação de instituições especiais para o internamento de crianças em conflito com a lei, com idades entre os 12 e os 16 anos. O decreto-lei estabelece a estrutura, funcionamento

e organização destas instituições (chamados "centros socioeducativos").
O preâmbulo do texto condensa de forma significativa a abordagem marcadamente repressiva do crime juvenil:

> E num tempo em que, forçoso é reconhecê-lo, não raro a violação das normas penais por parte dos menores dessa faixa etária [12-16] não tem a sua etiologia em situações de debilidade económica, nem de desamparo familliar, mas sim de uma determinação firme de confronto com a lei e com plena consciência de um resultado socialmente danoso que advém de tal confronto e que, não obstante, se mantém o pretendido (Conselho de Ministros, 2006).

Em 2007, após a sua publicação, foi aberto um centro socioeducativo. No entanto, o Centro Orlando Pantera, tal como foi batizado, recebeu as primeiras crianças só em março de 2009. Em abril de 2010, estavam detidas cinco crianças sob vários tipos de regimes. Na maioria dos casos, a estratégia para lidar com crianças em conflito com a lei permanece basicamente informal até aos dias de hoje. Os menores de idade são comumente trazidos para a esquadra, para ser interrogados (de forma mais ou menos brutal) e identificados – e mais tarde libertados. Apesar desta lei, são poucos os casos levados ao Ministério Público e a tribunal. A polícia, no entanto, mantém um registo criminal destes rapazes: quando chegam à idade de responsabilidade criminal, os jovens são enviados para tribunal e geralmente condenados a cumprir vários anos na prisão dos adultos.

O Estado não é o único a disponibilizar aos ansiosos cidadãos a implementação teatral da força para combater a criminalidade e a "insegurança urbana". Como afirmou Ilda Lindell (2008: 1883), as práticas de governação também ocorrem para além das instituições estatais e envolvem uma série de atores não-estatais. Estes podem incluir empresas privadas, as quais parecem desempenhar um papel crescente em muitos lugares, no contexto de modelos de governação que defendem a privatização dos serviços básicos. Em Cabo Verde, a preocupação pública no que respeita ao aumento da criminalidade e da nova exigência de segurança urbana levou também ao aumento do setor de segurança privada. Criado em 1994, o setor da segurança privada conta hoje com 13 empresas e 2500 guardas (um por cada 200 pessoas), atendendo as necessidades de segurança de bancos, restaurantes, repartições públicas, empresas, ministérios, em todo o país.

## 4. O Mercado da Segurança

Este aumento do interesse público e político face ao comportamento criminoso e "antissocial" da juventude está ligado, na minha interpretação, a uma perceção local generalizada de declínio e degeneração moral da sociedade cabo-verdiana, cujo recente crescimento económico e o aumento do consumo em massa produziram mudanças sociais e culturais generalizadas. Num momento de rápida transformação e de polarização de classes, a criminalidade juvenil transformou-se numa questão simbólica em Cabo Verde, tornando-se os jovens delinquentes em bodes expiatórios das preocupações morais sobre a transformação cultural e social e do crescente abismo geracional.

Os homens mais jovens pertencentes a classes baixas são os "inimigos adequados" para as políticas nostálgicas que retratam Cabo Verde como uma idílica sociedade cuja tranquilidade, paz e solidariedade mútua parecem estar irremediavelmente comprometidas devido ao avanço da modernidade. O pânico e o medo de uma geração "fora de controlo" têm sido, portanto, o álibi para uma intervenção altamente repressiva, enquanto as questões sociais que afetam gravemente a juventude cabo-verdiana urbana são postas de parte e reduzidas a questões de comportamento individual e de moralidade. Numa situação de crescente polarização de classes, as políticas de segurança têm como alvo principal as camadas mais pobres da população, enquanto são tomadas algumas medidas preventivas e sociais eficazes para promover uma melhor integração das novas gerações na sociedade cabo-verdiana. Uma análise de alguns aspetos recentes da política cabo-verdiana indica-nos uma mudança de um "Estado de bem-estar social" para um "Estado penal". É um cenário que parece comprovar as pertinentes observações de Loïc Wacquant (1999) sobre a criminalização da pobreza mundial.

A responsabilização do indivíduo, implícita nas políticas de tolerância zero e nas abordagens repressivas ao crime, transformou em questões individuais e morais os processos políticos e económicos que são as causas do sofrimento social para os pobres em Cabo Verde. O jornalista Fonseca, da Rádio de Cabo Verde, expressou uma opinião semelhante numa entrevista pessoal em junho de 2007:

> São Vicente é, afinal, um lugar tranquilo. Foi criada uma espécie de pânico e os políticos tendem a explorar esta situação. Aumentar o controlo, a polícia... Mas as causas são outras, são causas sociais. Há uma crescente desigualdade no

seio da sociedade cabo-verdiana, com os mais pobres tornando-se sempre mais pobres. E há uma falta de políticas sociais, este é o real problema.

A ansiedade quanto às questões de segurança também está ligada ao interesse do governo de Cabo Verde em atrair investidores estrangeiros. Os setores imobiliários e turísticos, em particular, tornaram-se líderes na economia nacional e o governo de Cabo Verde tem, portanto, um enorme interesse em manter a reputação internacional de um país tranquilo e pacífico (Baker, 2009). A segurança interna tornou-se, por outras palavras, uma mercadoria valiosa para o governo no mercado internacional. Um gerente da empresa de segurança privada SEPRICAV declarou o seguinte durante uma entrevista pessoal em 2007:

> Passamos da categoria de "país menos avançado" para a de "país de desenvolvimento médio" (Índice de Desenvolvimento Humano). O setor de segurança tem de correr bem. O mercado vai exigir mais das empresas de segurança. Haverá mais investimento estrangeiro. Sem segurança não há desenvolvimento, sem segurança não há investimento. Os investidores têm que estar certos de que vão encontrar um lugar seguro. Ainda mais num momento em que Cabo Verde está a apostar muito no turismo.

Se, de facto, a perceção das transformações locais, o pânico moral provocado pelos meios de comunicação social e o interesse em atrair investimentos internacionais são aspetos-chave para entender por que razões o governo de Cabo Verde reagiu tão veementemente ao aumento da criminalidade juvenil, gostaria ainda de ressaltar a articulação entre a política local contra a criminalidade e a influência de uma agenda internacional que dá cada vez cada vez mais prioridade às áreas da criminalidade, segurança e tráfico de drogas. Ao longo dos últimos dez anos, as políticas de segurança em Cabo Verde têm sido moldadas pelos desenvolvimentos sociais específicos do país, mas também pela crescente influência da política pública internacional.

Tal como sugeriu Mark Duffield (2001), as características da nova governação global tendem a esbater as questões do desenvolvimento e da segurança. Cabo Verde é, neste sentido, um exemplo do que Bachmann e Honke (2010: 100) chamaram de "securitização do desenvolvimento", um processo que alterou a forma como os recursos são distribuídos pelos doadores ocidentais e, consequentemente, transformou as políticas africanas de forma significativa (Bachmann e Honke, 2010: 102).

Desde que Cabo Verde se transformou num dos pontos de trânsito para o tráfico de cocaína e para a emigração ilegal da África Ocidental, as questões de segurança interna têm-se cruzado com as questões de segurança internacional, desafiando a nossa compreensão comum dos poderes e interesses do Estado. De acordo com os meus dados, os doadores internacionais (principalmente europeus) apoiaram largamente a "guerra contra o crime" interna em Cabo Verde. Em 2004, por exemplo, para "reforçar a luta contra o terrorismo", o Governo de Cabo Verde assinou um acordo com o Gabinete das Nações Unidas contra as Drogas e o Crime (UNODC) para implementar um programa de melhoria na luta contra a droga e o crime. Segundo este acordo, o governo cabo-verdiano recebeu oito milhões de dólares e contrapartidas no que diz respeito a formação. As parcerias especiais com a polícia europeia de fronteira e antidrogas, no âmbito do FRONTEX,[5] permitiram a formação de agentes nacionais, a introdução de tecnologias avançadas na luta contra o tráfico de drogas, assim como a aquisição de novos recursos para as forças policiais em geral. Em março de 2010, o Departamento de Estado dos EUA identificou Cabo Verde como um "importante país de trânsito" para o tráfico de drogas para a Europa; consequentemente, Cabo Verde irá receber dos EUA mais de US$ 397 000 para a luta contra o tráfico internacional de drogas e o crime organizado (*Pana*, 2010).

Para Cabo Verde, o retorno político desta estreita cooperação no domínio da segurança não pode ser exagerado. Júlio Correia, o Ministro da Administração Interna que lançou a "guerra contra o crime", em 2006, declarou explicitamente numa entrevista ao jornal *A Semana* que:

> Toda a gente sabe que um dos elementos que pode reforçar a relação especial entre Cabo Verde e a União Europeia é a área da segurança. [...] Não estamos a pedir... mais meios para combater a criminalidade aqui em Cabo Verde. O que estamos a propor são meios e políticas que possam tornar esta zona do Atlântico num espaço seguro. [...] Estamos a propor esta visão de "securitização" desta zona do Atlântico, convencendo a Europa que é do seu próprio interesse que esta zona

---

[5] O nome oficial é Agência Europeia de Gestão da Cooperação Operacional nas Fronteiras Externas dos Estados-Membros da União Europeia. Esta agência visa coordenar a cooperação operacional dos Estados-membros da UE no que diz respeito à segurança das fronteiras.

esteja segura, seja pela quantidade de imigração ilegal que chega à Europa, seja pelo tráfico de drogas que passa por Cabo Verde. Isto porém não nos impedirá de priorizar as medidas internas. [...] Cabo Verde está a pedir a criação de condições de segurança nesta zona porque isso vai contribuir enormemente para a segurança da própria Europa (*A Semana*, 2006: 11).

Isto demonstra a articulação entre uma agenda internacional e mecanismos de financiamento que deem prioridade à segurança, ao tráfico e à mobilidade irregular, o interesse político e económico em fazer o *marketing* da boa governação (Baker, 2009) e a implementação local de políticas repressivas contra a criminalidade em Cabo Verde.

A definição dos problemas sociais e a consequente formulação de políticas sociais acontecem cada vez mais num mercado social internacional marcado por relações de poder desequilibradas. As prioridades nacionais e de segurança social, a identificação de populações em situação de risco e com comportamentos perigosos, bem como a implementação de programas, respondem a uma agenda global que é definida pelas agências internacionais e nações poderosas, sendo "posteriormente "vendida" em todo o mundo através de campanhas nos meios de comunicação social, dirigidas ao financiamento do desenvolvimento, à ajuda internacional, ao trabalho social ou à investigação científica (Best, 2001).

Os problemas sociais são, portanto, procurados e socialmente criados em contextos locais, acabando por cumprir estreitos interesses políticos nacionais. Os processos e modos de fazer política são, de facto, um novo tema de investigação antropológica. Precisamos, no entanto, de começar a refletir criticamente sobre a considerável influência dos recursos financeiros e políticos na definição de políticas (e da investigação) e sobre as prioridades na execução desses programas. A análise do policiamento da criminalidade em Cabo Verde não pode ser confinada às fronteiras nacionais e preocupar-se exclusivamente com a soberania nacional. A "guerra contra o crime" em Cabo Verde deve ser então concebida como produto de um sistema transnacional de governação e de financiamento que cria um novo estilo de política e, talvez, um novo regime de governação da cena internacional, contribuindo para a pertinência de noções como governabilidade num ambiente transnacional.

## REFERÊNCIAS BIBLIOGRÁFICAS

*A Semana* (2006), *Carga! contra o crime*, 14 de abril, Praia.

BACHMANN, Jan e HONKE, Jana (2010), "'Peace and Security' as Counterterrorism? The Political Effects of Liberal Interventions in Kenya", *African Affairs*, 109(434): 97-114.

BAKER, Bruce (2009), "Cape Verde: Marketing Good Governance", *Africa Spectrum*, 44(2): 135-147 [disponível em linha em: <http://hup.sub.uni-hamburg.de/giga/afsp/article/view/129>].

BEST, Joel (2001), *How Claims Spread: Cross-National Diffusion of Social Problems. Social problems and social issues*. New York: Aldine de Gruyter.

BOURGOIS, Philippe (2003), *In Search of Respect: Selling Crack in El Barrio*, 2ª ed. Cambridge, UK: Cambridge University Press.

CARLING, Jørgen (2004), "Emigration, return and development in Cape Verde: the impact of closing borders", *Population, Space and Place*, 10 (2): 113-132 [disponível em linha em: <http://www.prio.no/sptrans/-1578661404/2004jc002.pdf>].

CONSELHO DE MINISTROS (2006), "Decreto-Legislativo nº 2/2006", *Boletim Oficial*, Suplemento, I Série, de 27 de novembro de 2006 [disponível em linha em: <http://www.reformadoestado.gov.cv/index.php?option=com_docman&Itemid=407>].

CRUZ, Conceição e ILÍDIO CRUZ (2000), *Direitos Humanos nas prisões de Cabo Verde*. Praia: Associação para a Solidariedade e Desenvolvimento Zé Moniz.

DUFFIELD, Mark (2001), *Global governance and the new wars: The merging of development and security*. London: Zed.

GENEVA DECLARATION SECRETARIAT (2008), *The Global Burden of Armed Violence*. Genève: GD Secretariat [disponível em linha em: <http://www.genevade claration.org/publications.html>, consultado em 27/07/2010].

ICPS – International Centre for Prison Studies (2009), *World Prison Population List (eighth edition)* [disponível em linha em: <http://www.prisonstudies.org/publica tions/list/40-world-prison-population-list-8th-edition.html>].

INE – Instituto Nacional de Estatísticas (2002), *Inquérito às Despesas e Receitas familiares (IDRF)*. Praia: Instituto Nacional de Estatísticas.

INE (2008), *Resultados da revisão das projecções demográficas – Cabo Verde 2000-2020*. Praia: Instituto Nacional de Estatísticas.

LINDELL, Ilda (2008), "The Multiple Sites of Urban Governance: Insights from an African City", *Urban Studies*, 45(9): 1879-1901.

MARTINS, Filipe (2010), "O Paradoxo das Oportunidades. Jovens, relações geracionais e transformações socias – notas sobre Cabo Verde", *Working Paper*

*CRIA* 4, Lisboa [disponível em linha em: <http://www.cria.org.pt/index.php?option=com_docman&Itemid=92&lang=pt>].

Pana (2010), *Estados Unidos denunciam trânsito de droga em Cabo Verde*, 8 de março [disponível em linha em: <http://www.panapress.com/Estados-Unidos-denunciam-transito-de-droga-em-Cabo-Verde--3-438182-51-lang4-index.html>].

Polícia Nacional de Cabo Verde (2010), [disponível em linha em: <http://www.policianacional.cv>, consultado em 27/07/2010].

Riches, David (1986), "The Phenomenon of Violence", *in* David Riches (org.), *The Anthropology of Violence*. Oxford, UK: Basil Blackwell, pp. 1-27.

Sangreman, Carlos (2005), *A Exclusão Social Em Cabo Verde. Uma Abordagem Preliminar*. Lisboa e Praia: ACEP – Associação para a Cooperação Entre os Povos (Portugal) e Plataforma de ONG (Cabo Verde).

US Department of State (2010), *2009 Human Rights Report: Cape Verde* [disponível em linha em: <http://www.state.gov/g/drl/rls/hrrpt/2009/af/135943.htm>, consultado em 24/02/2011].

Vigh, Henrik (2006), *Navigating Terrains of War: Youth and Soldiering in Guinea-Bissau*. New York: Berghahn Books.

Wacquant, Loïc (1999), *Les prisons de la misère*. Paris: Raisons d'agir.

Whitehead, Neil L. (2004), "On the Poetics of Violence", *in* Neil L. Whitehead (org.), *Violence*. Oxford, UK: James Currey, pp. 55-77.

CAPÍTULO 4

ENTRE O REAL E O PERCECIONADO:
ESTUDO EXPLORATÓRIO DO DISCURSO MEDIÁTICO
SOBRE A VIOLÊNCIA URBANA NA PRAIA (2005 E 2009)

*Marta Peça**

## Introdução

Nas sociedades atuais, os meios de comunicação social são parte integrante e determinante dos temas e atores que constituem o debate público. Mais do que meros transmissores de informação, são participantes ativos na construção da realidade social e na perceção dessa realidade. Ao colocarem na pauta mediática determinados assuntos em detrimento de outros, ao darem voz a determinadas fontes, silenciando outras, ao sugerirem enquadramentos para os temas noticiados, os meios de comunicação social assumem um papel preponderante no debate público e na configuração mediática da sociedade.

No panorama cabo-verdiano, desde que a cidade da Praia é palco de níveis de violência e de um sentimento de insegurança até há pouco desconhecidos que os meios de comunicação social têm noticiado com grande regularidade os incidentes e reações à violência. Na última década, vários estudos (Proença, 2009; Lima, 2010; Roque e Cardoso, 2011) sublinharam o aumento da pobreza extrema nas áreas urbanas, o desemprego, a desigualdade social e o crescimento significativo dos crimes contra a propriedade. Do mesmo modo, deparamo-nos com um crescente interesse dos decisores políticos pela questão da violência urbana, divulgando-se com frequência novas propostas de intervenção e críticas à atuação dos agentes envolvidos. As redações têm dado um enorme relevo a este tema, acompanhando e contribuindo para a atenção que tem merecido por parte do poder político e da sociedade civil cabo-verdianos.

Deste modo, através de uma análise do conteúdo encontrado na imprensa cabo-verdiana procurou-se observar como a violência urbana é retratada

* Investigadora do Núcleo de Estudos para a Paz do Centro de Estudos Sociais da Universidade de Coimbra.
Agradeço os comentários e sugestões de Rita Santos (FEUC-CES) e Sofia José Santos (FEUC-CES).

pelos meios de comunicação social em Cabo Verde. Trata-se de uma análise exploratória, mas que fornece pistas para uma investigação mais aprofundada e permite traçar as principais tendências da mediatização da violência na cidade da Praia.

Em seguida, analisar-se-ão brevemente as funções sociais dos média, com destaque para os papéis que assumem na modelação de perceções públicas sobre fenómenos violentos. Depois de uma breve resenha sobre o sistema jornalístico em Cabo Verde, examinar-se-ão as representações mediáticas da violência urbana no país, em particular as narrativas sobre as manifestações violentas, seus agentes e explicações.

## 1. Os meios de comunicação social e a cobertura de fenómenos violentos

A capacidade de contribuir para o agendamento ou *agenda-setting* e de selecionar o contexto e fornecer explicações para os acontecimentos – *framing* – são um dos poderes frequentemente reconhecidos aos média. Por um lado, ao determinarem os temas mediatizados, os meios de comunicação social determinam as questões em que o público pensa e das quais fala, hierarquizando os assuntos apresentados à opinião pública, definindo a ordem de importância dos conteúdos tidos como relevantes no momento, meritórios ou não de serem debatidos no espaço público (McCombs e Shaw, 2000; Cohen, *apud* Traquina, 2000). No caso em estudo, a violência urbana tem sido um dos temas a que os média cabo-verdianos têm concedido espaço e destaque, contribuindo para a discussão pública entre o poder político formal (nomeadamente o corpo governante e a oposição) e a sociedade civil (seja ela organizada ou o cidadão anónimo).

Por outro lado, ao enquadrarem as questões noticiadas de uma ou de outra forma, os meios de comunicação social participam nas dinâmicas de construção social da realidade, ao trazer uma perspetiva particular sobre cada aspeto divulgado do real. Como Entman refere,

> os enquadramentos *definem problemas* – determinam o que um agente causal está a fazer, com que custos e benefícios, normalmente medidos em termos de valores culturais comuns; *diagnosticam causas* – identificam as forças que criam o problema; *fazem juízos morais* – avaliam os agentes causais e os seus efeitos; e *sugerem soluções* – oferecem e justificam tratamentos para o problema e preveem os seus prováveis efeitos (Entman, 1993: 52).

Assim, os meios de comunicação social induzem o público não apenas a pensar sobre um tema concreto, mas sugerem igualmente como pensar ou que opinião dar, como interpretar a informação, ajudando a construir a perceção do mundo que o rodeia mediante os enquadramentos em que assenta a construção noticiosa.

Os meios de comunicação social constituem-se, ainda, como um dos lugares sociais e políticos de construção e representação mediática, como poderosas instâncias que dão aos cidadãos uma imagem com a qual se identificam. Profissionais e académicos da comunicação abandonaram progressivamente a perspetiva segundo a qual as mensagens veiculadas pelos meios de comunicação social são um espelho do mundo e que as ocorrências noticiadas são as partes necessariamente mais importantes de uma realidade objetiva. Ainda que sejam um mecanismo de partilha de informação de suma importância, é consensual nos estudos dos média que as notícias reproduzem, não a realidade mas, sim, representações mediáticas da realidade, imagens caricaturais e cristalizadas (Molotch e Lester, 1993; Benford e Snow, 2000; Hall, 1997, *apud* Simões, 2007).

No que toca à questão da violência e do crime violento, em particular, os média têm sido cruciais. Se é verdade que a investigação na área da comunicação reconhece que as narrativas mediáticas não determinam o nosso entendimento do mundo, estas modelam no entanto as nossas perceções e tornam algumas interpretações mais plausíveis que outras, sobretudo no domínio da violência e do crime (McCullagh, 2002; Roberts *et al.*, 2002). Em particular, as representações da violência patentes nas notícias afetam a perceção do público sobre a gravidade do problema e a sua opinião sobre as soluções necessárias para a sua resolução.

Dadas as incertezas, paradoxos e riscos associados à temática (Giddens, 1991), os temas relacionados com a violência e a (in)segurança são particularmente suscetíveis de serem palco discursivo de diferentes vozes, procurando-se opiniões e conhecimentos de especialistas, de intervenientes de diversos quadrantes e de decisores políticos, que encontram nos média um meio privilegiado de intervenção. As notícias são, neste sentido, um espaço de partilha de conhecimento com os recetores. Paralelamente é conhecido o tratamento sensacionalista que, não raras vezes, é dado às peças relativas à violência e o potencial da temática para dar o mote para disputas políticas no espaço mediático.

Na verdade, se, por um lado, lhes é reconhecido o potencial para dar visibilidade a problemáticas que, caso se mantivessem arredadas do discurso mediático, dificilmente teriam igual destaque nas agendas política e social, por outro lado, é inegável que os meios de comunicação social nem sempre traduzem mensagens neutras, apelando recorrentemente ao sentimentalismo e sensacionalismo, e que a violência percecionada e difundida pelos relatos mediáticos não corresponde necessariamente aos níveis reais de violência. Como Maria João Silveirinha alerta, «no seu seio percorrem mensagens, símbolos e representações com funções claramente ideológicas, mascarando convicções seccionais como visões gerais. Por isso é tão fundamental manter o sentido crítico do espaço público» (Silveirinha, 2004: 293).

## 1.1. O jornalismo em Cabo Verde

O panorama atual da comunicação social cabo-verdiana é marcado pela diversidade, ainda que sujeito a diversas críticas. Segundo a AJOC – Associação dos Jornalistas de Cabo Verde (s.d.), presentemente o país soma três estações de televisão (Televisão de Cabo Verde, TIVER e Record Cabo Verde), três jornais semanários privados (*A Semana*, *Expresso das Ilhas* e *A Nação*), um mensal (*Artiletra*), três estações de rádio de âmbito nacional (Rádio de Cabo Verde, Rádio Comercial e Rádio Nova), mais de uma dezena de rádios comunitárias espalhadas pelas ilhas, diversos jornais *online*, e ainda uma Agência de Notícias do Estado (*Inforpress*).[1]

O jornal *Expresso das Ilhas*, fonte deste estudo, é um semanário generalista, privado e de âmbito nacional. Criado em 2001, na cidade da Praia, dispõe de uma publicação em papel com uma tiragem de 168 000 exemplares anuais, bem como de uma componente de divulgação *online*. Do mesmo modo que o jornal *A Semana* é conotado como próximo do governo, o *Expresso das Ilhas* surgiu depois da mudança política que recolocou o MpD (Movimento para a Democracia) na oposição, sendo-lhe até hoje reconhecida uma disposição política de proximidade à oposição.

À semelhança do que assistimos noutros contextos, o jornalismo cabo-verdiano é alvo de críticas, sendo que quer o cidadão/audiências, quer os próprios profissionais frequentemente apontam limitações à forma como as notícias são produzidas. Neste contexto particular critica-se, nomeadamente,

---

[1] Para uma resenha da história dos média em Cabo Verde, consultar o trabalho de Silvino Évora (2007) ou a AJOC (s.d.).

a «banalização da profissão do jornalismo em Cabo Verde»[2] (Nogueira, 2007), na medida em que o seu acesso é feito, maioritariamente, por jornalistas não credenciados, com formação insuficiente ou inexistente. De igual modo, são recorrentes as vozes que denunciam um "jornalismo militante" (Mesquita, 2004: 55) comprometido com os poderes político-económicos.[3]

Conforme veremos, deparamo-nos com um espaço de articulação de diferentes interesses e perspetivas. Os meios de comunicação social cabo-verdianos constituem-se como um fórum de debate público e fornecem informação de múltiplas perspetivas, ainda que, tal como na maioria dos média, deixem transparecer que as práticas estandardizadas e as rotinas jornalísticas tendam a favorecer a divulgação de determinadas vozes e perspetivas, como fontes oficiais e institucionais, nomeadamente autoridades policiais, judiciais e executivas, em detrimento de outras, como, por exemplo, representantes de organizações e movimentos da sociedade civil.

## 2. Representações mediáticas da violência urbana: criminalidade violenta, grupos de jovens e fluxos transnacionais na mira

Neste capítulo procura-se identificar as presenças e as ausências no discurso mediático sobre a violência urbana direta[4] na cidade da Praia, a representação mediática dos atores e as reações à violência.

Para o efeito, recorremos às peças jornalísticas relativas a episódios de violência direta na cidade da Praia, bem como às que retratam os debates e iniciativas não-governamentais ou as políticas governamentais que expressamente assumem como objetivo o combate a este problema. Através desta

---

[2] Para aprofundar esta questão, ver também Silvino Évora (2007).

[3] Como Carlos Sá Nogueira descreve, «o problema maior prende-se com o comprometimento dos profissionais da comunicação social com o sistema de interesse instalado no seio da classe, tendo como pano de fundo, a cumplicidade do Governo» (2007). De igual modo, no inquérito "Considera que a imprensa é livre em Cabo Verde?", os cidadãos auscultados refletem esta ideia: «em Cabo Verde há ainda grandes limitações na imprensa, tanto dos jornalistas em exercerem as suas funções, como a da sociedade em fazer chegar a sua mensagem aos meios de comunicação e a sua posterior divulgação. É visível que as pessoas têm medo de divulgar, pronunciar, denunciar, certos atos, nomeadamente no que diz respeito à violência, abuso sexual, criminalidades. [...] Há limites de liberdade na imprensa cabo-verdiana que são influenciados fortemente por tendências políticas» (EI – *Expresso das Ilhas*, 2005a1).

[4] Limitámos este estudo à análise de notícias referentes a violência direta, visível e identificada, seja ela levada a cabo por jovens enquanto indivíduos, seja como coletivos, não sendo objetivo deste estudo exploratório uma análise que inclua a violência estrutural.

análise procurámos averiguar a) quem são os protagonistas das notícias e dos temas noticiados; b) de que violências falam os jornais, quais têm maior e menor destaque; c) que estratégias de prevenção e combate estão a ser levadas a cabo por organismos estatais e não-governamentais, e são objeto de visibilidade pública, seja pela crítica ou pela apreciação positiva; e d) como é esta realidade vivenciada pela população.

Desta análise excluímos as peças cujo foco é a violência conjugal, dado o enfoque na violência coletiva que norteia este trabalho, e aquelas que expressamente dizem respeito a outras localidades que não a cidade da Praia, uma vez que o projeto se centra na análise da violência na capital cabo-verdiana. Sendo este um estudo exploratório, a pesquisa limitou-se ao jornal *Expresso das Ilhas* (doravante, EI), e às peças relativas aos anos de 2005 e 2009[5] onde constassem um conjunto de palavras-chave e suas variantes.[6] Depois de selecionadas as notícias relevantes para o estudo, foram codificadas em 25 variáveis numa base SPSS (*Statistical Package for the Social Sciences*) criada para esta investigação. Esta metodologia permitiu uma análise quantitativa, que completámos com uma leitura qualitativa dos itens, de modo a identificar as principais disposições discursivas.

No corpus em análise, destaca-se o relato de atos criminosos e a proposta ou desenvolvimento de políticas públicas que têm como objetivo o combate à violência urbana e o retorno ao sentimento de segurança. A narrativa jor-

---

[5] Para o ano de 2005 foi feita uma recolha das notícias no Arquivo Histórico Nacional da cidade da Praia, ao passo que a recolha do ano de 2009 foi através do sítio na Internet do jornal. Num estudo posterior será interessante elaborar um observatório de imprensa com vários anos e vários jornais de modo a realizar uma análise comparativa, mais completa, que permita observar as semelhanças e dissemelhanças entre vários meios, bem como a evolução no tratamento jornalístico e nas reações políticas e da sociedade civil ao fenómeno, nomeadamente as linhas de mudança e de continuidade. Para este artigo, limitações logísticas impediram a cabal realização deste intuito (nomeadamente o facto de os *sites* dos jornais não disponibilizarem peças de anos anteriores ao corrente e não existir em território português nenhum arquivo que disponibilize jornais cabo-verdianos – nomeadamente na Embaixada e nas Bibliotecas Nacionais), ficando este estudo restrito ao material aqui apresentado. Consideramos, contudo, que esta análise exploratória nos permite traçar as principais tendências da imprensa cabo-verdiana.

[6] Foram selecionadas as seguintes palavras, e suas variações, para busca no motor de pesquisa do *site* do jornal: *thug, gang,* violência, larápio, delinquência, Orlando Pantera, jovem, menor, retornado, deportado, repatriado, assalto, roubo, furto, assassinado, morte, arma, *bedju, bodi,* droga, ICCA, violação, assédio, detido, abuso.

nalística privilegia a denúncia dos transgressores às normas sociais, estando as mensagens veiculadas pelos média enquadradas, por um lado, na delação dos "desviantes" e, por outro lado, na divulgação das ações e medidas levadas a cabo para prevenir e combater a violência.

## 2.1. Os atos violentos

No estudo dos média é reconhecido o atrativo do crime e da violência para as redações noticiosas, como já foi referido. Zillmann e Bryant (1996: 603) resumem os motivos da atração pela violência por parte dos média, descrevendo que proporcionam ao consumidor a satisfação da curiosidade mórbida pelo estranho, desviante e bizarro de forma segura e cómoda, permitem confirmar a sua sensibilidade emocional ao comprovar a sua recusa perante estes atos e incitam a comparação social da sua situação com a dos sujeitos retratados pelos média.

Trata-se, na verdade, de questões que desafiam a ordem social e a moralidade socialmente aceite, atribuídas a "outros", seres distantes e diferentes de "nós" e isso cativa claramente diversos segmentos das audiências, ainda que por razões justificativas distintas. Por outro lado, perante a divulgação da atuação das forças de segurança e dos agentes da justiça, o comum cidadão «reafirma a moralidade consensual da sociedade, [...] que expulsa tanto simbólica como fisicamente» os desviantes (Hall, *apud* Simões, 2007: 92). Aos atos violentos é atribuída primazia na escala de noticiabilidade (Galtung e Ruge, 1994), e através das *estórias* jornalísticas legitima-se publicamente a penalização dos delinquentes e criam-se consensos em torno dos mecanismos de controlo social.

No caso de Cabo Verde, em particular, o distanciamento da tradicional tranquilidade e a repetição de relatos de cenas violentas nas ruas da capital foram objeto de uma grande atenção mediática. Em ambos os anos em análise – 2005 e 2009 – encontram-se narrativas de incidentes na cidade da Praia que, pela repetição e recurso a níveis de violência até então desconhecidos pelos cidadãos, dão azo a um sentimento de insegurança por parte da população, em grande medida alimentados por uma cobertura da violência por parte dos meios de comunicação social que é desfasada da realidade, assentando em descrições exacerbadas da violência urbana e dos seus atores:

A cada dia que passa, os cabo-verdianos são confrontados com o crescimento de índices dos crimes mais graves, são surpreendidos com a forma sempre cada vez mais sofisticada, logo mais eficaz, do cometimento dos crimes (artigo de opinião de Jorge Mendes Lopes, "Guerra total à criminalidade" – EI, 2005a2);

As coisas atingiram proporções que levam as pessoas a falar, abertamente, de insegurança em Cabo Verde. Não que o país esteja em absoluto desassossego, ou que o pânico nos impeça de sair à rua, mas simplesmente pelos sistemáticos sobressaltos [...] [que se] têm vindo a incutir no ânimo das populações que dizem sentir-se ameaçadas e inseguras. O número de casos reprováveis que perturbam o dia-a-dia das pessoas, [...] tem vindo a provocar uma certa sensação de alarme ("Um combate mais eficaz à insegurança precisa-se!" – EI, 2005a3).

Nas notícias analisadas encontram-se vários exemplos de descrições de atos violentos: homicídios, roubos, crimes contra a propriedade.

No ano de 2005, em particular, destacam-se as manchetes com referência a homicídios, que chocaram a população pela forma como abalaram a tranquilidade cabo-verdiana. Neste cenário, a imprensa destaca os homicídios e tentativas de homicídio divulgados pelas forças de segurança ou por fontes familiares das vítimas, somando 46% do total de crimes identificados no nosso corpus de análise em 2005.[7]

As notícias falam, igualmente, de assaltos, nomeadamente os roubos entretanto denominados *cassubody*,[8] especialmente em 2005. Conforme ilustrado pelo excerto abaixo, voz direta de um cidadão publicada na secção "Correio dos Leitores", as preocupações dos praienses centram-se na insegurança que a população sente face a estes pequenos furtos que não

---

[7] Alguns títulos exemplificativos de notícias: "Homem esfaqueado até à morte" (EI, 2005a4); "Assassinatos, esfaqueamentos e suicídio" (chamada à primeira página: "Cidade da Praia a ferro e fogo") (EI, 2005a5); "Jovens assassinados terão sido executados" (chamada à primeira página: "Foram executados") (EI, 2005a6); "Cidadão baleado mortalmente à saída de bar no Palmarejo. Chamada para a morte" (EI, 2005a7); "Assassínio a poucos metros da Esquadra da ASA" (EI, 2005a8); "Arma branca faz outra vítima em Eugénio Lima – Praia" (EI, 2005a9); "Mais um deportado assassinado na Praia" (EI, 2005a10); "Droga poderá estar na base do assassinato" (EI, 2005a11); "Mais um morto e ferido na noite da capital" (EI, 2005a12); "Modelo assassinado nas ruas da Achada Santo António" (chamada à primeira página: "Mais um jovem assassinado nas ruas da capital. Manik foi baleado mortalmente") (EI, 2005a13); "Jovem de 18 anos esfaqueado até à morte" (chamada à primeira página: "Desta vez no Paiol. Mais um jovem assassinado na Praia") (EI, 2005a14); "Dois assassinatos marcaram a primeira semana de Dezembro" (EI, 2005a15).
[8] A expressão "cassubody" e as suas variantes referem-se a roubos, numa crioulização do termo "cash or body".

escolhem género ou idade e no descontentamento face à ineficácia das forças de segurança para combater o aumento da criminalidade:

> A realidade do dia a dia é outra, o sentimento de insegurança é enorme na Praia, não só pelas mortes violentas que têm contribuído para agravar a situação, mas também pelos pequenos furtos, os cada vez mais casubody, mais crianças que chegam à casa sem sapatilhas, telemóveis e outros objectos, mais senhoras sem as carteiras e outros haveres, mais residentes nessa cidade que têm que dar dinheiro aos pelintras para evitarem danos nas suas propriedades, mais casas gradeadas, mais ruas sem policiamento, mais pessoas com desconfiança na rua, mais crianças de e na rua, mais bandos de jovens actuando à noite em grupos, etc., etc., um sem fim de anomalias que não podem de forma alguma ser encobertas ("O debate sobre a (in)segurança na TCV", *Correio dos Leitores* – EI, 2005a16).

No ano de 2009, por outro lado, as notícias de crimes contra a propriedade dão conta sobretudo de furtos direcionados a estabelecimentos comerciais, e não tanto ao cidadão anónimo.[9] As peças "Praia: assalto à mão armada à agência Western Union", de 10/07/2009 (EI, 2009a1) e "Gangs assaltam bares e restaurantes na Praia", de 25/05/2009 (EI, 2009a2) são disto mesmo exemplo. O *lead* desta última notícia resume a forma como o jornal reproduz os criminosos:

> Chegam encapuçados, actuam com armas de fogo e 'limpam' tudo o que lhes aparecer na frente. Estamos perante uma nova modalidade de assaltos na capital do país (EI, 2009a2).

Este excerto é revelador da mistura de termos objetivos e descritivos com subjetivos e pouco rigorosos no relato mediático da violência, patente na expressão "levam tudo...", bem como da apresentação de categorias estanques e definidas sobre quem são os "novos criminosos", como se se tratasse de um fenómeno unívoco e homogéneo.

Na explicação dos atos violentos e dos criminosos é ainda evidente a tendência para salientar o que os jornalistas consideram alguns dos efeitos

---

[9] De salientar que arredadas das manchetes se mantêm, porém, peças referentes a crimes sexuais.

perversos da globalização: as narrativas jornalísticas realçam, nomeadamente, que os atos desviantes e delinquentes sugerem a existência de modos de vida marcadamente atravessados por necessidades de consumo, que a predominância de crimes acompanha a expansão da sociedade individualizada consumista, a disputa entre quem tem e quem não tem acesso aos recursos, e a utilização da violência por parte dos que se veem desprovidos destes bens:

> O caldeamento dos referidos factores de ordem endógena e exógena neste país atlântico, em pleno desenvolvimento, de gente ávida de novidades, por natureza irreverente e pronta a imitar tudo, incluindo o que de mau se produz por esse mundo fora, com alguns a ambicionar e a querer tudo com o menor esforço, dá como resultado um conjunto de actos a todos os títulos reprováveis que acabam por desembocar em insegurança, traduzida em agressões, roubos, furtos, vandalismo, assaltos a propriedades e ajustes de contas por gente que, lamentavelmente, insiste em fazer disso um modo de vida ("Um combate mais eficaz à insegurança precisa-se!" – EI, 2005a3).

As peças deixam transparecer que existe um acesso facilitado a armas, referidas em 28% das peças, sejam armas de fogo (predominantemente de calibre 6,35 ou as artesanais *boca bedju*), sejam armas brancas. A apreensão de grandes quantidades de armas de fogo, a denúncia do seu uso em assaltos e, inclusive, a facilidade de aquisição levam a que se fale na cidade da Praia como um "supermercado de armas". Num artigo de opinião, "Guerra total à criminalidade", Jorge Mendes Lopes pergunta:

> É ou não a brasileirização ou americanização do país? Brasileirização ou americanização quando vemos a explosão do crescimento de armas de todo o tipo e de todos os calibres, só faltando entrar em acção armas semi-pesadas, de guerra, como morteiros e bazucas e pesadas como canhões, tanques ou helicópteros (EI, 2005a2).

É ainda frequente, nas notícias analisadas, um discurso onde se evidencia a preocupação quer com a pequena criminalidade, quer com a criminalidade organizada que tem origem em disputas e atos que visam o consumo e distribuição de droga (mencionados em 13% das peças). As abordagens a este tema oscilam entre a divulgação de apreensões pela polícia, como veremos adiante, e a facilidade no acesso a droga pelos jovens:

É fácil experimentar drogas duras em Cabo Verde. O pesadelo vem depois. Isto porque depois são precisos muitos trezentos escudos para satisfazer o vício. E aí começa a descida ao inferno, com roubos e prostituição e, nessa altura, não se lembrar que começaram com aqueles trezentos escudos que era para ir a boite ou outro lugar. [...] E é para este inferno que se dirigem dezenas de jovens sem, ao menos, saberem que estão a entrar no inferno ("Pedras de crak por trezentos escudos" – EI, 2005a17).

A droga virou a comida desses jovens. [...] Os jovens estão perdidos na droga. Muitos já abandonaram os estudos e só querem drogar e encher-se de bebidas e fazer guerras nas redondezas ("Desemprego e droga afectam os moradores" – EI, 2005a18).

Destacam-se igualmente vozes que clamam medidas repressivas e alertam para os danos causados pelo uso de drogas. Privilegia-se uma visão moralista e criminalizadora, associando o consumo de drogas à violência, estigmatizando o consumidor e criando espaço para a defesa de políticas mais repressivas que apaziguem a vivência diária dos cidadãos e a imagem do país no exterior:

Não há dúvida nenhuma: Cabo Verde, que desde sempre foi uma terra tranquila, de paz, sem grandes sobressaltos sociais – mesmo depois da independência manteve, por longos anos, essa linha como um dos trunfos a jogar na arena internacional –, está caminhando, a cada dia que passa, para o abismo da violência, em grande parte, alimentada pelo mundo da droga (artigo de opinião de Jorge Mendes Lopes, 12/01/2005, "Guerra total à criminalidade" – EI, 2005a2).

Não há dúvida que o combate à droga é o grande desafio que o país enfrenta. Pelas conexões com o mundo do crime violento e que trouxeram ao país uma dinâmica mais sofisticada de crime, pela vulnerabilidade da nossa juventude, o país tem que ganhar esta luta e deverá contar com o apoio interessado da comunidade internacional. Nada é como era antes e nada pode ficar como está (editorial "A verdade é dura, mas é a verdade" – EI, 2005a19).

A ligação ao consumo e tráfico de estupefacientes é, de resto, uma preocupação crescente, seja pela posição estratégica que o país assume na rota do tráfico internacional de cocaína, e os compromissos assumidos

JOVENS E TRAJETÓRIAS DE VIOLÊNCIAS: OS CASOS DE BISSAU E DA PRAIA

internacionalmente na vigilância e combate à criminalidade organizada,[10] seja pela evidência de um aumento dos níveis de consumo nacionais:

> De acordo com o anunciado pela secretária executiva da Comissão de Coordenação do Combate à Droga (CCCD), Fernanda Marques, em Cabo Verde, 'a tendência do consumo de droga é para aumentar' ("Aumenta a tendência para o consumo da droga em Cabo Verde" – EI, 2009a3).

Nas notícias analisadas, a prevenção e as políticas de prevenção de danos, pelo contrário, são escassamente abordadas. Por outro lado, o consumo de álcool não é retratado como algo problemático, enquanto nos comentários *online* encontramos referências ao consumo do tabaco como um hábito com pouca aceitação social.

## 2.2. Os agentes da violência: jovens na ribalta

Um estudo da UNESCO sobre Média e Juventude no Brasil revela que o espaço dedicado às notícias sobre os delitos cometidos pelos jovens é significativamente menor do que aquele dedicado à magnitude da violência cometida contra crianças e adolescentes (Njaine, s.d.: 79). Estudos sobre os jovens nos média (Molloy, 2002; Gigli, 2004) revelam igualmente que a forma como os jovens são representados oscila entre a sua identificação enquanto ameaça (agentes e consumidores de violência), por um lado, ou enquanto seres vulneráveis e influenciáveis, por outro. A juventude é predominantemente retratada de forma negativa pelos média, nomeadamente pela forma como os desvaloriza e segrega, e como alimenta estereótipos e representações negativas: pela simples aparência, modo de se vestir e de se

---

[10] Algumas notícias exemplificam esta questão, como "Cabo Verde e Reino Unido juntos na luta contra o narcotráfico" (EI, 2009a4) ou "Ministra da Justiça pede congregação de esforços na luta contra a droga" vista como «um problema grave para a sociedade, que põe em risco a juventude e todo o sistema social» (EI, 2009a5). No âmbito da parceria entre a Comissão de Coordenação do Combate à Droga e o Gabinete das Nações Unidas contra a Droga e o Crime (UNODC), "CCCD faz entrega de equipamentos de combate à droga" (EI, 2009a6). De igual modo, "ONU recomenda reforço no controlo das drogas em Cabo Verde": «convém realçar os esforços que têm sido envidados por Cabo Verde no sentido de dar resposta adequada aos apelos nacionais e internacionais, com vista a luta contra o uso abusivo e tráfico ilícito de drogas. Os resultados alcançados até agora são bastante encorajadores e clamam pela continuidade na acção» (EI, 2009a7).

expressar, são imediatamente enquadrados como suspeitos ou marginais (Njaine, s.d.: 78).

No corpus analisado, no ano de 2005 várias notícias retratam estes jovens, denominados *thugs*,[11] procurando dar a conhecer quem são e como agem: associam estes grupos organizados de adolescentes à onda de crimes que deixou a capital em sobressalto, e sublinham a influência americana e a importação dos ensinamentos de programas televisivos brasileiros, nomeadamente na forma como se apresentam, nas referências culturais (sobretudo musicais), no calão empregue e no *modus operandi*:

> É um fenómeno novo na capital do País. Poucos são os que saberão como nasceram. Depois da onda do Kaço-bodi ter assolado os bairros da capital, tempos atrás, agora parece que chegou a vez de grupos organizados, constituídos por jovens e adolescentes do sexo masculino, com idades compreendidas entre os 14 e os 24 anos que têm um objectivo: aterrorizarem a população praiense [...].
>
> A principal característica desses grupos, segundo dados recolhidos junto de pessoas que tiveram contacto com os mesmos: os integrantes são todos jovens e alguns adolescentes; andam munidos de armas brancas, como machum, facas, navalhas, machados de bife, e outros tipos de arma como taco de basebol, e, em alguns casos, matracas: vestem-se à yo (calças ou calções extremamente largas, camisolas de equipas de basebol dos EUA e, às vezes, de equipas de futebol também dos EUA), de todo o modo também largas, geralmente usam chapéus com insígnias de times ou equipas desportivas famosas do mundo [...]; a maioria deles, segundo consta, usa drogas e consome álcool; e, sobretudo, são jovens sem nenhuma ocupação, sem emprego ("Thugs na capital ganham força. Grupos organizados de alguns bairros preocupam praienses" – EI, 2005a20);

> Estão a ser influenciados pelo estilo americano e brasileiro, imitando os thugs americanos e bandidos que vêem no programa Cidade Alerta ("Pais preocupados, directores garantem segurança" – EI, 2005a21).

Nas notícias do início da década transparecem retratos estereotipados da violência urbana e do protagonismo dos jovens em particular, assentes em metáforas («Têm um único objectivo: aterrorizarem a população praiense») e comparações distorcidas e desproporcionais («Estão a copiar os estilos

---

[11] Encontramos referência expressa aos *thugs* em 11% das peças analisadas.

americanos e brasileiros») que amplificam a violência sentida, conduzindo ao pânico moral, definido como ameaça social (Cohen, 1972). Segundo Stanley Cohen (1972: 9), o pânico moral ocorre sempre que «uma condição, um episódio, uma pessoa ou um grupo de pessoas sejam definidas enquanto uma ameaça para os valores e interesses da sociedade», ameaças estas rotuladas de *folk devils* (inimigos públicos).

Estas representações mediáticas encorajam a população a perceber estes jovens como ameaças e a encarar a via punitiva como a solução para o problema. No entanto, com o passar dos anos esta imagem foi-se diluindo. No ano de 2009, são notórias diferenças significativas na forma como os responsáveis pelos atos violentos são retratados nos jornais. Os jornais referem-se aos perpetradores como "delinquentes", "larápios", e nos episódios noticiados predominam incidentes com responsáveis individuais e não atuações em grupo/*gangs* como eram frequentes. Em cerca de 1/3 das peças o jornalista faz referência ao sexo masculino do agressor, e nos escassos casos em que refere a sua faixa etária identifica-o como sendo maior, sendo poucas as situações em que o descreve como "jovem" ou como "menor" (cerca de 10%).

Contrariando as tendências anteriores e o imaginário social que ainda hoje persiste entre os cabo-verdianos, nas peças analisadas foram raras as referências ao estatuto de retornado/repatriado, limitando-se a duas notícias:

> Influências americanas ou mesmo thug como dizem os mais novos abalou o modo de viver naquele bairro. [...] Aqui era mais calmo. Agora, de tudo um pouco acontece aqui, principalmente o vandalismo. Isso tudo por causa da influência dos americanos, ou seja, dos repatriados que temos neste bairro. Os rapazes agem como eles, mandam palavrões, disparam tiros em plena luz do dia, abusam dos mais fracos e tiram algo às pessoas. Os nossos adolescentes também estão assim seguindo o mesmo exemplo. O Governo devia tomar medidas com esses rapazes e orientar os mais pequenos, que ainda podem mudar ("Desemprego e droga afectam os moradores" – EI, 2005a18);

> Esta comunidade, composta por mais de mil jovens, maioritariamente expulsos dos Estados Unidos da América, é caracterizada por uma grande parte deles não estarem inseridos no mercado de trabalho e na sociedade, resvalando em alguns casos conhecidos e de grande impacto social, para a delinquência, consumo de drogas e outras práticas negativas, tanto para eles como para a sociedade ("Um projecto para reintegração" – EI, 2005a22).

Por outro lado, à semelhança do que assistimos noutros estudos sobre a representação da violência nos média, e muito em particular dos estudos que analisam a forma como os meios de comunicação social noticiam a violência contra as mulheres (Boyle, 2005; Carter, 1998; Santos, 2008; Simões, 2007; Simões e Peça, 2009), as vozes das vítimas são silenciadas, não lhes sendo dado espaço discursivo nos textos jornalísticos. A exceção a esta tendência surgiu, apenas, em casos isolados que envolvem figuras públicas ou agentes policiais[12] ou ainda em denúncias de abusos policiais, como veremos adiante com mais detalhe.

Considero, pois, que pouco a pouco se vai abandonando a tendência para os relatos sensacionalistas e alarmistas que ocupavam as manchetes cabo-verdianas há uns anos. Esta tendência parece ser resultado, em grande medida, da crescente politização do tema, que terá determinado uma maior preocupação em aprofundar as narrativas mediáticas sobre criminalidade violenta. Pelo menos no jornal e nos anos que foram objeto da nossa análise, as "crónicas criminais" vão sendo substituídas por um novo jornalismo,[13] distanciando-se do jornalismo policial, da mistificação dos "delinquentes" e dos grupos de *thugs*.

No entanto, conforme veremos de seguida, prevalece uma clara instrumentalização do poder mediático pelos agentes políticos e forças de segurança.

### 3. A prevenção e o combate à violência urbana nos média: o enfoque punitivo

No caso em análise, o poder político e as forças de segurança desempenham um papel fundamental na definição dos enquadramentos das notícias sobre violência urbana. Se, por um lado, as narrativas jornalísticas dão conta de episódios violentos, como se acabou de ver, por outro lado, e ainda que em menor número, destacam as medidas de prevenção, combate e resistência a esta mesma violência. Tal como o estudo da UNESCO afirma, «não cabe atribuir à imprensa e à televisão a responsabilidade de conter a violência

---

[12] Como nas peças "Câmara Municipal da Praia: Equipa de Ulisses sob ameaças de morte e tentativa de homicídio" (EI, 2009a8) ou "Agente da Polícia Nacional baleado em Ponta d'Água" (EI, 2009a9).

[13] De modo não sistemático, para este trabalho recolheram-se peças de outros jornais e de anos anteriores sobre a violência na Praia, muito em particular sobre notícias que envolviam *thugs*, sendo claro o distanciamento entre o que se publicou em anos anteriores e o nosso corpus de análise.

JOVENS E TRAJETÓRIAS DE VIOLÊNCIAS: OS CASOS DE BISSAU E DA PRAIA

e suas manifestações. Entretanto, isso não isenta os meios de cumprir sua função pública» (Njaine, s.d.: 88). Os meios de comunicação social assumem, indiscutivelmente, uma importante função de controlo político que poderá contribuir para que o poder governamental responda às necessidades expressas pela população, nomeadamente através da criação e implementação de políticas públicas. Neste sentido, as fontes oficiais distinguem-se dos restantes atores e fontes discursivas.

### 3.1. As forças de segurança

À semelhança do que outros estudos têm demonstrado, nas notícias onde o tema é o crime, as fontes oficiais (polícia e tribunais) assumem um papel primordial na ventilação de informação para o espaço público, em consonância com o que a doutrina jornalística *mainstream* advoga (Penedo, 2003; Peixoto, 2005; Simões, 2007).

No caso em análise, perante a dimensão que os crimes vinham assumindo, em maio de 2005, representantes da imprensa cabo-verdiana expressaram em reunião com a Ministra da Justiça o desejo de ver uma polícia «mais aberta e receptiva à ideia de colaborar mais com os profissionais da Comunicação Social, particularmente a Secção de Homicídios, que lida com os crimes mais mediáticos» ("Polícia Judiciária cabo-verdiana mais aberta à imprensa" – EI, 2005a23).

No seguimento deste impulso, é notório o desenvolvimento da cooperação entre estes atores, evidenciando-se a preferência dada à polícia e às forças de segurança enquanto fonte da matéria noticiada: 20% do corpus analisado em 2005 e 40% em 2009 tem representantes deste grupo como fonte principal. No ano de 2009, em particular, encontramos um conjunto significativo de peças que dão conta das investigações policiais e dos programas de combate à criminalidade, numa clara estratégia para contrariar o sentimento de insegurança e de ineficácia ou inércia das forças oficiais.[14,15]

---

[14] Do mesmo modo, em 2005 encontram-se exemplos de operações policiais: "PJ trava traficantes nos aeroportos do Sal e Praia" (EI, 2005a24); "Blitz da POP apreende várias armas" (EI, 2005a25); "POP efectua sexta rusga, na Praia, e apreende mais armas em bairros subúrbios da capital" (EI, 2005a26); "PJ prendeu três indivíduos suspeitos de roubo e agressão sexual" (EI, 2005a27); "PJ em acção. Foi identificado o homem que destruiu as viaturas na Terra Branca e preso o que matou na Achadinha" (EI, 2005a28).

[15] Entre os títulos mais elucidativos, destacam-se: "Praia: PJ detém 7 indivíduos por roubo, uso não autorizado de veículo e sequestro" (EI, 2009a10); "PJ detém homicida salense e co-

Com o mesmo intuito, são amplamente divulgados os planos que as forças de segurança desenham para minimizar as possibilidades de atos violentos. Salientam-se duas iniciativas atípicas, direcionadas para jovens identificados como *thugs*: a primeira promovida por um agente da BAC (Brigada Anti-Crime) e a segunda realizada pela esquadra policial da Fazenda em parceria com uma associação local:

> Um agente da Brigada Anti-crime (BAC) procurou uma forma não muito usual para combater delinquência juvenil. Foi através de diálogo que o agente, Evandro Lopes, pacificou o relacionamento de dois grupos de thugs rivais. E tudo acabou num jogo de futebol entre os agentes da polícia e os grupos de thugs no sábado passado. [...] O objectivo é mostrar esses jovens que o caminho que estão a seguir não é o melhor ("Praia: Jogo de futebol une grupos de thugs rivais" – EI, 2009a11).

> O encontro, que durou cerca de uma hora e meia, serviu para o comandante da EPF mostrar aos jovens como podem dar os seus contributos na luta contra a violência, recorrendo sempre às Esquadras para fazerem queixas quando forem vítimas de violências, ao invés de repostarem da mesma forma («Praia: "luta contra a violência" chega ao bairro de Castelão» – EI, 2009a12).

Mais comuns são as peças que divulgam operações policiais, como exemplificam os títulos "Operação Frescura coloca mais de cem polícias nas ruas da capital", de 16/07/2009 (EI, 2009a13), «PN passa a "pente fino" bairros da capital», de 25/08/2009 (EI, 2009a14), "Quadra Festiva: PN põe em marcha plano de segurança", de 16/12/2009 (EI, 2009a15) ou "PN elabora plano Natal e Fim de Ano em Segurança", de 23/12/2009 (EI, 2009a16). Destas

-autor de roubos na Praia" (EI, 2009a17); "Tiroteio da zona de Quelém ASA: PN detém grupo de thugs" (EI, 2009a18); "Praia: detidos os suspeitos do homicídio na Quebra Canela" (EI, 2009a19); "Praia: indivíduo detido por assaltos à mão armada" (EI, 2009a20); "PN detém traficante em Achada Grande Frente" (EI, 2009a21); "Praia: PJ detém indivíduo por burla e agressão sexual" (EI, 2009a22); "Praia: BAC detêm alegados traficantes" (EI, 2009a23); "PJ detém pessoas por ligação à droga e acusadas de violação sexual" (EI, 2009a24); "Praia: PJ detém três indivíduos suspeitos de mais de vinte furtos" (EI, 2009a25); "Praia: PJ detém indivíduo acusado de assaltos à mão armada" (EI, 2009a26); "PJ detém cinco thugs por alegado homicídio de um jovem" (EI, 2009a27); "Praia: PJ detém indivíduo por roubo à mão armada" (EI, 2009a28); "Para segurança na época festiva: 18 thugs detidos na Praia" (EI, 2009a29); "PJ detém 4 indivíduos por vários crimes na cidade da Praia" (EI, 2009a30); "PJ detém um indivíduo suspeito de assalto violento" (EI, 2009a31); "Suspeito de roubo detido pela PJ" (EI, 2009a32).

operações resulta, para lá do aparato vivenciado na cidade pela população, a divulgação do "bom" trabalho realizado pelas polícias e a enumeração das detenções e apreensões a que se pretende dar visibilidade:

> Destas operações, efectuou-se um total de 42 detenções, 16 dos quais foram apresentados ao Tribunal para os primeiros interrogatórios de arguidos detidos, legalização da detenção e aplicação da medida de coacção, por posse de arma de fogo e branca ilegais, posse de estupefacientes e condução ilegal. Em relação a armas e explosivos, registou-se um total de dez armas de fogo, 43 armas brancas e 33 munições de diversos calibres. Quanto à droga, registou-se apreensões de 33 tacos de "Padjinha", um pé de cannabis; seis embrulhos de "Padjinha"; oito pedras de "beize" e um embrulho de papel utilizado para consumo de "beize" ("PN apresenta dados da operação", 20/08/2009 – EI, 2009a33);

> Enquadrado na operação "Verão 2009 em Segurança", a Esquadra Policial da Achada Eugénio Lima, levou a cabo, uma mega operação de rusgas, revistas e buscas a pessoa e viaturas, nas áreas abrangentes da Achada Eugénio Lima, Bairro Craveiro Lopes, Achadinha Cima e Baixo e Avenida Cidade de Lisboa. A Operação resultou na apreensão de armas brancas, armas de fogo, estupefacientes, objectos utilizados no consumo de estupefaciente, detenção de pessoas e apreensão de viaturas, designadamente: três machim; 13 facas e punhais; uma pistola calibre 6,35 mm; três tacos de "Padjinha" e dois cachimbos para consumo de droga ("PN passa a pente fino bairros da capital", 25/08/2009 – EI, 2009a14).

Porém, as forças policiais não estão isentas de críticas, e o ano de 2009, em particular, foi rico em denúncias de abusos policiais. O *Expresso das Ilhas*, tal como outros jornais, publicou testemunhos de cidadãos que acusam as forças de segurança de terem cometido excessos:[16]

---

[16] Outros exemplos são as notícias "Cidadão acusa agente da PN de abuso de autoridade" (EI, 2009a34), "Jovem acusa PN de abuso de poder" (EI, 2009a35) ou "Cidadão acusa agente da PN de agressão e de uso indevido de viatura do Estado" (EI, 2009a36). De igual modo, em 2005 também se encontram notícias, ainda que em menor número, que denunciam abusos policiais, nomeadamente em contexto prisional: «É uma cadeia cheia de contrariedades. Não há direitos humanos, nem apoios. Tudo é à base de castigos. Sofri muitos maus tratos» (EI, 2005a29); "POP acusada de agressão" (EI, 2005a30); "Jovem acusa policiais de maus-tratos" (EI, 2005a31).

Tendo em conta a onda de criminalidade que se tem vindo a registar nos últimos meses, o trabalho da polícia nacional assumiu novas proporções e consequentemente novas medidas. Contudo, estarão as nossas autoridades cada vez mais distantes do factor pedagógico devido a pressão da luta contra a criminalidade? Não é possível obter uma resposta a esta questão, ainda. No entanto pode ser que se os cidadãos de bem, insistirem sobre o assunto, talvez possam vir a ser ouvidos ("Autoridade policial versus cidadão", 13/08/2009 – EI, 2009a37).

Nos últimos tempos, têm sido várias as informações, os depoimentos e as reportagens na comunicação social sobre a actuação da Polícia nas Esquadras da Capital, que nos deve merecer atenção. Ou seja, a Polícia é acusada de estar a agredir cidadãos detidos nestas Esquadras, muitas vezes com a publicação de imagens comprovativas da agressão ("As agressões aos cidadãos nas esquadras da capital", 03/11/2009 – EI, 2009a38).

## 3.2. O discurso político

De igual modo, para destacar os esforços de recuperação da tranquilidade da cidade da Praia, os enquadramentos noticiosos privilegiam as fontes governamentais. Sendo o espaço público hoje lugar de ação política, os meios de comunicação assumem um papel determinante na discussão das opções governamentais. As lutas políticas travam-se também *nos e por intermédio* dos *média*, enquanto formadores da opinião pública e espaço de validação de propostas e atores políticos, ainda mais quando se aproximam momentos eleitorais.[17]

Estando a segurança definida no Plano de Segurança Interna como um dos setores prioritários da governação, seja na sua dimensão nacional, seja

---

[17] Já no ano de 2009 se começam a divulgar as linhas estruturantes dos programas de cada partido e as opções dos candidatos para as legislativas de 2011. No discurso do candidato do MpD, Carlos Veiga, publicado na peça "IX Convenção Nacional do MpD deixou aqui evidenciado é que esta é a hora par dar um novo rumo ao País" (EI, 2009a39), está bem patente o combate à insegurança e a atenção à juventude: «O Governo MpD, o próximo saído das legislativas de 2011 [...] garantirá mais segurança e mais justiça aos cidadãos; resolverá os graves problemas estruturais existentes; dará à juventude claras perspectivas de futuro e condições para a sua afirmação. Sem ambiguidades, reconhecemos a existência de um problema de insegurança nos principais centros urbanos do país, que porém, consideramos passível de solução, com políticas adequadas, enunciadas na Moção de Estratégia. Nesse quadro, afirmamos a nossa firme determinação de dar combate sem tréguas ao tráfico de drogas e à criminalidade a ela associada, por todos os meios lícitos, recorrendo a recursos e à cooperação internacional.»

na dimensão internacional (e em particular no que toca à criminalidade organizada em torno das rotas de droga, ou aos prejuízos que uma imagem negativa do país pode trazer para o turismo, uma importante receita cabo-verdiana), governo e oposição disputam argumentos nos espaços mediáticos.

O ano de 2009 é, em relação ao de 2005, particularmente rico nesta questão. A iniciar o ano de 2009, a mensagem de ano novo do Presidente Pedro Pires, publicada integralmente no dia 1 de janeiro, destaca o investimento no combate à criminalidade:

> Na nossa agenda, deve prosseguir o empenhamento na consolidação das instituições do Estado de Direito Democrático, com relevância para o aperfeiçoamento e reforço das capacidades dos órgãos encarregados da administração da justiça, da segurança e do combate à criminalidade (EI, 2009a40).

São ainda destacadas, ao longo do ano, as iniciativas do governo e do poder local para melhorar as capacidades de atuação das forças de segurança e minorar os riscos a que a população está exposta, como exemplificam as seguintes notícias:

> O Governo, ciente da importância do papel da Polícia Judiciária, tem criado as condições para um maior e melhor desempenho dos agentes de investigação criminal. Nesse sentido, aprovou o Novo Estatuto do Pessoal da Policia Judiciária respondendo, assim, à necessidade de dotar esta instituição de maior capacidade para responder eficazmente aos desafios que uma criminalidade cada vez mais complexa e organizada coloca ("Nova sede nacional da PJ inaugurada amanhã", 22/01/2009 – EI, 2009a41).

> De acordo com o MAI a implementação do PESI vai incidir na concretização dos cinco programas prioritários para a Administração Interna até 2011, designadamente o Programa Nacional de Reforço e Capacitação da Policia Nacional, o Programa Segurança Solidária, o Programa/Projecto de Segurança Rodoviária, o Programa de Modernização de Fronteiras e, finalmente, o Programa Reforma do Serviço Nacional de Protecção Civil ("Administração Interna: Plano Estratégico de Segurança Interna discutido em Conselho", 17/07/2009 – EI, 2009a42).

> Câmara Municipal anima verão na capital com eventos de lazer que procuram distanciar cada vez mais os jovens dos maus exemplos como a droga e o álcool

nas férias grandes ("Câmara Municipal anima verão na capital", 20/08/2009 – EI, 2009a43).

As notícias revelam que o governo cabo-verdiano conta, igualmente, com o apoio de congéneres internacionais, em particular do governo português, bem como de organizações internacionais, com as quais são estabelecidos protocolos e concedidos apoios para melhorar a capacidade de combate à criminalidade.[18]

Porém, as críticas da oposição fizeram-se ouvir de igual modo,[19] e a apresentação de propostas para as eleições legislativas de 2011 ou a negociação para a revisão constitucional,[20] que decorreu ao longo do ano de 2009, deram o mote para a demonstração da avaliação negativa por parte de outros atores políticos e para a apresentação de propostas de melhoria:

[18] Ilustram esta questão notícias como: "ONU ajuda Cabo Verde com 8 847 113 dólares" (EI, 2009a44); "Cabo Verde e Portugal assinam protocolos em vários domínios" (EI, 2009a45); "Cabo Verde e Brasil reforçam cooperação a nível militar" (EI, 2009a46); "Praia: terminou a formação na área de Investigação de crimes violentos, promovida pelo FBI" (EI, 2009a47); "Ministros da Administração Interna de Portugal e Cabo Verde avaliam cooperação" (EI, 2009a48); "Embaixada francesa doa coletes à prova de bala à Polícia Nacional": segundo João de Pina, Adjunto do Director da PN, «os donativos são de extrema importância porque transmite mais seguranças aos agentes. "Um polícia para garantir segurança dos outros tem de sentir que ele próprio está seguro"» (EI, 2009a49); "Portugal apoia implementação de programa Segurança Solidária" (EI, 2009a50); "Portugal alarga cooperação à gestão do processo eleitoral e às políticas locais de segurança" (EI, 2009a51).
[19] Na sociedade cabo-verdiana este jornal é associado ao principal partido da oposição (MPD), o que de algum modo poderá explicar o espaço dado às críticas ao governo.
[20] A aproximar-se o final do ano, PAICV e MpD chegam a acordo para a revisão da Constituição da República, após negociação sobre algumas questões divergentes entre os partidos, tais como a adesão ao TPI, a extradição de cidadãos estrangeiros e as buscas nocturnas. Na questão das buscas nocturnas, a peça "Memorando assinado ontem" (EI, 2009a52) dá-nos conta do acordo: «Ficou acordado buscas ou revistas às residências, "apenas em casos de criminalidade transnacional especialmente violenta ou organizada". Nos casos que se julgar a necessidade de buscas ou revistas, a PJ deverá requerer autorização ao Ministério Público que emite competente mandato judicial em que deverá estar fundamentado a razão da operação, que entretanto deverá ocorrer apenas na "presença física" de um magistrado do Ministério Público. Este procedimento é válido apenas em situações de criminalidade especialmente violenta ou organizada, nomeadamente, em caso de terrorismo, tráficos de droga, de armas e de pessoas.»

O candidato a candidato à liderança do MpD apresenta propostas para impulsionar o desenvolvimento sustentável do país. José Luís Livramento não vê no actual Governo capacidade suficiente para resolver problemas de fundo como os da pobreza, do desemprego e da integração social. «O Executivo de José Maria Neves está esgotado. [...] O partido que sustenta o governo já vai em dois mandatos. Esse segundo mandato tem sido um autêntico desastre para Cabo Verde, nos seus diversos setores. [...] o triângulo explosivo desemprego, injustiça social e pobreza, exige medidas de fundo» (EI, 2009a53).

Desemprego, abandono escolar, desigualdades de oportunidades, falta de segurança, são alguns dos assuntos que Veiga abordou e sobre os quais recaíram críticas, argumentando-se que o actual Governo falhou nas políticas desenvolvidas (EI, 2009a54).[21]

As estatísticas não mentem e nem deturpam. Tornou-se já evidente aos nossos olhos que o Governo de José Maria Neves trouxe mais desemprego e desamparo à juventude, tornou-se evidente àqueles que fazem recurso à justiça que esta funciona com muitas deficiências e maior morosidade; os problemas de insegurança aumentaram a taxas nunca antes presenciadas, entre outros. Ora,

---

[21] Carlos Veiga refere que: «Esta é a hora de recolocar Cabo Verde no caminho certo para todos os cabo-verdianos, com mais emprego, mais desenvolvimento, mais segurança e mais justiça. [...] Reconhecemos que existe um problema de segurança no país: ninguém poderá negar que, no dia a dia, as pessoas de todos os estratos e condição, se sentem, com inteira razão, inseguras em várias parcelas do país, sobretudo nas áreas urbanas e nas zonas turísticas. Porque, a toda a hora e em todos os lugares, podem ser assaltados, ameaçados ou agredidos. Existe também o tráfico de droga e a criminalidade a ele associada. Acredito, no entanto, que a superação desse problema é possível e está ao nosso alcance. Asseguraremos a mais alta formação e treinamento das forças de segurança, bem como a adequada dimensão, equipamento e distribuição dos seus efectivos e a sua coordenação e comando competentes e eficazes. Apostaremos, também, no policiamento de proximidade e na tolerância zero com o delito, seja pequeno ou grande. Criaremos as condições para que os municípios se dotem de polícia municipal. Faremos a completa despartidarização das instituições de segurança, aplicando-se isso, em primeiro lugar, relativamente aos serviços de informações. Daremos um combate sem tréguas ao tráfico de droga. Assumiremos a liderança desse processo e não permitiremos que o nosso país seja uma placa giratória desse tenebroso negócio, altamente destruidor do tecido social e dos valores morais que sempre caracterizaram a nossa sociedade. Investiremos e apelaremos à cooperação internacional para, em primeiro lugar, nos dotarmos de todos os meios e equipamentos modernos e eficazes necessários para esse combate no nosso país e participaremos activamente na cooperação internacional contra a droga» ("Discurso de Carlos Veiga, candidato à liderança do MpD", 4/07/2009 – EI, 2009a54).

assim sendo, como se pode repetidamente falar em boa governação! ("O sétimo pecado do Governo: a verdadeira (má) governação", crónica de João Dono de 9/10/2009 – EI, 2009a55).

A um ano, aproximadamente, das eleições legislativas de 2011, a realidade económico-social do país começa a vir ao de cima, pondo em manifesto desespero os que teimavam em escondê-la. A situação de Cabo Verde, a real, a que é vivida, sentida e partilhada pela grande maioria da população, não é a mesma que, diariamente, o governo nos vende a preço de marketing político, que, por mais sofisticado que seja, não consegue disfarçar as fragilidades que, por ora, estão a céu aberto nas nossas queridas ilhas ("Afinal, estamos mal!", 3/12/2009 – EI, 2009a56).

Nesta mesma linha de pensamento, no ranking das "figuras do ano" de 2009, dá-se nota negativa às personagens principais do corpo governamental:

Lívio Lopes, ministro da Administração Interna: Várias vezes infeliz no que dizia, o homem da Administração Interna portou-se mal em várias frentes. Na segurança, quase não se viu o ministro. Das poucas vezes que apareceu produziu discursos inflamados e preocupantes. [...] Lívio Lopes termina o ano sem poder colocar polícias nas ruas, exceptuando raras ocasiões.
[...]
Pedro Pires, Presidente da República: O PR manteve-se sempre distante. Aparecia sempre quando era para receber as cartas credenciais, para visitar as Forças Armadas e para as viagens ao estrangeiro (Líbia, Angola e Guiné, apenas para citar estes) como se a função presidencial se resumisse a isso.
Ministra da Justiça: A ministra passou dos limites quando disse que a insegurança na Praia não me preocupa. A governante não resolveu o problema da insegurança que afecta o país. Ou seja, foi incapaz de promover consenso para que o pacote da justiça fosse aprovado. O fenómeno thugs continuou a estender os tentáculos e os cabo-verdianos como que ficaram reféns desse mal social (EI, 2010).

Assim, o espaço mediático é palco de disputas partidárias, cruzando diferentes cenários e atores políticos. Nesta questão do combate à violência, em particular, exige-se um imediatismo na ação governamental, uma atuação célere e eficaz. Porém, ainda que a questão da segurança e o combate à criminalidade sejam temas recorrentes nos discursos governamentais, que

## JOVENS E TRAJETÓRIAS DE VIOLÊNCIAS: OS CASOS DE BISSAU E DA PRAIA

encontram nas narrativas noticiosas espaço para a divulgação das suas iniciativas e intentos, são os relatos das forças policiais que mais espaço obtêm.

### 3.3. As outras vozes

Os meios de comunicação social são importantes campos de intervenção social mais alargada, nomeadamente pela voz de atores negligenciados que encontram aqui uma arena de intervenção, espaço de opinião e de divulgação de iniciativas.

De forma mais residual que nos casos anteriores, encontramos referência a iniciativas promovidas pela sociedade civil organizada, que compõem 13% do nosso corpus de análise. Assumem tipologias que vão desde programas de rádio que procuram integrar a discussão de temas direcionados para a juventude e prevenção de riscos (sobretudo de consumos ilícitos e prevenção do VIH) e da delinquência, como é o caso da nova programação da RCV (divulgada a 15/05/2009 e a 19/06/2009), até projetos direcionados para crianças e adolescentes de e na rua – "Projecto Nôs Kasa: Crianças fora da rua, dentro da escola apresentado na Praia" (de 20/08/2009 – EI, 2009a57) –, ou a iniciativas que visam a prevenção da delinquência pela ocupação dos tempos livres com alternativas educativas e desportivas – "Aldeias SOS organizam Jogos Globais da Paz" (18/09/2009 – EI, 2009a58) ou "Acrides apresenta projecto 'Renascer da nova esperança'" (9/12/2009 – EI, 2009a59).

De igual modo, no ano de 2009, a Igreja assumiu um papel de destaque, e os conselhos e preocupações com a violência juvenil que o Bispo Dom Arlindo Gomes Furtado expressa em entrevista são amplamente divulgadas: "Há pessoas que vivem no limiar da pobreza ao lado de pessoas que parecem nadar em abundância" (30/11/2009 – EI, 2009a60), «Bispo de Cabo Verde pede "análise aprofundada" do fenómeno "thug"» (11/12/2009 – EI, 2009a61), «Dom Arlindo pede "análise aprofundada" do fenómeno "thug"» (19/12/2009 – EI, 2009a62), "Bispo de Santiago preocupado com as desigualdades sociais" (23/12/2009 – EI, 2009a63), "Precisamos de paz para sermos felizes" (25/12/2009 – EI, 2009a64), "Que em 2010 os jovens não tenham tempo para coisas negativas – votos de Dom Arlindo Furtado" (30/12/2009 – EI, 2009a65).

Evidencia-se, porém, uma partilha limitada do espaço mediático: pelo observado neste corpus, concluímos que o acesso ao discurso jornalístico é pouco diversificado, e que predominam as notícias veiculadas por fontes policiais e governamentais. O cruzamento de fontes é praticamente inexistente e, ao invés de se procurar uma pluralidade de vozes, tende-se a reproduzir versões unilaterais dos acontecimentos. No nosso entender, torna-se grande o risco de instrumentalização do discurso mediático em prol das agendas das instituições interessadas.

Salientamos, dado o teor deste estudo, que os jovens, e em particular os autores dos atos violentos, nomeadamente os temidos *thugs*, não encontram na arena mediática um espaço discursivo, estando arredada das peças analisadas a voz da juventude.

Uma última nota para dar conta de uma vantagem que este trabalho pôde beneficiar pelo facto de o ano de 2009 se basear na recolha das peças através do sítio da Internet do jornal: ainda que esta metodologia tenha muitas limitações, permite-nos aceder a algumas reações dos leitores, através dos comentários que deixam. De igual modo, no ano de 2005 são divulgados inquéritos à população realizados pelo jornal, possibilitando-se assim que a opinião dos cidadãos chegue às páginas dos jornais. Virtualmente, todos os cidadãos têm o mesmo direito de participar no espaço público através dos meios de comunicação social, mas é reconhecido que os média reproduzem a escala hierárquica de poder na sociedade, estando o cidadão anónimo numa clara situação de desvantagem. Estes mecanismos, porém, abrem uma porta de acesso ao debate, e permitem conhecer algumas das opiniões da população. Salientamos algumas das principais orientações dos comentários.

Antes de mais, nas peças sobre atos criminosos é recorrente o apelo à personificação, à individualização dos casos e publicação dos nomes e fotografias dos delinquentes, ainda que tal constitua um desrespeito pelo previsto judicialmente (seja a defesa de valores consagrados como a presunção de inocência, a preservação da honra, o direito ao bom nome, ou a proteção da identidade e reserva da vida privada):

> Os nomes, as fotografias, aonde estão??? Quando é que vamos ter direito (acho que também faz parte dos DIREITOS HUMANOS, direito à informação) para sabermos quem são esses BANDIDOS, não indivíduos, como aqui são tratados, chamemos as coisas pelos seus nomes (EI, 2009a10).

> Façam como no Brasil: mostrem a fotografia desses meliantes, para podermos nos precaver contra eles. Não passa de ação corriqueira e sem efeitos práticos, apenas, noticiar os crimes. A População quer ver a cara dos criminosos (EI, 2009a17).

A Lei Cabo-verdiana deveria permitir que qualquer crime cometido em plena via pública que o(s) autor(es) fosse exibido (EI, 2009a20).

Uma análise dos comentários *online* permite-nos ainda encontrar um dualismo na apreciação da atuação governamental e policial: por um lado, a divulgação de programas que visam o combate à criminalidade, de detenções e apreensões dá origem a louvores à atuação da polícia:

Assim é que PN não deixa intimidar e fazer o teu trabalho a bem de Cabo Verde e da Praia estão todos de parabéns continuam com as operações se for preciso todos os dias até que estes pilantras acabam de vez com roubos e assaltos para que a nossa querida capital volta a ser de paz e harmonia para todos os seus filhos e visitantes viva o Comando da Praia e a PN... (EI, 2009a33).

A Polícia Nacional é uma instituição credível e muito útil para sociedade cabo-verdiana. Graças ao bom desempenho da polícia, temos vindo a registar uma diminuição de assaltos e venda de "padjinhas" em vários bairros da capital e não só (EI, 2009a37).

Bom iniciativa por parte do comandante, a PN tem muitos jovens com vontade de trabalhar, por isso dá-lhes os meios necessários para combater a criminalidade (EI, 2009a66).

Por outro lado, são muitas as vozes críticas da atuação oficial, exigindo uma atuação mais consistente e alterações legislativas e judiciais, como ilustram os seguintes comentários:

Para mim, o maior culpado dessa onda de insegurança é o nosso Governo (Inquérito "Considera a Cidade da Praia uma cidade segura", 09/03/2005 – EI, 2005a32);

A insegurança que hoje nos ataca um pouco por todo o lado requer a tomada de medidas profundas e sérias. Não queremos decisões avulsas, queremos sim, senhor ministro Júlio Correia, que o Governo demonstre, com actos firmes, a sua vontade de combater a criminalidade e que não dê sinais de fraqueza na defesa de um dos maiores pilares do nosso Estado de direito: a segurança ("Crime ameaça a segurança dos cidadãos", *Correio do leitor*, 16/03/2005 – EI, 2005a33);

A continuar assim, Cabo Verde terá grande dificuldade em combater a criminalidade. Meus senhores, no que toca a segurança o Governo precisa fazer uma Nova

Reforma do Sistema de Segurança, sobretudo interna, tendo em conta as profundas transformações nas formas e intensidade das ameaças à segurança das sociedades contemporâneas, ameaças das quais Cabo Verde não está isento. Isto não é reforma alguma para Cabo Verde. Cabo Verde precisa de uma Reforma profunda, envolvendo a Assembleia da República, o Primeiro, o SIS, os Partidos Políticos e presença efectiva da instância de coordenação operacional. O JMN copiou este órgão no sistema Norte Americano que não tem nada a ver com a nossa realidade. MPD devia pronunciar sobre esta questão tão séria (EI, 2009a67).

## 4. A noticiabilidade das causas

O desenho e implementação de medidas de prevenção e combate à violência urbana deveriam estar assentes no conhecimento das variáveis micro e macrossociais que contextualizam o fenómeno. As demonstrações de violência emergem de várias formas, sendo que a violência não é algo isolado, unicausal.

Nos anos em análise encontramos, de facto, algumas peças de opinião onde os colunistas debatem as possíveis razões do crescendo da violência na cidade da Praia. Apontam, nomeadamente, para o desemprego, a pobreza e a ausência de políticas direcionadas para a juventude e consequente falta de perspetivas de futuro como os principais potenciadores dos comportamentos violentos:

> Há determinados fenómenos advenientes do tal triângulo explosivo (desemprego – pobreza – injustiça social), que leva a que apareçam determinados fenómenos que devem ser combatidos de raiz e não pela via da repressão. É o caso dos thug's, cuja raiz está na desestruturação, por exemplo, dos bairros, segundo os especialistas (entrevista a José Luís Livramento, candidato à presidência do MpD, "O governo está a dormir à sombra da bananeira", 2/02/2009 – EI, 2009a53);

> Que ninguém pense que o fenómeno thugs seja apenas um problema de polícia, sendo, em boa verdade, resultado das desigualdades sociais que se alastram pelo país. É inegável que existe, em Cabo Verde, um tipo de criminalidade, de natureza outra, que não tem que ver com os thugs. Importa, contudo, que tenhamos em atenção que a pobreza, caso não seja a sério combatida, por políticas públicas coerentes e harmonizadas, pode gerar conflitos contra os quais, muitas vezes, não se encontram remédios eficazes ("Afinal, estamos mal!", 3/12/2009 – EI, 2009a56).

Encontrámos igualmente artigos que procuram enriquecer este debate, relembrando outras justificações que poderão contribuir para o incremento da violência urbana: apontam, nomeadamente, para a desagregação familiar e a ausência de valores, para o atrativo do consumo de substâncias ilícitas bem como para as débeis infraestruturas da cidade da Praia que potenciam espaços inseguros:

> Os crimes mais graves são o resultado da quebra de valores e da perda de referências sólidas. É um erro, e erro gravíssimo, associar [...] a insegurança ao problema da pobreza e, mais amplamente, à dinâmica das "sociedades modernas" (entenda-se: sociedades capitalistas!) ou à suposta globalização. [...] A violência não é um produto do "capitalismo" nem das "sociedades modernas". [...] A violência que ora afecta estas pragas tem a sua origem, antes do mais, na procura do enriquecimento fácil e prazer instantâneo. A mola da delinquência é a ausência de valores e a ambição sórdida, ligada ao tráfico de drogas e a corrupção galopante. [...] É a anomia que produz o terreno propício à delinquência. [...] Se a truculência e o abuso prevalecerem, os jovens sentir-se-ão seduzidos pela delinquência (artigo de opinião de Casimiro de Pina, "Segurança Pública e política de liberdade", 30/03/2005 – EI, 2005a34);

> Bispo de Cabo Verde pede "análise aprofundada" do fenómeno "thug", [defendendo que] «o fenómeno "thug" é sinal de alguma revolta: revolta de várias pessoas que acabam por constituir grupos e revoltas que podem facilmente envolver outras pessoas, numa dinâmica de destruição social, de negatividade e de rejeição de vários valores e aspectos da sociedade». [...] Os membros dos denominados grupos "thugs", são pessoas que estão insatisfeitas. «Pessoas que não são felizes, que não estão contentes com uma situação, que não vêem um horizonte no futuro» (EI, 2009a61).

Estas são, saliente-se, peças de opinião, que adquirem uma dimensão bastante reduzida no corpus analisado, sendo que a maioria das notícias privilegia demonstrações de ações de combate e da eficácia das forças de segurança. Como investigações na área dos média nos têm revelado, quando a temática é a violência, as rotinas institucionalizadas tendem a um tratamento mais superficial, e é comum uma desatenção pelas causas da violência.

No ano de 2009, excetuando a recorrente ligação aos consumos ilícitos e a explicações circunstanciais, a narrativa jornalística não dá qualquer ênfase às causalidades estruturais da violência, reflexo das novas dinâmicas sociais (família desestruturada, abandono escolar, desemprego, desacreditação das instituições, sociedade individualizada e de consumo, a pobreza e desigualdade, entre outras).[22] Potencia-se, antes, eventuais condicionantes como definidores de trajetórias desviantes de marginalidade e criminalidade. O foco incide no ato violento, *per se*, nas consequências imediatas do mesmo, ou nas investigações policiais, descurando por completo o seu enquadramento social.

Ainda que esta não seja uma crítica exclusiva ao jornalismo cabo-verdiano, no caso em análise sobressai uma instrumentalização por um conjunto limitado de atores, uma estrutura profissional ainda débil e assente numa lógica de proximidade com as fontes institucionais. De igual modo, a desconsideração pelas condições estruturais que envolvem a violência urbana é, pois, uma omissão que urge reconsiderar – seja no discurso jornalístico, seja no dos restantes atores cabo-verdianos.

## Notas finais

Não sendo este um fenómeno novo, a recente visibilidade que a violência urbana tem vindo a adquirir em Cabo Verde nos últimos anos está relacionada com o destaque que o tema tem tido no espaço mediático.

Os média desempenham um papel crucial no distanciamento da visão pacifista do país da *morabeza*, determinante para a transformação do fenómeno da violência numa preocupação social. A sensibilização da opinião pública para as temáticas em debate e para a sua relevância na vida em sociedade encontra-se bastante dependente da agenda mediática. Com efeito, os meios de comunicação social dão o tom de atuação dos políticos e da sociedade civil.

Nos média reside uma responsabilidade social acrescida pelo facto de serem elementos de influência que formam opiniões e legitimam atitudes, atores que criam quadros de interpretação da realidade que, em última instância, substanciam as prioridades políticas e as normas sociais. Todavia, nos média convergem várias vozes, nem sempre coincidentes ou fiéis à realidade.

---

[22] Não queremos dizer com isto que não existam peças sobre estas questões, sendo inclusivamente recorrente a noticiabilidade do desemprego. O que procuramos dar conta é que nas peças sobre violência urbana não são questionadas as causas desta problemática, ignorando a dimensão estrutural.

O tema da violência, em particular, é especialmente suscetível de ser tratado de forma regular, respondendo aos critérios de noticiabilidade. No entanto, a violência é igualmente objeto de algumas debilidades do jornalismo, sobretudo no que diz respeito ao tratamento sensacionalista e alarmista, e na limitação das fontes ouvidas. A espetacularização e banalização da violência reproduzem posturas editoriais que não contribuem para o combate à violência.

O estudo exploratório que aqui apresentamos mostra precisamente estas questões: as *estórias* sobre atos violentos são as que dominam o nosso corpus de análise, com um evidente primado de atenção no *modus faciendi* da transgressão e no *modus operandi* das instituições de controlo e punição.

De salientar, todavia, que não encontramos nos anos e no jornal em análise manchetes sensacionalistas de modo sistemático, como pudemos constatar noutros meios noticiosos e noutros anos. Nas poucas peças onde encontramos algum sensacionalismo e discurso opinativo dos jornalistas nos títulos, regista-se um contraste com o conteúdo das notícias, mais neutro.

Por outro lado, evidencia-se uma dependência das fontes oficiais, contrariando o princípio da pluralidade jornalística e a importância do jornalismo de investigação. O monopólio das fontes conduz, indiscutivelmente, a limitações jornalísticas, nomeadamente por retratar uma visão parcelar da realidade e por diminuir a capacidade para criticar a atuação destes atores. Mais ainda, contribui para uma politização da violência enquanto "fonte de votos".

Os média participam na criação da desconexão entre violência real e insegurança percecionada, no apelo a respostas imediatistas que ponham fim ao risco social e ao sentimento de insegurança da população da cidade da Praia. Urge, pois, diminuir a distância entre o real e o noticiado, o cidadão comum e a fonte privilegiada. Para o efeito, será necessário, nomeadamente, uma aposta na qualificação dos profissionais, um suprir da necessidade de melhor qualificação dos profissionais envolvidos, tendo em vista uma maior objetividade e isenção dos órgãos públicos, bem como uma atenção às molduras sociais que consubstanciam os episódios de violência retratados. Os média são, afinal, potenciais catalisadores de mudanças, importantes aliados para uma sociedade mais justa e democrática.

## REFERÊNCIAS BIBLIOGRÁFICAS

AJOC – Associação dos Jornalistas de Cabo Verde (s.d.), *História da Imprensa em Cabo Verde* [disponível em linha em: <http://ajoc.org.cv/index.php?paginas=16>].

BENFORD, Robert D. e SNOW, DAVID A. (2000), "Framing Processes and Social Movements: An Overview and Assessment", *Annual Review of Sociology*, 26: 611-639.

BOYLE, Karen (2005), *Media and violence*. London: Sage.

CARTER, Cynthia (1998), "When the «extraordinary» becomes «ordinary»: everyday news of sexual violence", *in* C. Carter, G. Branston e S. Allan (orgs.), *News, Gender and Power*. London: Routledge, pp. 219-232.

COHEN, Stanley (1972), *Folk Devils and Moral Panics*. St Albans, UK: Paladi.

ENTMAN, Robert M. (1993), "Framing: Toward Clarification of a Fractured Paradigm", *Journal of Communication*, 43(4): 51-58.

ÉVORA, Silvino (2007), *Governo abre "Universidade da Tarimba" na TCV* [disponível em linha em: <http://nosmedia.wordpress.com/2007/11/07/governo-abre-%E2%80%98universidade-da-tarimba%E2%80%99-na-tcv>].

GALTUNG, J. e RUGE M. (1994), "A estrutura do noticiário estrangeiro: a apresentação das crises do Congo, Cuba e Chipre em quatro jornais estrangeiros", *in* Nelson Traquina (org.), *Jornalismo: questões, teorias e estórias*. Lisboa: Veja.

GIDDENS, Anthony (1991), *As Consequências da Modernidade*. Oeiras: Celta.

GIGLI, Susan (2004), *Children, Youth and Media Around the World: An Overview of Trends & Issues*. Rio de Janeiro: UNICEF.

LIMA, Redy Wilson (2010), "Thugs: vítimas e/ou agentes da violência?", *Revista Direito e Cidadania (Edição Especial – Política Social e Cidadania)*, nº 30: 191-220.

McCOMBS, Maxwell E. e SHAW, Donald L. (2000 [1972]), "A função do agendamento dos media", *in* Nelson Traquina (org.), *O poder do jornalismo – análise e textos da teoria do agendamento*. Coimbra: Minerva, pp. 47-61.

McCULLAGH, Ciara (2002), *Media Power. A Sociological Introduction*. Basingstoke: Palgrave.

MESQUITA, Mário (2004), *O Quarto Equívoco – O poder dos media na sociedade contemporânea*. Coimbra: MinervaCoimbra.

MOLLOY, Patrícia (2002), "Moral Spaces and Moral panics: High Schools, War Zones and Other Dangerous Places", *Culture Machine*, 4.

MOLOTCH, H. e LESTER, M. (1993 [1974]) "As notícias como Procedimento Intencional. Acerca do Uso Estratégico de Acontecimentos de Rotina, Acidentes e Escândalos" *in* Nelson Traquina (org.), *Jornalismo: Questões, Teorias e «Estórias»*. Lisboa: Veja.

NJAINE, Kathie (s.d.), *Violência na mídia. Excessos e avanços* [disponível em linha em: <http://www.unicef.org/brazil/pt/Cap_04.pdf>].

NOGUEIRA, Carlos Sá (2007), Banalização da Profissão de Jornalismo em Cabo Verde [disponível em linha em: <http://nosmedia.wordpress.com/2007/11/12/banalizacao-da-profissao-de-jornalismo-em-cabo-verde>].

PEIXOTO, A.M. (2005), "O crime em Destaque" [disponível em linha em: <http://www.fcsh.unl.pt/deps/dcc/txt_o_crime_em_destaque.htm>, consultado em 12 de novembro de 2007].

PENEDO, Cristina (2003), *O Crime nos Média: o que nos dizem as notícias quando falam de crime*. Lisboa: Livros Horizonte.

PROENÇA, Carlos Sangreman (2009), *A exclusão social em Cabo Verde: uma aborda-gem preliminar*. Lisboa: CEsA.

ROBERTS, Julian; STALANS, Loretta; INDERMAUR, David e HOUGH, Mike (2002), *Penal Populism and Public Opinion: Lessons from Five Countries*. Oxford: Oxford University Press.

ROQUE, Sílvia e CARDOSO, Katia (2011), "Overcoming Marginalization and Securitization: An analysis of the potential causes of collective youth violence in Bissau (Guinea-Bissau) and Praia (Cape Verde) ", *Oficina do CES*, 365.

SANTOS, Rita (2008), *Um espelho embaciado. Mulheres e violências na imprensa diária portuguesa e brasileira*. Lisboa: Instituto Marquês Valle Flor.

SILVEIRINHA, Maria João (2004), *Identidades, Media e Política. O espaço Convencio-nal nas Democracias Liberais*. Lisboa: Livros Horizonte.

SIMÕES, Rita Basílio (2007), *A Violência contra as Mulheres nos Media. Lutas de género no discurso das notícias (1975-2002)*. Coimbra: Coimbra Editora.

SIMÕES, Rita Basílio e PEÇA, Marta (2009), "Da Estrada para a Passerelle: o tráfico de mulheres para exploração sexual na imprensa", *Revista Media & Jornalismo*, nº 15, Vol. 8, nº 2: 83-102, Centro de Investigação Media e Jornalismo: Edições Mariposa Azul.

TRAQUINA, Nelson (2000), "A redescoberta do poder do jornalismo: análise da teoria do agendamento", *in* Nelson Traquina (org.), *O poder do jornalismo. Análise e textos da Teoria do Agendamento*. Coimbra: Minerva, pp. 13-43.

ZILLMANN, D. e BRYANT, J. (1996), "El entretenimiento como efecto de los media", in J. Bryant e D. Zillmann (orgs.), Los efectos de los medios de comunicación. Barcelona: Paidós, pp. 583-616.

**EI – *Expresso das Ilhas*: artigos, títulos e comentários de leitores:**
EI (2005a1), *Inquérito: "considera que a imprensa é livre em Cabo Verde?"*, 4 de maio.

ENTRE O REAL E O PERCECIONADO: ESTUDO EXPLORATÓRIO DO DISCURSO MEDIÁTICO... 139

EI (2005a2), *Guerra total à criminalidade*, artigo de opinião de Jorge Mendes Lopes, 12 de janeiro.

EI (2005a3), *Um combate mais eficaz à insegurança precisa-se!* 12 de janeiro.

EI (2005a4), *Homem esfaqueado até à morte*, 5 de janeiro.

EI (2005a5), *Assassinatos, esfaqueamentos e suicídio*, 8 de fevereiro.

EI (2005a6), *Jovens assassinados terão sido executados*, 30 de março.

EI (2005a7), *Cidadão baleado mortalmente à saída de bar no Palmarejo. Chamada para a morte*, 13 de abril.

EI (2005a8), *Assassínio a poucos metros da Esquadra da ASA*, 27 de abril.

EI (2005a9), *Arma branca faz outra vítima em Eugénio Lima – Praia*, 4 de maio.

EI (2005a10), *Mais um deportado assassinado na Praia*, 22 de junho.

EI (2005a11), *Droga poderá estar na base do assassinato*, maio.

EI (2005a12), *Mais um morto e ferido na noite da capital*, 12 de outubro.

EI (2005a13), *Modelo assassinado nas ruas da Achada Santo António*, 9 de novembro.

EI (2005a14), *Jovem de 18 anos esfaqueado até à morte*, 23 de novembro.

EI (2005a15), *Dois assassinatos marcaram a primeira semana de Dezembro*, 14 de dezembro.

EI (2005a16), "O debate sobre a (in)segurança na TCV", secção *Correio dos Leitores*, 20 de abril.

EI (2005a17), *Pedras de crak por trezentos escudos*, 20 de julho.

EI (2005a18), *Desemprego e droga afectam os moradores*,19 de janeiro.

EI (2005a19), "A verdade é dura, mas é a verdade", *Editorial*, 23 de março.

EI (2005a20), *Thugs na capital ganham força. Grupos organizados de alguns bairros preocupam praienses*, 13 de junho.

EI (2005a21), *Pais preocupados, directores garantem segurança*, 7 de dezembro.

EI (2005a22), *Um projecto para reintegração*, 2 de fevereiro.

EI (2005a23), *Polícia Judiciária cabo-verdiana mais aberta à imprensa*, 11 de maio.

EI (2005a24), *PJ trava traficantes nos aeroportos do Sal e Praia*, 27 de julho.

EI (2005a25), *Blitz da POP apreende várias armas*, 31 de agosto.

EI (2005a26), *POP efectua sexta rusga, na Praia, e apreende mais armas em bairros subúrbios da capital*, 7 de setembro.

EI (2005a27), *PJ prendeu três indivíduos suspeitos de roubo e agressão sexual*, 12 de outubro.

EI (2005a28), *PJ em acção. Foi identificado o homem que destruiu as viaturas na Terra Branca e preso o que matou na Achadinha*, 19 de outubro.

EI (2005a29), *Zé Carlos busca vida nova* (entrevista), 20 de abril.

EI (2005a30), *POP acusada de agressão*, 27 de julho.

EI (2005a31), *Jovem acusa policiais de maus-tratos*, 12 de outubro.

EI (2005a32), Inquérito *"Considera a Cidade da Praia uma cidade segura"*, 9 de março.

EI (2005a33), "Crime ameaça a segurança dos cidadãos", secção *Correio dos Leitores*, 16 de março.

EI (2005a34), *Segurança Pública e política de liberdade*, artigo de opinião de Casimiro de Pina, 30 de março.

EI (2009a1), *Praia: assalto à mão armada à agência Western Union*, 10 de julho [disponível em linha em: <http://www.expressodasilhas.sapo.cv/pt/noticias/detail/id/10494>].

EI (2009a2), *Gangs assaltam bares e restaurantes na Praia*, 25 de maio [disponível em linha em: <http://www.expressodasilhas.sapo.cv/pt/noticias/detail/id/9371>].

EI (2009a3), *Aumenta a tendência para o consumo da droga em Cabo Verde*, 20 de junho [disponível em linha em: <http://www.expressodasilhas.sapo.cv/pt/noticias/go/aumenta-a-tendencia-para-o-consumo-da-droga-em-cabo-verde>].

EI (2009a4), *Cabo Verde e Reino Unido juntos na luta contra o narcotráfico*, 24 de junho [disponível em linha em: <http://www.expressodasilhas.sapo.cv/pt/noticias/go/cabo-verde-e-reino-unido-juntos-na-luta-contra-o-narcotrafico>].

EI (2009a5), *Ministra da Justiça pede congregação de esforços na luta contra a droga*, 26 de junho [disponível em linha em: <http://www.expressodasilhas.sapo.cv/pt/noticias/go/cabo-verde-e-reino-unido-juntos-na-luta-contra-o-narcotrafico2>].

EI (2009a6), *CCCD faz entrega de equipamentos de combate à droga*, 29 de abril [disponível em linha em: <http://expressodasilhas.sapo.cv/pt/noticias/go/cccd-faz-entrega-de-equipamentos-de-combate-a-droga>].

EI (2009a7), *ONU recomenda reforço no controlo das drogas em Cabo Verde*, 3 de julho [disponível em linha em: <http://www.expressodasilhas.sapo.cv/pt/noticias/detail/id/10322>].

EI (2009a8), *Câmara Municipal da Praia: Equipa de Ulisses sob ameaças de morte e tentativa de homicídio*, 26 de outubro [disponível em linha em: <http://www.expressodasilhas.sapo.cv/pt/noticias/detail/id/12612>].

EI (2009a9), *Agente da Polícia Nacional baleado em Ponta d'Água*, 31 de dezembro [disponível em linha em: <http://www.expressodasilhas.sapo.cv/pt/noticias/detail/id/13897>].

EI (2009a10), *Praia: PJ detém 7 indivíduos por roubo, uso não autorizado de veículo e sequestro*, 16 de janeiro [disponível em linha em: <http://www.expressodasilhas.sapo.cv/pt/noticias/detail/id/7031>].

EI (2009a11), *Praia: Jogo de futebol une grupos de thugs rivais*, 19 de janeiro [disponível em linha em: <http://www.expressodasilhas.sapo.cv/index.php/pt/noticias/go/praia--jogo-de-futebol-une-grupos-de-thugs-rivais>].

ENTRE O REAL E O PERCECIONADO: ESTUDO EXPLORATÓRIO DO DISCURSO MEDIÁTICO...    141

EI (2009a12), *Praia: "luta contra a violência" chega ao bairro de Castelão*, 1 de julho [disponível em linha em: <http://www.expressodasilhas.sapo.cv/pt/noticias/detail/id/10279>].

EI (2009a13), *Operação Frescura coloca mais de cem polícias nas ruas da capital*, 16 de julho [disponível em linha em: <http://www.expressodasilhas.sapo.cv/pt/noticias/detail/id/10636>].

EI (2009a14), *PN passa a "pente fino" bairros da capital*, 25 de agosto [disponível em linha em: <http://www.expressodasilhas.sapo.cv/pt/noticias/detail/id/11360>].

EI (2009a15), *Quadra Festiva: PN põe em marcha plano de segurança*, 16 de dezembro [disponível em linha em: <http://www.expressodasilhas.sapo.cv/pt/noticias/go/quadra-festiva--pn-poe-em-marcha-plano-de-seguranca>].

EI (2009a16), *PN elabora plano Natal e Fim de Ano em Segurança*, 23 de dezembro [disponível em linha em: <http://www.expressodasilhas.sapo.cv/pt/noticias/detail/id/13727>].

EI (2009a17), *PJ detém homicida salense e co-autor de roubos na Praia*, 6 de fevereiro [disponível em linha em: <http://www.expressodasilhas.sapo.cv/pt/noticias/detail/id/7296>].

EI (2009a18), *Tiroteio da zona de Quelém ASA: PN detém grupo de thugs*, 13 de março [disponível em linha em: <http://www.expressodasilhas.sapo.cv/pt/noticias/detail/id/7844>].

EI (2009a19), *Praia: detidos os suspeitos do homicídio na Quebra Canela*, 18 de março [disponível em linha em: <http://www.expressodasilhas.sapo.cv/pt/noticias/go/praia--detidos-os-suspeitos-do-homicidio-na-quebra-canela>].

EI (2009a20), *Praia: indivíduo detido por assaltos a mão armada*, 24 de março [disponível em linha em: <http://www.expressodasilhas.sapo.cv/pt/noticias/detail/id/8020>].

EI (2009a21), *PN detêm traficante em Achada Grande Frente*, 22 de maio [disponível em linha em: <http://www.expressodasilhas.sapo.cv/pt/noticias/detail/id/9322>].

EI (2009a22), *Praia: PJ detêm indivíduo por burla e agressão sexual*, 28 de maio [disponível em linha em: <http://www.expressodasilhas.sapo.cv/pt/noticias/detail/id/9452>].

EI (2009a23), *Praia: BAC detem alegados traficantes*, 16 de junho [disponível em linha em: <http://www.expressodasilhas.sapo.cv/pt/noticias/go/praia--bac-detem-alegados-traficantes>].

EI (2009a24), *PJ detém pessoas por ligação à droga e acusadas de violação sexual*, 17 de julho [disponível em linha em: <http://www.expressodasilhas.sapo.cv/pt/noticias/go/pj-detem-pessoas-por-ligacao-a-droga-e-acusadas-de-violacao-sexual>].

EI (2009a25), *Praia: PJ detém três indivíduos suspeitos de mais de vinte furtos*, 1 de setembro [disponível em linha em: <http://www.expressodasilhas.sapo.cv/pt/noticias/go/praia--pj-detem-tres-individuos-suspeitos-de-mais-de-vinte-furtos-e-roubos>].

EI (2009a26), *Praia: PJ detém indivíduo acusado de assaltos à mão armada*, 28 de setembro [disponível em linha em: <http://www.expressodasilhas.sapo.cv/pt/noticias/detail/id/12058>].

EI (2009a27), *PJ detém cinco thugs por alegado homicídio de um jovem*, 14 de dezembro [disponível em linha em: <http://www.expressodasilhas.sapo.cv/pt/noticias/go/pj-detem-cinco--thugs--por-alegado-homicidio-de-um-jovem>].

EI (2009a28), *Praia: PJ detém indivíduo por roubo à mão armada*, 16 de dezembro [disponível em linha em: <http://www.expressodasilhas.sapo.cv/index.php/pt/noticias/detail/id/13631>].

EI (2009a29). *Para segurança na época festiva: 18 "thugs" detidos na Praia*, 16 de dezembro [disponível em linha em: <http://www.expressodasilhas.sapo.cv/pt/noticias/go/para-seguranca-na-epoca-festiva--18--thugs--detidos-na-praia>].

EI (2009a30), *PJ detém 4 indivíduos por vários crimes na cidade da Praia*, 23 de dezembro [disponível em linha em: <http://www.expressodasilhas.sapo.cv/pt/noticias/go/pj-detem-4-individuos-por-varios-crimes-na-cidade-da-praia>].

EI (2009a31), *PJ detém um indivíduo suspeito de assalto violento*, 23 de dezembro [disponível em linha em: <http://www.expressodasilhas.sapo.cv/pt/noticias/detail/id/13720>].

EI (2009a32), *Suspeito de roubo detido pela PJ*, 28 de dezembro [disponível em linha em: <http://www.expressodasilhas.sapo.cv/pt/noticias/go/suspeito-de-roubo-detido-pela-pj>].

EI (2009a33), *PN apresenta dados da operação*, 20 de agosto [disponível em linha em: <http://www.expressodasilhas.sapo.cv/pt/noticias/detail/id/11292>].

EI (2009a34), *Cidadão acusa agente da PN de abuso de autoridade*, 25 de maio [disponível em linha em: <http://www.expressodasilhas.sapo.cv/index.php/pt/noticias/detail/id/9375>].

EI (2009a35), *Jovem acusa PN de abuso de poder*, 14 de agosto [disponível em linha em: <http://www.expressodasilhas.sapo.cv/pt/noticias/detail/id/11184>].

EI (2009a36), *Cidadão acusa agente da PN de agressão e de uso indevido de viatura do Estado*, 29 de setembro [disponível em linha em: <http://www.expressodasilhas.sapo.cv/index.php/pt/noticias/detail/id/12075>].

EI (2009a37), *Autoridade policial versus cidadão*, 13 de agosto [disponível em linha em: <http://www.expressodasilhas.sapo.cv/pt/noticias/go/autoridade-policial-versus-cidadao>].

EI (2009a38), *As agressões aos cidadãos nas esquadras da capital*, 3 de novembro [disponível em linha em: <http://www.expressodasilhas.sapo.cv/pt/noticias/go/as-agressoes-aos-cidadaos-nas-esquadras-da-capital-e-o-silencio-das-autoridades-politicas>].

EI (2009a39), *IX Convenção Nacional do MpD deixou aqui evidenciado é que esta é a hora par dar um novo rumo ao País*, 31 de outubro [disponível em linha em: <http://www.expressodasilhas.sapo.cv/pt/noticias/go/-ix-convencao-nacional-do-mpd-deixou-aqui-evidenciado-e-que-esta-e-a-hora-par-dar-um-novo-rumo-ao-pais---carlos-veiga>].

EI (2009a40), *Mensagem de Pedro Pires*, 1 de janeiro [disponível em linha em: <http://www.expressodasilhas.sapo.cv/pt/noticias/detail/id/6843>].

EI (2009a41), *Nova sede nacional da PJ inaugurada amanhã*, 22 de janeiro [disponível em linha em: <http://www.expressodasilhas.sapo.cv/pt/noticias/go/nova-sede-nacional-da-pj-inaugurada-amanha>].

EI (2009a42), *Administração Interna: Plano Estratégico de Segurança Interna discutido em Conselho*, 17 de julho [disponível em linha em: <http://www.expressodasilhas.sapo.cv/pt/noticias/go/administracao-interna--plano-estrategico-de-seguranca-interna-discutido-em-conselho>].

EI (2009a43), *Câmara Municipal anima verão na capital*, 20 de agosto [disponível em linha em: <http://www.expressodasilhas.sapo.cv/index.php/pt/noticias/detail/id/11289>].

EI (2009a44), *ONU ajuda Cabo Verde com 8 847 113 dólares*, 14 de fevereiro [disponível em linha em: <http://www.expressodasilhas.sapo.cv/pt/noticias/go/onu-ajuda-cabo-verde-com-8-847-113-dolares>].

EI (2009a45), *Cabo Verde e Portugal assinam protocolos em vários domínios*, 12 de março [disponível em linha em: <http://www.expressodasilhas.sapo.cv/pt/noticias/detail/id/7810>].

EI (2009a46), *Cabo Verde e Brasil reforçam cooperação a nível militar*, 27 de maio [disponível em linha em: <http://www.expressodasilhas.sapo.cv/pt/noticias/go/cabo-verde-e-brasil-reforcam-cooperacao-a-nivel-militar>].

EI (2009a47), *Praia: terminou a formação na área de Investigação de crimes violentos, promovida pelo FBI*, 11 de junho [disponível em linha em: <http://www.expressodasilhas.sapo.cv/pt/noticias/detail/id/9758>].

EI (2009a48), *Ministros da Administração Interna de Portugal e Cabo Verde avaliam cooperação*, 16 de junho [disponível em linha em: <http://www.expressodasilhas.sapo.cv/pt/noticias/go/ministros-da-administracao-interna-de-portugal-e-cabo-verde-avaliam-cooperacao>].

EI (2009a49), *Embaixada francesa doa coletes à prova de bala à Polícia Nacional*, 24 de junho [disponível em linha em: <http://www.expressodasilhas.sapo.cv/index.php/pt/noticias/detail/id/10085>].

EI (2009a50), *Portugal apoia implementação de programa Segurança Solidária*, 14 de dezembro [disponível em linha em: <http://www.expressodasilhas.sapo.cv/pt/noticias/detail/id/13572>].

EI (2009a51), *Portugal alarga cooperação à gestão do processo eleitoral e às políticas locais de segurança*, 15 de dezembro [disponível em linha em: <http://www.expressodasilhas.sapo.cv/pt/noticias/detail/id/13589>].

EI (2009a52), *Memorando assinado ontem*, 25 de novembro [disponível em linha em: <http://www.expressodasilhas.sapo.cv/pt/noticias/go/constituicao--memorando-assinado-ontem--actualizado>].

EI (2009a53), *"O governo está a dormir à sombra da bananeira"*, 2 de fevereiro [disponível em linha em: <http://www.expressodasilhas.sapo.cv/pt/noticias/detail/id/7226>].

EI (2009a54), *Discurso de Carlos Veiga, candidato à liderança do MpD*, 4 de julho [disponível em linha em: <http://www.expressodasilhas.sapo.cv/pt/noticias/detail/id/10337>].

EI (2009a55), *O sétimo pecado do Governo: a verdadeira (má) governação*, 9 de outubro [disponível em linha em: <http://www.expressodasilhas.sapo.cv/pt/noticias/detail/id/12278>].

EI (2009a56), *Afinal, estamos mal!*, 3 de dezembro [disponível em linha em: <http://www.expressodasilhas.sapo.cv/index.php/pt/noticias/go/afinal--estamos-mal>].

EI (2009a57), *Projecto Nôs Kasa: Crianças fora da rua, dentro da escola apresentado na Praia*, 20 de agosto [disponível em linha em: <http://www.expressodasilhas.sapo.cv/pt/noticias/detail/id/11280>].

EI (2009a58), *Aldeias SOS organizam Jogos Globais da Paz*, 18 de setembro [disponível em linha em: <http://www.expressodasilhas.sapo.cv/pt/noticias/go/aldeias-sos-organizam-jogos-globais-da-paz>].

EI (2009a59), *Acrides apresenta projecto 'Renascer da nova esperança'*, 9 de dezembro [disponível em linha em: <http://www.expressodasilhas.sapo.cv/pt/noticias/detail/id/13464>].

EI (2009a60), *Há pessoas que vivem no limiar da pobreza ao lado de pessoas que parecem nadar em abundância*, 30 de novembro [disponível em linha em: <http://www.expressodasilhas.sapo.cv/pt/noticias/go/-ha-pessoas-que-vivem-no-limiar-da-pobreza-ao-lado-de-pessoas-que-parecem-nadar-em-abundancia>].

EI (2009a61), *Bispo de Cabo Verde pede "análise aprofundada" do fenómeno "thug"*, 11 de dezembro [disponível em linha em: <http://www.expressodasilhas.sapo.cv/pt/noticias/detail/id/13520>].

EI (2009a62), *Dom Arlindo pede "análise aprofundada" do fenómeno "thug"*, 19 de dezembro [disponível em linha em: <http://www.expressodasilhas.sapo.cv/pt/noticias/go/dom-arlindo-pede--analise-aprofundada--do-fenomeno--thug>].

EI (2009a63), *Bispo de Santiago preocupado com as desigualdades sociais*, 23 de dezembro [disponível em linha em: <http://www.expressodasilhas.sapo.cv/pt/noticias/detail/id/13716>].

EI (2009a64), *"Precisamos de paz para sermos felizes"*, 25 de dezembro [disponível em linha em: <http://www.expressodasilhas.sapo.cv/pt/noticias/detail/id/13764>].

EI (2009a65), *Que em 2010 os jovens não tenham tempo para coisas negativas – votos de Dom Arlindo Furtado*, 30 de dezembro [disponível em linha em: <http://www.expressodasilhas.sapo.cv/index.php/pt/noticias/detail/id/13863>].

EI (2009a66), *"Operação Rosa Branca em Sucupira" – Cinco detidos e duas armas e fogo apreendidas*, 3 de agosto [disponível em linha em: <http://www.expressodasilhas.sapo.cv/index.php/pt/noticias/detail/id/10987>].

EI (2009a67), *Conselheiro de Segurança toma posse amanhã*, 8 de dezembro [disponível em linha em: <http://www.expressodasilhas.sapo.cv/index.php/pt/noticias/detail/id/13457>].

EI (2010), *2009, As figuras do ano: positivo e negativo*, 1 de janeiro [disponível em linha em: <http://www.expressodasilhas.sapo.cv/index.php/pt/noticias/go/2009-as-figuras-do-ano-positivo-e-negativo>].

2ª PARTE

# BISSAU, GUINÉ-BISSAU

CAPÍTULO 5

POR QUE RAZÕES NÃO SE "MOBILIZAM" OS JOVENS:
GERINDO POSSIBILIDADES MÍNIMAS EM BISSAU

*Sílvia Roque**

**1. Invertendo a questão: por que razões os jovens não se "mobilizam"?**
O tratamento do tema "juventude" tem estado quase sempre associado a aspetos negativos e "problemáticos" e ao seu potencial de violência e destabilização nos mais variados contextos, nomeadamente em África (Abbink, 2005: 2; Seekings, 2006), descurando-se a análise das resistências à violência ou a resiliência[1] dos jovens e das sociedades. Esta tendência de análise acabou por reforçar políticas e práticas de securitização[2] dos jovens pobres dos países periféricos, mas também dos jovens das periferias das sociedades centrais. Refiro-me aqui à emergência de modelos de resolução dos problemas das e nas periferias que assentam na indiferença em relação à necessidade de transformação de estruturas de desigualdade e marginalização – sejam elas de cariz cultural e social ou económico, tanto ao nível nacional como internacional – e que assumem a dimensão securitária dos

---

* Investigadora do Centro de Estudos Sociais da Universidade de Coimbra e Doutoranda em Política Internacional e Resolução de Conflitos na Faculdade de Economia da Universidade de Coimbra, desenvolvendo o projeto de tese «Percursos da violência em contextos de pós-guerra. Os casos de El Salvador e Guiné-Bissau», com o apoio da Fundação para a Ciência e Tecnologia [Ref. SFRH/BD/36589/2007]. Quero agradecer aos jovens e menos jovens que me dedicaram o seu tempo e paciência, disponibilizando-se para as entrevistas; a Alfredo Handem, Aissatu Djaló, Suare Balde e Márcio Segundo pela ajuda útil prestada durante o trabalho de campo; e a Joana Vasconcelos, José Manuel Pureza, Katia Cardoso, Rita Santos e Tatiana Moura pelos seus pertinentes comentários e críticas à versão inicial deste texto.
[1] Utilizo o termo resiliência como capacidade dos indivíduos, grupos ou sociedade de resistir, ultrapassar ou adaptar-se às adversidades ou choques externos dirigidos à sua sobrevivência ou modos de vida. Para uma análise da resiliência das sociedades agrárias na Guiné-Bissau em contexto de conflito e pós-conflito militar, ver Temudo e Schiefer (2003); para uma análise da fragilidade do Estado à luz da resiliência da sociedade civil rural, ver Forrest (2003).
[2] Entendo a securitização como um processo complexo que faz com que uma questão específica seja definida enquanto uma questão de segurança, requerendo, por isso, medidas políticas de resposta de emergência (Waever, 1993; Buzan *et al.*, 1998).

Estados e das organizações internacionais como prioridade, baseando-se na regulação de populações marginais e julgadas como ameaças, com o objetivo fundamental de perpetuar o controlo das classes abastadas (Duffield, 2001; Duffield e Wadell, 2006; Rogers, 2010).

No entanto, este protagonismo problemático dos jovens não tem necessariamente uma expressão real: a maior parte dos jovens que são vítimas da crise económica e social prolongada no mundo não recorre à violência como forma de superação desse estatuto, a não ser que essa violência seja organizada para algum propósito (Richards, 2005), seja a guerra ou uma atividade envolvendo elevado risco, como o tráfico de drogas ou armas. Mesmo em países ou zonas urbanas onde a criminalidade é elevada, é normalmente uma pequena franja da sociedade e da juventude que acaba por se envolver em atividades violentas (Moura, 2007: 35).

Quando pergunto quais as razões para tantas vezes se associarem os jovens à violência, alguns respondem-me que «os jovens estão sempre "à frente" e têm força para mudar ou destruir» ou que «os jovens são a força motriz de qualquer sociedade». Estes interlocutores[3] confirmam-me, à sua maneira, que os jovens, como escreveram Jean e John Comaroff (2000: 92), são «significantes complexos, simultaneamente idealizações e monstruosidades, patologias e panaceias». De facto, basta analisar alguns dos títulos da literatura sobre jovens em África para perceber como esta permanente oscilação entre dois polos tem dominado as representações dos jovens: *"makers and breakers"* (Honwana e De Boeck, 2005), *"vanguard or vandals"* (Abbink e van Kessesl, 2005), *"heroes and villains"* (Seekings, 2006).

Não creio, porém, que estudar o tema "jovens e violência" seja à partida sinónimo de tratar os jovens como grupo problemático. Não me parece que o medo dos estereótipos nos deva induzir pura e simplesmente a deixar de estudar a violência. Há, sim, que contextualizar as formas de reprodução social e política da violência, acentuando a "normalidade"[4] quer dos jovens

---

[3] Participantes do curso de formação, Bissau, 2009.

[4] Segundo Seekings, a tendência para a análise problemática dos jovens foi paralela à pouca produção sobre as vidas dos jovens "normais". No entanto, refere que, cada vez mais, talvez esta tendência também «tenha aberto espaço para os investigadores estudarem os mundos quotidianos dos jovens normais, sem que isto signifique negligenciar os rápidos processos de mudança introduzidos pela urbanização, pela diluição das sociedades agrárias, pela expansão da educação, pelas mudanças nas relações de parentesco, pelas novas oportunidades económicas e pela globalização cultural» (2006: 1).

violentos, quer dos jovens não violentos e evitando a lógica dos "casos positivos" *vs.* "casos negativos" e a individualização das causas da violência.

O objetivo essencial deste capítulo consiste em colocar em causa dois estereótipos frequentes sobre os jovens africanos, sobretudo os jovens do sexo masculino: um que os caracteriza como um todo marginalizado, irracional e manipulável pelas elites e grupos armados, como "moléculas perdidas" (Kaplan, 1994) em contextos de pobreza extrema, acumulando uma série de ressentimentos (*grievances*) e manipulados para integrar grupos violentos (Collier *et al.*, 2003); e um segundo que os define meramente como vítimas da violência política e económica, sem possibilidade de alteração da sua "condição".

Já vários autores antes citados chamaram a atenção para a necessidade de desconstrução destes estereótipos. Sobretudo na última década, os estudos sobre jovens em África, nomeadamente o que se veio a designar por "antropologia da juventude" (Durham, 2000; Vasconcelos, 2010), têm-se centrado na ideia segundo a qual os jovens são atores táticos, e não necessariamente estratégicos,[5] que encontram as suas próprias formas de lidar com ou ultrapassar os obstáculos que lhes são impostos pelo desemprego, a pobreza, a discriminação, a desestruturação social ou a violência política, seja através do exercício da violência ou não, seja como *"makers"* ou como *"breakers"* (Honwana e De Boeck, 2005; Seekings, 2006).

No entanto, esta abordagem, centrada na "agência" dos jovens, ou de outros grupos marginalizados ou sem acesso ao poder, também tem sido objeto de críticas. Segundo Patrick Chabal, como resultado do combate ao afro-pessimismo das últimas décadas e no seguimento das viragens pós-estruturalistas, as abordagens cada vez mais populares nos estudos africanos que enfatizam a centralidade do conceito de agência correm o risco de se tornar "a nova ortodoxia" dos nossos tempos (Chabal, 2009: 7-11). Segundo este autor, o conceito, que «é normalmente entendido como ação dirigida, intencional e autorreflexiva», «surge de um longo e antigo debate acerca

---

[5] Vários autores (Bayrt, 1981; Honwana, 2000) utilizam a diferenciação entre tática e estratégia avançada por Michel de Certeau para caracterizar as ações e cálculos dos grupos subordinados como forma de gerir as circunstâncias que lhes são impostas, as quais são mobilizadas dentro do espaço "inimigo" (táticas), por oposição às estratégias que são cálculos (ou manipulações) que relevam de agentes de poder, capazes de gerar espaços próprios e relações face a alvos e ameaças exteriores (De Certeau, 1990: 67-63).

da respetiva importância da estrutura e do indivíduo» (Chabal, 2009: 7) e tem as suas vantagens, como já vimos, mas corre também alguns riscos devido à sua ambiguidade. O facto de ter sido apropriado pelos discursos desenvolvimentista e neoliberal, colocando a responsabilização pelo sub-desenvolvimento e pela insegurança ao nível dos indivíduos, constitui um desses riscos. Também Catherine Mackinnon (2000: 701-702) aponta para os perigos das abordagens que se centram na agência e no "poder" dos sem poder poderem negligenciar as formas como a dominação é operada e do sofrimento causado pela violência concreta.

Para os jovens em Bissau, desemprego, pobreza, falta de acesso a edu-cação de qualidade, ausência de perspetivas de um futuro melhor e obri-gações familiares nem sempre aceites vão-se acumulando com aparente abnegação. Inspirada pelas análises sobre as motivações dos jovens para enveredarem por atividades violentas como meio de adquirir algum poder, como forma de reação e possibilidade de ultrapassar as condições de vida de marginalização e as desigualdades,[6] a questão que me intrigava era a seguinte: quais as razões para que a maioria dos jovens em Bissau *não se envolva* mais em fenómenos de violência coletiva, *gangs* ou grupos arma-dos quando todas as condições parecem criadas para tal? Por que não se "mobilizam" de forma violenta? Procurei, assim, perceber como os jovens convivem com a violência estrutural,[7] como convivem com um contexto em que as possibilidades de alteração de um sistema político e económico desfavorável são escassas e difíceis, onde a precariedade se transformou na normalidade. Ao mesmo tempo, inquietava-me ainda perceber se as transformações sociais operadas – num contexto em que a população sobrevive a décadas de instabilidade política e degradação económica, e perante a introdução de novas economias ilícitas, como o comércio de cocaína em larga escala – poderiam pôr em causa a tremenda resiliência da população guineense perante a decadência do Estado, a desestrutu-

---

[6] A este propósito, ver, por exemplo, Richards (1996; 2005); Barker (2005); Vigh (2006; 2009).

[7] Galtung define a violência estrutural como violência indireta, ou seja, que não é praticada por um agente concreto com o objetivo de infligir sofrimento mas, sim, a violência que é gerada pela própria estrutura social, pelas formas de organização das sociedades, e que se expressa na desigual distribuição do poder, sendo as formas mais relevantes de violência estrutural a repressão – em termos políticos – e a exploração – em termos económicos (Galtung, 1996: 2).

ração induzida pelos conflitos político-militares e as condições económicas em que sobrevive. Até que ponto a degenerescência de traços de resiliência poderia dar azo a fenómenos de violência coletiva por parte dos jovens num contexto urbanizado? Até que ponto os jovens podem "navegar" os terrenos da violência urbana, tal como alguns "navegaram" os da guerra? (Vigh, 2006).

Para responder a estas questões, centro-me não tanto no conceito e na expressão da "agência" individual, nas formas como a violência estrutural é mediada pelas experiências dos atores em causa (Robben, 2008) mas, sobretudo, nas formas coletivas – sociais, económicas, políticas – de mediação da violência espelhadas nas vivências individuais e coletivas, tendo em conta que estas condições não são permanentes nem imutáveis. O objetivo essencial deste capítulo não consiste em negar qualquer participação dos jovens de Bissau em atividades violentas nem em glorificar qualquer mecanismo de controlo social da violência. Pretendo, sim, contribuir para centrar a atenção nos mecanismos sociais e políticos de contenção da violência, sem negar que alguns deles constituem, em si mesmos, violência.

## 2. Explicitando os termos da questão: violência, mobilização e jovens

Este capítulo centra-se na inexistência ou fraca expressividade de determinados tipos de violência praticados por jovens em contextos urbanos, nomeadamente a violência coletiva que surge sob a forma de *gangs*. Convém, por isso, explicitar as razões desta centragem bem como o significado dos vários termos desta análise.

Violência urbana não é sinónimo de criminalidade. Diz respeito a fenómenos mais vastos e disseminados de que são vítimas sobretudo os «pobres urbanos de todo o mundo», tendo como pano de fundo contextos de violência estrutural – económica e política – e de demissão do Estado da garantia da segurança das camadas menos poderosas e mais discriminadas da sociedade, cuja expressão em violência direta se identifica normalmente com a economia violenta do tráfico de drogas, a existência de grupos violentos como *gangs* ou grupos de vigilantes, algumas vezes substituindo algumas das funções do Estado, bem como violência policial e institucional, e violência sexuada (Tavares do Santos, 2002; Winton, 2004; Moura, 2007).

A "normalização" da violência política e da repressão não é indiferente para analisar outros padrões de violência (Winton, 2004) considerada como "não política". A violência em períodos de paz formal,[8] nomeadamente expressa em tensões e conflitos urbanos, é essencialmente vista como criminal, deixando-se de falar de violência política para se passar a falar de violência social (Moser e Rodgers, 2005). No entanto, esta diferenciação entre violência social e política é artificial. A violência política é insidiosa e prolonga-se no tempo e no quotidiano, contribuindo para a incrustação e normalização do que Nancy Scheper-Hughes (1997: 471) definiu como *everyday violence*: «a violência implícita, legítima, organizada e tornada rotineira de formações sociopolíticas» específicas. Isso implica, por exemplo, a normalização da tortura e da repressão pelos agentes do Estado ou a aceitação popular da violência no combate à criminalidade, mas também da violência do não cuidado ou da negligência: «a falha deliberada dos agentes governamentais e estatais em levar a cabo os seus deveres de forma a beneficiar da desordem e do sofrimento» (Chabal, 2009: 153), de que é exemplo a falta de acesso à saúde ou a alimentos, à manutenção da própria vida. Segundo este mesmo autor, não é só o grau de brutalidade física a que as pessoas comuns estão sujeitas em muitos países africanos que é preocupante, mas também a sua utilização regular e arbitrária. A consequência desta violência generalizada é um processo de desumanização e os seus impactos sentem-se nos corpos, nos valores e na ordem social (Chabal, 2009: 153-154).

Em outros contextos, que não o da Guiné-Bissau, os atores mais visibilizados do vasto fenómeno da violência urbana são os *gangs* juvenis, grupos cujas características estão fundamentalmente baseadas no controlo territorial (relacionado com alguma forma de acesso a recursos), na construção de uma identidade própria através de senhas e símbolos, na violência como forma constitutiva de integração e reconhecimento e na passagem por rituais de iniciação e por provas constantes de coragem, valentia e lealdade (Zaluar, 1997; Kynoch, 1999; Santacruz Giralt, 2005; Salo, 2006). No entanto, como vimos antes, apesar de muitas vezes apresentados como tal, os jovens (pobres) não são os atores exclusivos da violência ou meramente agressores.

---

[8] A ausência de conflito armado declarado não significa a ausência de violência. A violência é uma constante da guerra e da paz e revela-se muitas vezes em *continuum* ou espirais e apenas muda de escala, organização e atores (Scheper-Hughes e Bourgois, 2004; Richards, 2005).

As causas da mobilização dos jovens para grupos violentos estão amplamente estudadas na sociologia e na antropologia, quer urbana, quer das guerras. No contexto da Guiné-Bissau, um país não industrializado e com uma urbanização radicalmente distinta dos centros urbanos mais violentos, inspiro-me numa análise que oscila entre as causas analisadas para a participação em guerras, nomeadamente na África Ocidental, e outras causas apontadas de forma mais abrangente para a existência de *gangs* urbanos em vários pontos do mundo. O ponto de partida para esta oscilação diz respeito à semelhança muito significativa entre as razões apontadas para o envolvimento dos jovens quer em contexto de guerra, quer de violência urbana: desemprego; procura de segurança e/ou poder; crença na causa, vingança e sentimento de injustiça são as causas principais em ambas as circunstâncias (Banco Mundial: 9).

A mobilização dos jovens para os grupos armados na Serra Leoa, por exemplo, é considerada como um resultado da crise da hierarquia e da solidariedade patrimonial e do descontentamento dos jovens com a sua posição social e com os sistemas de redistribuição de recursos dominados pelos mais velhos, revelando uma vontade de emancipação (Richards, 1996; Fithen e Richards, 2005).

Foi precisamente em períodos de guerra, de violência organizada, que alguns jovens na Guiné-Bissau viram uma oportunidade para aceder aos recursos e estatutos a que os partidos ou as redes militares dão acesso. Segundo Marina Temudo, citando Roy van der Drift, uma das razões para a forte adesão de jovens balantas logo na primeira fase da guerra anticolonial «teve origem na conjugação de dois factores: as tensões entre jovens e anciãos e o surgimento de novas possibilidades facultadas pelo mundo exterior» (Temudo, 2006: 135). Já a análise da mobilização dos jovens "aguentas" (jovens que participaram na guerra de 1998-99 ao lado das forças governamentais) feita por Henrik Vigh indica também a participação na guerra como uma busca de "possibilidades" pelos jovens e não tanto uma consequência de "hostilidades". A mobilização estaria

> relacionada com a luta para adquirir valor social e responder às obrigações sociais num contexto de possibilidades mínimas; os jovens urbanos não se mobilizam para lutar contra um Outro definido, para matar e morrer por uma causa ou pelo martírio, mas para ganhar acesso às redes patrimoniais que se apresentam em situações de conflito, enquanto os homens "grandes" procuram proteger o seu controlo sobre os fluxos de recursos e capital (Vigh, 2009: 155).

Em tempos de paz, esta adesão à violência coletiva, com níveis de violência diferentes dos da guerra, pode ainda ser concretizada através da integração nas redes militares que garantem algum estatuto e possibilidade de imposição pelo medo e a ameaça, mas cuja imagem social se deteriora progressivamente, ou noutros grupos que exercem uma violência socialmente legitimada, como veremos mais à frente.

A existência e funcionamento dos *gangs* juvenis têm também sido amplamente analisados enquanto expressão e incitamento à adoção de masculinidades[9] violentas de forma a contrariar experiências coletivas de subordinação ou discriminação (racial, étnica, económica) num contexto social mais vasto (Kynoch, 1999; Glaser, 2000; Barker, 2005). Procurar as razões de adesão ou não adesão a estas formas de violência implica necessariamente analisar as possibilidades de vivência das masculinidades (violentas ou não) num contexto urbano que favorece a «remodelação das relações sociais e dos laços comunitários» (Sévédé-Bardem, 1997: 9).

Se alguns defendem que a violência surge de uma desconexão entre expectativas e possibilidades (Briceño-León, 2002), há que considerar que esta desconexão e a insatisfação dos jovens não levam necessária e automaticamente à adoção de comportamentos violentos: existem outras condicionantes relevantes. Coloco antes a ênfase na gestão dessas (im)possibilidades de existência e reconhecimento social, em termos de acesso a recursos e de valorização identitária, gestão essa que se apresenta como maioritariamente não violenta.

Mas quem são estes jovens de que aqui se fala? Representam estes jovens todos os jovens de Bissau? Podemos falar de "jovens de Bissau" como um todo homogéneo? Pretendi, durante o trabalho de campo, conseguir um retrato plural e lato da juventude, feito de vozes diversas e dispersas, procurando não delimitar, de forma demasiado rígida, o espectro da análise em termos de idade, zona geográfica ou pertença étnica. Este retrato geral foi pontuado por alguns retratos mais particulares, de modo a aprofundar perceções e práticas individuais relativas à normalidade quer do uso, quer

---

[9] Masculinidades refere-se ao «conjunto de normas, valores e padrões comportamentais que expressam de forma explícita ou implícita expectativas sobre as formas como os homens devem agir e representar-se perante os outros» (Miescher e Lindsay, 2003: 4).

de recusa da violência, conseguidos com algumas entrevistas individuais mais detalhadas.[10]

As idades dos entrevistados situam-se entre os 16 e os 35 anos, com uma clara predominância de participantes a partir dos 20 anos de idade. Na África Ocidental, como em outras partes do mundo, a juventude é vista como um período que pode durar entre 15 a 20 anos, dos 15 aos 30 ou dos 15 aos 35 anos de idade, de acordo com um estudo realizado em sete países desta região (Ismail *et al.*, 2009). Os jovens entrevistados em Bissau confirmam esta mesma tendência e situam a juventude entre os 18 e 35 anos, para os rapazes, e a partir dos 14 ou 16 anos para as raparigas, uma vez que, segundo eles, «as raparigas com 14 ou 16 anos de idade já têm mentalidade de adulto, têm outro modo de vestir, já não vestem roupa suja e fora de moda, enquanto os rapazes nessa idade só pensam em comer, beber e ir à escola».

A passagem das raparigas à idade adulta, pelo menos ao nível dos ideais, não necessariamente das práticas, está sobretudo dependente da sua capacidade reprodutiva, não ficando claro quando começa e acaba este período. Confirma-se, assim, que a categoria "jovem" é aplicada de forma diferente para o sexo feminino e que a passagem entre a infância e a fase adulta é uma fase bastante mais curta para as raparigas. Os rapazes são vistos como jovens

---

[10] O trabalho de campo foi conduzido ao longo de vários períodos de estadia em Bissau entre 2008 e 2010, num total de nove meses, no âmbito do projeto que deu origem a este livro e do meu projeto de tese de doutoramento, mas também no âmbito de trabalhos realizados para outros fins igualmente relacionados com a análise da violência e da (in)segurança. Este trabalho consistiu na combinação dos seguintes métodos: 1) realização de inquéritos sobre análise situacional de violência com a colaboração do Instituto Promundo; 2) realização de entrevistas semiestruturadas com jovens, quer individuais, quer de grupo. Nas primeiras, incluem-se entrevistas com jovens detidos na 1ª Esquadra de Bissau, jovens envolvidos no consumo ou comércio de drogas, incluindo alguns dos residentes do centro de "reabilitação" de Quinhamel, jovens com projetos pessoais associados à cultura, associativos, políticos. Nas segundas, incluem-se entrevistas organizadas (com jovens universitários, estudantes de liceus, com membros de bancadas e associações) e entrevistas "espontâneas" e informais com grupos de jovens em vários bairros relativamente centrais de Bissau (Militar, Ajuda, Bandim, Belém, Tchade, Luanda, Cupilum, Missira, Reno); 3) realização de entrevistas semiestruturadas com peritos, académicos, organizações locais e internacionais que trabalham nas áreas da juventude e violências; incluindo nomeadamente agentes estatais, polícias e juízes; 4) realização de dois cursos de formação com o intuito de consolidar o mapeamento das violências bem como das perceções e respostas dos próprios jovens aos fenómenos de violência; nestes encontros procurou-se aliar o processo de investigação a momentos formativos, partindo-se das experiências dos participantes.

quando têm mais de 18 anos, confundindo-se com a maioridade legal oficial, e perseguem o objetivo de «ter um quarto independente e não viver com pessoas da mesma idade»,[11] mas não necessariamente para formar uma família. Uma boa parte dos jovens entrevistados adota esta perspetiva nas entrevistas, o que não significa que assim seja nas práticas sociais e perante os mais velhos, algo que os jovens reconhecem também, fazendo a diferença entre o presente e o passado (o tempo dos "velhos"). Como explica Alex de Waal:

> Os 18 anos como idade de fronteira são uma definição política. A ideia de uma única idade (igual para os dois sexos) de maturidade legal reflete a tradição jurídica ocidental e conceitos de cidadania construídos em torno da elegibilidade para o recrutamento militar [...]. Em sociedades não ocidentais (p. ex.: africanas) uma idade cronológica de separação é um conceito arbitrário: as raparigas casam logo após atingirem a maturidade sexual e consolidam o seu estatuto depois de serem mães, enquanto os rapazes adquirem estatuto por etapas, através da iniciação, elegibilidade para lutar, casamento, aquisição de terras e elevação ao estatuto de ancião. O conceito de uma única idade de maturidade perante a lei no continente africano foi gradualmente introduzido, embora não plenamente aceite, através do colonialismo, da educação dada pelas missões religiosas e da ratificação de convenções internacionais pelos governos africanos (De Waal, 2002: 14).

Esta delimitação serve apenas para situar a análise e não para definir juventude, uma vez que esta nos interessa não como um período biológico mas, sim, como um ideal associado a determinados estatutos, expectativas e experiências comuns a indivíduos de grupos muito diversos. Não é só o sexo que diferencia os jovens entrevistados mas também a pertença e o grau de aceitação de regras de grupos étnicos e religiosos ou as diferentes organizações sociais em classes de idades, sujeitas a processos e rituais de passagem com algumas diferenças. Se, para alguns grupos, a necessidade de progressivo adiamento dos rituais de passagem, devido à guerra e às crises económicas, e a aquisição de uma certa autonomia dos jovens antes de passarem pelos mesmos[12] se tornaram já factos relativa-

---

[11] As crianças normalmente dormem juntas numa mesma divisão.

[12] Como avançado por outros autores, durante a guerra de independência alguns grupos étnicos, nomeadamente os balantas, foram obrigados a adiar os rituais, algo que acabou por

mente aceites e pacíficos; já a possibilidade de consolidação da passagem à idade adulta, através do casamento e da capacidade de sustentar uma família, parece ser cada vez mais tardia, muitas vezes apenas possível «dos 40 anos para cima».[13]

Não era objetivo desta análise aprofundar diferenças étnicas ou religiosas, nem creio que sejam muito significativas para o tipo e nível de análise e a população em questão. No entanto, uma diferenciação que surgiu com alguma frequência e que é relevante para este tema, como veremos mais à frente, é aquela que diz respeito aos jovens que estão no ou vêm do interior do país e vivem há pouco tempo em Bissau e os jovens vistos como essencialmente urbanos. Os primeiros são muitas vezes identificados como «menos espertos», pessoas que «não sabem como vestir-se», «com menos formação», e mais apegados às tradições.[14] Os entrevistados identificam-se, de modo geral, sobretudo com os segundos, embora nem todos com a mesma intensidade. Alguns jovens, sobretudo muçulmanos, também se identificam de forma bastante entusiástica com o apego às tradições.

Refiro-me neste capítulo a jovens urbanos, habitantes de bairros relativamente centrais da cidade de Bissau, que seguem com distintas intensidades os preceitos e as regras das suas comunidades de origem e identificação mas que se deparam com as mesmas dificuldades económicas, de aquisição de um estatuto social respeitado e de passagem à idade adulta como forma de garantir alguma autonomia. O único aspeto comum definido à partida foi o de procurar as vozes de jovens comuns em posições sociais não privilegiadas, cujas possibilidades de alteração de estatuto económico e social são mínimas. Este posicionamento não os torna, no entanto, um grupo homogéneo, nem é esse o objetivo. Existirão, sem dúvida, inúmeras experiências, perspetivas e expectativas que não entram nesta análise.

---

acontecer também nas últimas décadas já que os rituais exigem recursos que muitas vezes as populações não têm (ver Cap. 6 deste livro e Temudo, 2006).

[13] Entrevista de grupo, INEP, 2008.

[14] Outros estudos na sub-região indicam esta mesma tendência nos discursos dos jovens, estando os jovens rurais conotados com uma juventude subserviente, conformista e passiva, enquanto os jovens urbanos são associados a uma juventude consumista, ativa, assertiva, ou mesmo rebelde, o que, segundo os autores, seria uma das consequências da influência da ortodoxia neoliberal (Ismail *et al.*, 2009: 2).

## 3. Subordinação, vitimização e masculinidades

Outra delimitação desta análise diz respeito ao facto de se centrar sobretudo em jovens do sexo masculino. Esta opção justifica-se pelo facto de serem os jovens do sexo masculino mais frequentemente associados à violência urbana e à violência coletiva, pelos motivos antes analisados.[15]

Há três elementos de caracterização comuns a estes jovens não privilegiados do sexo masculino que aqui quero salientar – o seu estatuto, as representações que têm de si, e as expectativas predominantes em relação às suas funções como homens adultos.

No que respeita ao estatuto predominante na sociedade, apesar da diversidade social e cultural do continente africano, existe algum consenso na caracterização das sociedades pré-coloniais africanas quanto ao lugar de subordinação que ocupavam os jovens, assim como as mulheres, na hierarquia social (Bayart, 1981; Argenti, 2002; 2007). Este posicionamento não decorre tanto da idade biológica mas, sim, do seu peso económico. No que respeita ao sexo masculino, a passagem à idade adulta dependia da sua capacidade de "adquirir" mulheres e de ser responsável por uma família (Argenti, 2002: 125). Assim, os indivíduos tornavam-se adultos à medida que iam adquirindo poder e riqueza e não o contrário. Até lá deveriam contribuir com a sua força de trabalho para a produção familiar e coletiva. Essa passagem à idade adulta estaria, no entanto, dependente de uma série de outras variáveis que atribuem o estatuto, como «laços de parentesco, redes sociais, conhecimento esotérico ou participação em sociedades secretas e organizações militares» (Argenti, 2002: 7-8). Nesse sentido, a noção de jovem confunde-se e sobrepõe-se muitas vezes com a noção de subordinado ou de alguém sem acesso ao poder (*idem*: 8).

Esta tendência para a subordinação não diz respeito apenas às sociedades pré-coloniais. O tratamento por "tu" e a utilização do termo "*boy*" ou "rapaz" foram aliás estratégias de imposição simbólica da hierarquia colonial, entre homens brancos e negros, espelhos da subordinação e humilhação dos segundos (Miescher e Lindsay, 2003: 5).

No entanto, ao mesmo tempo, os esquemas de reprodução social alteraram-se com a criação dos Estados coloniais e pós-coloniais uma vez que, perante a necessidade de trabalho qualificado, a educação passou a ser um

---

[15] Não significa que as raparigas não se envolvam, mas que desempenham papéis mais invisibilizados (Moura, 2007).

POR QUE RAZÕES NÃO SE "MOBILIZAM" OS JOVENS: GERINDO POSSIBILIDADES MÍNIMAS EM BISSAU   161

bilhete para a liberdade de alguns jovens homens que já não precisavam de «esperar metade da vida para adquirir estatuto»; porém, depois da independência só uma pequena parte acedeu de facto aos postos de poder e acabou por se gerar uma dupla subordinação dos jovens: perante as gerontocracias rurais e perante o Estado moderno que, em muitos casos, adotou a lógica rural para reduzir os jovens a crianças que devem obediência e gratidão aos líderes (Mbembe, 1985; Argenti, 2007). A linguagem do poder e da autoridade na família aplicada às relações entre os líderes políticos (cuja figura máxima é o Pai da Nação) e os seus subordinados (Mbembe, 1985: 13) constitui uma característica das relações intergeracionais e entre governantes e governados que se prolonga até ao presente, ainda que muitas vezes esbatida por alterações dos regimes políticos nas últimas décadas.

A representação dominante dos entrevistados do que significa ser jovem, por oposição a ser adulto ou criança, é a de alguém de quem se espera alguma maturidade, que, possuindo já alguma autonomia, dentro da família, se encontra ainda dependente da mesma, sobretudo num contexto de escassez grave de emprego e de recursos, e que tende a não ser reconhecido como interlocutor válido na tomada de decisões pelos mais velhos, embora possa contribuir, na medida do possível, para o sustento da família.

Se há algo constantemente poderoso na imagem que os jovens me tentaram passar é a sua autocaracterização como desapossados e como vítimas: da pobreza, do desemprego, da degradação da educação e da falta de acesso às redes clientelares que garantem recursos e estatuto:

> A situação dos jovens aqui na Guiné e no bairro é só ficar sentado. Eu, graças a Deus, tive uma oportunidade, e vou à universidade. Senão ficam só sentados desde de manhã até de tarde sem fazer nada, emprego não há. Mas não é que não queiram oportunidade de vida, é que não há (membro de bancada, Bairro da Ajuda, Bissau, 2008).

> Aqui na Guiné-Bissau um jovem é alguém que faz 18 anos, tem um nível baixo, alguns têm a 7ª ou 6ª classe,[16] outros nem sequer foram à escola. Para ir à escola é preciso ter meios. Precisas de caderno, precisas de caneta, precisas até mesmo de comer. Agora, se não tens estas coisas, até fome tens, não podes ler, não te

---

[16] Equivalente ao 11º e 10º ano no sistema português. Não existe 12º ano nos liceus, apenas o ano zero nas Universidades.

sais bem na escola, porque estás fraco. Percebes? (Membro de bancada, Bairro do Bandim, 2008).

– Aqui sofre-se bastante para estudar, por causa da falta de meios. Avanças até que fazes a 7ª classe, às vezes com 20, 22 anos, a maioria. Na Europa, com 18 anos os jovens fazem a 7ª, depois fazem uma formação, e depois desta formação têm filhos, logo têm a sua vida, filhos... mas aqui não há emprego. Às vezes vai vender-se na feira, para conseguir um bocado, outras vezes vai-se para um lugar onde alguém trabalha e ficas seu ajudante para aprender com ele.
– Mas mesmo para ser ajudante de pedreiro ou carpinteiro é preciso que seja da família, porque se não fores família não te põem lá...
– Nós estamos assim sentados todos os dias, ficamos aqui e não fazemos nada, mas queremos estudar, mas não há meios e não temos ninguém que possa financiar o estudo (membros de bancada, Bairro do Bandim, 2008).

Se a vitimização é uma constante dos discursos dos jovens, apontando-se as dificuldades nos percursos educativos e de emprego, e a discriminação de que são alvo por pertencerem a camadas não privilegiadas da sociedade, a verdade é que as caracterizações que aqui vemos têm vindo a ganhar conotações bastante negativas, criando-se a imagem de certos jovens como preguiçosos, irresponsáveis, não produtivos e mesmo delinquentes,[17] noções estas internalizadas muitas vezes pelos próprios jovens.

Esta autorrepresentação baseada na vitimização está relacionada com o denominador comum do que se convencionou chamar a "crise da juventude": os jovens acabam os estudos, não têm emprego formal e não conseguem ter um lar independente (O'Brien e Cruise, 1996: 57) e estariam assim "obrigados a continuar jovens" (Antoine *et al.*, 2001). Não sendo uma tendência meramente africana, esta impossibilidade afeta com diferentes intensidades diferentes partes do mundo e diferentes jovens em cada sociedade. As formas como estes problemas são vividos e ultrapassados, ou não, diferem

---

[17] Referências à delinquência como resultado da falta de ocupação: «o grande problema dos jovens é a falta de ocupação. Eu acho, essa é a minha leitura. Se os jovens estão ocupados a fazer alguma coisa, não vão escapar para a rua. Temos dificuldades nos cursos para jovens, não há oportunidades de emprego para jovens» (entrevista com jovens polícias); «a juventude deste bairro precisa de muito apoio. Há pouco banditismo neste país. Só que é preciso ter apoio. O governo precisa de dar apoio, precisa de ver a juventude. Fazem a 7ª e não têm trabalho, não têm ocupação, não têm nada» (membro de bancada, Cupilum, 2008).

bastante, ou seja: «alguns jovens estão mais perdidos do que outros, ainda que o contexto comum ou partilhado seja de marginalização» (O'Brien e Cruise, 1996: 57).

Esta é uma problemática particularmente relevante no que respeita às redefinições das identidades e relações de género. Apesar de partilharem com os rapazes uma mesma representação como vítimas,[18] a forma como essa vitimização afeta o estatuto das raparigas é distinta, uma vez que existem diferentes expectativas em relação aos papéis e estatutos de uns e de outras.

Talvez mais do que de uma crise de juventude se deva falar de uma diminuição das possibilidades de assumir alguns dos modelos de masculinidade socialmente valorizados – já em si raras, já que o ideal não corresponde necessariamente às práticas – como o de ser provedor de uma família (Aboim, 2008: 283) ou possuir um emprego de prestígio (Ratele, 2008).

O ideal dominante de masculinidade mais persistente no imaginário sobre África pode continuar a ser o do "homem grande", cujo poder é fundamentalmente baseado na idade mas também no prestígio e autoridade que lhe estão associados, atribuídos pela grandeza da sua família e pelo número de dependentes e subordinados (Miescher e Lindsay, 2003: 3; Ratele, 2008: 225). No entanto, a multiplicidade de modelos e aspirações ligados à masculinidade é uma realidade que tem sido progressivamente alimentada por expectativas relacionadas com a educação e a escolarização, a aspiração a uma "modernização" da imagem individual e das famílias, ao acesso mais

---

[18] «Nós fizemos o 7º ano, não há trabalho, não há bolsas, as bolsas são difíceis»; «Ficamos aqui sentadas de manhã até à noite, sem nada para fazer. Só *djumbai* [conversa]»; «Nós queremos formar-nos mas não temos dinheiro»; «Aqui para se ter dinheiro só podes vender, fazer comércio»; «Na Guiné, ou formas-te ou fazes o teu comércio para tentar ter dinheiro. Se não, não consegues nada»; «Sabes que a Guiné não está como a Europa. Não se desenvolveu como a Europa. Na Guiné se te formares, mas não fores das "boas famílias" que podem ajudar, se não estiveres a trabalhar, ficas dependente dos outros para ter apoio. Não é como na Europa em que te podes formar hoje que encontras logo o teu trabalho, que está garantido»; «Podes não te formar, que encontras trabalho em casa de uma pessoa, trabalhas lá e a pessoa paga-te. Mas se limpas para um preto como tu, não te paga. É melhor ficares sentada sem fazer nada»; «Mesmo para vender, é preciso que tenhas... como é que eu te posso explicar: Se fores mais velha, assim como se vai à *Baloba*, de feiticeiros... se estás a vender... nós mais novas, sabes, tudo aquilo que se faz hoje no mundo, posso até dizer no mundo inteiro, tem de ter "chão" [feitiço]. Se não tens dinheiro para isso, ficas sentado»; «Nós até fazemos renda. Mas o problema é que agora todas as crianças sabem fazer renda. Ninguém te vai comprar» (entrevista com raparigas, Bairro de Belém, 2009).

rápido aos recursos e à acumulação individual ou ainda a versões mais igualitárias das relações entre sexos (Miescher e Lindsay, 2003; Barker e Ricardo, 2005; Aboim, 2008; Ratele, 2008). É em relação a estas expectativas que os jovens se mostram desiludidos e não necessariamente por não adquirirem o estatuto de "homem grande".

Num outro estudo (Roque, 2010), salientei as características associadas à masculinidade adulta e valorizada na Guiné-Bissau, onde a tensão entre diversos modelos de prestígio é evidente. Se, para alguns, as dimensões da família (número de mulheres e filhos),[19] a linhagem[20] e a autoridade religiosa e espiritual[21] são extremamente relevantes, para outros, o conhecimento e a educação[22] ou a riqueza material[23] (ambos partilhados e distribuídos) assu-

---

[19] Segundo alguns homens entrevistados, o que interessa «não é quem tem muito dinheiro mas aquele que mais tem gente». Ter muitas mulheres e muitos filhos continua a ser uma forma de demonstrar poder e de ganhar respeito. No entanto, outros salientam que: «*antes*, casar muitas mulheres era grande *ronco* [orgulho, prestígio], era muita mão-de-obra para trabalhar no mato», mas «*agora*, só na *tabanca* [aldeia] é que isso acontece porque dá muita canseira»: para ter várias mulheres, é preciso ter dinheiro. Também alguns jovens referiram que ter muitos filhos continua a ser motivo de admiração, mesmo que não tenham capacidade para os sustentar.

[20] Para alguns homens, o respeito e a admiração vêm da *djorson* [linhagem], do tipo de criação, é algo hereditário.

[21] Para alguns entrevistados, o que leva alguém a ganhar respeito é o facto de seguir a igreja. Alguns participantes chamaram a atenção para o facto de, nas diferentes comunidades étnicas, conforme os seus usos e costumes, o que é bom para uns pode ser considerado mau para outros. Por exemplo, um balanta poderoso é um grande agricultor, com grande agregado familiar, alguém que tem bens, vacas. Para outros, o que conta é a posição social. Pode não ter dinheiro mas tem "boas práticas", por exemplo, para os muçulmanos, um chefe religioso é o mais respeitado. Às vezes, os régulos podem não ter muito dinheiro, mas são também respeitados devido ao seu estatuto de chefe.

[22] O conhecimento é também valorizado, quer por homens, quer por jovens, rapazes e raparigas: «respeito é para o homem que tem conhecimento, tem a verdade, que tem forma de educar as pessoas», «é ser culto», «alguém que vai à escola, que sabe comportar-se, que tem conhecimento». Mas, dizem, «agora na Guiné quem tem menos conhecimento tem mais dinheiro e mais oportunidades, depende do jeito, das cunhas, mas não deve ser assim, porque alguém sem conhecimento não sabe gerir dinheiro, merece respeito mas não admiração, mesmo que seja solidário». De referir que alguém que tem "conhecimento" deve partilhá-lo com os outros, sob pena de ser considerado arrogante e egoísta.

[23] Alguns homens com dificuldades em sustentar e "controlar" a família são, por vezes, considerados menos homens: *si i ka pudi ku si família, i ka matchu* [se não consegue sustentar e controlar a família, não é homem]; se um rapaz é "fraco", pobre, como seu pai, também vai ser difícil arranjar casamento. O dinheiro pode ser um fator de respeito e admiração se for bem

mem maior importância. No entanto, há uma questão sobre a qual todos parecem concordar: o homem deveria ser o provedor da família, embora isso não corresponda à realidade: um homem "completo" deve «assumir a responsabilidade da casa, de ter uma mulher», «lutar para chegar a casa, educar os seus filhos para serem homens, para que sigam um bom caminho», «trabalhar e sofrer para sustentar a mulher e os filhos», é aquele que «pode resolver todos os problemas da família e da comunidade», «alguém que *pega tesu* [que trabalha muito, que se esforça], alguém que produz» (Roque, 2010).

Se a passagem dos rapazes à idade adulta e à função de provedor se vê largamente comprometida pela falta de recursos económicos, pela degradação da agricultura e a fuga dos jovens do trabalho agrícola e pela diminuição do emprego formal considerado digno e proveitoso, já as raparigas assumem muitas vezes os encargos das famílias através da inserção na economia informal e das relações com homens que contribuam para o seu sustento sem que, no entanto, isto represente uma enorme alteração no seu estatuto, uma vez que estas suas atividades são desvalorizadas ou vistas de forma negativa pelos mais velhos e pelos rapazes (ver Capítulo 7). Isto não significa que as raparigas não sejam afetadas pelas transformações económicas e sociais mas, sim, que, tendo em conta o seu estatuto de "menoridade" social[24] e a nebulosa passagem à idade adulta, não se pode falar de um acréscimo de dificuldades em atingir a maioridade ou em ganhar autonomia mas, sim, na sua manutenção. Por outro lado, a presença feminina habitual nos setores

---

aplicado, por exemplo, ajudando os vizinhos, e não esbanjado com "rapariguinhas". Raros são os que referem como primeira opção que o respeito depende de ter muito dinheiro e muitas mulheres. No entanto, reconhece-se, várias vezes, que o homem que tem mais força, mais poder é aquele que é rico, já que o "dono do dinheiro" é sempre o que tem a "verdade" [razão] face à polícia e aos tribunais: o "dono da verdade" é quem paga. Segundo os entrevistados, este tipo de homens ganha medo e bajulação por interesse e não respeito. Segundo uma parte das mulheres, dinheiro não é sinónimo de respeito. Outras consideram que os homens que têm mais dinheiro são também os mais corruptos, o que, porém, não lhes retira uma certa admiração. Assim, reconhece-se que, apesar de tudo, quanto mais dinheiro tiver, mais mulheres pode ter, mais estatuto se consegue. Para os jovens, o dinheiro não traz respeito mas apenas poder e interesse, incluindo a possibilidade de conquistar raparigas: «poder é dinheiro, dinheiro dá mulheres, mas quando o dinheiro acaba, as mulheres vão embora». No entanto, se um homem não tem poder económico para pagar a escola dos filhos, sustentar a casa, pode perder o respeito.

[24] Segundo Jean-François Bayart (1981), tal como os jovens, as mulheres nas sociedades pré-coloniais seriam também "cadetes sociais".

informais da economia pode até favorecer algumas mulheres e raparigas no que respeita à autonomia económica.[25] A capacidade demonstrada pelas raparigas na adaptação ao contexto de crise prolongada e na aquisição de recursos leva mesmo uma parte significativa dos jovens do sexo masculino a considerar-se vítima das raparigas por estas preferirem relacionar-se com homens com mais recursos, normalmente mais velhos – ainda que alguns usufruam desses mesmos recursos.[26] Ao mesmo tempo, face à desvalorização de que são alvo, os rapazes podem assumir atitudes violentas nas relações com o sexo oposto (ou mesmo na família).[27]

Os jovens rapazes entrevistados revelaram-se frequentemente confusos e perdidos em relação às funções que a sociedade lhes atribui e à possibilidade de cumprimento das mesmas, por exemplo, em relação às acusações frequentes de não assumirem a responsabilidade pelos filhos, que ficam ao cuidado das mães ou dos avós. Ter filhos e família continua a ser importante mesmo que não tenham como cuidá-los. No entanto, muitas famílias compreendem esta não assunção de responsabilidades como resultado da falta de oportunidades dos jovens e, mais do que um emprego, procuram formas de os seus jovens se educarem e/ou emigrarem.

Na realidade, não são apenas os jovens, como muitas vezes é transmitido pelos mesmos, a sofrer os impactos da degradação económica, assistindo-se mesmo a "inversões geracionais" nas relações de dependência, ficando o sustento da família, incluindo netos, nas mãos sobretudo das mulheres mais velhas, muitas vezes sem qualquer contribuição dos filhos (Lourenço-Lindell, 2002: 203-204). Os usos do discurso da vitimização predominante servem, algumas vezes, para responsabilizar os mais velhos pela sua situação

---

[25] Diouf e Collignon (2001: 8) afirmam que, em alguns casos, o trabalho, e não o casamento, começa a ser também relevante na aquisição do estatuto de adulta para as jovens raparigas.
[26] «A maioria das meninas gosta dos homens que têm dinheiro. Só por interesse. Noventa por cento das mulheres aqui só gostam dos homens que têm dinheiro (...) há algumas que dizem logo diretamente ao namorado "olha, você não tem nada para me dar. E o fulano tal quer namorar comigo, ele tem tudo, ele é empresário. Vou namorar com ele, você tem que se conformar, quando ele me der dinheiro eu posso dar-te um pouco". Há pessoas que aceitam isso, mas eu sou orgulhoso, não posso ficar assim» (entrevista com R., Bissau, 2008).
[27] O facto de a maioria dos jovens não assumir comportamentos violentos de forma coletiva para colmatar a desvalorização e subordinação de que são alvo não significa que não o façam individualmente e através de outras formas de violência (como a violência de género). No entanto, não tratarei este tema neste capítulo, para aprofundamento ver Cap. 7.

POR QUE RAZÕES NÃO SE "MOBILIZAM" OS JOVENS: GERINDO POSSIBILIDADES MÍNIMAS EM BISSAU     167

e defender a renovação geracional no acesso aos poucos cargos no domínio do Estado, sendo esta renovação bloqueada «para que os que estão abaixo não cresçam».[28]

O que faz com que esta representação enquanto vítimas e o óbvio incumprimento das expectativas em relação a uma masculinidade valorizada não gere fenómenos de violência coletiva? Como se situam estes jovens perante a emergência de "culturas globais da juventude" e da "missão civilizadora" que, em nome do desenvolvimento, «tem prometido progresso, consumo e um futuro radioso aos jovens, ao mesmo tempo que esse futuro se vê gravemente comprometido pelas desigualdades cada vez maiores provocadas pelo capitalismo neoliberal» (Comaroff e Comaroff, 2000: 94-97)? Estarão os jovens conformados perante esta "moratória social" (Vigh, 2006) que significa ser jovem?

## 4. Duas *estórias* de (im)possibilidades
A.  28 anos, Bissau:

> A minha vida passada, sabes como é... eu bebia muito e fumava muito drogas, não só *iamba*,[29] mas cocaína, heroína... Fazia vida de *bandidasgo*, vida de *ganguiça*, agredir as pessoas. A primeira coisa que eu provei foi erva, tinha 14 anos. Quando tinha 15 ou 16 anos, tinha um amigo nigeriano, ele fazia *business* de cocaína. Isso foi antes da guerra... em noventa e seis, se não me engano. Depois, um dia, ele consumiu coca, e eu estava sentado lá, vi como ele fez. Um dia, como sabia como ele fazia aquilo, eu imitei. A minha cabeça naquele momento ficou muito quente. Apanhei vento, vento, vento, bebi uma água fresca, a ver se isso passava um pouco. Isso é bom, é muito saboroso. Bem, naquele momento, não tinha sono, fome, a coca é assim. E depois continuei a consumir, conheço muitos amigos lá no Reno [bairro de Bissau] que vendem essa cena.
>
> É no Reno que há mais disso, mas tens muitos bairros: Cupilum de Baixo, Cupilum de Cima... Lá há muito jovem que hoje não se pode controlar, há jovem que está muito estragado lá. No Bairro Militar também. É um bairro muito grande, tens muito estrangeiro, há muito bandido que mora lá, mesmo o bandido que não morava lá prefere ir para lá porque lá não há muito polícia que te incomode. Eu comprava, fumava com os meus amigos, mas depois quando o

[28] Membro de bancada, Bandim, 2008.
[29] *Cannabis.*

dinheiro acabava, voltava para minha casa, ia pegar o que pudesse. E também vendia. Morava com o meu pai. De lá o meu pai começou a desconfiar... "este gajo agora não consome só erva, consome outras coisas mais perigosas, que custam mais dinheiro". Então, eu saí de casa para o quarto do meu amigo que vendia isso, morei lá uma semana, depois a minha mãe ficou preocupada comigo e foi lá buscar-me, trouxe-me para casa. Eu estava mesmo magrinho, magrinho, não conseguia comer muito, só pensava em consumir. Até que o dinheiro acabou, fiz muito cálculo maligno, agredia as pessoas na rua, roubava, e até tenho muito problema na minha zona, que há muitas pessoas que antes me respeitavam, agora não voltarão a respeitar.

Tenho quatro irmãos. Eu sou o mais velho. Nenhum deles consome, nem cigarro. Eu só comecei por curiosidade, não tinha problemas na família nem nada. Comecei a ter problemas, quando entrei no consumo de coca. Depois, um dia um amigo meu veio com *crack*. O *crack* é mais perigoso do que coca. É mais perigoso, eu quando estava viciado naquilo tinha os dias contados. Tinha medo de morrer porque é muito perigoso. Isso foi já depois da guerra. Antes da guerra havia *crack* mas era muito difícil para nós mais pequenos podermos ver aquilo. Sabes que a nossa família [guineenses] somente conhece essa erva. Mas não é assim agora. Agora conhece-se o puro que trouxeram para cá.

Eu entretanto deixei porque cheguei a um momento que não podia mais e conheço a realidade da minha família que é um pouco pobre. A minha mãe tinha muita confiança em mim, ela nunca desistiu de mim. Desde mais pequeno até agora e começou a falar comigo, a dar aquele bom conselho, não desistiu de repente. Eu quero bem-estar para a minha vida, eu queria uma responsabilidade para assim poder criar os meus filhos e organizar a minha família. Tenho dois filhos, eles estão com a minha mãe. Os meus amigos, que também estavam nisso, não imaginas isso, famílias tão pobres, tão pobres, que vivem com menos de 500 francos por dia [menos de 1 euro].

Sabes que para arranjar dinheiro para comprar droga tens que roubar. Tu não trabalhas, a tua mãe não tem dinheiro mesmo para te dar de comer, quanto mais para fumar droga. Então é assim que começas a fazer má vida, tens que entrar numa má vida, tens que roubar. Eu duas vezes magoei pessoas, uma por causa de um fio e outra por causa de um telemóvel. Eu ando sempre com uma navalha. Antes eu também tinha uma arma, era a arma do meu pai, mas nunca usei aquilo. Com a arma eu posso intimidar, mas não vou usar porque se eu der um tiro há muitas pessoas que sentem aquele ruído e posso até matar uma pessoa, isso eu nunca fiz, mas tenho amigo que fazem isso, um deles está na prisão. Tenho mais cinco amigos lá. Até há raparigas nisso. Uma era a minha namorada. Outra era minha amiga, ela é tão linda, bonita. Elas roubam os homens. Elas fazem prostituição nas ruas, quando elas estão lá com os homens elas roubam o dinheiro, os telemóveis. Elas com os amigos bandidos que elas têm. Mesmo os namorados são bandidos. E quando roubam têm proteção na rua, cada uma delas tem um bandido na rua que é amigo dela ou namorado dela, que vai para a proteger.

Vida de *gang* antes era uma coisa organizada mas agora é só essas pessoas que roubam na rua. Mas antes da guerra havia muito desgraçado aqui, havia bandidos armados, iam a tua casa para roubar, tinham arma, colaboravam com alguns polícias corruptos, que lhes davam a arma, mesmo se entravam na tua casa e tu tinhas uma mulher bonita, iam violar a tua mulher. Agora não, agora é só esses putos que roubam nas ruas. Aqueles grandes morreram todos no tempo da guerra. Outros que restam, emigraram para Conacri, Gâmbia porque a polícia está a perseguir muito e, quando os apanha, bate.

No negócio da coca há muito militar que está envolvido, mas todo o mundo sabe bem disso. Eles não vendem. Eles até prendem um civil se ele vender. Sabes como é que isso funciona... Porque eles não podem vender, todo o mundo sabe que ele é militar, vai ter medo, então eles dão a outros para vender. Até os nossos dirigentes. Sabes o [nome de político]? Todo o mundo sabe que ele vende droga. Se ele não vendesse droga não podia ter aqueles carros todos. Também há muito polícia nesse *business*. Isto é pequeno, aqui nós não podemos esconder-nos uns dos outros. Se tu matas, todo o mundo sabe que tu matas. Se tu dás um tiro numa pessoa e foges, o outro vai-te conhecer, diz que conhece aquele gajo, morava aqui e aqui... essas coisas da África. As pessoas envolvidas nisso são jovens, de 25 a 30 anos. Aqueles jovens de 15 anos somente vendem lá no Reno. Muitos deles saíram da casa do pai. Os pais expulsaram-nos de casa porque quando vendes aquilo um dia vais provar e, quando provas aquilo, vais-te agarrar mesmo. E aí começas a roubar nas casas, na tua própria casa, se o teu pai é pobre e a tua mãe é pobre, como é que eles vão comer? Mas é só roubar, não fazem mal às pessoas, mas tens outros que roubam que fazem mal, agridem as pessoas com facas, mas sabes que isso é por gozo.

Eu não ganho muito, sabes, trabalho do Estado aqui, muitas vezes, não paga o salário. Eu ganho 35 000 [53 euros] por mês. E quando recebo aquele dinheiro dou à minha mãe, porque tem os meus filhos lá, dou 20 000 para ela e outros 15 000 ficam para mim.

Eu gosto muito de Tupac, mas não é tanto o som dele, eu gosto muito dele porque canta bem, veste bem. Aqui dizem que é bandido, aqueles mais velhos que no tempo deles não conheciam essas roupas compridas, essas calças. Mas eu gosto dele, o gajo é fixe. Podes falar mal dele, mas quando ele vier, vais gostar. Sabes, muitas pessoas gostam dos bandidos, muitos dos bandidos têm muitas pessoas que gostam deles, porque nunca lhes fizeram mal. Aqui em Bissau eu admiro o nosso presidente, muito, Nino. O gajo é tão valente. É tão valente. Fizeram guerra aqui, derrubaram ele. Correram-no lá para Portugal e muitas pessoas diziam "se Nino vier cá, nós vamos matar o Nino". Muitas das pessoas que têm ódio dele porque mataram a família delas. Mas Nino veio cá, veio cá, candidatou-se, ganhou as eleições e, de novo, aquela gente toda que diz que quer matar Nino, agora é o melhor amigo de Nino! Eu penso que é um dom que o Nino tem. Além de dom, a etnia de Nino (Pepel) aqui em Guiné é muito "pesada" [forte]. Tem muito poder, é mais forte do que todas as outras etnias aqui. A segunda é Manjaco e Balanta. O meu pai é Pepel. A minha mãe é Mancanha. Eu sou guineense. Sou guineense. Eu posso dizer que eu sou Pepel, quando alguém me pergunta eu digo que sou Pepel, mas eu não gosto "dessas coisas" [referindo-se a cerimónias do seu grupo étnico].

No futuro, gostava de organizar a minha vida. Construir uma coisa boa... organizar a minha família... eu queria casar. Eu tenho uma namorada. Sabes que eu não gosto de ter muitas... Elas às vezes enganavam-me e eu ficava lixado. Agora não, mas antes batia muito à minha namorada. Ela fugia de mim, tinha muito medo de mim... aquele tempo que eu usava droga, bebia álcool... mas agora tenho somente uma namorada. Antes aqui era amor verdadeiro... mas agora não sei o que é que entrou na cabeça das nossas mulheres. Amor existe mas é mais no interior do país. Aqui em Bissau é um pouco difícil. Aqui a garina se não tiveres dinheiro... mesmo se ela queria andar contigo, a família dela não vai achar bem. Vai dizer "então? Vais andar com aquele gajo? Que não te pode dar nada?" Então há gente que tem que roubar para agradar às raparigas... (entrevista com A., Bissau, 2008).

N. 27 anos, Bissau:

Eu sobrevivo do meu trabalho. Sou músico e faço instrumentos musicais. Claro que só isso não recompensa tudo, mas a vida é assim, se as pessoas gostam do que tu fazes, tu ganhas, se não, paciência. Depois tens a ajuda da família, pelo menos ajuda moral. Nós, em cada época de chuva, voltamos para a aldeia para trabalhar o campo familiar, temos arroz, milho, isso é a nossa obrigação, é o encontro grande na aldeia, fazemos isso durante seis meses, depois cada um pode ir procurar maneira de comprar a sua roupa, as suas coisas mas, quando há trabalho, tu vais ajudar, essas coisas ficam conservadas para comer, depois só tens que arranjar legumes, óleo. Também tens a castanha de caju, isso é 80% da vida da Guiné.

Este país tem muitos problemas, muita pobreza, não há trabalho, as pessoas ficam agressivas: se não alcanças o que queres, ficas agressivo. Não há ocupação, a escola está mal, é o que está pior na Guiné! Na minha aldeia, que é muito antiga, só há escola desde 2006 mas devido à má governação não há professores, a escola está lá mas os meninos não vão. Eu também nunca fui mas consegui aprender muitas coisas com amigos, eu nunca viro costas a aprender algo e a quem me ajuda. Se ele tem mais conhecimento, então eu quero aprender com ele. Há pessoas que têm vergonha, complexo, eu não.

Eu nunca provei droga nenhuma. O meu único vício é *uarga*.[30] Desde pequeno que sou contra isso. Mas as pessoas não sabem que aquilo dá problemas, só quando são presos e torturados, bom é gente que não sabe o que faz. Deus ajuda-me a ir contra isso, eu sou muçulmano, eu nunca provei vinho, mesmo se há alguns que o fazem. Eu gosto é de música. Cada um tem as suas coisas.

Tens que trabalhar para ganhar alguma coisa, isto aqui é complicado. Na Guiné? Emprego? Aqui é o quê o emprego? Não há. Mas há atividades, o que mais há são atividades pessoais, não é emprego, mesmo as ONG já vêm com os seus trabalhadores, como é que o guineense pode trabalhar sem escola? É um grande problema. Na Guiné, as pessoas põem os sobrinhos nos postos, quem não tem família bem colocada não tem emprego, trabalho é no campo, o Estado não paga nada, cada um organiza a sua atividade.

Aqui, muitas vezes, quando alguém te diz que és menino significa que ainda não és responsável, não tens experiência ou maturidade para fazer alguma coisa ou então alguém que é mais velho, que te dá conselhos, quer dizer que ainda podes ter esperança, como quem diz: "tem calma, ainda és menino, podes ter esperança". Pode ser algo que ainda não deves fazer, por exemplo, se eu quero candidatar-me à presidência, vão dizer que eu sou menino, um jovem ainda tem que aprender muitas coisas, um adulto pode resolver mais, alguém que não tenha casa, nem mulher, nem filhos, nem responsabilidade não pode resolver as coisas...

Nem todos o jovens são irresponsáveis mas a maioria não tem oportunidades porque os velhos ocupam tudo. Se os jovens tivessem oportunidade de aprender... Mas aqui só aprendem coisas más porque aqueles que estão à frente não

---

[30] Tipo de chá.

os ensinam a fazer coisas boas. Então os jovens copiam o que está mal, entram na política, isso é triste, porque para ganhar posição tens que ir para a política, os jovens são obrigados a ir para o partido, dizer que "o tal" faz tudo certo. Os políticos deviam ser responsáveis e não jovens que não aprenderam nada, política é difícil. Mas assim começas a fazer política com 18 ou 20 anos sem nunca teres trabalhado e, se o teu partido ganha a eleição, então já vais ser ministro!? Isso não está certo... para mudar isso é difícil... só porque queres alguma coisa não quer dizer que fazes bem... agora, para fazerem política, não deviam meter--se só no tempo de campanha mas falar dos verdadeiros problemas da Guiné: escola e emprego.

Precisamos de governantes que apostem nos professores. Eu já fui a Dakar, lá os professores recebem bem, aqui não é assim, lá há bons professores, gostam do que fazem mas se não te pagam como vais gostar do teu trabalho? Ninguém gosta do seu trabalho. Se na Guiné houvesse emprego, transporte, casa, ninguém precisava de ir para Portugal ou outros países. Eu gosto de mais da minha terra, da minha aldeia, é um amor grande de mais, mesmo que eu emigre, um dia, eu vou voltar. Os africanos emigram porque não há emprego, não se pode condenar essas pessoas, sobretudo depois de 7 de junho.[31] Sabes, os africanos dependem uns dos outros, às vezes tens que te responsabilizar por uma família até com mais de 40 pessoas. Alguns não querem, nem gostam disso mas isso é a cultura dos africanos. Então, podes ter um emprego, ganhas 12 mil francos, e tens que dividir com mais 30 pessoas, e divides, mas não te aborreces com isso, porque é cultura, é normal. Por exemplo, o meu pai morreu quando eu tinha 16 anos, a minha mãe morreu quando eu tinha 18, ficámos só irmãos, logo aí eu vim para Bissau fazer vida, fazer instrumentos. Quando podia comprava dois sacos de arroz e levava, os meus irmãos faziam o mesmo, às vezes não conseguia arranjar nada, voltava mesmo assim, porque algum dos irmãos ia arranjar. Então, os meninos começam a ter responsabilidade já em pequenos, depois é natural. Depois o teu vizinho vê o que tu fazes e quer que os filhos façam o mesmo. Se vais para a Europa, para nós, pensamos "aquele tem vida de milionário", a família dele tem luz, boa comida na casa, "olha o que ele traz", então tu também pensas em emigrar, os mais fortes fazem aquelas viagens arriscadas, mas depois há aqueles que se conformam, aceitam o que lhes é dado, ficam à espera... (entrevista com N., Bissau, 2008).

---

[31] Como ficou conhecido o conflito militar de 1998 que eclodiu a 7 de junho desse ano e que se prolongou de forma intermitente até maio de 1999.

## 5. Gerindo "possibilidades mínimas": "bandidos", "desenrascados", "conformados"

Se a tendência verificada na África Ocidental se confirmar em Bissau, a maior parte daqueles que chegam a esta cidade, oriundos de outras zonas do país, são jovens entre os 15 e os 34 anos, sobretudo rapazes, embora o número de raparigas tenda a aumentar em relação ao passado (UNOWA, 2007: 46). De facto, não é difícil encontrar vários jovens que migraram para Bissau na esperança de encontrarem um emprego ou, sobretudo, de prosseguir os seus estudos, jovens estes que vivem da solidariedade familiar, muitas vezes dormindo em casa de uns, comendo em casa de outros, tendo que percorrer, às vezes, 3 ou 4 quilómetros diários para poderem ingerir "um tiro".[32] Estas experiências de vida fazem parte da rotina de um dos países mais pobres do mundo,[33] onde 80% da população considerada pobre tem entre 18 e 35 anos (PNUD, 2006: 11) e o desemprego formal afeta a maioria de população.

O crescimento populacional das últimas décadas, as más condições de habitação e o estado degradado das infraestruturas são alguns dos elementos que caracterizam a cidade de Bissau.[34] No entanto, a cidade, capital de um país não industrializado, é ainda hoje marcada pela forte presença da ruralidade nos seus diversos bairros, confundindo-se, nas suas margens, com as aldeias e campos circundantes, com uma larga fatia da população dos bairros periurbanos dedicada a atividades rurais.[35] O êxodo rural provocado pelas políticas económicas das últimas décadas parece ser até superior em

---

[32] "Um tiro" é a expressão que se utiliza para designar a única refeição diária a que grande parte dos habitantes de Bissau tem acesso.

[33] Situa-se no 164º lugar entre os 169 países no Índice de Desenvolvimento Humano.

[34] Dados do último censo (2009) revelam que Bissau conta hoje com quase 388 mil habitantes – numa população total de quase 1 521 000, ou seja, 26% da população total. A taxa de crescimento anual foi de cerca de 4% entre 1991 e 2009. O país tem uma das taxas mais elevadas da África Ocidental de população que vive em bairros ou habitações sem condições mínimas, incluindo sanitárias (UNOWA, 2007: 10). Por exemplo, só 12,9% da população de Bissau tem eletricidade e de forma muito irregular (Governo da República da Guiné-Bissau, 2005).

[35] «A maioria da população periurbana vive da agricultura como em qualquer aldeia nas zonas rurais. O que caracteriza aqueles agregados que vivem sobretudo da agricultura como os que dependem dos fluxos de trabalho na função pública e/ou serviços é o facto de nenhuma destas atividades garantir o suficiente para garantir a sobrevivência. Assim, a maior parte dos agregados está dependente de várias formas de geração de rendimentos e de consumo de diferentes membros do agregado de forma a garantir a sobrevivência ao longo do ano» (Banco Mundial, 2006: 46).

outras cidades médias, com maior taxa de migração interna, nas regiões de Bijagós, Biombo e Oio, por exemplo.[36]

A insegurança urbana, na sua vertente mais estrita, não é propriamente a primeira da extensa lista de queixas da população de Bissau[37] mas também não é irrelevante. Se é verdade que, para um estrangeiro, Bissau é uma cidade relativamente segura, longe da insegurança (real ou imaginada) de outras capitais africanas e mundiais, também é verdade que, para os seus habitantes, a pequena criminalidade não é de descurar. Os relatos sobre Bissau como uma cidade calma, segura e pacífica começam a ser menos frequentes. A colocação de grades nas janelas e portas das casas, a generalização dos guardas e empresas de segurança nas casas abastadas e os inúmeros relatos de assaltos, sobretudo em zonas comerciais (mercados) e, durante a noite, nos bairros habitacionais, apontam para um número considerável de crimes contra a propriedade e para o aumento da violência associada aos mesmos.

Os dados que me foram fornecidos pelas polícias da Guiné-Bissau não são suficientemente fidedignos para traçar com precisão[38] um retrato dos crimes e atos violentos na cidade de Bissau. No entanto, os profissionais da polícia entrevistados[39] descrevem as queixas por homicídio como "bastante raras". Em finais de 2009, por exemplo, a Polícia Judiciária encontrava-se a investigar menos de dez homicídios em Bissau, incluindo os homicídios do Presidente "Nino" Vieira e do Chefe de Estado-Maior, Tagme Na Waie,

---

[36] Ministério da Economia, Plano e Integração Regional (INE, 2009).

[37] Nos inquéritos realizados num outro estudo (Roque, 2008), os problemas mais apontados pelos jovens urbanos são o desemprego e a falta de infraestruturas.

[38] As grandes dificuldades de análise dos dados estão relacionadas com o seguinte: 1) os "dados" estão espartilhados pelas diferentes polícias (Polícia de Ordem Pública e Polícia Judiciária, sobretudo) que não trocam informação; 2) apesar de se referirem ao país, sabemos que a maior parte dos atos é reportada em Bissau (ou Gabu, a segunda cidade), estando a Polícia Judiciária, por exemplo, ausente do resto do território, tendo a Polícia de Ordem Pública grandes dificuldades em termos de recolha de dados; 3) mudança nos tipos de registo e categorização na Polícia Judiciária não permitem comparar as queixas entre diferentes anos; 4) falta de cultura de recolha de dados, fraca formação dos polícias e sobretudo o facto de muitos crimes não chegarem sequer ao conhecimento da polícia ou, mesmo que cheguem, não serem reportados; 5) a coexistência de vários sistemas jurídicos, o do Estado e dos diferentes grupos étnicos e religiosos, faz com que o recurso ao primeiro nem sempre seja o mais eficaz e privilegiado. A este propósito ver Embaló (2008).

[39] Entrevistas com agentes da Polícia Judiciária (2008; 2009) e Polícia de Ordem Pública (2008).

bem como de outros políticos, e dois casos que se julgam relacionados com tráfico de droga. As queixas mais comuns são as relacionadas com agressões e ofensas (corporais e verbais) e roubos e furtos.[40] Estes dados coadunam-se com os tipos de violência mais frequentemente citados nas entrevistas, relacionados sobretudo com a violação de propriedade e o roubo,[41] seguem-se, com menor frequência, os abusos sexuais e a violência com base no género,[42] os insultos e avaliações morais negativas mas também o desemprego, a pobreza ou a corrupção.

"Guerra",[43] abuso, imposição, insulto, corrupção, crime, delinquência, difamação ou agressão são alguns dos sinónimos de violência frequentemente avançados nas entrevistas. De acordo com os inquéritos que levámos a cabo, 88% dos jovens afirmaram ter presenciado, no último ano, algum tipo de violência no seu bairro, como brigas, espancamento e assaltos,[44] mas, sobretudo, violência familiar (53%).[45] Como em toda a parte, a violência está presente no quadro mais restrito da família, um lugar de experiências quotidianas de violência para muitos jovens (Mbembe, 1985: 24) e não só, mais do que outros espaços. No quadro da vizinhança e dos bairros, as queixas dizem respeito sobretudo a assaltos durante a noite e durante as quadras festivas e alguns bairros são considerados mais inseguros do que outros.[46]

---

[40] Porém, a julgar pela UNODC (2006) a taxa de homicídios na Guiné-Bissau seria, em 2004, de 16,3 por 10 000 habitantes, o que, segundo os padrões da Organização Mundial de Saúde, seria já bastante preocupante em termos de saúde pública (são consideradas epidémicas taxas acima de 10 por 10 000 mil habitantes). Sem entrar em mais considerações sobre a fiabilidade e possibilidade de obtenção destes dados, interessa destacar que não será objeto deste capítulo a análise da "gravidade" ou da quantidade dos crimes.

[41] Tipos de "violência" mencionados: droga, vandalismo, roubo, crime, queimado, ato com faca, roubo de telemóveis, rapto, perda de vida, ato contra a propriedade e sem autorização.

[42] Tipos de "violência" mencionados: briga entre homem e mulher, violação de menor, adulto que viola crianças, violar irmãs, casamento forçado.

[43] Em crioulo, guerra não significa apenas conflito militar mas também se aplica a outros conflitos, discussões ou disputas do quotidiano, podendo significar apenas briga.

[44] Os valores desagregados são: 36% que presenciaram brigas, 15% brigas com facas, 3% brigas com arma de fogo, 20% que presenciaram um espancamento e 14% que presenciaram assaltos.

[45] Os valores desagregados são: 28% que referiram "pais batendo nos filhos" e 25% "marido batendo na mulher".

[46] «Lá é favela: Reno, Bairro Militar, Sintra. É favela mesmo. Só brutalidade, só bandidos criminosos. À noite, se você passar numa rua qualquer... cuidado. Ninguém fala, toda a gente fica assim alerta. Ninguém fala, ninguém. Durante o dia só há problema de vez em quando, por exemplo, meses de outubro, novembro, dezembro, tens que ter muita cautela» (entrevista com

Interessa particularmente chamar a atenção para a associação frequente que é feita entre jovens e violência, sendo a violência frequentemente conotada com delinquência e alguns jovens caracterizados como "bandidos". A entrevista com A. ilustra bem algumas das condições em que surge a violência urbana juvenil, assim como o seu carácter disperso. Mostra também que para se ser um "bandido" aos olhos dos outros não é necessário cometer algum delito ou prejudicar alguém: muitas vezes é suficiente assumir uma postura e atos considerados social e moralmente errados, como fumar e beber (vistos por muitos jovens, sobretudo muçulmanos, como uma violência em si) ou vestir-se de determinada maneira (classificados como *dreads* ou *niggas*, aqueles que usam roupa do estilo *hip-hop*, brincos, *piercings*). Tal como nos diz A., «aqueles que usam roupa que antes não existia». Esta tendência demonstra-se, aliás, no inquérito que realizámos, já que, perante a questão «na tua opinião, quando um polícia olha para uma pessoa, qual a primeira coisa que faz com que ele considere essa pessoa suspeita?», 28,6% responderam «ter tatuagem, *piercing* ou brinco» e 24,6% referem o «modo de vestir».

Naturalmente que alguns destes jovens, como A., praticam atos ilícitos, alguns com alguma violência, mas não é essa a questão aqui em causa, por enquanto. Para já, parece-me relevante destacar a generalização da perceção das características conotadas com "a influência externa", o "moderno" ou o "estrangeiro" como qualidades negativas e que incitam os jovens à criminalidade, reflexo da confluência de múltiplas definições e expectativas acerca da juventude, que surgiu em várias entrevistas.

Os jovens entrevistados tanto permanecem ligados às tradições familiares e das áreas rurais, seguindo sempre que possível os rituais de iniciação, e defendem a autoridade dos mais velhos com base no respeito pela idade e pelo conhecimento, como utilizam a linguagem do progresso e deploram as condições do seu país e o papel das "tradições"[47] e de uma geração que

---

R., Bissau, 2008); «Há bairros perigosos para entrar, quer dizer, não é assim tão perigoso, mas as pessoas aproveitam essa escuridão que é Bissau para isso» (entrevista com L., 2008); «Há muitos bandidos aqui mesmo. Chegam só às oito horas. Se estiveres aqui o dia todo, quando sais, obrigam-te a parar e roubam-te tudo o que tens. Podem ficar-te com as coisas, bater-te, ferir-te, sobretudo das oito da noite às duas da manhã» (entrevista com grupo de raparigas, Bairro de Belém, 2009); «Até agora o crime diminuiu mas sabemos que em dezembro vai aumentar» (entrevista com grupo de bancadas, 2009).

[47] Para uma análise da apropriação dos discursos da modernidade e do desenvolvimento pelos jovens de Bubaque, Bijagós, ver Bordonaro (2006; 2009). O autor defende, no entanto,

não é a sua na decadência do país, assumindo como referências ora o *rapper* norte-americano Tupac, ora o falecido Bispo de Bissau, D. Septímio, pelo seu papel na mediação do conflito militar. Se alguns pretendem alcançar um estilo de vida próximo do ocidental, outros consideram que «imitar culturas diferentes» é necessariamente negativo.[48]

No entanto, não é de negligenciar a diferenciação entre jovens do interior e jovens urbanos, já mencionada. Os primeiros são frequentemente responsabilizados pela criminalidade:

> O bairro Militar ficou com a sua reputação porque os jovens de lá mais depressa fazem revoltas, arranjam confusões. Se alguma coisa acontece, eles fazem confusão, como o caso de um polícia que matou um rapaz, por causa de uma rapariga, e eles próprios reagiram contra aquele polícia matando-o como se mata um animal. Por isso eu disse que eles são as pessoas mais violentas. Só que nós aqui [neste bairro] a religião toma conta, domina as pessoas, a maioria também vai à escola. No bairro Militar a maioria das pessoas vieram do interior, pessoas que vêm do interior, do norte, leste, de várias zonas do país (elemento de bancada, Cupilum, 2008).

Ao analisar as causas da criminalidade juvenil, foram várias vezes apontadas a falta de formação destes jovens, a vivência de violência nas suas famílias, vistas como "atrasadas" e "autoritárias", e a vontade de quererem adquirir os mesmos bens de consumo e prestígio que os seus amigos.[49]

que a oposição entre cultura urbana e rural, entre *kultura* e desenvolvimento, nos discursos dos jovens, deve ser entendida não como mero reflexo de uma ideologia hegemónica e de uma colonização das consciências pela agenda internacional de desenvolvimento mas, sim, como um problema de autorrepresentação tática dos jovens em arenas "saturadas de poder", colocando a ênfase nas motivações e usos individuais dos discursos (Bordonaro, 2009: 82).
[48] «Jovem é aquele que já tem trabalho, os adultos pensam que jovens só pensam em diversão; os próprios jovens pensam que significa imitar uma cultura diferente da deles: usar roupas caras, imitar americanos/brasileiros; acham que o que vem de fora é mais importante, imitam os países desenvolvidos embora não percebam o inglês. Gostam da imagem, da roupa de branco. Para eles, tudo o que é bom está lá fora, nada é mau» (entrevista com grupo de jovens, Liceu Nacional).
[49] Entre as razões apontadas para a criminalidade juvenil surgem as seguintes: «jovens de zonas rurais que chegam para melhorar a vida e não encontram condições, ficam sem acolhimento e a agressão gera emprego para se sustentarem; o "nível académico e social", a "imitação da cultura não guineense" (*dreads*) na roupa, penteado, fumar, correntes e brincos, devido a

A alguns dos jovens vistos como "bandidos" é atribuída a pertença a bandos, por vezes referidos também como *gangs*. Os resultados dos inquéritos indicam que 41% dos jovens inquiridos reconhece a existência de bandos nos bairros, mas 51% nunca viu nenhum ato de violência cometido pelos mesmos e 68% não se lembra há quanto tempo existem. Parece-me que a identificação da existência de *gangs* ou bandos não tem necessariamente que ver com violência e organização dos mesmos mas que está, algumas vezes, relacionada com as características dos jovens antes descritas. Se olharmos ainda para as atividades atribuídas aos *gangs* (venda de drogas, assaltos programados e assalto à mão armada), podemos constatar que são atividades da criminalidade dispersa ou realizadas por grupos com um grau de organização que ultrapassa o *gang* juvenil e nos quais se crê estar envolvido outro tipo de atores. As características dos *gangs* juvenis antes enunciadas, não são visíveis nem reconhecidas pelos jovens em Bissau. Tal como se pode depreender do discurso de A., trata-se de atos de violência instrumental esporádicos e não da assunção da violência como algo constitutivo e necessário da sua atuação, sendo alguns deles relacionados com o consumo de drogas, sobretudo o *crack*, a droga dos "pobres", e não necessariamente com o comércio em larga escala das mesmas.

Os jovens pobres consumidores de certas drogas entram, algumas vezes, numa espiral de autodestruição, num país onde não há cuidados, programas ou conhecimentos para lidar com a toxicodependência e onde muitas vezes não se diferenciam as próprias drogas (cigarro, *cannabis*, cocaína, *crack* são apresentados como sinónimos e com impactos semelhantes). É relevante assinalar que entre 98 e 99% dos jovens que responderam ao inquérito disseram nunca ter consumido qualquer tipo de droga listada. Isto pode significar de facto que são muito poucos os jovens que consomem ou então que têm vergonha de o dizer, sendo algo socialmente reprovável. Apesar da preocupação internacional recente com a Guiné-Bissau se relacionar com o mercado da cocaína, a maior parte dos jovens não tem poder de compra para sustentar esse consumo. Tanto o consumo como o controlo do tráfico de cocaína são práticas de outro tipo de indivíduos ou grupos, quer jovens de classes mais abastadas, os "filhos de gente importante", quer alguns elementos das autoridades política, militar e policial.

filmes e novelas; a "falta de poder económico dos pais que depois não controlam os filhos"»
(entrevista com alunos da UCB, 2008; cursos 2008; 2009).

No entanto, não se pode escamotear potenciais impactos das mudanças na economia do tráfico de drogas, que acentuam a violência da criminalidade e que podem acabar por tornar-se numa fonte de rendimento mas também de orgulho e estatuto[50] (Winton, 2004: 172; Barker, 2005). Ao enveredar por atividades potencialmente violentas,

> os jovens desafiam mitos e tabus na procura de uma riqueza imediata, ao contrário de alguns dos mais velhos que, nas sociedades agrárias, subordinavam as estratégias imediatas às estratégias de longo prazo – que asseguravam a reprodução económica, social e cultural do grupo (Temudo, 2009: 53).

No entanto, apesar de alguns jovens referirem o tráfico de droga como uma atividade que não recusariam à partida, muitos também consideram que esse tipo de atividades ilícitas são "monopólio" de outros grupos e recusam-na quando considerados os riscos da violência associada. Esta atividade é apenas uma das possíveis num contexto de sobrevivência baseado em possibilidades mínimas: fundamentalmente na economia informal e no comércio, em comprar e vender em pequenas quantidades ou oferecer serviços limitados de forma *ad hoc* (Chabal, 2009: 109), numa economia de "desenrascados".

As dinâmicas políticas e de formação do Estado não propiciaram o desenvolvimento económico do país (Chabal, 2002: 90). Vários autores atribuem esta incapacidade à progressiva alienação e separação entre o mundo urbano e as sociedades agrárias, provocadas pelo tipo de políticas económicas do Estado pós-colonial que favoreceu o surgimento de uma população urbana cada vez mais dependente e consumidora mas não produtiva,[51] com um fraco ou nulo resultado das tentativas de desenvolvimento industrial, resultando no aumento do comércio clandestino e informal e na emigração, bem como da dependência extrema em relação à ajuda e a desarticulação da agricultura e dos meios de sobrevivência (Galli e Jones, 1987; Sigrist, 2001; Schiefer,

---

[50] «É assim, sentir o rei, sentir uma pessoa mais importante no bairro, ter uma boa rapariga, de boa família e tudo, mesmo que não seja de boa família, mas é uma rapariga bonita... isso é uma fama» (entrevista com R., Bissau, 2008).

[51] O PAIGC teria deliberadamente manipulado os termos de troca contra os agricultores através de baixos preços no consumidor e uma moeda sobreavaliada de forma a garantir a importação de produtos alimentares, bens de consumo e de capital a preços baixos, para as populações urbanas (Galli e Jones, 1987: 3).

2001; Forrest, 2003). Uma vez que as políticas governamentais foram quase sempre irrelevantes ou negativas para a população rural, esta continuou a gerir-se a si própria económica e politicamente ou a fugir das tentativas de hegemonia do Estado (Chabal, 2002: 96; Forrest, 2003). Assim, reforçaram-se as solidariedades e relações ditas "tradicionais" de coesão entre populações. Estas dinâmicas fazem a «ponte entre institucional e informal, entre o político e o económico, entre a afectividade (laços familiares, de residência ou religiosos) e a racionalidade» (Costa Dias, 1993: 222).

A capacidade de manutenção da ordem social, admirada já em textos da década de 1990,[52] está associada a esta tradição de independência das populações fora do círculo de acesso ao poder e recursos do Estado. Neste contexto, há quem prefira falar da "irrelevância" do Estado mais do que do seu colapso (Bordonaro, 2009). Segundo Lorenzo Bordonaro, seria fundamental analisar a falta de consequências das alterações ocorridas na esfera política – entendida aqui de forma restrita como golpes de Estado, assassinatos políticos, lutas pelo poder – na vida quotidiana da população da Guiné-Bissau, sobretudo daqueles que se encontram nas margens do núcleo central. Assim, mais do que um processo de aprofundamento da ocupação do Estado por redes clientelares e de interesses particulares, assistiríamos hoje a um processo de trasladação da real esfera política para áreas completamente externas, alheias ao Estado (Bordonaro, 2009: 36-37).

Apesar de poder ser visto como "irrelevante", no sentido em que não provoca grandes alterações nos modos de vida das populações e na abertura do leque de possibilidades, não é irrelevante a dimensão do sofrimento e da normalização da violência gerados pela omissão do Estado no que respeita quer ao desenvolvimento económico, quer à prestação de serviços sociais e de segurança, mantidos sempre na esfera da sociedade. Além disso, a falta de acesso às redes neopatrimoniais continua a ser relevante e é a esse acesso que aspiram muitos jovens urbanos. A ausência de emprego formal é estrutural e histórica, os jovens dedicam-se cada vez menos à agricultura, procuram nas cidades novas oportunidades mas raramente as encontram no setor formal, sobretudo desde que os programas de ajustamento estrutural

---

[52] Em 1996, no contexto de análise das consequências da liberalização política e económica, Johannes Augel (1996) escrevia que, apesar de todos os ataques a que foram sujeitos os sistemas político e económico, a situação social permanecia surpreendentemente sólida.

iniciaram o desmantelamento da administração pública e a ajuda internacional começou a diminuir.

O relato de N. é também revelador das possibilidades de adaptação ou superação dos jovens (e não só) em relação à violência estrutural e às dinâmicas de um Estado predador e perturbador, sem resultar necessariamente em mais violência: as "atividades" informais de gestão quotidiana da sobrevivência; a inclusão nas redes neopatrimoniais; e, por fim, a emigração.

Ir vivendo e sobrevivendo no dia-a-dia através de pequenas "atividades" e contar com o grupo, a família ou os amigos,[53] aceitar o seu destino e "esperar" são vistos como alternativas à emigração, devido à dificuldade que esta representa, e não o contrário. A emigração surge para quase todos os jovens como uma evidência: «para os jovens na Guiné a única solução é a emigração, seja por canoa, seja por avião!»[54] já que as oportunidades de emprego, acesso a recursos ou a bolsas de estudo são vistas como resultado de conhecimentos pessoais e familiares a que a maioria não acede:

> O nosso primeiro desejo é sempre fazer o 7º e conseguir bolsa para estudar fora. A maioria que faz o 7º ano é isso pelo qual fica a lutar todo o tempo. Emigrar é a 2ª opção que temos, depois que se verifica que não temos possibilidade de conseguir bolsa, podes depois pensar, como não há alternativa de ir com bolsa então pensas em emigrar (elemento de bancada, Misira, 2008).

> Os resultados das bolsas estão viciados, as bolsas do governo não vão para os melhores alunos. Aqui as únicas oportunidades de ganhar dinheiro, para além de alguns comerciantes honestos, são: ir para o governo, contrair empréstimos e não pagar ou entrar no tráfico de droga (membro de bancada, Tchade, 2008).

As remessas dos emigrantes são também responsáveis pela manutenção de certo nível de sobrevivência. Muitos jovens, sobretudo do sexo masculino,

---

[53] «Sobrevives daqueles movimentos, apoio de alguns amigos, e outras coisas... vender material, telemóveis, computadores ... quase 89% dos jovens na Guiné fazem isso!» (entrevista com R., Bissau, 2008). «Na Guiné as pessoas não são más. Ajudam-te um pouco. Se fores a casa de alguém e essa pessoa tiver, ela vai ajudar-te, se tiveres um filho e não tiveres condições para criar, entregas a criança a quem tenha, dizes-lhe: "entrego-te esta criança, ofereço-ta porque não tenho condições de criá-la"» (entrevista com grupo de raparigas, Belém, 2009).

[54] Entrevista com grupo de jovens, Tchade, 2008.

mantêm a expectativa de um estatuto aliado a um trabalho formal compensatório e recusam trabalhos que consideram menos dignos:

> – Rapariga: Há homens que não aceitam o trabalho de empurrar o carro de mão, de vender. Querem trabalho de gabinete.
> – Rapaz: Nas cidades de todos os países, nenhum jovem daquele país tu vês a fazer trabalho pesado. Trabalho fino, em gabinete. Nós também queremos isso. Não queremos empurrar o carro de mão, trabalhar em obra, isso não... Nós queremos bons trabalhos (risos). De gabinete, de escrever. Eu sou pobre mas não quero um trabalho que me prejudique. Não posso ir trabalhar na obra porque o dinheiro da obra não chega depois para me curar se ficar doente. Só dá para comer, mais nada. Se estiver doente, posso morrer. Então prefiro não fazer nada. Sim, estou todos os dias aqui sentado, mas todos os dias tenho dinheiro. Tenho negócios, *business*... mas é secreto. Trabalho de homem. É trabalho de segredo.
> – Rapariga: Trabalho de homem que escolhem, a vida dos jovens é uma vida de risco. Os jovens têm de se conformar com a vida. Há muito trabalho. Os jovens guineenses sentem-se mal a empurrar o carro de mão, mas tudo são coisas da vida. É normal. São os jovens rapazes os que são assim. As raparigas são normais, arranjam namorado que as ajudam com um pouquinho, ajudam a sair um pouco da crise. Já os rapazes não têm isso. Se os rapazes não trabalham para eles, não arranjam nada. Para isso têm de escolher se empurram o carro de mão ou trabalham no porto para saírem da situação em que se encontram. Porque sabe-se como é a vida dos jovens. Mas isto de ficarem sentados, a beber *warga*, a beber vinho de caju, etc. Eu conformo-me, procuro o que é que me pode ajudar, o que me vai tirar desta situação. Tenho filhos para alimentar, tenho outros para pagar-lhes a escola, tenho a renda para pagar. Mas tenho de me conformar com a vida. Faço *bida* [comércio], vendo e ganho o meu dinheiro para pagar a escola dos meus filhos. Tudo isto é importante, porque tudo isso ajuda alguém na vida. Enquanto estes rapazes, tens de dizer-lhes de frente, para serem fortes e enfrentarem a vida. A vida não é só sentar e esperar o momento. Até podes esperar o momento, mas há alturas em que tens de fazer para teres o mínimo. Se disseres que não queres suar, ficas à espera daquele trabalho de caneta, é difícil. É difícil.
> – Rapaz: Quero a caneta, o gabinete!
> (Conversa entre um rapaz e uma rapariga, entrevista coletiva, Belém, 2009)

A ausência de violência relacionada com grupos violentos juvenis está também relacionada com a normalização e aceitação da violência estrutural e quotidiana, que se apresenta muitas vezes como uma aceitação fatal do destino: «eu conformo-me com a minha pobreza, há pessoas que se sentem marginalizadas, mas eu não».[55] Nesse sentido contribuem também os baixos níveis de desigualdade perante as condições de precariedade e pobreza generalizadas. Como referido por um dos jovens entrevistados, «depois da guerra, *todo o mundo* está lixado»,[56] a pobreza e as condições de vida são muito semelhantes para a larga maioria da população e o índice de GINI que mede a desigualdade, é também relativamente baixo.[57] Não é evidente uma grande diferenciação económica e social a não ser com base no acesso às redes clientelares e entre cidade e o campo, estando os habitantes de Bissau favorecidos. Estima-se que em Bissau 30% da população concentre 60% do consumo e rendimento (Governo da República da Guiné-Bissau, 2006: 12). Se a violência nem sempre compensa socialmente, já que em alguns casos «a sociedade afasta logo as pessoas que cometem violência, até as meninas se afastam dos jovens que cometem violência»,[58] também não compensa necessariamente do ponto de vista económico: «a Guiné-Bissau é muito pobre e quem rouba, por exemplo, não consegue juntar dinheiro, além disso, os jovens veem o esforço que os pais fazem para viver e respeitam isso». As pressões do consumo, que afetam os jovens de todo o mundo, sentem-se também em Bissau, no entanto, a expectativa e a probabilidade de satisfazerem os seus desejos é tão ínfima que grande parte dos jovens não se permite sequer ter elevadas expectativas.

Assim, perante constrangimentos estruturais que não os afetam apenas a eles, perante a falta de recompensa social de uma economia violenta, os jovens parecem recusar a violência como forma de aumentar a autoestima e o prestígio. É possível que esta recusa social da violência esteja

---

[55] Entrevista com R., Bissau, 2008.

[56] «Antes da guerra? Era mais fixe. Todo o mundo estava mais animado porque o nosso dinheiro não saía fora da Guiné, achávamos que o país ia sempre ter muito dinheiro. E mesmo se eu não trabalhasse, não tivesse emprego, chegava ao fim do mês e o nosso amigo que trabalhava tinha dinheiro. O nosso dinheiro tinha valor aqui. Todo o mundo estava bem. Mas depois da guerra... todo o mundo está lixado. A coisa está de cima para baixo!» (entrevista com B., Bissau, 2008).

[57] De acordo com o Relatório de Desenvolvimento Humano (PNUD, 2009) o índice de Gini é de 35,5 na Guiné-Bissau, mais baixo do que noutros países da região – Cabo Verde: 50,5; Gâmbia: 47,3; República da Guiné: 43,3; Senegal: 39,2.

[58] Participantes do curso, INEP, 2009.

relacionada com a também frequente recusa do que chamam "tribalismo",[59] assim como com a recusa da guerra:

> Na Guiné não vamos mais para a guerra porque toda a gente já está farta disso. Guerra para quê? Você fica com boa vida, e eu sem nada que comer? Nem pense! (entrevista com R., Bissau, 2008).

> Imagina que na Guiné-Bissau há problemas a toda a hora, se não é a guerra é o governo, e etc., etc... nós estamos fartos disso. Queremos é estudar mas a escola não chega para todos... (entrevista coletiva com bancadas, INEP, 2009).

> Não pode haver mais guerra. Nós não queremos mais guerra na nossa terra. Já chega. O que houve já passou, o da Luta...[60] queremos que acabe aí. Nós, os mais novos, queremos é paz (entrevista com grupo de raparigas, Belém, 2009).

A perceção de que a violência não compensa nem altera a situação em que se encontram parece ser assim reforçada tendo conta o contexto histórico e político.

## 6. Controlo social, integração e paternalismo
O relato de N. dá-nos ainda conta da sobrevivência dos laços sociais responsáveis pela reprodução e integração económica e social, nomeadamente do «contrato intergeracional que, em sociedades não industrializadas, implica o dever e a responsabilidade de os jovens cuidarem dos mais velhos, de acordo com o princípio generalizado da reciprocidade» e que funciona como «uma forma de segurança social» (Roth, 2008: 45). Isto apesar das permanentes transformações num contexto onde coexistem relatos precisamente opostos

---

[59] «Eu penso que tribalismo não existe, porquê? Aquilo que nós falámos de que políticos tentam falar de tribalismo é o que eles tentam criar para poder conseguir votos, mas isso não é tribalismo. Porque hoje em dia na Guiné-Bissau, como Cabral disse, as pessoas foram lutar, e não há pepel, não há manjaco, não há fula, não há... Hoje em dia vemos um balanta que casa com um fula, um fula que casa com mancanha. Assim, neste sentido, não existe, mas de uma forma imaginária, politicamente ficam a falar [e pensamos que existe], mas não existe. Porque não há condições para fazer guerra tribal» (elemento de bancada, Ajuda, 2008). «Isso [diferença étnicas] não é importante, isso é uma coisa contra a qual lutamos, estar a dizer tu és deste, tu és deste... não, nós não queremos isso. Nós somos todos irmãos, somos guineenses» (elemento de bancada, Misira, 2008).

[60] Luta de Libertação Nacional.

de dissolução destas relações e deste contrato.[61] Apesar de viver entre Bissau e a sua aldeia, N. permanece integrado no funcionamento da sua sociedade de origem. No entanto, em contextos urbanos «a maior parte dos jovens africanos já não cresce em sociedades relativamente bem integradas» mas, antes, em sociedades onde «apenas se mantêm traços esbatidos da ordem social e da integridade cultural» (Abbink, 2005: 2).

É preciso notar, porém, que os processos de urbanização e as mudanças sociais ocorrem a diferentes velocidades e com consequências distintas consoante a sociedade em análise. Bissau é um cenário híbrido onde coexistem as antigas formas de sobrevivência, identidade e redistribuição económica que sustêm os choques políticos e económicos e algum descontentamento dos jovens, e as expectativas geradas pelo discurso do desenvolvimento e pela comparação com os modos de vida em outros contextos. A associação automática entre urbanização, dissolução dos laços sociais e o descontrolo dos jovens, muitas vezes acompanhada por juízos moralistas acerca da família e pela idealização das sociedades rurais, é errada. Verificou-se, em outros contextos, que, apesar da deslocação das famílias para os centros urbanos, os modelos de obediência e respeito pelos mais velhos se mantinham (Glaser, 2000: 22-28) e que eventuais alterações só se verificavam a partir da segunda geração, uma vez que os jovens nascidos e criados em ambiente urbano já não viam as vantagens da cidade em relação ao campo e tinham expectativas diferentes das gerações anteriores (Briceño-León, 2002: 16).

Em Bissau, a proximidade entre o rural e o urbano e a permanência dos laços familiares alargados faz com que o controlo social em relação aos jovens continue particularmente eficaz no que respeita à violência coletiva juvenil. Além disso, permanece a influência das sociedades agrárias, bem como das regras de passagem e aquisição de estatuto de acordo com as características de cada grupo sociocultural, ou ainda as regras religiosas, na definição dos deveres e atributos dos jovens, nomeadamente, através da organização em classes de idades, que garantem uma certa ordem e promovem a solidariedade intra e intergeracional (Abbink, 2005; Argenti, 2007; ver também Cap. 6).

Não me refiro aqui ao controlo social institucionalizado e formalizado (escola, prisão) nas formas que assume preponderantemente noutras

---

[61] «Os irmãos africanos não ajudam, a família não apoia, só podemos contar com os amigos e namoradas ou namorados» (elemento de bancada, Ajuda, 2008).

sociedades (Tavares dos Santos, 2002). Refiro-me, antes, ao estatuto na família, à sua dependência económica, ao controlo espiritual e religioso,[62] nomeadamente, através do medo de retaliações e castigos divinos, mas também às relações de proximidade e à falta de anonimato que dificultam as opções violentas:

> Os jovens da Guiné são submissos, dependentes dos pais e do respeito pelos mais velhos, há até jovens que dormem no mesmo quarto com os pais, a hora de chegada à noite é controlada,[63] há também muito espírito religioso (participantes do curso, INEP, 2009).

> Os guineenses acreditam em mitos! Há mães que amaldiçoam os filhos e intimidam-nos, por isso, os jovens têm mais medo. Têm medo dessas coisas de *irã*, de *mandjidura*. Mas há jovens que vão ao *irã* fazer contrafeitiço para não serem apanhados depois de roubarem ou praticarem outro tipo de violência (participantes do curso, INEP, 2009).

> Há rivalidade mas não há aquele rancor... porque nós aqui, a maioria, são famílias. (...) Eu sou teu amigo, mas para já estamos a tratar como um irmão. A tua família é a minha família, a minha família é a tua família, pronto, ficamos assim. Assim é difícil ter aquele rancor (entrevista com R., Bissau, 2008).

O facto de grande parte dos jovens se encontrar numa posição de subordinação social e de esta durar cada vez mais tempo não significa que os jovens, como categoria geral, sejam submissos ou conformados, como também não significa que só através da violência possam demonstrar a sua insatisfação. Encarar a juventude e as tensões intergeracionais como um fator inerentemente destrutivo ou excecional na ordem social é errado e deve ser evitado (Abbink, 2005: 3). Estas tensões e negociações intergeracionais fazem parte da normalidade social, são recorrentes ao longo da história e as críticas sociais são operadas, muitas vezes, de forma dissimulada, através do humor ou da dramatização (Gable, 2000). Assim, a adaptação às lógicas predominantes

---

[62] A grande maioria dos jovens (89%) que responderam ao inquérito considera-se praticante de uma religião (destes, 50,8% são muçulmanos; 40,2% católicos; 6,5% protestantes ou evangélicos; 1% outras; 1,5% não tem religião).

[63] Uma percentagem significativa – 48% – dos inquiridos vive com 9 ou mais pessoas e 43% com 5 a 8 pessoas.

das relações sociais, das hierarquias e da autoridade não significa uma total aceitação ou conformação com um estatuto de menoridade. A par das obrigações existe um certo grau de liberdade, os jovens vão encontrando algumas formas de contornar o controlo social e os mais velhos cedem também alguns espaços de negociação (Temudo, 2006).

Na cidade, outras formas de integração e solidariedade entre pares vão surgindo, inspiradas em formas antigas, mas objeto de um outro tipo de controlo social um pouco mais esbatido. As bancadas,[64] grupos informais de jovens predominantemente masculinos que se reúnem na rua para conversar, passar o tempo e, por vezes, organizar atividades conjuntas, são formas de existência social possíveis neste contexto:

> – Pronto, as bancadas são sítios onde as pessoas se juntam, criam relações de amizade, ah... pronto, intercâmbio social. Ah... criar novas ideias e divergência também das ideias, é isso que podemos descrever como uma bancada!
> – Bem ali é um lugar de entendimento...
> – Onde uma pessoa pode ganhar conhecimento, o que tem de bom e o que tem mau!
> – Por exemplo, ali, é onde se faz a análise desportiva, é um lugar onde se marca encontros para discutir questões de desporto, política, e como eu não sou desportista, também não sou político, é por isso que não gosto de bancada!
> – Não concordo, há um prazer de participar naquela bancada, porque um homem, *um jovem também não pode ficar sozinho, parece-lhe que está preso*, não é?
> – Quando as pessoas estão a divertir-se em redor da minha casa, eu, no meu bairro não num outro bairro, quando saio de serviço, ao tomar banho passo aí sempre, não é? Mas também não vou aos sítios onde não conheço ninguém, vou ao sítio onde conheço as pessoas. Porque quase num raio de 500 metros ou um 1 quilómetro do meu bairro ou da zona onde moro conheço a maioria das pessoas, então ao chegar numa bancada é porque conheço alguém aí que é para sentar e perder algum tempo, para depois levantar e ir embora, mais nada! (entrevista coletiva com membros de várias bancadas, INEP, Bissau, 2008).

---

[64] Não são um fenómeno apenas guineense. Em toda a África Ocidental os jovens reúnem-se no espaço público para os mesmos fins. Na Nigéria, por exemplo, o equivalente das bancadas são as *bases* (Ismail, 2009).

Estas são formas de associação juvenil, tal como os *gangs* juvenis, sem as atividades criminais e a violência que caracterizam os últimos. São, no fundo, formas de integração dos jovens, de aprendizagem com os mais velhos e ainda de controlo social – quase sempre localizadas em frente às casas ou no meio delas, onde os mais velhos podem controlar – e , na sua maioria, são também espaços de procura do consenso e de resolução não violenta de conflitos. O facto de, por exemplo, algumas não integrarem raparigas é apontado como resultado da prevenção de "tensões" na luta pelo protagonismo e atenção das mesmas.

No entanto, as bancadas eram vistas inicialmente, pelos mais velhos sobretudo, como potenciais desestabilizadores, fonte de manipulação política e militar. Também alguns jovens as consideram suspeitas, o que os leva a fazer a distinção entre "bancadas do bem" – dedicadas a organizar campeonatos de futebol, limpeza das ruas, festas e concursos de misses – e "bancadas do mal" – utilizadas para tráfico de droga ou para organizar furtos e roubos ou simplesmente dedicadas a atividades malvistas, como o consumo de álcool e drogas.

No entanto, a função positiva de integração e reconhecimento social dos pares e da sociedade parece predominar, tendo as bancadas funções como a vigilância e limpeza dos bairros ou ainda a dinamização cultural e desportiva dos mesmos. Cada vez mais as bancadas, cujos objetivos poderiam ser simplesmente de lazer e confraternização, são continuamente incentivadas a dedicarem-se a tarefas "mais nobres" (limpeza, campanhas de sensibilização), mas sobretudo a formalizarem-se em associações, para poderem ser vistas como grupos legítimos, organizados e de confiança. Este imperativo de ocupação dos jovens e a rejeição de movimentos espontâneos dos mesmos, vistos como ameaçadores, faz também com que se procurem reproduzir as associações formais onde elas não são forçosamente necessárias.

Esta necessidade de tutelagem e de "enquadramento" dos jovens está presente em vários discursos e práticas que têm a sua origem na prevalência do paternalismo como forma de controlo político (Mbembe, 1985), como forma de controlar a "rebeldia" dos jovens (e não só):

> Bom, eu noto uma coisa, estes nossos governantes, que se substituem uns aos outros, querem que continuemos a ser pobres porque assim continuamos a depender deles, o mais fácil para eles é continuarem a ser superiores a nós. Porque todas as soluções que lhes vamos mostrar ou o que devemos fazer para sair

desta situação, eles arranjam maneira para te impedir. Ou se vens para organizar as pessoas, para levantarem a cabeça, eles chegam perto de ti para te corromper, logo, tu esqueces os outros que estavam contigo a lutar (elemento de bancada, Cupilum, 2008).

– Na Guiné, há muita briga nas ruas, pancadas, bebidas alcoólicas, os jovens na discoteca, às vezes muitas brigas acontecem nas discotecas, nos bairros, as crianças mesmo. Pode haver nas escolas. Há poucos dias havia "uma violência" ali no Bairro Militar porque os alunos atacaram a escola porque não havia iluminação na escola, a escola não tinha providenciado a necessidade para os alunos do curso noturno. O que originou uma greve. Posso dizer que não é uma greve mas uma violência porque alguns atiraram as pedras à escola e isso é uma violência, estás a ver?
– Mas também é uma luta pelos direitos deles...?
– Sim, direitos deles, claro. Mas, pronto, deve haver outra maneira porque nós temos de manter uma boa atitude, nós jovens, de bom comportamento. A solução pode vir a ser encontrada sem violência, através do diálogo muito forte envolvendo outros parceiros (entrevista com líder de organização contra a delinquência juvenil, Bissau, 2009).

Como podemos ver pelo último excerto, rejeita-se um movimento espontâneo de protesto ou revolta dos jovens, ainda que não tenha vítimas, sendo necessária a chancela dos mais velhos ou de organizações formais (parceiros) para dar credibilidade às ações dos jovens, já que eles "não sabem" como reivindicar. Esta análise da greve como violência não acontece por acaso. Revela a não-aceitação social do protesto dos jovens (fora dos esquemas de crítica social e dissimulação como vimos antes) e também como este repúdio da violência se transformou em repúdio por qualquer tipo de conflito, mesmo não violento, algo que tem sido reforçado por programas internacionais que buscam o consenso social e a "cultura da paz".

A recompensa da obediência dos jovens e da aceitação do paternalismo é o acesso às redes patrimoniais (Mbembe, 1985) que se tornam cada vez mais reduzidas com a degradação do Estado, transferindo-se para ONG e associações que dependem do complexo da "ajuda" internacional. A imagem do jovem "dinâmico" surge frequentemente nas entrevistas para designar aqueles que procuram aproveitar as oportunidades oferecidas por financiamentos atribuídos a associações de jovens.

Estes jovens "empreendedores e dinâmicos" são também o alvo preferencial dos programas de "criação de emprego" das instituições internacionais. Estes destinam-se fundamentalmente à ocupação dos jovens através de programas de formação e microcrédito, motivando os jovens a autorresponsabilizarem-se pela sua situação de precariedade.[65] Mas os objetivos são muitas vezes ainda mais ambiciosos: pretende-se que os jovens sejam "multiplicadores de paz", fugindo das situações precárias em que se encontram e servindo de "exemplo" para os outros jovens (portanto, para os bandidos, delinquentes, desocupados). Não será de estranhar que, num contexto em que as redes familiares de solidariedade e sobrevivência possibilitam a manutenção dos jovens, estes não procurem um trabalho que pouco mais lhes garante, nem sequer estatuto. Não são empregos estáveis e bem pagos, nem formação universitária, que se oferece aos jovens dos países da África subsariana, em geral, mas, sim, projetos de criação de emprego próprio pouco qualificado em mercados quase inexistentes e votados, na sua maioria, ao fracasso.

## 7. Medo, violências (i)legítimas e securitização

Entre guerras de "pacificação",[66] guerra de independência e "guerra de 7 de Junho", permeadas por golpes de Estado e múltiplos assassinatos, a violência política, e a violência económica que esta reproduz, tem sido uma constante na história recente da Guiné-Bissau. As faces mais visíveis da violência na Guiné-Bissau são assim as sistemáticas lutas pelo acesso ao poder e recursos que a ocupação do Estado oferece. Foi indiretamente por esta via que a Guiné-Bissau se tornou uma periferia "perigosa" e alvo de controlo das

[65] Veja-se o grupo-alvo de um projeto internacional: «os beneficiários serão escolhidos de acordo com o grau de precariedade da sua situação, o seu nível de exclusão do mercado de trabalho, mas também, a sua motivação e determinação para se tornarem mais autónomos e se colocarem numa posição que permita avançar no seu próprios desenvolvimento» (retirado de um documento do projeto).

[66] Nome atribuído pelas autoridades coloniais às campanhas militares de submissão e de conquista do interior do território da atual Guiné-Bissau. Até essa altura (1910) a presença portuguesa limitava-se a alguns pontos das zonas costeiras e tinha fraca penetração no interior. No entanto, inúmeras revoltas ocorreriam entre as décadas de 1920 e 1960, mostrando que, apesar da colaboração de alguns chefes africanos, as formações sociais supostamente submissas mostravam bastante capacidade de resistência (Forrest, 2003: 85-141). O colonialismo português «só pôde terminar oficialmente essas famosas guerras de pacificação em 1917, embora, na realidade, elas só acabassem em 1936, quando o colonialismo conseguiu enganar os últimos resistentes Bijagós, os quais, no entanto, não depuseram as armas» (Cabral, 1974 [1962]: 6).

intervenções internacionais. Os atores a controlar, nos discursos políticos e estratégicos, são claros – os militares – e é verdade que os militares assumem uma importância fulcral para o entendimento das evoluções políticas e económicas do país.[67]

Recuperando a referência a Patrick Chabal (2009), a brutalidade rotineira a que está sujeita a população de Bissau por parte das forças de segurança, nomeadamente a partir da última guerra (1998-99) cujo palco principal foi a cidade de Bissau, é bastante visível nos relatos sobre o caos que se instalou nos períodos entre combates, bem como nos primeiros anos pós-guerra, com os abusos dos militares face à população.[68]

Apesar deste tipo de acontecimentos ter diminuído, ainda hoje os militares são acusados de vários tipos de abusos: «obrigarem as pessoas a levantar-se para tomar os lugares sentados no toca-toca [transporte coletivo]» e «recusarem-se a pagar em restaurantes» são alguns dos relatos menos

[67] Um dos fatores, entre outros, para o despoletar do último conflito está relacionado com o peso dos militares na Guiné-Bissau, nomeadamente com a militarização do Estado e com as formas como têm sido tratados os antigos combatentes e tem sido feita a sua desmobilização. A não despartidarização das Forças Armadas, bem como a incompleta conversão do PAIGC em partido civil e a sua inadaptação ao multipartidarismo são outros dos fatores frequentemente avançados, a este propósito ver diversas perspetivas em INEP (2000).

[68] «Naquele tempo, não é, durante a guerra e depois, as pessoas estavam convencidas que não havia controlo, cada um podia fazer aquilo que queria. E sabe-se que os militares se envolveram muito, muito, muito nesse aspeto dos ataques à mão armada, de assaltos, de roubos. Muitas vezes viu-se pisadas, não é, de botas de militares, aqueles que eram apanhados porque estavam com farda militar, etc. Pronto, quando se vê uma farda é uma autoridade e está armado, portanto, era claro que tinha todos os direitos para fazer aquilo que quiser. Então essa coisa deu mais ou menos para o país ficar sem controlo» (entrevista a dirigente de organização da sociedade civil guineense, Bissau, 2007). «Depois da guerra de 7 de junho, eu estava a ir para o liceu buscar o meu certificado. Uns militares viram-me e disseram-me "Tu, tu, tu... tu não sabes que não é assim que uma menina se veste?", eu respondi "Mas como é que eu estou vestida?" e depois disseram "Não sabes que não se usa roupa curta", Depois o que é que ele fez? Disse-me para me arrastar no chão e eu disse que não. Então pegou no punhal, cortou uma alça do vestido e depois a outra e eu fiquei nua. Pegou-me e começaram a bater-me, a bater-me. Uma "mulher grande" chegou e pôs-se de joelhos no chão a pedir para me deixarem, a dizer que eu ia mudar de roupa, mas eles disseram que não, depois... tiraram as alças do vestido e bateram-me. Depois eu corri e uma senhora levou-me e deu-me um vestido... [comentários dos colegas: "e não era assim só com as raparigas, também com os rapazes"]. Houve ainda um outro caso, foram apanhar a minha vizinha também que estava na sua varanda, os militares passaram, ela foi para dentro e fechou a porta, mas eles deram pontapés na porta, arrombaram e bateram-lhe» (entrevista com alunos da UCB, 2008).

violentos, já que, no inquérito que realizámos, 33% dos jovens afirmaram ter visto nos últimos doze meses algum tipo de ato violento cometido por militares, na sua maioria, espancamentos. O controlo que exercem sobre alguns jovens que procuram denunciar os constantes atropelos da ordem política é também evidente neste excerto:

> Há muita violência que não se vê. Por exemplo, os *rappers* querem cantar, cantam o que acontece no país, a realidade do país, não inventam nada, cantam aquilo que os populares estão a dizer nos cantos, mas agora são colocados contra a parede. Por exemplo, os [nome de grupo] foram atacados por militares vestidos de civil que os contactaram para irem atuar a um casamento. Eles não queriam fazer o concerto, não é o género deles mas sugeriram um amigo. Quando foram encontrar esse amigo entraram num carro com essas pessoas, só que o condutor levou-os para o Estado-maior. Aí retiraram as armas, levaram-nos e bateram-lhes muito, mas felizmente estão vivos. Só que ficaram bloqueados e não querem falar disso. Há outro também que é o [nome de *rapper*], ele é o mais procurado, ele nunca canta mas ele fala, fala a verdade embora ultrapasse o que deves dizer porque às vezes diz mesmo nomes. Ninguém o conhece porque ele não costuma fazer espetáculos. Ele é convidado secretamente, aparece, canta e sai, ninguém o apanha, canta com chapéu, as pessoas não podem identificá-lo. No último concerto que ia fazer, os militares foram procurá-lo, apareceram três [carrinhas] de cabine dupla cheias de militares com armas e ele não foi... (entrevista com V., Bissau, 2009).

Além disso, é frequente surgir nas conversas a ideia de que são militares quem vende as armas no país, as quais poderiam acentuar a gravidade da criminalidade.[69] Estas referências aos militares são ilustrativas do peso da violência em sociedades em paz formal. No entanto, não pretendo fazer dos

---

[69] «A maioria das pessoas que vendem as armas ali são os militares... guineenses desmobilizados. Essas pessoas fizeram a desmobilização, mas muitas pessoas não fizeram a entrega das armas... aquelas pessoas, muitas agora são delinquentes... Porque depois da guerra essas pessoas, com tanta violência, e essas pessoas não têm um tratamento psicológico... então muitos ficaram com essa situação, outros até agora têm problemas psicológicos, e outros foram obrigados a refugiar na droga, e outros foram obrigados a refugiar no álcool... Chegou a uma certa altura, agora na Guiné, fala-se do roubo à mão armada, dois, três, quatro... todos os roubos eram somente à mão armada, duas pessoas, três pessoas, fardadas com fardamentos militares, com arma e tudo, chegam ali, entram, levam as coisas» (entrevista com L., Bissau, 2008).

militares um todo homogéneo nem os "bodes expiatórios" da situação do país. Se estes atos rotineiros são possíveis, é graças aos exemplos da impunidade generalizada que tem as suas raízes e ramificações no sistema político em geral e que se revela em violência institucional e, por exemplo, no não funcionamento da justiça.

Esta impunidade, de que é exemplo máximo a Lei de Amnistia de 2004,[70] origina um dos traços mais preocupantes deste longo período pós-guerra que consiste na falta de confiança na justiça e no Estado e na perceção da corrupção como endémica. Os e as guineenses não acreditam na justiça formal e consideram quase sempre necessário pagar "extras", quer à polícia, quer aos funcionários judiciais.[71] Segundo dados do Banco Mundial, existe uma baixa confiança nas instituições do Estado, confiança que é transferida, nas zonas rurais, para as instituições ditas "tradicionais" e, nas zonas urbanas, para as ONG, por exemplo (Banco Mundial, 2006: 13). A este propósito devo ainda referir que, na minha visita a uma das "prisões"[72] de Bissau, ficou claro que apenas aqueles que não têm família ou conhecidos ou recursos para garantir a sua saída se encontram em situação de privação de liberdade real, como alguns estrangeiros (da Libéria, Serra Leoa, etc.) ou indivíduos do interior do país. Os restantes viviam em regime bastante aberto, podendo alguns sair e ir visitar a família.

A violência política obteve os seus frutos no que respeita à instalação do medo e do pânico na sociedade, sobretudo após o assassinato do Presidente "Nino" Vieira e do Chefe de Estado-Maior, entre outros, em 2009. Notei que os jovens que antes falavam de forma relativamente aberta, criticando os políticos e os militares do seu país, no final de 2009 tinham alguma relutância em responder a determinadas questões. A explicação para este medo é bem evidente neste excerto:

---

[70] Lei de Amnistia em relação aos crimes cometidos desde a independência do país até 2004.
[71] «Até podem apanhar aquele bandido mas a família vai chamar um familiar que é tropa ou polícia, vai fazer um pedido e soltam. É por isso que aqui há pessoas que "metem faca" noutra pessoa, amanhã você encontra logo ele na discoteca, porque o tio é comandante...» (entrevista com R., Bissau, 2008).
[72] Até ao final de 2010 não existiam prisões na Guiné-Bissau. Refiro-me aqui aos calabouços das esquadras de polícia da capital que normalmente estariam destinados a acolher presos preventivos por apenas algumas horas ou dias e onde acabam por permanecer por tempo indeterminado aqueles que não conseguem obter a sua liberdade através de pagamentos.

> Não há liberdade na Guiné, há vários políticos, e não só, que são maltratados por dizerem as coisas... nunca houve tanto medo de falar como nesta altura... Se até o Presidente e o Chefe de Estado-maior foram assassinados, o Presidente em casa dele, que dirão os outros, as pessoas normais? Não há segurança, não há confiança nem nos militares nem nos políticos, estamos com medo mas não se pode deixar que tudo continue, eles também não podem matar toda a gente, não podem fuzilar todo o mundo, como fizeram na Guiné-Conacri (entrevista com V., Bissau, 2009).

Há mesmo quem se refira à impossibilidade de organização de *gangs* devido à participação de agentes da polícia ou militares em atividades criminais. O controlo destas atividades é desta forma demasiado forte e qualquer grupo que esteja fora destes círculos de poder é facilmente desmantelado.

Por outro lado, esta presença permanente da brutalidade física, a par da impunidade, contribui para a reprodução de comportamentos e a legitimação da sua utilização em contextos civis. A aceitação da população em relação às ações extrajudiciais revela-se na admiração de que são alvo os agentes da PIR, conhecidos como "angolanos".[73]

> Às vezes, as outras polícias não funcionam bem, bem, bem. Porque às vezes as pessoas levam ali o caso e aquilo começa a arrastar-se e às vezes os casos voltam atrás porque as pessoas estão descontentes com a forma como são tratadas. E pensam: "Olha, eu vou ali à PIR falar com os angolanos para me ajudarem porque os outros não resolveram nada, então, sinceramente já estou cansado, já estou cansado porque eles não me ajudam nada. Qual é a possibilidade de me ajudar, para dar um jeito...?" (entrevista com dois agentes da PIR).

> – Os angolanos mantêm a paz. Quando há problemas eles resolvem. Os tropas é que gostam de confusão.
> – Mas há pessoas que dizem que os angolanos são violentos.
> – Não. Porque é que dizem que os angolanos são violentos? Porque quando estás a fazer certo tipo de coisas... quando fazes uma coisa que não é bom, os angolanos vão lá e impedem aquilo, eles dizem que os angolanos são violentos (entrevista com raparigas, Belém, Bissau, 2009).

---

[73] A PIR é a Polícia de Intervenção Rápida, chamam-lhes angolanos porque boa parte deles são jovens que foram formados em Angola.

Várias raparigas costumam dizer que, para estarem seguras, vão procurar um dos angolanos, dois ou três, para namorar com eles. Quando há algum problema, elas ameaçam que vão chamar os angolanos para dar "porrada" (entrevista com alunos da UCB, Bissau, 2008).

O recurso aos "angolanos" como forma de garantir alguma justiça é apenas uma das vertentes de como a sociedade se organiza para conter a criminalidade. Ao contrário do que sugerem as intervenções internacionais, mais do que o tráfico de droga, conviria olhar para a violência gerada pelo modelo de Estado – um Estado omisso no que respeita à segurança da população. Em tempos de paz, a participação dos jovens em atividades violentas coletivas assenta na normalização da violência e internalização pela população da brutalidade como resposta própria à impunidade.

Os grupos de "vigilantes"[74] nos bairros de Bissau, que ocupam várias dezenas de jovens reunidos, algumas vezes, em bancadas, encontram apoio em versões globalizadas da luta contra o crime em outras partes do mundo e a chancela de organizações internacionais e nacionais,[75] nem sempre utilizando os métodos menos violentos:

Às vezes, alguns jovens estão lá [no Caracol] à espera que alguém venha e assaltam-nos e roubam-lhes tudo o que têm. Nós achamos que este crime não é bom para a pessoa. Sentimos que devemos ir a quem de direito [polícia], mas se lá formos não nos dão aquele apoio porque não nos vêm como uma grande organização. Mas só que ultimamente criou-se uma associação que os apanhava, os amarrava e agredia, e isso [criminalidade] diminuiu... Só que depois deixou de funcionar porque eles apanhavam uns e deixavam escapar outros que conheciam e com os quais tinham relações familiares, e deixaram de fazê-lo, uns depois acharam que não valia a pena fazê-lo, porque eles faziam isso pelo bem do Bairro e outros levavam-se pelo conhecimento [das pessoas apanhadas] e acabaram por abandonar (...). Se agredires alguém ou esfaqueares, nós é que te apanhamos, damos-te à medida. Se der para resolvermos o teu problema aqui, resolvemos logo, mas

---

[74] Grupos de jovens que se dedicam ao policiamento quotidiano nos bairros de modo informal ou semiformal quando legitimados pela polícia.

[75] Ver, por exemplo, a versão nacional da organização norte-americana *Youth Crime Watch* em: <http://www.ycwa.org/world/gbissau/index.html>.

se não conseguirmos, encaminhamos-te diretamente à polícia. Eles também te agridem e deixam-te aí (entrevista com líder de bancada, Bissau, 2009).

Apesar do reconhecimento da autoridade formal no combate à criminalidade, estes jovens atuam por mimetismo da ação da polícia e da sociedade. No entanto, este mesmo discurso revela ainda uma relação paradoxal com a polícia. Esta é, por um lado, conivente com os métodos e tem, por outro lado, uma imagem negativa dos jovens por se reunirem em bancada e por terem comportamentos considerados negativos, como fumar. A ação destes jovens citados baseia-se não apenas na necessidade fundamental de assumirem a segurança do bairro, mas também na necessidade de reconhecimento social que lhes é negado, à partida, pela imagem do jovem desocupado, preguiçoso, delinquente:[76]

Porque, a quem vamos pedir apoio para nos proteger? À polícia? Mas eles não nos vão ver como deve ser, vão-nos ver como umas simples pessoas que se sentam (nas bancadas), e costumam chamar-nos de bandidos que costumam ficar nas bancadas. Enfim, não sabem qual é a nossa inteligência, o que pensamos, que dantes, na era deles, eles nem faziam. Dizemos só que as pessoas não vejam as bancadas como locais onde os ladrões estão. É normal porque dizem que as pessoas das bancadas fumam, há pessoas que fumam, mas é normal fumar e fazer crimes. Mas não é aquele fumar de fumar droga, é fumar normal. Apesar de na nossa bancada não permitirmos que as pessoas fumem, se se sentar lá não pode fumar, pedimos à pessoa para ir fumar noutro lugar para não estragarem o nosso nome (entrevista com líder de bancada, Bissau, 2009).

Ao agirem de forma violenta, estes grupos de jovens são um espelho da sociedade e do poder político baseados na impunidade, na inexistência de capacidade para julgar suspeitos de crimes e atos violentos e puni-los faz imperar a lógica do castigo imediato (traduzido em tortura, castigos corporais, pagamento ao lesado, etc.), aceite pela sociedade e pelas autorida-

---

[76] «"E o que é que vocês acham das bancadas?" "São boas. Mas nem todas." "Porquê?" "Sempre andam a discutir o que é mal. Ficar ali todo o tempo a discutir sem fazer nada é grave"» (entrevista com jovens polícias).

des.[77] A invisibilidade deste tipo de envolvimento violento dos jovens justifica-se ainda por ser fundamentalmente uma violência de pobres contra pobres – ao contrário do que acontece em outros contextos –, só quando a violência começa a atingir as classes médias e altas é que se transforma num problema social e político a ter em conta (Briceño-León, 2002: 15).

As tentativas internacionais de controlo desta "periferia perigosa" não procuram dar resposta a este tipo de problemas. Isto porque são tudo menos desinteressadas. A lógica de intervenção não se baseia no desenvolvimento – na diminuição da violência estrutural –, mas apenas em considerações de segurança (Duffield, 2001). Apesar da manutenção do discurso sobre o nexo segurança e desenvolvimento como lógica de "construção da paz", na prática, medidas concretas são as que dizem respeito às questões de segurança, agora retiradas da esfera da soberania nacional e colocadas como ameaça à segurança internacional. As questões centrais para todas as agências e "doadores" internacionais e condições *sine qua non* para a manutenção da ajuda passaram a ser a Reforma do Sector de Segurança (RSS) e o combate ao tráfico de droga com o objetivo de "proteger" os países do centro da penetração de produtos ilegais,[78] à semelhança da intervenção já existente no campo do controlo dos fluxos migratórios. A segurança em causa não é a da população do país, essa mantém-se na área de responsabilidade da sociedade, já que também não é uma função do Estado.

Isto significa, na prática, o adiamento sucessivo de programas de longo prazo que visem o desenvolvimento socioeconómico do país, já que os objetivos primordiais se concentram na tentativa de implementar um Estado policial e penal (Wacquant, 2001) – reforma da segurança, formação policial para controlo de fronteiras ou ainda a construção de prisões que ficarão provavelmente vazias – num contexto em que o Estado foi progressivamente desmantelado nas últimas décadas. À miragem do Estado acrescem

---

[77] É de notar que não foi detetado o grau de organização na comercialização da segurança nem de violência que é atribuído aos grupos de vigilantes em outros países como a Nigéria ou a África do Sul (Harris, 2001; Ismail, 2009) mas, sim, dinâmicas menos rígidas e formalizadas.
[78] A este propósito ver uma notícia baseada numa entrevista ao Secretário de Estado dos Negócios Estrangeiros e da Cooperação português, em que este afirma que «a comunidade internacional precisa de uma Guiné-Bissau estável para conseguir enfrentar o problema do narcotráfico», assumindo-se indiretamente que apenas os interesses de autoproteção face ao tráfico internacional de cocaína podem garantir o interesse dos países europeus pela Guiné--Bissau (*Notícias Lusófonas*, 2010).

as miragens securitárias, as quais não alteram necessariamente o exercício do poder político e económico nem das hierarquias sociais. Por um lado, permanecerá a impunidade. Por outro lado, permanecem os tiques de partido único e a manutenção do medo e da desconfiança por parte das populações em relação às instituições político-militares, impedindo uma atitude reivindicativa da sua parte, sustentando a conformação com o destino e a marginalização, perante a impossibilidade de mudança.

Ao mesmo tempo, não se altera necessariamente o funcionamento da justiça nem das forças de segurança e os seus resultados são o reforço de mecanismos sociais violentos para autoproteção. Perante a impossibilidade de um Estado penal – já para não falar do Estado social – ressurge a sociedade penal, reforçada por grupos de jovens que assumem e reproduzem as funções das autoridades policiais e judiciais e até das autoridades ditas "tradicionais", sob a forma de "justiça popular" desorganizada (perseguições e linchamentos), muitas vezes dirigidas a "bodes expiatórios", sem julgamento, formação de culpa ou possibilidade de defesa.

Ao mesmo tempo, no contexto de securitização global, os jovens guineenses passam a ser encarados pelo seu potencial de traficantes de droga, tal como já o eram em relação à disseminação da SIDA, à emigração ou como fileiras dos exércitos privados. Apesar da criminalidade juvenil não ser um fenómeno tão significativo como em outros contextos, o seu fantasma e os riscos iminentes de criminalização da juventude rondam as políticas internacionais de "consolidação da paz" – onde se inclui o combate ao tráfico de droga.

A prevenção da violência torna-se o novo eixo de ação em que os jovens são, ao mesmo tempo, elemento perturbador e elemento "moralizador" da sociedade e da política. Em 2009, uma ONG juvenil conseguiu apoios nacionais e internacionais para "controlar as armas", através de uma campanha de sensibilização e recolha de armas, num bairro de Bissau. Ora, o problema das armas ligeiras em posse civil, definido por agendas construídas artificialmente nas grandes ONG do Norte, não é um problema que os jovens tenham possibilidade de influenciar, uma vez que não possuem estatuto social que lhes permita aconselhar os mais velhos. Ao mesmo tempo, cada vez mais associações juvenis dirigem os seus interesses para o combate à "delinquência juvenil", definida quase sempre como consumo de drogas e roubos, sem, no entanto, terem qualquer tipo de conhecimento sobre os diferentes tipos de droga, seus efeitos, etc. Encontramos nestes casos uma clara instrumentalização, pelos jovens, da captação de fundos do mercado da pobreza e da insegurança, com agendas que se distanciam da realidade e que, muitas vezes, criam ainda mais confusão sobre as causas dos problemas – de resto identificados de forma aleatória – e geram a necessidade de manter uma imagem problemática da juventude para captação desses fundos.

Já em 2008, foi levada a cabo, por uma instituição internacional, uma série de eventos para "promover a cultura de paz", na qual os jovens eram incentivados a "construir a paz", considerando-se os jovens capacitados após «receberem 40 horas de aulas de formação em temas relacionados a paz, como a reconciliação, terminologia da paz, comunicação, género e paz, construção de consensos, mediação e diálogo» e «uma *pequena* quantia de dinheiro – 5 mil dólares para cada grupo – para pagar os gastos essenciais de projetos», sendo as atividades mais mediatizadas as iniciativas de associações para "tentar convencer" líderes tradicionais e militares a não entrarem em conflito. Os problemas fundamentais deste tipo de projetos consistem, em primeiro lugar, em garantir aos jovens que após 40 horas de formação estão aptos a "multiplicar" a sua experiência; em segundo lugar no facto de reivindicarem resultados tão ambiciosos como «a criação de capital social na Guiné-Bissau»[79] com um programa de um ano de duração baseado na reprodução sobretudo de eventos culturais; em terceiro lugar, em colocar os jovens no estatuto de responsáveis pela moralização da política e dos militares, produzindo simulacros de sensibilização dos mesmos para a paz.

### Desesperança em lugar da violência: uma conclusão

A violência impregna as experiências dos jovens pobres em Bissau, como em qualquer parte do mundo. Seja a violência coletiva, organizada, militar, aquela que é vulgarmente chamada violência política; seja a violência económica e estrutural que afeta toda a sociedade através da ausência de políticas e instituições de bem-estar; a violência do dia-a-dia na família e face ao Estado e às elites; ou a violência simbólica que os remete para uma posição de subordinação ou para o estigma da criminalidade.

No entanto, apesar destas vivências, a maior parte dos jovens não recorre à violência coletiva como forma de afirmação ou sobrevivência. Esta não participação dos jovens em grupos ou atividades violentas é normalmente assumida como um "não facto". Considero, no entanto, que uma das

---

[79] As citações dizem respeito ao relatório do projeto.

formas de contribuir para a "desproblematização" da juventude consiste precisamente em analisar as condições em que isso acontece. Há que precisar que as dificuldades de existência social não provocam necessariamente reações violentas, podendo as razões dessa não-violência situar-se na eficácia do controlo social, na satisfação com a sua existência social e estatuto ou na superação do controlo social, espiritual e económico pelos jovens de forma pacífica.

Esta não existência de determinados tipos de violência pode, porém, ser o resultado também da violência quotidiana e rotineira que desumaniza, nomeadamente da repressão político-militar, e do enquadramento permanente dos jovens nas lógicas de dependência, patrimonialismo e paternalismo que ditam o acesso aos recursos e a um estatuto valorizado, incluindo a ajuda internacional. Em lugar de reações violentas, assistimos assim à reprodução de uma lógica de desesperança perante a qual as soluções mais óbvias para o futuro dos jovens são: fugir ou esperar. A desesperança que evita a integração e organização violenta dos jovens atua também no sentido de os infantilizar e desprover do exercício de uma cidadania ativa, de protesto e de resistência, conotada com rebelião, delinquência e desobediência.

## REFERÊNCIA BIBLIOGRÁFICAS

ABBINK, Jon (2005), "Being young in Africa: the politics of despair and renewal", *in* Jon Abbink e Ineke van Kessel (orgs.), *Vanguard or vandals. Youth, politics and conflict in Africa*. Leiden/Boston: Brill, pp. 1-36.

ABBINK, Jon e VAN KESSEL, Ineke (orgs.) (2005), *Vanguard or vandals. Youth, politics and conflict in Africa*. Leiden/Boston: Brill.

ABOIM, Sofia (2008), "Masculinidades na encruzilhada: hegemonia, dominação e hibridismo em Maputo", *Análise Social*, 43(2): 273-295.

ANTOINE, Philippe; RAZAFINDRAKOTO, Mireille e ROUBAUD, François (2001), "Contraints de rester jeunes? Evolution de l'insertion dans trois capitales africaines: Dakar, Yaoundé, Antananarivo", *Document de Travail 8, DIAL – Développement et insertion internationale* [disponível em linha em: <http://www.dial.prd.fr/dial_publications/PDF/Doc_travail/2001-08.pdf>].

ARGENTI, Nicolas (2002), "Youth in Africa: a major resource for change", *in* de Waal, Alex e Nicolas Argenti (orgs.), *Young Africa. Realising the rights of children and youth*. Trenton, NJ/Asmara: Africa World Press, pp. 123-154.

ARGENTI, Nicolas (2007), *The Intestines of the State. Youth, Violence and Belated Histories in the Cameroon Grassfields*. Chicago/London: The University of Chicago Press.

AUGEL, Johannes (1996), "Guinea-Bissau expects its first democratic elections", *in* Johannes Augel e Carlos Cardoso (orgs.), *Transição democrática na Guiné-Bissau e outros ensaios*. Bissau: INEP, pp. 41-52.

BANCO MUNDIAL (2006), *Guinea-Bissau: Integrated Poverty and Social Assessment (IPSA). Transition from Post Conflict to Long-Term Development: Policy Considerations for Reducing Poverty*, vol I: Main Report [disponível em linha em: <http://www-wds.worldbank.org/external/default/WDSContentServer/WDSP/IB/2006/08/28/000160016_20060828093508/Rendered/PDF/345531Ovol.01.pdf>].

BANCO MUNDIAL (2011), *World Development Report 2011: Conflict, Security, and Development*. Washington DC: The World Bank [disponível em linha em: <http://wdr2011.worldbank.org/fulltext>].

BARKER, Gary T. (2005), *Dying to be Men: Youth, Masculinity and Social Exclusion*. London: Routledge.

BARKER, Gary T. e RICARDO, Christine (2005), "Young Men and the Construction of Masculinity in Sub-Saharan Africa: Implications for HIV/AIDS, Conflict, and Violence", *World Bank Social Development Papers*, 25.

BAYART, Jean-François (1981), "Le politique para le bas en Afrique Noire : Questions de méthode", *Politique Africaine*, 1: 53-82.

BORDONARO, Lorenzo (2006), *Living at the Margins. Youth and Modernity in the Bijagó Islands* (Guinea Bissau), tese de doutoramento, Lisboa, ISCTE.

BORDONARO, Lorenzo (2009), "Introduction: Guinea-Bissau Today. The Irrelevance of the State and the Permanence of Change", *African Studies Review*, 52 (2): 35-45.

BRICEÑO-LEÓN, Roberto (2002), "Introducción. La nueva violencia urbana de América Latina", *in* Roberto Briceño-León (org.), *Violencia, sociedad y justicia en América Latina*. Buenos Aires: CLACSO [disponível em linha em: <http://biblio tecavirtual.clacso.org.ar/ar/libros/violencia/violencia.html>].

BUZAN, Barry; WAEVER, Ole e WILDE, Jaap de (1998), *Security: a new framework for analysis*. Boulder: Lynne Rienner.

CABRAL, Amílcar (1974 [1962]), "Guiné e Cabo Verde face ao imperialismo português", *Escritos Políticos*. Porto: CEC.

CHABAL, Patrick (2002), "Lusophone Africa in Historical and Comparative Perspective", *in* Patrick Chabal (org.), *A History of Postcolonial Lusophone Africa*. London: Hurst.

CHABAL, Patrick (2009), *Africa. The Politics of Suffering and Smiling*, London/New York: Zed Books.

COLLIER, Paul; ELLIOTT, V. L.; HEGRE, Havard; HOEFFLER, Anke; REYNAL--QUEROL, Marta e SAMBANIS, Nicholas (2003), *Breaking the conflict trap: civil war and development policy*. Washington: World Bank/Oxford University Press.

COMAROFF, Jean e COMAROFF, John (2000), "Réfléxions sur la jeunese. Du passé à la postcolonie", *Politique Africaine*, 89: 90-110.

COSTA DIAS, Eduardo (1993), "A Guiné-Bissau e as dinâmicas sociais da sub--região", *in* Carlos Cardoso e Johannes Augel (orgs.), *Guiné-Bissau 20 anos de independência: desenvolvimento e democracia. Balanços e perspectivas*. Bissau: INEP, pp. 215-228.

DE CERTEAU, Michel (1990), *L'invention du quotidien 1. Arts de faire*. Paris: Gallimard.

DE WAAL, Alex (2002), "Realising child rights in Africa: children, young people and leadership", *in* Alex de Waal e Nicolas Argenti (orgs.), *Young Africa. Realising the rights of children and youth*. Trenton, NJ/Asmara: Africa World Press, pp. 1-28.

DIOUF, Mamadou e COLLIGNON, René (2001), "Les jeunes du Sud et le temps du monde: identités, conflits et adaptation", *in* René Collignon e Mamadou Diouf (orgs.), *Les jeunes: hantise de l'espace public dans les sociétés du Sud?* La Tour-d'Aigues/ Paris: Éditions de l'Aube/IRD (Institut de recherche pour le développement), *Autrepart* (18) [disponível em linha: <http://horizon.documentation.ird.fr/exl-doc/pleins_textes/pleins_textes_7/autrepart1/010026453.pdf>].

DUFFIELD, Mark (2001), *Global governance and the new wars, the merging of development and security*. London/New York: Zed Books.

DUFFIELD, Mark e WADDELL, Nicholas (2006), "Securing Humans in a Dangerous World", *International Politics*, 43(1): 1-23.

DURHAM, Deborah (2000), "Youth and the Social Imagination in Africa: Introduction to Parts 1 and 2", *Anthropological Quarterly*, 73, (3): 113-120.

EMBALÓ, Birgit (2008), "Local conflict management and the State in Bissau: a case study in three city quarters", *Soronda – Revista de Estudos Guineenses*, número especial: Experiências locais de gestão de conflitos: 175-214.

FITHEN, Caspar e RICHARDS, Paul (2005), "Making War, Crafting Peace-Militia Solidarities & Demobilisation in Sierra Leone", *in* Paul Richards (org.), *No Peace, No War: Anthropology of Contemporary Armed Conflicts*. Oxford, UK: James Currey; Athens, OH: Ohio University Press, pp. 117-136.

FORREST, Joshua (2002), "Guinea-Bissau", *in* Patrick Chabal (org.), *A History of Postcolonial Lusophone Africa*. London: Hurst, pp. 236-263.

FORREST, Joshua (2003), *Lineages of state fragility: rural society in Guinea-Bissau*. Athens, OH: Ohio University Press; London: James Currey.

GABLE, Eric (2000), "The culture development club: youth, neo-tradition, and the construction of society in Guinea-Bissau", *Anthropological Quarterly*, 73(4): 195-203.

GALLI, Rosemary e JONES, Jocelyn (1987), *Guinea-Bissau: politics, economics and society*. London: Frances Pinter; Boulder: Lynne Rienner.

GALTUNG, Johan (1996), *Peace by peaceful means. Peace and Conflict. Development and Civilization*. Oslo: International Peace Research Institute.

GLASER, Clive (2000), *Bo-Tsotsi: The youth gangs of Soweto, 1935-1976*. Portsmouth, NH: Heinemann; Oxford, UK: James Currey; Cape Town: David Philip.

GOVERNO DA REPÚBLICA DA GUINÉ-BISSAU (2005), *Documento de Estratégia Nacional para a Redução da Pobreza (DENARP)* [disponível em linha em: <http://www.stat-guinebissau.com/denarp/denarp.htm>].

HARRIS, Bronwyn (2001), "'As for Violent Crime that's our Daily Bread': Vigilante violence during South Africa's period of transition", *Violence and Transition Series*, Vol. 1.

HONWANA, Alcinda (2000), "Innocents et coupables. Les enfants-soldats comme acteurs tactiques", *Politique Africaine*, 80: 58-78.

HONWANA, Alcinda e DE BOECK, Filip (orgs.) (2005), *Makers and Breakers: Children & Youth in Postcolonial Africa*. Oxford, UK: James Currey; Trenton, NJ: Africa World Press; Dakar: Codesria.

INE – Instituto Nacional de Estatística Guiné-Bissau (2009), *Principais indicadores sócio-demográficos e económicos retirados do 3º Recenseamento Geral da População.* Bissau: INE.

INEP (2000), *Soronda. Revista de Estudos Guineenses,* número especial, 7 de junho.

ISMAIL, Olawale (2009), "The Dialectic of 'Junctions' and 'Bases': Youth, 'Securo-Commerce' and the Crises of Order in Downtown Lagos", *Security Dialogue,* 40(4–5): 463–487.

ISMAIL, Olawale; OLONISAKIN, Funmi; PICCIOTTO, Bob e WYBROW, Dave (2009), "Youth Vulnerability and Exclusion (YOVEX) in West Africa: Synthesis Report", *CSDG Papers, Number 21, April,* King's College London [disponível em linha em: <http://www.securityanddevelopment.org/pdf/CSDG_Paper_21.pdf>].

KAPLAN, R. (1994), "The Coming Anarchy. How scarcity, crime, overpopulation, tribalism, and disease are rapidly destroying the social fabric of our planet", *The Atlantic Monthly,* February.

KYNOCH, Gary (1999), "From the Ninevites to the Hard Livings Gang: Township Gangsters and Urban Violence in Twentieth-Century South Africa", *African Studies,* 58(1): 55-85.

LOURENÇO-LINDELL, Ilda (2002), *Walking the tight rope. Informal livelihoods and social networks in a West African city,* tese de doutoramento, Departamento de Geografia Humana, Universidade de Estocolmo.

MACKINNON, Catherine (2000), "Points against Postmodernism", *Chicago Kent Law Review,* 75: 687-711.

MBEMBE, Joseph-Achile (1985), *Les jeunes et l'ordre politique en Afrique Noire.* Paris: L'Harmattan.

MIESCHER, Stephan e LINDSAY, Lisa A. (2003), "Introduction: Men and Masculinities in Modern African History", *in* S. Miescher e L. Lindsay (orgs.), *Men and Masculinities in Modern Africa.* Portsmouth, NH: Heinemann, pp. 1-29.

MOSER, Caroline e RODGERS, Dennis (2005), "Change, Violence and Insecurity in Non-Conflict Situations", *Working Paper 245.* London: Overseas Development Institute.

MOURA, Tatiana (2007), *Rostos invisíveis da violência armada. Um estudo de caso sobre o Rio de Janeiro.* Rio de Janeiro: 7 Letras.

O'BRIEN, Donald e CRUISE, B. (1996), "A lost generation? Youth identity and state decay in West Africa", *in* Richard Werbner e Terence Ranger (orgs.), *Postcolonial identities in Africa.* Atlantic Highlands, NJ: Zed Books, pp. 55-74.

PNUD (2006), *Rapport National sur le développement humain en Guinée Bissau: réformer les politiques pour atteindre les objectifs du millénaire pour le développement en Guinée--Bissau*. Bissau: PNUD.

PNUD (2009), *Relatório do Desenvolvimento Humano 2009*. Coimbra: Almedina [disponível em linha em: <http://hdr.undp.org/en/media/HDR_2009_PT_Complete.pdf>].

RATELE, Kopano (2008), "Analysing Males in Africa: Certain Useful Elements in Considering Ruling Masculinities", *African and Asian Studies*, 7: 515-536.

RICHARDS, Paul (1996), *Fighting for the rain forest: war, youth and resources in Sierra Leone*. Oxford, UK: James Currey; Portsmouth, NH: International African Institute/Heinemann.

RICHARDS, Paul (2005), "New War: An Ethnographic Approach", *in* Paul Richards (org.), *No Peace, No War: Anthropology of Contemporary Armed Conflicts*. Oxford, UK: James Currey; Athens, OH: Ohio University Press, pp. 1-21.

ROBBEN, Antonius (2008), "Response to Nancy Scheper-Hughes", *in* Nancy Scheper-Hughes e Antonius Robben "Whose Violence? Death in America: a California triptych", *Social Anthropology*, 16(1): 77-89.

ROGERS, Paul (2010), "Beyond 'liddism': towards real global security". Open Democracy [disponível em linha em: <http://www.opendemocracy.net>].

ROQUE, Sílvia (2008), "Guiné-Bissau", *in* José Manuel Pureza e Mariano Aguirre (orgs.), *A cooperação portuguesa e o reforço da segurança humana em Estados institucionalmente frágeis*, Relatório 198. Coimbra: Centro de Estudos Sociais.

ROQUE, Sílvia (2010), *Violências contra mulheres na Guiné-Bissau: uma análise de percepções e de regras sociais de sexo e seu papel na legitimação da violência*. Bissau: PNUD/FNUAP.

ROTH, Claudia (2008), "'Shameful!' The inverted intergenerational contract in Bobo-Dioulasso, Burkina Faso", *in* Erdmute Alber; Sjaak van der Geest e Susan R. White (orgs.), *Generations in Africa. Connections and Conflicts*. Münster: Lit--Verlag, pp. 47-70.

SALO, Elaine (2006), "*Man is ma soe*: Ganging practices in Manenberg, South Africa, and the ideologies of masculinity, gender and generational relations", *in* Edna G. Bay e Donald Donham (orgs.), *States of violence: Politics, youth, and memory in contemporary Africa*. Charlottesville, VA/London: University of Virginia Press, pp. 148-178.

SANTACRUZ GIRALT, Maria (2005), "La solideriedad violenta de las pandillas callejeras: el caso de El Salvador", *in* Nelson Portillo; Mauricio Gaborit e José

Miguel Cruz (orgs.), *Psicología social de la posguerra: teoría y aplicaciones desde El Salvador*. San Salvador: UCA Editores.

SCHEPER-HUGHES, Nancy (1997), "Peace-Time Crimes", *Social Identities*, 3(3): 1-26.

SCHEPER-HUGHES, Nancy e BOURGOIS, Philippe (2004), "Introduction", *in* Nancy Scheper-Hughes e Philippe Bourgois (orgs.), *Violence in War and Peace: An Anthology*. Oxford: Blackwell.

SCHIEFER, Ulrich (2001), *Von allen guten Geistern verlassen? Guinea-Bissau: Entwicklungspolitik und der Zusammenbruch afrikanischer Gesellschaften. Eine Fall-Studie zu Guinea-Bissau* (Habilitation Thesis, University of Munster – resumo em inglês).

SEEKINGS, Jeremy (2006), "Beyond Heroes and Villains: The Rediscovery of the Ordinary in the Study of Childhood and Adolescence in South Africa", *Social Dynamics*, 32(1): 1-20.

SÉVÉDÉ-BARDEM, Isabelle (1997), *Précarités juvéniles en milieu urbain africain*, Paris/Montreal: L'Harmattan.

SIGRIST, Christian (2001), "La destruction des sociétés agraires en Afrique: esquisse théorique", *Cadernos de Estudos Africanos*, 1: 69-83.

TAVARES DOS SANTOS, José Vicente (2002), "The worldization of violence and injustice", *Current Sociology*, 50(1): 123-134.

TEMUDO, Marina Padrão (2006), "Cultura, agri-cultura e cultura política no sul da Guiné-Bissau: uma abordagem orientada para os actores sociais", *Lusotopie*, XIII(2): 127-154.

TEMUDO, Marina Padrão (2009), "A narrativa da degradação ambiental no Sul da Guiné-Bissau: uma desconstrução etnográfica", *Etnográfica*, 13(2): 237-264.

TEMUDO, Marina Padrão e SCHIEFER, Ulrich (2003), "Disintegration and Resilience of Agrarian Societies in Africa – the Importance of Social and Genetic Resources: A Case Study on the Reception of Urban War Refugees in the South of Guinea-Bissau", *Current Sociology*, 51(3/4): 393–416.

UNODC (2006), *International Homicide Statistics (IHS) 2004* [disponível em linha em: <http://www.unodc.org/documents/data-and-analysis/IHS-rates-05012009.pdf>].

UNOWA (2007), "Urbanization and Insecurity in West Africa: Population Movements, Mega Cities and Regional Stability", *UNOWA Issue Papers*, October.

VASCONCELOS, Joana (2010), "The double marginalisation: reflections on young women and the youth crisis in Africa", comunicação apresentada no 7º Congresso Ibérico de Estudos Africanos, 9 a 11 de setembro, ISCTE, Lisboa.

VIGH, Henrik (2006), *Navigating Terrains of War: Youth and Soldiering in Guinea-Bissau*. New York/Oxford, UK: Berghahn Books.

VIGH, Henrik (2009), "Conflictual Motion and Political Inertia: On Rebellions and Revolutions in Bissau and Beyond", *African Studies Review*, 52(2): 143–164.

WACQUANT, Loïc (2001 [1999]), *As Prisões da miséria* (trad. port. de *Les Prisons de la misère*, Paris: Raisons d'agir). Rio de Janeiro: Jorge Zahar Editor.

WÆVER, Ole (1993), "Securitization and Desecuritization", *Arbejdspapir 5*. København: Copenhagen Peace Research Institute.

WINTON, Ailsa (2004), "Urban violence: a guide to the literature", *Environment & Urbanization*, 16(2): 165-184.

ZALUAR, Alba (1997), "Gangues, Galeras e Quadrilhas: globalização, juventude e violência", *in* Hermano Vianna (org.), *Galeras Cariocas*. Rio de Janeiro: Editora UFRJ, pp. 17-57.

**Notícias e sítios na Internet**

Notícias Lusófonas (2010), *"Houve um retrocesso grave na consolidação do país" diz Gomes Cravinho*, 13 de julho [disponível em linha em: <http://www.noticiaslusofonas. com/view.php?load=arcview&article=27455&catogory=Guin%E9%20Bissau>].

Youth Crime Watch of America [disponível em linha em: <http://www.ycwa.org/ world/gbissau/index.html>].

# CAPÍTULO 6

## FALHANÇO EM CASCATA: COMO SOCIEDADES AGRÁRIAS AFRICANAS EM COLAPSO PERDEM O CONTROLO SOBRE OS SEUS CADETES*

*Ulrich Schiefer***

Em África, à semelhança de outras regiões do mundo, os fracassos das sociedades na gestão do potencial de violência dos seus jovens, mais do que os seus êxitos, atraem cada vez mais atenção. Este ensaio é o resultado de uma reflexão sobre a gestão do potencial de violência pelas sociedades agrárias da África subsariana. Primeiro, proceder-se-á a uma contextualização histórica das mesmas para, em seguida, se discutir o contexto externo que se projeta sobre as sociedades agrárias, produzindo as condições que influenciam as suas dinâmicas internas. Seguir-se-á uma análise do funcionamento dessas sociedades, nomeadamente dos seus processos de socialização.

A guerra anticolonial e a cooperação para o desenvolvimento conduzem à desintegração e eventual colapso destas sociedades, o que resulta na perda de controlo sobre os seus cadetes, os principais portadores do potencial da violência. Por último, analisar-se-ão as consequências destes processos. As migrações internas e internacionais são uma das suas manifestações mais visíveis, em particular as fracassadas migrações intercontinentais, produtoras de uma sobrepopulação nos bairros periféricos das cidades africanas, onde a perda de controlo sobre os cadetes parece mais óbvia.[1]

---

* Um agradecimento especial à equipa do Núcleo de Estudos para a Paz (NEP/CES) do Centro de Estudos Sociais da Faculdade de Economia da Universidade de Coimbra pelo excelente ambiente de investigação; à Ana Larcher Carvalho e à Ana Caetano pelos comentários ao texto e à Joelma Almeida pela revisão e comentários ao texto.
** Sociólogo e antropólogo. Professor e investigador do ISCTE-IUL e da Universidade de Münster.
[1] O termo cadete significa, na antropologia social, um jovem de sexo masculino (cf. Meillassoux, 1991).

## 1. O potencial de violência e a *conditio humana*

O potencial de violência, bem como a capacidade de trabalho, são partes constitutivas da *conditio humana* (Arendt, 1970; 2001). Uma divisão sexual na apropriação da natureza aparece como precursora da consolidação dos papéis do género na revolução neolítica, sendo as sociedades de pastores (nómadas) uma forma transitória e paralela da mesma.[2]

O nomadismo, dadas as suas características de elevada mobilidade, combinado com a mobilidade das suas riquezas, produz uma estrutura guerreira *sui generis,* tanto em sociedades centralizadas como em sociedades acéfalas,[3] onde praticamente todos os homens com a condição física para tal, com poucas exceções, são guerreiros – guerreiros que, contudo, operam num contexto fortemente ritualizado para evitar que os raides e os roubos desencadeiem guerras fora de controlo.[4]

Com a ascensão das sociedades agrárias, o potencial da violência, pelo menos na África subsariana, continua consistente com o masculino. Raríssimas exceções, de exércitos femininos, confirmam a hipótese de que se trate de um padrão societal e cultural profundo, baseado em fatores biótico-físicos, mas não de uma condição biótica exclusiva.[5]

Nas sociedades agrárias, as estruturas linhageiras, bem como as clânicas e étnicas, são basicamente estruturas guerreiras, mesmo que essa característica seja bem menos visível do que nas sociedades nómadas. A diferenciação analiticamente necessária aqui é a distinção básica entre sociedades centralizadas e sociedades acéfalas (Sigrist, 1994) (ou segmentárias), cujos mecanismos de exercício de poder e de autoridade, respetivamente, se refletem claramente na sua constituição militar (Dellbrück, 2009). Nas sociedades centralizadas, as forças armadas servem, também, para a manutenção

---

[2] O processo civilizacional, entendido como aumento dos mecanismos de controlo do potencial da violência (Elias, 1976), é questionável, pelo menos no que diz respeito às sociedades caçadoras/coletoras, bem como ainda em certas sociedades agrárias, onde conflitos armados entre sociedades ou grupos parecem resolver-se por uma ritualização ou simplesmente pela fuga do campo de batalha ou cedência do terreno disputado (cf. Rappaport, 1968).

[3] Cf. Spittler (1989a; 1989b), que procede a uma descrição dos códigos que governam os raides dos Tuaregue.

[4] As guerras destas sociedades têm como objetivo a presa, não a dominação política.

[5] Além das diferenças no físico, as funções bióticas reprodutivas são percebidas como impeditivas para uma participação ativa em guerras. As tentativas de alguns movimentos modernos de mobilizar mulheres para o combate armado violam valores básicos das sociedades agrárias.

das estruturas de poder. Nas sociedades acéfalas, a estrutura societal, com a sua constituição militar inerente, dispõe de mecanismos elaborados para assegurar que as forças armadas, lideradas por chefes carismáticos, possam unicamente ser constituídas para campanhas militares específicas, sendo imediatamente dissolvidas no fim da ação militar para evitar a criação de um poder baseado em forças armadas fora do âmbito sancionado e controlado pelas linhagens (Schiefer, 2002). Trata-se, portanto, não de sociedades que ainda não atingiram o nível de organização política com o poder centralizado mas, sim, de sociedades que fazem tudo para que isso não aconteça, não sendo, por isso, menos guerreiras (Sigrist, 1994).[6]

Todas essas sociedades dispõem, igualmente, de mecanismos para manter a violência interna sob controlo. Existem normas e regras que regulam a violência contra membros da sociedade e códigos e sanções para a violação das mesmas.[7] Nenhuma sociedade consegue controlar totalmente a violência; portanto, trata-se de manter a violência a um nível que não impeça a produção, nem a reprodução da sociedade.

A perda do controlo do potencial de violência pelas sociedades agrárias africanas é, assim, um problema multifacetado. O acesso a armas de fogo é cada vez mais facilitado, seja através do armamento das forças armadas e polícias oficiais pelas potências internacionais com o suposto intuito de aumentar a segurança, seja pela importação "ilegal" de armas por contra-poderes e criminosos.

O treino militar em organizações modernas, ou quase-modernas, muitas vezes no contexto da capacitação institucional, e financiado pelo exterior, aumenta o potencial destruidor dessas sociedades. Ao mesmo tempo, as inúmeras guerras proporcionam experiência prática a muitos cadetes.

## 1.1. Desintegração e colapso

O colapso de sociedades inclui a destruição do potencial societal organizativo de reprodução, assim como a destruição de capacidades reais de produção (e.g., destruição de infraestruturas e dos recursos produtivos e sociais). O colapso das sociedades africanas é consequência de processos

---

[6] Ver, como exemplo, os Balantas da Guiné-Bissau ou os Pashtuns no Afeganistão e no Paquistão (Sigrist, 1994).

[7] Regra geral, existem sistemas de multas e sanções adaptadas a cada violação das regras; uma forma extrema é a *vendetta*, que constitui um mecanismo de autorregulação por excelência.

parcialmente interdependentes e sobrepostos que somente, numa parte diminuta, podem ser percebidos diretamente. Os processos lentos e de longa duração (modificações de equilíbrios interétnicos, das condições climáticas e migrações pacíficas), que traduzem mudanças lentas de normas sociais e comportamentos, são de difícil perceção na estadia média dos investigadores. Mas estes são de importância crucial para a compreensão dos processos de colapso. Muitas vezes, estes processos decorrem em esferas não percetíveis e assumem formas que são difíceis de estudar. Os processos de duração média (concentrações em espaços urbanos, diminuição das unidades produtivas e reprodutivas e diminuição de confiança) são mais percetíveis, mas não são compreendidos como processos de colapso, porque são difíceis de enquadrar numa perspetiva correspondente. Os processos muito acelerados e curtos (guerras, revoltas e migrações forçadas), com consequências verdadeiramente catastróficas, são percebidos, mas poucas vezes relacionados com os processos mais lentos. Frequentemente, estes processos abruptos e destrutivos servem como explicação e dificultam a perceção dos processos mais lentos.[8]

Uma grande parte da África subsariana está a ser "despedida" de uma participação ativa no comércio e na economia mundial, não obstante a corrida desenfreada pelos recursos naturais nalgumas zonas.

A desconexão da África subsariana manifesta-se como desinvestimento e descapitalização. A desestruturação das organizações económicas produtivas, a decomposição tendencial das unidades de vivência e sobrevivência rurais, a crescente perda de conhecimento de produção e organização e a perda de capacidade de socialização conduzem a processos interdependentes que se reforçam mutuamente numa espiral negativa.

A perda de controlo sobre os grupos sociais, cujo potencial de violência em livre circulação pode ser instrumentalizado quase completa e livremente, é consequência do colapso das estruturas políticas modernas e das próprias sociedades, bem como uma condição para o crescimento do potencial destrutivo. Especialmente nas periferias das grandes cidades, nascidas de processos acelerados de urbanização, criam-se as condições para a proliferação de atores violentos, cada vez mais jovens, que adotam para cria-

---

[8] Os processos de colapso das sociedades africanas põem em causa a continuação da cooperação para o desenvolvimento nos modelos correntes e exigem uma reorientação em muitas áreas. Para um debate extensivo sobre esta questão, ver Schiefer (2002).

ção da sua identidade uma parte dos modelos culturais do filme violento internacional. Os símbolos de comunicação, internacionalmente convertíveis, sobrepõem-se à forma mágica de existência – reforçada por drogas – do jovem guerreiro africano.

O colapso físico das infraestruturas de produção, consequência da falta de manutenção, da falta de capacidade de investimentos de substituição, combinada com a destruição propositada e por desleixo, coincide com o desmoronamento das instituições da administração pública. As empresas são canibalizadas, tal como o são os projetos de desenvolvimento e as instituições sociais. No triângulo de tensões entre grupos dos aparelhos "estatais" – especificamente dos aparelhos repressivos fora de qualquer controlo, cada vez mais difíceis de distinguir dos grupos criminosos –, o capital criminoso internacional e as sociedades principalmente urbanas (mas não só) em estado de crescente anomia emerge uma economia tendencialmente sem normas, parcialmente violenta, de organização criminosa que recruta o seu pessoal nos destroços da sociedade urbana em colapso, a qual já não consegue canalizar os seus conflitos intergeracionais.

## 1.2. Sociedades agrárias africanas

Para entender como as sociedades africanas perdem o controlo sobre os seus cadetes, convém estudar o seu funcionamento e olhar para alguns dos seus mecanismos básicos antes de analisar os processos de desintegração e de eventual colapso.

As sociedades agrárias, de constituição étnica e mutuamente relacionadas em contextos interétnicos, são – não obstante diferenciações étnicas – determinantes para muitos padrões básicos das sociedades africanas. Nelas, uma grande parte da população africana foi e é socializada. Esta socialização estende-se, mesmo que de forma enfraquecida, aos bairros periurbanos, pelo menos em sociedades onde não houve uma ressocialização por um processo de industrialização.

A análise das sociedades agrárias pressupõe, por isso, o estudo de várias sociedades em conjunto, na medida em que a análise individual das sociedades limita seriamente a sua compreensão. Essa limitação deve-se ao facto de as sociedades se constituírem mutuamente e não serem compreensíveis fora do seu contexto. Não se refere apenas ao facto de não existirem "sociedades nacionais" – isto é, sociedades cuja extensão e constituição coincidam com os limites dos respetivos "Estados" – a exercer, ou não, algumas funções nos seus territórios. A sua constituição interna implica sempre a existência das outras sociedades. As sociedades agrárias são, igualmente, embora isso seja frequentemente ignorado, as únicas sociedades africanas com uma orientação produtiva, as quais ainda garantem, mesmo que em circunstâncias cada vez mais difíceis, o sustento a cerca de metade da população africana.

As tentativas conscientes de controlo, por parte das etnias, tomam várias direções: a manutenção da unidade espiritual como base do poder espiritual e, assim, da unidade social; a manutenção da organização guerreira – absolutamente secreta – através da inclusão dos homens ativos em uniões para este fim, e o controlo sobre a reprodução física. Deste modo, para assegurarem a sua reprodução, as sociedades agrárias têm de desenvolver esforços e estratégias, diretamente interligadas, no sentido de garantir:

- O acesso aos recursos naturais dos quais dependem para a sua reprodução;
- O controlo sobre a sua reprodução biótica;
- O controlo sobre a sua mão-de-obra;
- A capacidade de lidar com outras sociedades;
- A capacidade de lidar com as forças políticas, militares e policiais perimodernas e transétnicas, usualmente denominadas como "Estado".

As sociedades que falham numa das dimensões referidas correm o risco de perecer.

As sociedades agrárias africanas são constituídas etnicamente; por outras palavras, são sociedades que seguem o princípio de auto-organização em padrões de parentesco, com uma extensão territorial (Sigrist, 1994; Schiefer, 2002). Acresça-se a esta definição uma dimensão espiritual.

Há uma correlação estreita entre a estrutura societal étnica, o controlo sobre os recursos naturais e a constituição do "poder" étnico, tal como se manifesta na dimensão espiritual e na organização guerreira. Espiritualidade e poder – mesmo em sociedades acéfalas – desempenham um papel essencial na regulação das relações interétnicas, tanto na gestão dos recursos naturais como na constituição de alianças interétnicas. De igual modo, determinam o relacionamento das sociedades agrárias com o Estado pós-colonial. O acesso aos recursos naturais é regulado através de um nível espiritual de carácter étnico. Esse nível influencia, por sua vez, a constituição étnica, que proporciona os mecanismos de regulação para o uso dos recursos. O controlo do acesso aos recursos é constitutivo da estruturação societal.

Da dimensão espiritual derivam, também, os mecanismos principais para a regulação das relações internas de poder e da autoridade. Nas sociedades com régulos, esta dimensão orienta a legitimação e a limitação do poder do régulo. Nas etnias acéfalas, serve para evitar o nascimento de relações de poder económico ou político e é básica para a manutenção da acefalia. Os mecanismos do nível espiritual são fundamentais para a identidade social dos seus membros e para a produção dos respetivos caracteres sociais.

A estrutura societal étnica interna inclui uma organização, por norma, secreta e guerreira, que serve de defesa do acesso aos recursos e contra perigos externos. Como forma de expressão do poder do próprio grupo étnico, entendido como emanação do poder espiritual, a organização guerreira serve para a projeção de poder para fora. Este poder é, também, utilizável para a apropriação de recursos externos, por exemplo através de roubos.

As relações interétnicas são, igualmente, reguladas ao nível espiritual. Estas abrangem a regulação do uso complementar e concorrente dos recursos, como as alianças interétnicas de cariz guerreiro ao nível das sociedades envolventes. Tal implica que a gestão de recursos naturais só possa ser compreendida olhando para o conjunto das várias sociedades étnicas.

Os mecanismos específicos de socialização das sociedades agrárias, que são caracterizadas fortemente pela dimensão espiritual, têm efeitos fundamentais sobre a sociedade central pós-colonial na maioria das áreas societais.

Algumas características das sociedades agrárias influenciam o conjunto das sociedades africanas, inclusivamente as sociedades urbanas – as quais se definem, pelo menos parcialmente, pelo diferencial com as sociedades rurais. Depois de uma fase inicial de distanciamento dos urbanos das sociedades de origem, ultimamente, o contínuo rural-urbano ganha cada vez mais força, na medida em que as condições nas cidades pioram e as sociedades agrárias são novamente importantes para a (sobre)vivência das populações urbanas. A segurança alimentar, entendida como capacidade das sociedades agrárias de alimentar toda a população, inclusive a população urbana, está, contudo, a diminuir drasticamente. Convém, portanto, um olhar mais profundo sobre o potencial e o contexto produtivo das mesmas.

## 1.3. Produção

As sociedades agrárias têm uma economia de bom tempo que, com padrões de consumo rigorosamente limitados pela tradição, pressupõe uma abundância de recursos naturais. A sua impressionante resiliência depende, por um lado, da sua flexibilidade interna, e, por outro, de estratégias de aproveitamento dos recursos sociais e genéticos, através de estratégias de sobrevivência que são ativadas quando as condições externas, naturais ou políticas, pioram (Temudo e Schiefer, 2004).

A escassez dos recursos nas sociedades industriais, provocada pela separação dos produtores dos meios de produção, em princípio, não se aplica. Os recursos naturais são percebidos como ilimitados. O seu acesso é regulado através da pertença a grupos sociais específicos que, também, garantem o abastecimento (mínimo) através de mecanismos de solidariedade. O seu uso é condicionado por padrões de consumo altamente regulados e condicionados, esporadicamente interrompidos por festas onde as restrições são temporariamente suspensas.

Em geral, o uso de recursos é caracterizado por uma certa leveza que resulta da abundância presumida. Facilmente se aceitam perdas pós-colheita de 30% a 50%.

## 1.4. Ambiente

Nas sociedades agrárias a proteção do ambiente está integrada na estrutura espiritual, mental e societal. Contudo, essas sociedades reagem, muitas vezes, a uma mudança de parâmetros externos (por exemplo, a procura de carvão vegetal, etc.) com a destruição maciça e acelerada do seu ambiente.

Não existe uma socialização ecológica explícita. Os conhecimentos são passados de geração para geração de forma espontânea.[9] Quando a produção alimentar entra em crise, muitas vezes são as mulheres mais velhas que dispõem de conhecimentos específicos e de estratégias que permitem ultra-

---

[9] O suposto nível elevado de conhecimento sobre o ambiente é, muitas vezes, uma construção de antropólogos que através de investigações pacientes e longas juntam os conhecimentos fragmentados e parciais, regra geral, de poucas pessoas, e apresentam-nos como corpo integrado de conhecimento das sociedades. Deste modo, cria-se a impressão, recebida pelos ecologistas de todas as estirpes, que as sociedades dispõem de conhecimentos e estratégias sustentáveis para as suas economias (cf. Temudo, 1998). Quando as "elites rurais" manifestam um discurso ecológico, trata-se geralmente de discursos externos adotados para impressionar os intervenientes.

passar estas situações perigosas, recorrendo a recursos de emergência, como produtos de recolha que normalmente não são aproveitados.

O relacionamento com o ambiente é como o "plano" que regula a alocação dos fatores de produção contido na organização societal, e não objeto de uma área de conhecimento específico e separado. Não existe, portanto, uma consciência ecológica original. A regulação da caça é uma exceção. Para os animais, criaram-se zonas e períodos de proteção, assim como mecanismos reguladores da sua reprodução e da sua apropriação.

A alocação da mão-de-obra é regulada através da família, das práticas de entreajuda e de outros mecanismos sociais, em parte com base no nível espiritual. Nomeadamente, grupos de jovens auto-organizados, que oferecem os seus serviços a produtores que não dispõem de mão-de-obra própria suficiente e que detêm um papel crucial em trabalhos específicos e pesados em determinadas épocas do ciclo agrícola. Por um lado, a distribuição geográfica da mão-de-obra é regulada através de uma migração controlada em pormenor, e, por outro, a distribuição geográfica dos consumidores, e especialmente das crianças, por diferentes zonas geográficas com melhores condições alimentares ajuda na superação de crises de fome. Uma elevada mobilidade geográfica compensa, parcialmente, o baixo nível tecnológico de produção e de "dominação da natureza".

### 1.5. Guerra

Historicamente, para as sociedades da costa da Guiné, a guerra foi, e continua a ser, uma parte importante da vida coletiva. A organização guerreira interna continua a existir, mesmo que invisível de fora.

Na ausência de instâncias estatais mais abrangentes, transétnicas, que poderiam ter reclamado o monopólio da violência, a execução de conflitos com meios guerreiros continua a ser assumida pela etnia.[10]

Não existe, pelo menos de forma aparente e sistematizada, um código de conduta explícito que exija a vingança para atos de violência.[11] Contudo, a vingança existe, sendo efetuada através da invocação de instâncias espirituais.

---

[10] Fases de transição podiam ser observadas depois da independência: em vez de bater nos ladrões que apanhavam, estes eram entregues à polícia e espancados nas esquadras.

[11] Em outras sociedades, a vingança obrigatória constitui um dos mecanismos básicos de controlo de violência, como, por exemplo, no Pashtunwali (Sigrist, 1994).

As sociedades dispõem de uma organização societal para a guerra e tentam assegurar as capacidades guerreiras e o armamento suficiente. Antes da ocupação colonial efetiva, esta organização era étnica, *strictu sensu*, e secreta. Com a ocupação colonial, que reclamou o monopólio total da violência, houve necessidade de uma maior camuflagem e ocultação deste tipo de organização. Mesmo durante a guerra anticolonial, os mecanismos permaneciam em segredo. No território da antiga Guiné Portuguesa, nenhum grupo étnico declarou oficialmente guerra contra os colonialistas, embora muitos permitissem a mobilização dos seus jovens pelos movimentos independentistas, mas sempre fora das estruturas linhageiras. Após a independência, muitos chefes de linhagem viam os novos governos como continuadores "dos brancos" e mantiveram as suas sociedades fechadas perante o novo governo, mas com muito menos êxito, dado que "o movimento no poder" dispunha de conhecimentos íntimos das sociedades de origem dos seus membros.

Os mecanismos de controlo espiritual sobre o potencial guerreiro são semelhantes aos que são usados no controlo sobre o acesso aos recursos. Conforme se trate de sociedades acéfalas ou centralizadas, a guerra e a necessidade de a organizar reforçam os mecanismos de representação central e os mecanismos de redistribuição central subjacentes. Nas sociedades acéfalas, aplicam-se elaborados mecanismos de controlo sobre o poder necessário para conduzir as guerras, de modo a evitar qualquer tipo de usurpação que ponha em risco a acefalia; por sua vez, nas sociedades com instituições centralizadas, a guerra reforça as tendências de centralização.

O controlo sobre o potencial da reprodução física manifesta-se, igualmente, sobre o controlo da fertilidade das mulheres, através, entre outras, das "regras de casamento". Além do gado, as mulheres constituem a presa principal dos raides predatórios interétnicos (Meillassoux, 1991).

No contexto interétnico, as alianças são constituídas através de mecanismos espirituais. As rivalidades e os conflitos são regulados da mesma forma. O relativo peso político e social dos grupos étnicos não é medido pela potência económica, mas pela potência espiritual atribuída. O potencial guerreiro e a força económica são compreendidos como resultados de capacidades espirituais.

Um outro princípio básico é o da pertença a uma unidade social como meio e garantia de acesso aos recursos. O fluxo de bens e de serviços, similarmente, é condicionado pelas relações dentro e entre as unidades sociais

FALHANÇO EM CASCATA: COMO SOCIEDADES AGRÁRIAS AFRICANAS EM COLAPSO... 219

(e não pela "propriedade de bens ou de dinheiro"). A relações entre as pessoas, entre as unidades sociais e espirituais são mais fortes e mais importantes do que as relações entre indivíduos e bens materiais. Este princípio, efetivado através de uma série de mecanismos diferenciados, é constitutivo e tem implicações muito abrangentes.[12]

## 2. Socialização em sociedades agrárias

A socialização tem a função importante de transmitir o essencial das sociedades e, desta forma, assegurar a sua reprodução por períodos mais longos do que a vida dos indivíduos, que são continuamente substituídos nas sociedades. Muitas características das sociedades manifestam-se claramente nestes processos de socialização pelos quais passam todos os membros das respetivas sociedades.

## 2.1. Indivíduo, grupo e sociedade

As sociedades agrárias distinguem-se claramente das sociedades industrializadas ocidentais na medida em que não produzem o "indivíduo". Com raízes no Renascimento, mas um produto dos séculos XVIII e XIX nas sociedades europeias industrializadas, o "indivíduo" encontrou a sua manifestação expressa na psicologia individual freudiana e noutras. A configuração desta figura social remete para uma série de fenómenos, para uma construção intrapsíquica, que são percebidos e tratados como fenómenos extrapsíquicos nas sociedades agrárias. Ao indivíduo são imputadas qualidades que, em sociedades agrárias de carácter coletivo, são atribuídas ao grupo de referência, à sociedade, ou, numa construção extrapsíquica, a entidades espirituais.

O *locus of control* é claramente externo, especialmente para os cadetes.[13] O comportamento destes é controlado, por um lado, pelas autoridades[14] e, por outro, pelo seu grupo de pares. Estas autoridades são, normalmente, os

---

[12] Pessoas não pertencentes ao grupo étnico, como, antigamente, prisioneiros de guerra ou, nos tempos modernos, migrantes voluntários ou involuntários, facilmente podem ser autorizados a residir e usufruir de certos direitos de acesso a recursos naturais e sociais, mas sempre com o estatuto secundário de "hóspede".

[13] Elaborada, num contexto totalmente diferente, por Riesman *et al.* (2001), a tipologia do «*tradition-directed, inner-directed, and other-directed*» permite um olhar sobre uma sociedade onde o tipo *inner-directed* substitui o *tradition-directed*.

[14] A explicação de Meillassoux (1975), em relação ao controlo dos velhos sobre os jovens assentar no controlo do acesso às mulheres, não parece suficientemente abrangente.

velhos, graças a algum controlo que estes já conseguiram sobre o seu próprio comportamento e as suas próprias emoções. Este controlo exige, quase sempre, uma presença física e baseia-se na comunicação direta.

A responsabilidade, como qualidade fundamental de educação, distingue as crianças dos adultos. Na educação tradicional, a imitação e a instrução explícita são sedeadas nas relações interpessoais e nos relacionamentos entre pessoas e espíritos, sempre dentro dos parâmetros de comportamento de cariz nitidamente étnico.

A estes fenómenos está associada a importância do sentimento da vergonha, que pressupõe a referência a outras pessoas e que assenta nas relações interpessoais, ao contrário do sentimento de culpa, mais forte nas sociedades ocidentais, que corresponde mais a uma construção intrapsíquica. O sentimento da vergonha explica o grande secretismo destas sociedades agrárias, que constitui uma fuga dos olhares dos outros, suscetíveis de despoletar os sofrimentos associados à vergonha.[15]

A socialização transmite, ainda, outras dimensões importantes às sociedades agrárias africanas.

## 2.2. Confiança

Em sociedades com uma determinação exterior extrema, em que existe uma insegurança geral sobre muitos fatores que determinam a vivência e a sobrevivência, a confiança tem um lugar muito diferente das sociedades industrializadas, onde os fatores externos estão supostamente mais controlados. Nas sociedades agrárias, a confiança não é separada em "setores". A confiança numa pessoa não varia conforme a sua área funcional. Quando se constrói confiança, a desconfiança é reduzida. É como se fossem removidas as camadas de uma cebola. Uma vez construída, a confiança abrange todas as áreas. As transações económicas são realizadas em redes pessoais e são estas redes que têm de garantir o cumprimento das regras na medida das relações estabelecidas entre os parceiros – dada a ausência de instâncias exteriores que possam garantir normas de interação ou de trocas.

A confiança depende da proximidade, a proximidade depende do grau de parentesco e da convivência. Proximidade é confiança, a distância corres-

---

[15] O sentimento de vergonha constitui uma emoção bastante forte: a incapacidade sentida em cumprir as obrigações sociais está muitas vezes na raiz das migrações internacionais, podendo conduzir ao suicídio em casos extremos.

ponde à desconfiança. O estranho é percebido, à partida, como um potencial perigo ou como uma potencial presa, conforme as circunstâncias.

### 2.3. Inveja
A inveja é uma emoção frequente, considerada legítima e abertamente manifestada. Nas sociedades agrárias, serve como um mecanismo para impedir a acumulação suscetível de perturbar os equilíbrios internos. O medo de provocar a inveja dos outros trava muitas pessoas dinâmicas. Estas preferem não criar riquezas ostensivas ou, quando a sorte lhes proporciona riquezas materiais, preferem partilhá-las com os seus familiares e vizinhos, transformando riquezas em prestígio social. Em combinação com a crença de que a vida é determinada por forças externas, a inveja desencoraja a iniciativa pessoal.

### 2.4. Medo
Apesar da despreocupação relativa e da alegria quase-universal, que é sinal de uma confiança básica na comunidade, o medo é um fator importante da socialização. O medo facilmente se transforma em emoção dominante, especialmente quando se trata de fenómenos que estão longe da própria mundividência. Proximidade dá, igualmente, confiança. A distância produz medo. Isto é válido não somente em termos geográficos, mas também em termos de espaço social. O estranho é encarado com medo. O medo é admitido abertamente e manifesta-se fisicamente. "Quem tem medo de quem" indica também as relações e o poder político.

Emoções como o medo (mas similarmente outras emoções) são comunicadas rápida e diretamente, através de contactos estreitos. As pessoas vibram com a emoção do outro. Existe uma elevada disposição para a empatia, o que explica os efeitos fortes de certos atos da política com elevado teor simbólico (castigos físicos públicos, aprisionamento de pessoas, fuzilamento de opositores políticos, etc.). O uso consciente de ações violentas com efeito sobre a atmosfera emocional é um dos instrumentos mais frequentes da política, mesmo que aparentemente usados em segredo.

### 2.5. A gestão tradicional do potencial da violência
Apesar de bastante urbanizadas, muitas sociedades modernas africanas são, ainda, fortemente influenciadas pelas sociedades agrárias. Logo, é útil um olhar mais atento em relação ao modo tradicional de lidar com o potencial de violência dos cadetes.

As sociedades agrárias dispõem de métodos muito elaborados de lidar com o potencial de violência dos seus cadetes. Através de um processo integrativo, com uma dimensão espiritual, os jovens são submetidos, por uma organização de quadros guerreiros, a unidades organizativas sociais específicas. Estes procedimentos de cooptação, semivisíveis, são habitualmente estudados como ritos de passagem. Através de uma combinação de exercícios quase militares, de exercício físico, de aventura e de iniciação espiritual em lutas de poder, os cadetes constroem e vivenciam a sua identidade coletiva. Num processo de *bonding*, perfeitamente encenado, são criadas relações horizontais e duradoiras, transversais às estruturas dos complexos familiares. Estas relações são asseguradas através da integração em relações mágicas de hostilidade, reais ou percebidas, e garantidas através de sanções mortíferas. Códigos específicos de expressão corporal, língua, dança e canções, são sinais seguros de comunicação.

O acompanhamento por entidades espirituais contratadas (Crowley, 1990) assegura, em circunstâncias específicas, a proteção adicional necessária.

As obrigações assim criadas são mais fortes do que todas as relações e obrigações sociais contratadas posteriormente. Este facto atribui alguns aspetos interessantes à organização política ou militar moderna.

A figura do jovem guerreiro é socialmente valorizada e prestigiada: é a figura dominante em muitas manifestações culturais. Constitui uma dimensão importante para o "sucesso" nas sociedades agrárias africanas. Conforme a tradição étnica, a vontade de aventura e a coragem masculina são estimuladas nos cadetes. Ao mesmo tempo é demonstrado a grupos vizinhos, e eventualmente rivais, o potencial de poder, por assim dizer, numa prova, numa demonstração de força.

Ao organizar os seus jovens e os seus homens e mulheres em classes de idades, quer as sociedades centralizadas, quer as sociedades acéfalas produzem laços horizontais que reforçam e compensam os laços verticais de descendência. A transição de uma classe para outra é marcada por ritos de passagem. A variedade destes sistemas é tão abrangente quanto a dos grupos étnicos, com diferentes classes de idade, diferentes ritos de passagem e diferentes formas de organização interna.

Algumas características básicas são, no entanto, comuns às várias sociedades. As sociedades são inclusivas, ou seja, todos, à exceção dos poucos que morrem, passam por estes rituais, desta forma, não excluem indivíduos nem produzem perdedores. Como todos os indivíduos passam por todos os grupos de idade, não existe, pelo menos nos grupos acéfalos, discriminação que seja considerada injusta, uma vez que todos ganharão, eventualmente, o respeito e os privilégios associados ao estatuto dos mais velhos.

Antes de chegar a um grupo de idade com potencial para a violência, os mais jovens já passaram pela infância onde, mesmo antes de começarem a andar, aprenderam a partilhar e a respeitar os mais velhos. A partilha e o respeito são valores básicos na infância, que constituem os valores fundamentais da solidariedade. À medida que as crianças vão crescendo, vão assumindo cada vez mais responsabilidade, uma qualidade que as distingue dos adultos. Na infância, o seu horizonte de expectativas encontra-se circunscrito aos limites da aldeia e da linhagem. Conforme vão crescendo, é fomentado nas crianças um sentimento claro de pertença, através da linguagem e da cultura. Em muitos aspetos as crianças e os jovens gozam de uma ampla liberdade, ninguém se sentindo, assim, socialmente excluído. Eles são livres de se juntarem e passearem com os seus amigos, em busca de comida e de aventura. O controlo social é aplicado através da presença dos seus pares, da família e dos anciãos. O controlo espiritual é exercido não tão-somente através de configurações intrapsíquicas individuais como postuladas pelas ciências ocidentais, mas principalmente através de entidades espirituais externas, que se encontram relacionadas com o reino dos antepassados.

Em cada classe de idade, as crianças e os jovens ganham direitos e aumentam o seu conhecimento e as suas obrigações. A passagem de um grupo de idade a outro é extremamente ritualizada. O estatuto é demonstrado através do vestuário, do penteado, do comportamento e de códigos secretos de expressão corporal. Nos principais ritos de passagem, cruzam-se as dimensões constituintes da existência étnica das sociedades com as linhas essenciais de poder e da autoridade.

O exercício encoberto do poder e da autoridade – interna e externa – está ligado à afirmação do direito de acesso e de controlo étnico sobre os recursos naturais, incluindo a terra, as florestas, a água, a flora e a fauna. Todos os recursos são guardados por espíritos e só com o seu consentimento podem ser explorados pelos humanos, havendo, no entanto, sempre um preço a pagar, usualmente sob a forma de sacrifícios rituais que variam entre pequenas oferendas e animais ou, até mesmo, humanos.

As rivalidades e as alianças intra e interétnicas são confirmadas, tal como a relação com outros grupos de poder e instituições, como as estruturas do

Estado. A organização militar étnica, extremamente secreta, é estabelecida e os guardiões têm um papel equivalente ao dos oficiais. Nas sociedades centralizadas, é confirmado o poder dos governantes, e, nas sociedades acéfalas, são reforçados os mecanismos para evitar o estabelecimento de estruturas de poder. A relação entre os sexos é (re)definida, os direitos de enterro são confirmados.

A existência de forças espirituais externas que influenciam e condicionam as sociedades, os grupos e as pessoas é um dado adquirido, um *fait social*. A existência humana, a saúde e o bem-estar individual e coletivo dependem da capacidade de estabelecer e manter relações com estas forças.

Para os jovens que passam pelos ritos referidos, estes rituais são a mais profunda experiência das suas vidas. Em cenários extremamente elaborados, escondidos na floresta, experienciam um forte processo de união com os seus companheiros, produzindo-se a relação social mais importante e duradoura das suas vidas, que predomina sobre todas as outras relações e que, em alguns casos, se sobrepõe até aos seus laços familiares mais próximos. Durante este processo, os jovens sofrem privações muito severas, são submetidos a uma disciplina militar rígida pelos seus oficiais e são expostos à crueldade e à dor. Mesmo as pequenas infrações são duramente punidas, as falhas individuais podem provocar castigos coletivos violentos. Experimentam, também, o medo do sobrenatural no seu contacto inicial com o mundo espiritual, incluindo a perda de alguns dos seus companheiros, cuja morte é atribuída à ira dos espíritos. São expostos à fome, ao isolamento, à falta de conforto e da companhia das suas famílias. Ao mesmo tempo, aprendem as tradições do seu grupo: danças, canções, história do grupo e as suas comunicações secretas, sejam estas através da expressão física ou da comunicação de longa distância, através de tambores. Aprendem, ainda, como relacionar-se com os espíritos, entrando em estados mentais que são percebidos como uma condição para comunicar com os mesmos – por vezes potenciados pelo uso de drogas. Aprendem a estabelecer contratos com os espíritos para que estes os protejam dos muitos perigos da vida, incluindo como obter amuletos contra balas – embora estas proteções mágicas não funcionem contra canhões, granadas ou bombas. Adquirem uma profunda compreensão da diferença entre o sagrado e o profano e entre o puro e o impuro.

Nos seus exercícios, os jovens homens são colocados em oposição espiritual a grupos rivais, muitas vezes raparigas que atravessam experiências similares mas que se encontram espacial e socialmente separadas. Estes jovens aprendem, igualmente, a manter segredos, consciencializados para o facto de a violação destas regras ser punida com a morte. Durante os ritos, os guardiões identificam, entre os jovens, talentos espirituais e de liderança. Destes candidatos, são selecionados os futuros líderes militares. O candidato ideal é o guerreiro forte e corajoso, social e espiritualmente bem relacionado, perito em técnicas de luta e capaz de participar nas lutas, sejam estas defensivas ou ofensivas. Depois de passar pela privação dos treinos, são recebidos como heróis nas suas aldeias, o que implica consideráveis esforços económicos das famílias para celebrar o seu novo estatuto. Os candidatos pertencentes a linhagens respeitáveis (matrilineares ou patrilineares) e com capacidades espirituais extraordinárias são selecionados para ritos futuros, tão secretos que nem os outros iniciados suspeitam da sua existência. Estes ritos consistem no acesso às chamadas "sociedades secretas", que detêm um enorme poder e influência e nas quais são tomadas decisões de largo alcance. Estas sociedades secretas transcendem os limites dos grupos étnicos e constituem importantes ligações nas alianças interétnicas, as quais podem desempenhar um papel fundamental na manutenção da paz ou na mobilização para a guerra.[16]

Mesmo após terminar a iniciação e a formação, os cadetes continuam sujeitos a uma forte liderança. São organizadas competições de dança ou de luta, regulamentadas e ritualizadas, contra outros grupos, que frequentemente requerem longas caminhadas até ao local onde terão lugar. Os vários grupos organizam raides nos territórios dos vizinhos para roubar gado ou bens. Estes raides podem facilmente transformar-se em confrontos e escaramuças violentas com os proprietários e/ou com os seus vizinhos e, frequentemente, provocam ferimentos e até a morte quando são usadas armas de fogo, o que acontece cada vez mais. Em todos estes exercícios, os cadetes são normalmente acompanhados pelos guardiões e pelos seus espíritos protetores, individuais e coletivos.

---

[16] De notar as sociedades secretas dos ferreiros, que abrangem toda a África Ocidental, e que reúnem os profissionais com uma função estratégica dupla: produtores das alfaias agrícolas e, também, detentores do monopólio da produção das armas. O estatuto especial, e bastante ambíguo, dos ferreiros em muitas sociedades africanas deriva deste facto. As tropas coloniais, por exemplo, tentaram matar todos os ferreiros Bijagós depois da ocupação militar das ilhas nos anos 30 do séc. XX (Schiefer, 2002).

A rica ornamentação corporal – que vai de pinturas corporais elaboradas a cortes de cabelo sofisticados, roupa especial e adornos de corpo – e os ritmos dos tambores e os seus cânticos constituem sinais para os seus companheiros espirituais invisíveis e para os seus amigos, competidores e inimigos.

Os concursos entre grupos rivais no desporto, música, danças ou lutas são executados como exercícios espirituais. O poder militar e político de um grupo é entendido como uma mera projeção dos poderes espirituais.

Para os jovens guerreiros, os jogos e os raides servem como oportunidades para manter o treino, ganhar experiência e provar o seu valor.

Os duelos entre guerreiros individuais são frequentes e ritualizados. Um "surto de heroísmo" é o suficiente para um guerreiro atirar pedras para o espaço de outro jovem guerreiro, o que resulta imediatamente numa briga em que os adversários lutam com paus.

A proeza na luta, tal como o talento nas artes performativas, é considerada um caminho seguro para a fama, aumentando o êxito junto do sexo oposto.

## 2.6. Conflitos como mecanismo de gestão

Os conflitos são um dos mecanismos básicos de gestão em sociedades agrárias. Estes podem ser classificados pelo seu peso e pelos mecanismos aplicados. Os conflitos e os esforços de os resolver consomem uma boa parte da capacidade de gestão – infelizmente os mecanismos de resolução de conflitos e de restabelecimento da fugaz harmonia social cativaram mais atenção dos antropólogos do que os próprios conflitos. Os conflitos constantes produzem, quando contidos dentro de parâmetros normais das sociedades, um determinado modo de mudança social.

Como cada iniciativa de mudança provoca imediatamente uma contraintervenção que conduz a um conflito que a bloqueia, o resultado é uma mudança muito lenta, dado que quem avança um passo é logo obrigado a recuar. Como os trabalhos normais são executados em grupos pequenos, normalmente os conflitos não constituem um obstáculo à sua realização. Os empreendimentos de maior envergadura são normalmente realizados em forma de campanha, portanto, com uma duração limitada que permite uma suspensão temporal dos conflitos.

O comportamento social referido cria nos indivíduos uma certa predisposição para o conflito. Em muitos encontros, é latente uma sensibilidade que, em qualquer momento, se pode transformar em conflito. Só a proximidade produzida por parentesco ou experiências rituais partilhadas pode anular ou atenuar este potencial. É por isso que nos encontros, formais ou informais, existe a preocupação de evitar conflitos. Daí a importância dos rituais de cumprimento, especificamente ensinados nos ritos de passagem, que permitem a mobilidade geográfica e social.

Todas as iniciativas são entendidas como tarefa social. Tudo funciona através de pessoas, e somente através de pessoas, e as pessoas só podem ser "ganhas" através de relações pessoais. A construção e a manutenção de relações sociais são, portanto, de suma importância. As capacidades sociais são consideradas muito mais importantes do que as competências técnicas ou administrativas. Na perceção das pessoas, as competências sociais são vizinhas diretas das competências de comunicação com as instâncias espirituais, cuja função, na regulação das relações sociais e das relações com a natureza, é para todos evidentes.

O conflito, como mecanismo que permite mudanças lentas e consensualizadas, funciona em sociedades cujos parâmetros externos mudam devagar – mas fracassam onde parâmetros externos mudam depressa e onde existe a possibilidade de escapar através de fuga, por exemplo, para as vilas, cidades ou países vizinhos.

### 3. Sociedades Agrárias sob ataque
Cada conjuntura externa produz nas sociedades, e nomeadamente em sociedades cujos processos de mudança são extremamente lentos, reações muito específicas. Estas podem ser estruturas básicas da própria sociedade que as adapta para resistir a ameaças externas, estados psicossociais marcantes, traumas conscientes e subconscientes, tipos e carateres sociais, estados de (des)equilíbrio político, económico e social significativos, conhecimentos coletivos, emoções e perceções em relação ao mundo exterior. Nas várias dimensões, podem ser detetadas diferentes camadas, ecos das conjunturas pelas quais as sociedades passaram.

As sociedades agrárias da costa da Guiné sofreram nos séculos passados quatro grandes ondas de ataques externos:

- O comércio transatlântico de escravos causou grandes danos que são extremamente difíceis de avaliar. Os seus efeitos a longo prazo devem, contudo, refletir-se tanto nas relações interétnicas, sejam de rivalidade, sejam de aliança, como na estrutura militar interna dos diferentes grupos. A deslocação do momento de violência para dentro das sociedades africanas, tal como efetuada pelos traficantes de escravos, que rapidamente se aperceberam de que o comércio de escravos era menos arriscado do que a caça e, por isso, arranjaram aliados africanos, criou, decerto, estas estruturas militares ainda visíveis. A distribuição geográfica de grupos e subgrupos deriva em parte, também, dessa época.

- As guerras de ocupação colonial criaram danos relativamente mais insignificantes do que as poucas construções efetivas durante a (curta) ocupação colonial, cujo impacto negativo foi basicamente ecológico (através das culturas forçadas de exportação). A ocupação colonial estabeleceu, pelo menos durante meio século, uma paz colonial e travou a expansão de certos grupos étnicos.

- A guerra anticolonial combinou fações de uma elite política urbana independentista modernizante com membros das sociedades agrárias que viam a sua mundividência ameaçada pela ofensiva da modernização do Estado colonial depois da II Guerra Mundial (Schiefer, 1986). A guerra foi mais destrutiva nos seus efeitos indiretos do que nas destruições materiais efetivas (aumento da população dos centros urbanos com abandono da economia rural, economia de guerra que alimentava as cidades a partir da metrópole, construção de infraestruturas militares, fuga da população para os países vizinhos, treino de jovens em guerra, abastecimento de armas, etc.). De facto, a população fora da economia agrária aumentou, durante a guerra, de cerca de 5% para cerca de 20%. Após a independência, tanto refugiados dos países vizinhos como muitos guerrilheiros do movimento anticolonial reforçaram a população que tinha fugido durante a guerra para os centros urbanos e principalmente para a capital. A alimentação desta população só foi possível graças à ajuda internacional que, em parte, já tinha apoiado económica e militarmente a guerrilha.

- A cooperação para o desenvolvimento, combinada com a política da "reconstrução nacional", causou mais danos às sociedades agrárias do que as fases anteriores do século XX. Após a independência, a projeção de forças do exterior sobre as sociedades agrárias sofreu grandes alterações. Novos atores, novos conteúdos e novos formatos de intervenção contribuíram para a criação das condições externas que mudaram e perturbaram profundamente as dinâmicas internas das sociedades agrárias.

### 3.1. A dominação política da sociedade central

Na primeira fase da independência, as sociedades agrárias foram alvo de tentativas de estabelecimento do domínio político total do "movimento de libertação no poder", através do "novo Estado" que entendeu o militar e a segurança como pilares do seu poder. A presença colonial não acabou com os mecanismos tradicionais de exercício do poder, os quais, aliás, foram aplicados durante a guerra anticolonial. O exercício do poder visível foi acompanhado por uma parte secreta, invisível, mas não menos real. A repressão, acompanhada por fuzilamentos e encarceramento de supostos opositores, produziu medo. Nos primeiros anos da independência, um controlo rigoroso sobre o movimento das populações dificultava tanto a migração interna e internacional como o comércio ambulante.

As alianças e rivalidades interétnicas históricas refletiam-se nas lutas pelo poder centralizado. Contudo, os políticos do poder central estabeleceram e reforçaram os laços com as suas sociedades de origem através de contratos com os espíritos.

Os conhecimentos empíricos das sociedades detidos pelas "elites de poder" criaram uma conjuntura ambígua: por um lado, a penetração das estruturas agrárias foi facilitada e, por outro, a componente destrutiva da modernização, que entendeu as sociedades tradicionais como obstáculos ao "desenvolvimento", foi travada. Nenhum político com origem rural podia empenhar-se na destruição da sua sociedade, mesmo que a suposta necessidade de modernização assim o exigisse.

A imposição do controlo total sobre o comércio, combinada com a incapacidade do "novo Estado" em organizar as trocas básicas, enfraqueceu as bases económicas das sociedades e iniciou uma emigração de uma parte crescente da população para os países vizinhos.

### 3.2. Modernização

A modernização do espaço rural processou-se gradualmente. Os projetos de desenvolvimento inicialmente levados a cabo pelo Estado foram lentamente substituídos por projetos de agências internacionais e dos seus executores nacionais. A incompetência generalizada, combinada com um modelo de apropriação rapidamente estabelecido na sociedade central e uma certa relutância em implementar medidas drásticas destruidoras que provocassem reações fortes das sociedades agrárias, travou numa primeira fase a concretização das políticas no espaço rural. Numa segunda fase, os agentes internacionais entraram em força e penetraram em todo o terreno, o que confrontou as sociedades agrárias com um estilo de vida "moderno", fora dos seus padrões limitados de consumo. A existência das metástases do desenvolvimento no espaço rural criou ainda, aos jovens, oportunidades de acesso a dinheiro e a bens de prestígio, anteriormente privilégio dos mais velhos.

A introdução da educação formal através de escolas modernas, uma das poucas áreas onde o "novo Estado" conseguiu produzir alguns êxitos, enfraqueceu a educação tradicional e alienou muito jovens que achavam que a "escola do branco" dava direito a um lugar longe do trabalho do campo. Numa segunda fase, estas escolas modernas, sempre num estado de funcionamento precário, deram, em grande parte, lugar às escolas corânicas, onde, segundo Naipaul (2003), «pobres ensinam pobres a ser pobre».

A abertura generalizada ao mundo exterior abrangeu muito mais áreas da vida. Por um lado, aumentaram exponencialmente as missões de todas as denominações religiosas. Uma verdadeira caça às almas foi percebida como um assalto direto às crenças tradicionais. Começou a minar a força da dimensão espiritual na gestão dos recursos tradicionais, bem como dos membros mais jovens das sociedades, principal fonte de mão-de-obra na produção agrícola. O sucesso dos missionários, além de fragmentar cosmologias existentes, introduziu tensões dentro das sociedades e entre as diferentes sociedades e forneceu novas formas de articulação das contradições interétnicas.

A introdução dos filmes (vídeo e televisão) é um outro fenómeno não menos importante que contribui para as mudanças no ser-aí (cf. Heidegger, 1993), na existência dentro da sua mundividência (cf. Husserl, 1990), das sociedades agrárias e, nomeadamente, dos seus jovens, expondo as sociedades agrárias a um mundo exterior, mesmo que virtual, e proporcionando aos cadetes padrões culturais alternativos – com linguagens simbólicas rapidamente assumidas.

A introdução de novas culturas através de mecanismos não económicos criou desequilíbrios no acesso à terra, dado que o investimento levou a uma apropriação individual da terra.

A apropriação pelo Estado de terras das sociedades agrárias para "projetos" cedo cedeu lugar à apropriação de terras em nome individual pelos membros da "elite de poder" baseados na cidade.

### 3.3. Migrações

As migrações para a capital passam, normalmente, por deslocações para centros urbanos mais pequenos. As redes de parentesco existentes facilitam a vida aos recém-chegados, os quais encontram alojamento e suporte nas casas dos seus parentes. Os motivos para este movimento podem prender-se com as supostas oportunidades que a cidade proporciona, desde a educação à participação, direta ou indireta, nos fluxos da economia dissipativa.[17]

As migrações internacionais para os países vizinhos podem passar, ou não, pela capital e resultar, ou não, numa estadia no destino ou num fracasso que aumenta os bairros periféricos da cidade.

As migrações intercontinentais passam, normalmente, pelos centros urbanos e pela capital. Dada a elevadíssima taxa de fracasso, por cada migrante intercontinental com êxito muitas dezenas de candidatos deixam as suas terras e aumentam a população dos bairros periféricos das cidades, onde dificilmente encontram sustento em empregos formais.

A migração forçada de uma boa parte da população urbana para as zonas rurais, durante a guerra civil, ajudou, também, a criar laços entre as famílias rurais e urbanas, o que, por sua vez, facilitou a deslocação para a cidade. Acolhidos pela população rural, muitos deslocados passaram um longo período no campo (Temudo e Schiefer, 2004).

A existência de espaços alternativos, que permitem uma fuga do campo, contribui para a erosão das sociedades agrárias, que não conseguem

---

[17] Entenda-se aqui por economia dissipativa um tipo de economia no qual, num processo multilinear e descontinuado num sistema aberto de uma economia, são injetados e dissipados recursos externos. Os recursos, não produzidos no sistema, dissipados na economia do sistema aberto podem, em princípio, contribuir para a estabilização do sistema a curto prazo, mas causam um aumento da instabilidade do sistema a médio e longo prazo. Os influxos através de projetos de desenvolvimento não são aplicados para aumentar a produção mas, sim, apropriados, cada vez mais, pelos membros da sociedade central. Através da construção de obstáculos artificiais, criam-se turbulências que provocam ainda mais fricções. Se nos sistemas locais a utilização da energia de fricção assegurar um rendimento, ainda que mínimo, de certo modo, e enquanto a dissipação continuar, pode ser mantido um equilíbrio precário dinâmico durante um certo tempo e o colapso pode ser adiado. Porém, este modo de "uso de energia", ou seja, a apropriação de recursos, através de criação de obstáculos variados, produz consequências pouco desejadas. Se a contrapressão aumentar de mais por causa das fricções, o influxo de recursos pode diminuir através da frustração das agências, acelerando o colapso. Para um aprofundamento do assunto, ver Schiefer (2002).

manter a pressão social sobre os seus jovens, que podem recorrer à deslocação como forma de escapar às sanções tradicionais.

## 4. A erosão das sociedades agrárias

As mudanças das sociedades urbanas têm consequências diretas e indiretas sobre as sociedades agrárias. O aumento dos contactos através das dinâmicas do mercado, quer através da política, quer através dos projetos de desenvolvimento tanto do Estado como das organizações internacionais e organizações não-governamentais nacionais, também produziu mudanças nas sociedades agrárias, incrementando a pressão sobre os seus nexos e estruturas sociais.

As sociedades rurais cedo chegaram à conclusão de que os governantes do "novo Estado" não eram muito diferentes dos governantes coloniais e que, assim sendo, não iriam beneficiar materialmente da independência nem do "desenvolvimento".

A perceção da pobreza emerge com as condições naturais cada vez menos favoráveis à produção agrícola e perante o dispositivo do complexo desenvolvimentista, reforçado pelo consumo ostensivo das novas "elites" e dos estrangeiros. Esta é uma ideia nova, baseada na ausência de bens de consumo industrializados, os quais, nos padrões tradicionais, são vistos como bens de prestígio. As expetativas goradas e a informação de espaços alternativos, cidade e estrangeiro, com as suas promessas de uma vida mais rica, criaram uma sensação de uma vida no campo sem futuro. Esta perspetiva, que, hoje em dia, abrange praticamente todas as sociedades agrárias, deu origem a uma série de movimentos migratórios que se sobrepõem nos seus efeitos.

### 4.1. Os efeitos da modernização fracassada sobre as sociedades agrárias

Num processo sorrateiro, com origem na cidade, as relações de solidariedade tradicional dissolvem-se. Os mecanismos de reciprocidade modificam-se com a penetração crescente das sociedades pela economia monetária e com o aumento do contacto com as pessoas da cidade. A obrigatoriedade de partilha é furada.[18] As relações de autoridade, que regulam e controlam os processos de produção e os processos de controlo social, decompõem-se tendencialmente, num processo que passa também pela desacreditação das elites de poder urbanas, o que resulta numa redução do tamanho das uni-

---

[18] Veja se, por exemplo, a hospitalidade, que mudou radicalmente no princípio dos anos 1980.

dades de vivência e sobrevivência e produz uma corrosão do tecido social e, por conseguinte, uma perda de produtividade.

A grande e a pequena fraude, a corrupção económica e moral, através das metástases da sociedade urbana no campo, penetraram igualmente nas sociedades agrárias. Por um lado, o aumento das atividades do mercado criou oportunidades para os grupos mais dinâmicos (homens e mulheres mais jovens) obterem rendimentos monetários considerados altos, e, por outro, a economia dissipativa obrigou as sociedades agrárias a um mimetismo de modernização, isto é, a uma imitação simbólica, e apenas parcial, do desenvolvimento, que se limitava a produzir a aparência de modernidade.

Ruturas como migrações forçadas e o êxodo rural afetam os mecanismos de autorregulação social dessas sociedades, na ausência de experiências do passado que possam servir de base para a tomada de decisões. Estas situações têm como consequência não apenas a desvalorização da tradição e a perda dos conhecimentos que lhe são inerentes, mas também a destruição da capacidade contida no coletivo estruturado de lidar com as adversidades da vida nos seus mais variados aspetos. A tarefa de gerir o futuro é remetida quer para pequenos grupos residuais, quer para indivíduos que, muitas vezes, não têm capacidades para semelhante exigência. Ao contrário do que acontece nas sociedades urbanas ou urbanizadas, a capacidade de gerir a vida e de planear o futuro não é, nas sociedades agrárias, algo cristalizado em indivíduos. É a própria estrutura social, o conjunto societal (e não pessoas singulares, independentemente da sua sabedoria), que detém esta capacidade. Quando a estrutura é afetada, acaba por ser tendencialmente acompanhada pelo desaparecimento dessa capacidade.

## 5. O bairro periurbano como destino intermédio das fugas do campo

Os bairros periurbanos de cidades que não passaram por uma industrialização[19] servem de recetores das populações que abandonaram as sociedades rurais, conservando, por isso, ainda traços das sociedades de origem. Embora os bairros sejam ainda bastante heterogéneos, reproduzem, frequentemente, a estrutura étnica das sociedades de origem (cf. Agier, 2002a, 2002b; Bauman, 2002). Novas organizações de caráter étnico nascem, as quais tentam construir pontes com o campo (Jao, 2010).

[19] Em bairros periurbanos em sociedades industrializadas, mesmo que parcialmente, como, por exemplo, as sul-africanas, o potencial de violência é muito menos controlado.

Na maioria dos casos, a ligação aos fluxos da economia dissipativa fracassa, ou é muito ténue, situando-se, muitas vezes, na reciclagem extremamente precária dos fluxos. A ligação ao "Estado", empresas, organizações não-governamentais, igrejas ou partidos falha. As relações de solidariedade dentro das relações de parentesco são reduzidas. As pessoas com algum sucesso tentam afastar os parentes com menos sorte. Os mecanismos de controlo social enfraquecem também.

Muitas sociedades étnicas tentam manter a sua estrutura, realizando, por exemplo, ritos de iniciação. Estes são, contudo, uma versão *"lite"* e pouco respeitada pelas sociedades de origem. É observável uma certa "folclorização", mesmo dos ritos mais importantes e constitutivos das sociedades de origem.

As solicitações da modernidade, financiadas do exterior, nas suas várias dimensões (religiosas, culturais, políticas, etc.), estão mais concentradas e são mais fortes na cidade do que no campo. A presença de riquezas faculta igualmente uma apropriação direta, seja por furto, seja por roubo.

A mão-de-obra dos cadetes, não enquadrada nas sociedades agrárias, transforma-se, deste modo, num potencial de violência facilmente mobilizável e organizável (Vigh, 2006).

A falta de profundidade histórica das estruturas transétnicas, vulgo, do "novo Estado", transforma as estruturas armadas (militar, polícia e segurança) em aglomerações de grupos internos de cariz étnico.

A perda do controlo social dos cadetes, por um lado, e a perda do controlo político sobre os grupos armados de organização perimoderna, por outro, confluem em espaços com anomia crescente, que podem entrar em circuitos que se autorreforçam mutuamente e produzem uma espiral negativa.[20]

---

[20] Os campos de refugiados em África, e não só, constituem verdadeiras incubadoras de violência. Estes são um formato de intervenção externa muito específica, apresentando algumas características dos bairros periurbanos no seu extremo. Nos campos de refugiados, a concentração de uma população que passou pela experiência traumática da deslocação forçada resulta numa desestruturação das unidades sociais que acelera a perda de controlo sobre os cadetes e provoca um aumento em flecha do potencial destrutivo das sociedades. Deste modo, os bairros periféricos das cidades são ultrapassados, na sua função de incubadoras de violência, pelos campos de refugiados (cf. Almeida, 2012).

## 6. A perda de controlo sobre os cadetes

A perda do controlo sobre os cadetes atinge várias dimensões e manifesta-se de forma muito variada.[21]

O controlo espiritual, talvez o mais importante, reduz-se com a migração para a cidade.

A exposição a meios de comunicação modernos, como cinema, televisão ou vídeos, desvenda uma parte do grande segredo do sobrenatural e retira uma parte da sua força. Os assédios continuados de múltiplas religiões oferecem alternativas mais ligeiras quando a pressão exercida pelas instâncias espirituais aumenta. Regra geral, as religiões missionárias somente conseguem sobrepor uma camada de religiosidade moderna que, numa crise mais profunda, fratura facilmente, não obstante as tentativas de usar religiões modernas como chavões para a construção de alianças interétnicas.

Numa socialização com o *locus of control* externo, é essencial a presença física das autoridades, familiares, linhageiras e societais. Onde esta falta, os cadetes facilmente se descontrolam.

A ausência do grupo social que exerce o controlo na socialização e a ausência de estruturas sociais mais modernas que o possam substituir (escolas, empresas, organizações produtivas) conduz ao regresso a um formato de auto-organização universal, o *gang* juvenil predatório que remonta e tem origem nas sociedades de caçadores-coletores. Estes *gangs* encontram algumas das suas manifestações culturais e os seus simbolismos na comunicação social internacional.

Os padrões de consumo moderno que criam um estado de descontentamento constante, e que provocaram a fuga de uma parte dos jovens das aldeias, são reforçados no meio urbano pela visibilidade dos bens de consumo e de prestígio, por um lado, e pela exposição à publicidade, por outro. De facto, a vergonha, sentida por pessoas que se veem sem a possibilidade de cumprir as suas obrigações sociais, constitui uma forte motivação para todo o tipo de fuga. A falta de perspetiva, que se manifesta numa crescente vontade de migrar do campo para a cidade, reforça também a vontade de emigrar para o estrangeiro. A frustração resultante do fracasso das

---

[21] O modelo económico, que procura as motivações num modelo de custo-benefício de indivíduos, pouco contribui para a compreensão destes fenómenos (cf. Collier 2002; 2009; Ballentine e Nitzschke, 2003).

tentativas de emigração remete para a apropriação direta, onde possível, e cria uma disponibilidade total para qualquer saída putativa.

Não são raras as tentativas de se entregar às redes dos traficantes que prometem um futuro melhor através da emigração. Muitos recorrem à família para mobilizar os últimos recursos que servem para pagar aos traficantes. A migração intercontinental produz, desta forma, e através das raríssimas histórias de sucesso, uma grande sucção que leva os jovens a abandonarem o seu contexto produtivo na agricultura. Em muitos casos, um primeiro passo para este abandono é dado através das ONG, que, mesmo no campo, já oferecem uma primeira etapa de fuga e de oportunidades de ganhar a vida fora da agricultura. Frequentemente, bastam promessas vagas e pouco plausíveis por fações das "elites" políticas para se deixarem mobilizar para aventuras de guerras civis, ainda que estas tenham poucas hipóteses de êxito.

A existência de cadetes fora de controlo, fora da disciplina rigorosa do campo, fora de contextos produtivos, aumenta a insegurança nas cidades, mas não só. Aumenta os custos para qualquer tipo de produção urbana que precisa de medidas de segurança fora de qualquer proporção. Além disso, aumenta o risco de conflitos violentos entre fações políticas com possibilidade de posterior alastramento ao campo e consequente redução da produtividade das sociedades agrárias, o que, por sua vez, aumenta a perda de controlo sobre os seus cadetes.

A perda do estatuto social – também manifesta através da ausência de símbolos de *status*, tanto tradicionais como modernos – e a exclusão do consumo ostensivo causam uma falta de autoprestígio nos homens. Uma das saídas observáveis é o recurso ao físico tanto em manifestações de força em conflitos físicos, como, também, no recurso ao próprio corpo. Não é um acaso a emergência e o sucesso das escolas que propagam o culto do corpo nas suas múltiplas manifestações. A falta de perspetivas também aumenta a disposição para o consumo de drogas.

O potencial de violência dos cadetes em si, como putativos portadores de violência, é distinto do potencial de violência organizado. As sociedades só são afetadas por este quando auto-organizado, ou organizado por fações políticas. Através do medo que instila em partes da população, pode ser instrumentalizado politicamente. Naturalmente, existem cadetes com disposições individuais diferenciadas para a violência. Contudo, a propensão para criar estruturas que possam organizar este potencial, e efetuá-lo sob forma de ameaça ou atos de violência, não pode ser atribuída a qualidades individuais dos cadetes.

O potencial de violência dos cadetes pode manifestar-se de várias formas:

- Cadetes soltos ou semissoltos nas sociedades agrárias;
- Cadetes que abandonam as sociedades nómadas em desintegração;
- Cadetes soltos ou semissoltos na periferia urbana;
- Grupos auto-organizados predatórios (*gangs*) autónomos urbanos ou periurbanos em espaços fora de controlo que, para a sua auto-organização, recorrem a mecanismos antigos pré-neolíticos;
- Grupos auto-organizados vigilantes.
- Grupos auto-organizados predatórios (*gangs*) urbanos ou periurbanos com ligações temporárias (campanhas eleitorais ou militares) ou duradouras a fações da elite de poder ou a fações políticas de contrapoder, urbanas, periurbanas ou rurais;
- Grupos auto-organizados predatórios com ligações a fações dos aparelhos militares ou de segurança envolvidas em atividades criminosas;
- Cadetes que, através de mobilização, são recrutados por grupos existentes organizados (militar, polícia, segurança),[22] ganhando experiência prática nas inúmeras guerras.

Combinações e sobreposições são frequentes.[23] As ligações entre grupos predatórios não-estatais e organizações "oficiais" criam zonas opacas de transição (Wrong, 2009). No que diz respeito ao seu potencial destrutivo para as sociedades, convém abstrair-se do fardamento. A distinção entre "forças de Estado" e grupos armados violentos é, contudo, cada vez mais difícil, dado que também os grupos dentro dos aparelhos armados do "Estado", cujo potencial de violência é presumidamente regulado através de códigos legais, saem do controlo das instâncias civis que supostamente os controlam. Certamente, estes grupos dispõem de um potencial de violência muito mais elevado do que os grupos auto-organizados, dado o seu treino, armamento e organização em escalas muito diferentes.

---

[22] Os militares desmobilizados constituem um grupo específico com um potencial de violência bastante forte, devido ao seu treino e à sua experiência, e que de certa forma espelha algumas características dos cadetes soltos.

[23] Não é rara a figura do *condottiere* africano, cujo sucesso de recrutamento se baseia na disponibilidade de cadetes soltos.

O verdadeiro perigo para as sociedades reside no seu seio. Reformas do setor militar/segurança, externamente induzidos pelas agências internacionais, correm sempre o risco de aumentar esse potencial de violência nas sociedades africanas.

# REFERÊNCIAS BIBLIOGRÁFICAS

ALMEIDA, Joelma (2012), *Pontes queimadas, futuros incertos – Migrações forçadas por conflito em África*. Lisboa: Periploi (no prelo).

AGIER, Michel (2002a), "Between war and city. Towards an urban anthropology of refugee camps", *Ethnography*, 3(3): 317–341.

AGIER, Michel (2002b), "Still stuck between war and city: A Response to Bauman and Malkki", *Ethnography*, 3(3): 361–366.

ARENDT, Hannah (1970), *On Violence*. San Diego: Harcourt Brace.

ARENDT, Hannah (2001), *Vita Activa*. München: Piper.

BALLENTINE, Karen e NITZSCHKE, Heiko (2003), "Beyond Greed and Grievance: Policy Lessons from Studies in the Political Economy of Armed Conflict", *IPA Policy Report*.

BAUMAN, Zygmunt (2002), "In the lowly nowherevilles of liquid modernity", *Ethnography*, 3(3): 343–349.

COLLIER, Paul (2009), *Wars, Guns, and Votes: Democracy in Dangerous Places*. New York: Harper.

COLLIER, Paul e HOEFFLER, Ank (2002), "On the Incidence of Civil War in Africa", *Journal of Conflict Resolution*, 46: 13-28.

CROWLEY, Eve (1990), *Contracts with the spirits: religion, asylum, and ethnic identity in the Cacheu region of Guinea-Bissau*. Tese de doutoramento, Yale, U.M.I.

DELLBRÜCK, Hans (2009), *Geschichte der Kriegskunst*. Hamburg: Nikolverlag.

ELIAS, Norbert (1976), *Über den Prozeß der Zivilisation*. Frankfurt: Suhrkamp.

HEIDEGGER, Martin (1993 [1927]), *Sein und Zeit*. Tübingen: Max Niemeyer.

HUSSERL, Edmund (1990 [1928]), *On the Phenomenology of the Consciousness of Internal Time*. Dordrecht: Kluwer.

JAO, Mamadu (2010), *Estratégias de Vivência e de Sobrevivência em Contextos de Crise: Os Mancanhas na Cidade de Bissau*. Tese de doutoramento, Lisboa, ISCTE-IUL.

MEILLASSOUX, Claude (1975), *Femmes, greniers e capitaux*. Paris: Maspero.

MEILLASSOUX, Claude (1991), *The anthropology of slavery: the womb of iron and gold*. London: The Anthlone Press.

NAIPAUL, V.S. (2003), *Among the believers: an Islamic journey*. London: Picador.

RAPPAPORT, Roy A. (1968), *Pigs for the Ancestors*. New Haven, CT: Yale University Press.

RIESMAN, David; GLAZER, Nathan e DENNEY, Reuel (2001) [1950], *The lonely crowd: a study of the changing American character*. New Haven, CT: Yale University Press.

SCHIEFER, Ulrich (1986), *Guiné-Bissau zwischen Weltwirtschaft und Subsistenz*. Bonn: ISSA.

SCHIEFER, Ulrich (2002), *Von allen guten Geistern verlassen? Guinea Bissau: Entwicklungspolitik und der Zusammenbruch afrikanischer Gesellschaften*. Hamburg: IAK.

SPITTLER, Gerd (1989a), *Handeln in einer Hungerkrise: Tuaregnomaden und die grosse Dürre*. Opladen: Westdeutscher Verlag.

SPITTLER, Gerd (1989b), *Dürren, Krieg und Hungerkrisen bei den Kel Ewey (1900--1985)*. Wiesbaden: Franz Steiner Verlag.

SIGRIST, Christian (1994), *Regulierte Anarchie*. Hamburg: EVA.

TEMUDO, Marina P. (1998), *Inovação e Mudança em Sociedades Rurais Africanas. Gestão de Recursos Naturais, Saber Local e Instituições de Desenvolvimento Induzido. Estudo de Caso na Guiné-Bissau*. Tese de doutoramento, 4 vols., Lisboa, Universidade Técnica de Lisboa.

TEMUDO, Marina P. e SCHIEFER, Ulrich (2004), "Disintegration and Resilience of Agrarian Societies in Africa – the Importance of Social and Genetic Resources. A Case Study on the Reception of Urban War Refugees in the South of Guinea-Bissau", *in* Ulrike Schuerkens (org.), *Global Forces and Local Life-Worlds: Social Transformations*. London: Sage, pp. 185-206.

VIGH, Henrik (2006), *Navigating Terrains of War: Youth and Soldiering in Guinea-Bissau*. New York: Berghahn Books.

WRONG, Michela (2009), *It's Our Turn to Eat*. New York: HarperCollins.

CAPÍTULO 7

## "RAPARIGAS DE AGORA É SÓ PROVOCAÇÃO!" DINÂMICAS VIOLENTAS DAS NEGOCIAÇÕES GERACIONAIS E DE GÉNERO NA GUINÉ-BISSAU*

*Sílvia Roque*\*\*
*Joana Vasconcelos*\*\*\*

### Introdução

A análise da intensidade e das características das violências experienciadas pelas mulheres e, especificamente, pelas jovens na Guiné-Bissau é bibliograficamente escassa. Na verdade, por um lado, a recolha de dados pelas poucas instituições responsáveis pelo apoio às vítimas não funciona de forma sistemática ou centralizada; por outro, existem muito poucas análises dirigidas em particular às questões da violência com base no género.[1]

Para muitos, analisar as violências sofridas exclusivamente pelas raparigas pode parecer irrelevante, num país onde a violência estrutural – afetando homens e mulheres, adultos e jovens – é extremamente acentuada, onde os problemas se acumulam ao nível económico, político e governativo, e onde a degradação do acesso aos bens e serviços públicos é bem manifesta.

No entanto, julgamos que esta questão é central para a compreensão das transformações económicas e sociais do país, bem como para a compreensão das violências em geral. De facto, as transformações e dinâmicas das

---

\* As autoras desejam agradecer os comentários e sugestões de José Manuel Pureza, Katia Cardoso, Lorenzo Bordonaro e Ulrich Schiefer, bem como a revisão de Eduardo Vasconcelos.

\*\* Investigadora do Centro de Estudos Sociais da Universidade de Coimbra e Doutoranda em Política Internacional e Resolução de Conflitos na Faculdade de Economia da Universidade de Coimbra, desenvolvendo o projeto de tese "Percursos da violência em contextos de pós--guerra – Os casos de El Salvador e Guiné-Bissau", com o apoio da Fundação para a Ciência e Tecnologia [Ref. SFRH/BD/36589/2007].

\*\*\* Doutoranda em Estudos Africanos (ISCTE-IUL) e em Antropologia Social e Cultural (Universidade Católica de Leuven), desenvolvendo o projeto de tese "*Shedding light on a double invisibility: how girls and young women strive to overcome the youth predicaments in Bissau (Guinea--Bissau). A case-study*", com o apoio, desde 15/01/2010, da Fundação para a Ciência e Tecnologia [Ref. SFRH/BD/44769/2008].

[1] Algumas exceções: Có (2006); Nassum (2007); Roque e Negrão (2009); Moura *et al.*, (2009).

violências contra as mulheres jovens são um reflexo das transformações económicas, sociais, políticas e de segurança que o país tem atravessado.

Por isso, este capítulo tem por objetivo analisar algumas dinâmicas violentas a que estão sujeitas as jovens raparigas na Guiné-Bissau, tendo em conta as normas sociais e as ideologias de género que parecem legitimar essas práticas, a realidade económica e as transformações sociais que contextualizam as lógicas dos diferentes atores, nomeadamente, as negociações geracionais e de género, incluindo as das próprias raparigas. Tendo por base empírica 27 entrevistas realizadas com grupos focais em todas as regiões da Guiné-Bissau entre 18 de fevereiro e 26 de março de 2010,[2] pretende-se neste capítulo relacionar e enquadrar a situação das jovens raparigas guineenses no contexto de dinâmicas mais vastas que afetam vários países africanos já abordadas por alguma literatura.

Enquanto diálogo entre uma realidade concreta e quadros mais gerais, eles próprios frutos de uma pluralidade de exemplos concretos identificados, quer na África Ocidental, quer ainda noutros países africanos, torna-se pertinente salientar que não se pretende apresentar neste capítulo um retrato exaustivo e particularista das práticas violentas que afetam as raparigas guineenses, dada a ampla diversidade dos seus contextos geográficos, étnicos e religiosos. Abordaremos, sim, as principais práticas que as afetam, tal como foram referidas nas entrevistas[3] e ainda nalguma literatura

---

[2] Este trabalho foi efetuado por Sílvia Roque no quadro de uma investigação encomendada pelo Programa das Nações Unidas para o Desenvolvimento e pela Rede Nacional de Luta contra a Violência no Género e na Criança (contando ainda com o apoio do Fundo das Nações Unidas para a População, Instituto da Mulher e Criança e Ministério do Interior da Guiné-Bissau) e deu origem ao relatório *Violências contra mulheres na Guiné-Bissau: uma análise de percepções e de regras sociais de sexo e seu papel na legitimação da violência* (Roque, 2010). Os grupos focais foram realizados nas capitais das nove regiões da Guiné-Bissau. Em cada uma foram realizadas entrevistas com três grupos: mulheres adultas, homens adultos e jovens rapazes e raparigas (entre os 18 e os 30 anos). As entrevistas foram conduzidas em torno de duas grandes questões (o que significa ser homem e o que significa ser mulher) e subquestões geradas pela discussão em relação ao estatuto de cada um na família e às dinâmicas de género e intergeracionais. Além disso, foram analisadas algumas das entrevistas realizadas com raparigas em Bissau no âmbito do projeto "Trajectórias de contenção e disseminação da violência", bem como os dados relevantes do inquérito levado a cabo também neste âmbito.

[3] As entrevistas foram realizadas em contextos periurbanos, tanto nas regiões como na capital – Bissau. Neste sentido, a análise recai sobretudo nestes contextos e não em sociedades agrárias ou na "praça" de Bissau. Contudo, é de referir que os locais das entrevistas se caracterizam por

existente relativa ao país, e procuraremos compreendê-las também à luz de estudos conduzidos sobre esta temática noutros países africanos. Importa realçar que a técnica de recolha de informação (entrevistas em grupo) foi a que permitiu conciliar uma abordagem qualitativa e geograficamente extensa num escasso período de cerca de cinco semanas, colocando a ênfase nos discursos e não na observação das práticas concretas. O tratamento da informação foi sujeito à triangulação entre os diferentes grupos, bem como com elementos da equipa de apoio, fontes documentais e outras entrevistas com informantes privilegiados.

Deste confronto entre os dados recolhidos e a literatura existente sobre o tema em apreço surgem também novas questões que poderão ser exploradas em estudos futuros respeitantes à Guiné-Bissau.

## 1. Violências, jovens e género

Num texto em que procura defender a necessidade de estudar a violência de forma situada, segundo a perspetiva e entendimento dos sujeitos e contextos concretos e não como tema de análise em si, Donald Donham chama a atenção para duas dificuldades relevantes do estudo da violência. Em primeiro lugar, a violência é sempre culturalmente definida e, portanto, os limites do consentimento e da legitimidade das práticas violentas diferem de sociedade para sociedade; em segundo lugar, o simples facto de se falar de violência implica já à partida uma condenação e a adoção da perspetiva das vítimas, já que são raros os casos em que a violência é vista como algo positivo (Donham, 2006: 18-22).

uma grande mobilidade populacional, pelo que alguns dos entrevistados eram provenientes de *tabancas* (aldeias) e aí residentes. Apesar da tentativa de garantir a diversidade étnica e religiosa dos participantes, consoante a região, por vezes verificou-se um predomínio inverso à realidade regional, i.e., por exemplo, na entrevista coletiva com homens em Bissorã, os balantas não eram maioritários mas, sim, indivíduos de outros grupos, nomeadamente muçulmanos. Apesar da diversidade de opiniões ter sido respeitada e estimulada, em alguns casos, mas não todos, uma ou duas personalidades dominaram a conversa, sendo necessários estímulos adicionais para incentivar as pessoas com opiniões discordantes a participar. Quando, por exemplo, estava presente um líder religioso de peso, houve, em certos casos, alguma resistência à manifestação de outras opiniões. É de salientar que foi nas entrevistas com grupos de jovens que se demonstrou mais à-vontade para falar destes temas, bem como para expressar pontos de vistas discordantes.

Consideramos que, por um lado, o facto de termos presente a pluralidade de entendimentos e conceções da violência não implica necessariamente a adoção de um posicionamento de relativismo cultural que redunde, no limite, na negação da existência de violência; por outro lado, entendemos que a perceção da violência como algo de negativo à partida não significa que as práticas violentas não possam ser analisadas num quadro mais vasto e crítico que procure identificar as suas causas, integrando um ato violento numa abordagem complexa que vá para além da dicotomia "vítima/agressor". Assim, importa reconhecer as diferentes perceções e justificações das práticas violentas sem as desculpar nem as demonizar.

A desconfiança com que muitos investigadores encaram a análise das questões de género e violência em África está, de certa forma, relacionada com o enquadramento da análise da violência quotidiana em correntes não consensuais e relativamente marginais, com raízes feministas, críticas ou normativas,[4] com um objetivo último de mudança social.

De facto, quando não contextualizadas ou meramente reduzidas ao discurso da vitimização das mulheres e raparigas, as análises sobre violência com base no género correm o risco de generalizar, exagerar e criminalizar práticas que necessitam de um entendimento historicamente e culturalmente mais aprofundado, bem como de reduzir as mulheres e as raparigas ao mero papel de vítimas – esquecendo a "agência tática",[5] através da qual as mesmas lidam com a violência e a incerteza (Utas, 2005), ou ainda a violência sexuada de que são também muitas vezes vítimas os homens, em particular os jovens (Barker e Ricardo, 2005).

---

[4] Tendo noção da diversidade interna das teorias e metodologias feministas, críticas e normativas, consideramos aqui, como elemento comum e relevante, aquelas correntes que se opõem às teorias de resolução de problemas com um objetivo de alteração do *statu quo* e de mudança nas hierarquias de poder e dos enquadramentos do conhecimento em favor daqueles e daquelas que se encontram excluídos (Spike-Peterson, 1992; Tickner, 2005).

[5] Mats Utas, entre outros autores (*e.g.*, Honwana, 2000), utiliza a noção de agência tática – respostas de curto prazo em relação à estrutura social –, por oposição a agência estratégica – a agência que consegue prever o futuro. Inspirando-se em Michel de Certeau, Utas considera que a agência não é algo que se possui ou não. É algo que se mantém em relação a um campo social partilhado com outros atores sociais e é dependente das situações específicas. Assim, as categorias vítima e agência não são mutuamente exclusivas. A agência pode ser exercida em circunstâncias de incerteza e adversas, como, no caso que estudou, no contexto de navegação social das raparigas durante a guerra na Libéria (Utas, 2005: 407-408).

Visando contrariar uma tendência para a "política do espelho",[6] procuraremos proceder a uma análise situada nas expressões e perceções das relações de poder e da violência baseada no género e na idade na Guiné-Bissau. Pretendemos, assim, analisar práticas e formas de violência sexuada que são experienciadas no âmbito familiar e nas relações de intimidade por jovens (raparigas) guineenses, num quadro de alteração dos meios sociais de controlo da reprodução e da sexualidade, situando-as num outro quadro mais vasto que desvende os vários níveis ou as escalas em que a violência se reproduz enquanto violência estrutural[7] ou simbólica.[8]

Não assumimos como automática nem obrigatória a relação entre violência estrutural e violência direta, visto que, por vezes, a noção de violência estrutural «ignora que as estruturas são reproduzidas e modificadas nas práticas sociais pelos agentes [...] sendo a relação entre estrutura e violência mediada pela agência» (Robben, 2008: 88). No entanto, continua a parecer-nos útil a noção de *continuum*, espirais, cadeias e espelhos de violência (Scheper-Hughes e Bourgois, 2004) como forma de contextualizar as práticas sociais: a violência direta e visível é influenciada – não obrigatória nem exclusivamente gerada – por outras formas de violência menos visíveis.

Esta influência pode ser vista num quadro de desigualdade estrutural entre os géneros mas também num quadro de violência estrutural – pobreza, crise económica – que exerce igualmente pressões sobre os homens. É necessário reconhecer ainda que uma grande parte dos homens guineenses não

[6] A busca de congruência entre as sociedades de origem das investigadoras e as sociedades em análise, bem como as próprias táticas e objetivos dos indivíduos e grupos nas sociedades analisadas face aos investigadores, pode levar a uma análise desprovida dos seus entendimentos localizados (Chabal, 1996: 44-51).

[7] Galtung define a violência estrutural como violência indireta que não é praticada por um agente concreto com o objetivo de infligir sofrimento mas, sim, como violência que é gerada pela própria estrutura social, pelas formas de organização das sociedades, e que se expressa na desigual distribuição do poder, sendo as formas mais relevantes de violência estrutural a repressão – em termos políticos – e a exploração – em termos económicos (Galtung, 1996: 2).

[8] A noção de violência simbólica não significa que a violência não seja real ou efetiva ou que seja meramente espiritual, sem efeitos reais – como a violência física ou sexual –, significa que os dominados aplicam categorias construídas do ponto de vista dos dominantes às relações de dominação, fazendo-as parecer naturais. A dominação concretiza-se, assim, através do não reconhecimento das estruturas de poder por parte do dominado que participa na sua própria opressão cada vez que entende e julga a ordem social através de categorias que a fazem parecer natural (Bourdieu, 2002 [1998]: 54-55).

tem acesso ao poder e não usa a violência como forma de afirmação. Segundo Michael Kimmel (2005), mais do que uma expressão do poder, a violência levada a cabo em nome de uma masculinidade hegemónica consiste numa tentativa de restabelecer o poder, fruto, muitas vezes, das condições económicas que impedem os homens de desempenhar os seus papéis "tradicionais" ou das transformações sociais que dão às mulheres cada vez mais espaços e oportunidades de liberdade e autonomia.

Procuramos assim analisar como os entendimentos da família, dos lugares e das funções de mulheres e jovens na sociedade e, ainda, como os ideais de masculinidade e feminilidade contribuem para formar entendimentos das relações de género e práticas violentas a fim de as justificar ou legitimar; é também nosso propósito identificar as transformações sociais que jogam um papel fundamental na complexidade dos papéis e atitudes das jovens raparigas, que as levam a não aceitar determinados tipos de violência (o casamento forçado, por exemplo) mas, ao mesmo tempo, a ser alvo de outras formas de violência (como a violência entre namorados).

Uma análise centrada nas violências de que as raparigas são objeto justifica-se por uma dupla invisibilidade referida nalguma literatura académica. De facto, tanto no âmbito dos estudos sobre jovens como sobre as relações de género, verifica-se uma preponderância de análises sobre rapazes e sobre mulheres adultas, respetivamente (Chant e Jones, 2005: 186). Isto deve-se, no âmbito dos estudos sobre a juventude, sobretudo a um enfoque problemático que equaciona a juventude como ameaça à segurança nacional ou à ordem pública, em que os rapazes são vistos como os principais atores. O próprio caráter recente da aplicação do conceito de juventude a raparigas, ou pelo menos o prolongamento desta fase da vida para elementos do sexo feminino (devido ao adiar do casamento), é também um dos fatores justificativos da relativa invisibilidade das raparigas nos estudos sobre a juventude (Schlyter, 1999: 14).

## 2. Relações de género: pluralidade e conceções dominantes
Uma das constantes verificadas nas entrevistas realizadas é a de uma sistemática diferenciação valorativa em relação às raparigas guineenses, traduzida numa crítica generalizada ao comportamento das raparigas de hoje como sendo "interesseiras", "desonestas", que não "se dão ao respeito", "que provocam os homens" e que se relacionam com estes apenas com o objetivo de obter ganhos materiais. Esta tendência para caracterizar as raparigas de

forma muito negativa, face às "mulheres sérias" de "antigamente", é bem patente nas seguintes considerações:

> As raparigas, se os homens não lhes dão dinheiro, elas vão buscar outro. É preciso encher-lhes o bolso (grupo de mulheres, Bubaque).

> *Vírus* das mulheres [namoro] é um jogo de interesses. O que fazem agora é toma-lá-dá-cá. São as atitudes que mostram a sua dignidade (grupo de homens, Canchungo).

Esta questão surgiu em quase todos os grupos, mas suscitou maior discussão sobretudo entre os jovens, uma vez que, sendo os grupos mistos (rapazes e raparigas), as "tensões" surgiam com maior frequência. A preponderância de estereótipos negativos face às raparigas é comum a muitos países africanos. Diversos autores abordam situações semelhantes de uma verdadeira "guerra entre sexos", em que o "materialismo" das raparigas é condenado de forma generalizada e especialmente acentuado por parte dos jovens rapazes que, em contextos de crise económica e ausência de oportunidades de emprego, se veem incapazes não só de aceder a recursos como também às próprias mulheres (Prince, 2006; Wade, 2008).

Sendo assim, torna-se necessário explorar os contornos das relações de género no contexto guineense. Com efeito, a análise das perceções dominantes sobre o papel de mulheres e homens na sociedade é fundamental para compreender de que forma podem propiciar uma justificação e legitimação de práticas de violência com base no género.

Enquanto construção sociocultural das masculinidades e das feminilidades, o género refere-se a «um conjunto de normas, valores e padrões de comportamento que exprimem expectativas explícitas e implícitas sobre o modo como os homens [e as mulheres] devem agir e apresentar-se aos outros» (Miescher e Lindsay, 2003: 4). As ideologias de masculinidade e feminilidade são, histórica e culturalmente, construídas e continuamente mantidas, contestadas e negociadas aos níveis interpessoal, institucional e cultural (Schlyter, 1999: 12). Para analisar esta construção sociocultural, é necessário compreender como, em determinados tempos e lugares, as pessoas falam e caracterizam os traços de género, como este é incorporado nas práticas e como os atores compreendem as suas próprias identidades de género (Miescher e Lindsay, 2003: 7). Aspetos tão importantes como estes implicam um enfoque multifacetado: nos *discursos* que exprimem ideias culturais e expectativas face ao que é definido como masculino e como feminino; nas instituições que promovem noções específicas de masculinidade e feminilidade; nas *práticas sociais*, tanto as que reproduzem como as que transformam os sistemas de género dominantes, dado que o género não é meramente construído mas produzido pelas ideias e ações de mulheres e homens em interação com estruturas e processos locais e mais vastos; na *subjetividade* dos indivíduos, o que implica compreender como as suas noções de masculinidade e feminilidade se refletem na experiência e identidade individuais; e, finalmente, nas tensões que diferentes modelos de masculinidades e feminilidades produzem durante o ciclo de vida e são vividas por indivíduos sem os recursos para alcançar esses ideais normativos (Miescher e Lindsay, 2003: 7-8).

As análises das relações e prescrições de género nas sociedades africanas têm suscitado diferentes reações e críticas quanto à pertinência de algumas abordagens de género e de teorias feministas para analisar estes contextos. Algumas destas críticas parecem-nos justificadas – como a tendência para uma homogeneização da situação das mulheres enquanto vítimas e dos homens enquanto agressores, o que perpetua uma visão miserabilista das mulheres africanas muitas vezes advogada na ideologia colonial como legitimação da missão civilizadora das metrópoles. O género é um elemento de estratificação social e de ponderação do poder relativo de cada ator, uma categoria entre outras – como a idade, a classe, a etnia, a religião, a posição no parentesco (Cattell, 2007: 106) – cuja maior ou menor influência na posição de determinados atores na configuração das relações de poder é histórica, contextual e biograficamente variável. Além disso, a tendência para retratos dicotómicos das construções de género – em que modelos monolíticos de feminilidade e masculinidade são assumidos como formas exclusivas e absolutas das relações e conceções de género – redunda numa imagem redutora e cristalizadora das relações sociais, ocultando o dinamismo e a fluidez das relações de género enquanto processos permanentemente contestados, reconstruídos e reproduzidos.[9] O enfoque antropológico tradi-

---

[9] De acordo com Henrietta Moore, uma das razões para estas construções monolíticas das relações de género está associada a enviesamentos característicos da antropologia – a disciplina que mais analisou as culturas não ocidentais, nomeadamente as questões de género. Segundo a autora, «na antropologia, a questão da identidade de género nunca foi tida como

cional consistia na variação intercultural e não intracultural. A antinomia em que esta abordagem assenta, opondo o indivíduo ao social, em que a cultura precede o indivíduo e em que este é moldado por aquela, ignora a construção mútua de ambos (Moore, 1994: 54). Para compreender as questões da identidade de género, tanto ao nível subjetivo como social, é necessária uma teoria do sujeito. Neste contexto, a noção pós-estruturalista de sujeito desconstrói um sujeito unificado e monolítico e revela-se particularmente útil para compreender a coexistência de múltiplos discursos e construções de género. Um único sujeito já não é equacionado como um único indivíduo: «os indivíduos são sujeitos multiplamente constituídos e podem adotar, e adotam, múltiplas posições de sujeito num conjunto de discursos e práticas sociais» (Moore, 1994: 55). À luz desta conceção de sujeito e tendo em conta um crescente interesse pela diversidade intracultural, cada vez mais trabalhos antropológicos se distanciam da equação «uma cultura – um sistema de género distintivo» e demonstram que «as culturas não têm um único modelo de género ou um único sistema de género, mas antes uma multiplicidade de discursos sobre o género que podem variar contextual e biograficamente» (Moore, 1994: 55-56).

A coexistência de diferentes conceções de género aponta para uma pluralidade de referências e para o «entrecruzamento de diferentes lógicas (global e local, pré-colonial, colonial e pós-colonial)» (Aboim, 2008: 274). Os modos como estas referências são manipuladas, combinadas e recombinadas derivam em grande parte das oportunidades e dos desafios que transformações socioeconómicas, culturais e religiosas mais vastas suscitam na forma como os homens e as mulheres, localizados em diferentes configurações de atributos de estratificação social, se veem e representam, e também na forma como as relações de género são organizadas e promovidas por instituições (Miescher e Lindsay, 2003: 2).

problemática porque se assumiu ser claramente determinada pelas categorizações culturais e entendimentos normativos». Ou seja, a forma como as representações sociais de género afetam construções subjetivas e, reciprocamente, como a representação subjetiva afeta a construção social do género – no fundo, a articulação entre o individual e o social, o agente e a estrutura – tem sido pouco explorada pela antropologia por esta ter tradicionalmente trabalhado com coletividades, com "outras culturas", assente numa visão específica da natureza da relação entre o social e o individual que acentua que os indivíduos nasceram em culturas e tornam-se membros delas através de processos de aprendizagem e socialização (Moore, 1994: 53-54).

## 2.1. Linhas de força das relações de género no contexto guineense

Procurar-se-á, nesta secção, fazer um esboço dos elementos comuns filtrados dos discursos e que parecem traduzir contornos do pensamento dominante relativamente ao lugar dos homens e das mulheres nas hierarquias sociais. Este levantamento das permanências – denominador comum da pluralidade de experiências e contextos marcados por diferentes características étnicas, etárias, económicas, geográficas e religiosas – não deve no entanto ser assumido como esgotando as conceções das relações de género no país. As construções de género são dotadas de uma grande pluralidade. Contudo, esta pluralidade de discursos e a coexistência de diferentes modelos de género não implicam que todos estejam em pé de igualdade: verifica-se de facto uma efetiva hierarquização de discursos e modelos, sendo alguns dominantes e outros menos valorizados e socialmente sancionados. Daí a importância de se analisarem denominadores comuns entre a pluralidade dos discursos.[10] De acordo com as entrevistas realizadas, sublinham-se de seguida alguns dos elementos que constituem as linhas desse discurso dominante sobre os sexos na Guiné-Bissau.

– *Maioridade legal e maioridade "natural"*: Ser homem ou mulher é um estatuto identificado com a passagem à idade adulta, sendo esta para os homens marcada por elementos como a assunção de responsabilidades, o cumprimento de rituais de passagem ou ainda por características físicas (de acordo com respostas de jovens) – sem esquecer a idade da maioridade legal, ou seja, os 18 anos, apesar de a faixa etária para passagem à idade adulta entre os homens variar entre os 15 e os 40 anos. Para as mulheres, esta referência à idade legal da maioridade é rara, dependendo o estatuto de mulher sobretudo da sua evolução biológica e física, *i.e.*, da sua capacidade de reprodução, situando-se a passagem à idade adulta entre os 12 e os 25 anos.

– *Primeiro e segunda*: Apesar da heterogeneidade religiosa na Guiné-Bissau, o forte sincretismo religioso entre as religiões monoteístas e as religiões endógenas está bem patente na enunciação por parte de fiéis de diferentes religiões, tanto muçulmanos como cristãos, da convicção de que o

---

[10] Como esclarece Moore, em muitas sociedades os discursos de género de oposição (que remetem para um caráter mutuamente exclusivo e antagónico dos sexos) são não apenas estrutural e hierarquicamente dominantes em relação a discursos alternativos, mas também internamente estratificados hierarquicamente (por exemplo, quando a mulher é vista como o Outro do homem, o que o homem não é) (Moore, 1994: 58-60).

homem nasceu primeiro e de que a mulher é um seu derivado, pelo qual ele tem de se responsabilizar, estabelecendo-se assim uma hierarquia naturalizada entre os sexos.[11] O homem é quem casa a mulher, quem a vai buscar para o casamento e não o contrário. Ela "é a companheira do homem", "é o segundo chefe de família", "é copiloto"; "a mulher é governo, o homem é presidente, é o Estado". Apesar de submissa face ao homem, a mulher tem poder sobre as crianças e os jovens – ela é a segunda.

– ***Poder e submissão***: Ser homem significa, de forma transversal a todos os grupos, ter poder e exercê-lo em relação às mulheres, às crianças e na comunidade.[12] Ele é "o que domina", "dono do certo ou errado". Apesar de esta aceção ser partilhada, a principal diferença verificada nas entrevistas é que algumas mulheres referem por vezes o poder do homem de modo negativo, mas nem sempre: com muita frequência, consideram também o exercício do poder e a assunção de responsabilidades como algo positivo e advogam que o homem deve dominar e educar a família. Quanto às prescrições sobre o que são as mulheres, traduzem-se sobretudo na apologia da submissão, da obediência, da abnegação, da fidelidade e da capacidade de sofrer. Devem "aceitar tudo, todo o sofrimento" e "baixar-se sempre [em relação ao homem] para ter a família unida".

– ***Público e privado***: Os homens definem-se sobretudo como seres sociais, conotados com o domínio público e com a intervenção na comunidade; por sua vez, as mulheres são sobretudo associadas ao espaço doméstico: é através do casamento e da maternidade que são definidas – "mulher é quando já não vai à escola, faz trabalhos caseiros e engravida", "mulher é cativa na casa".[13]

---

[11] Veja-se, a título de exemplo, os seguintes excertos das entrevistas: «Porque o homem foi criado e só depois a mulher, Deus deu a mulher ao homem para ele ter na casa. [Por] aquilo que lhe é dado, ele tem que ser responsável» (grupo de homens, Gabu). «O homem é o responsável da família, organiza a casa, desde que vem ao mundo, desde o primeiro dia da criação. Deus manda-o para isso. O homem é a árvore, dá sombra aos filhos, educa-os» (grupo de homens, Bubaque).

[12] «A diferença entre homem e mulher está só no sexo e [no facto de], quando casa, ser o homem quem manda» (grupo de mulheres, Canchungo). «A diferença entre homem e mulher é o poder: a mulher deve cumprir ordens, o homem não ouve as ordens da mulher» (grupo de mulheres, Catió).

[13] Este é um dos exemplos em que se verifica uma grande distância entre os discursos e as práticas. Não só historicamente as mulheres de diferentes etnias da África Ocidental, inclusive da Guiné-Bissau (ver, por exemplo, em relação às mulheres Balanta, Temudo, 2009: 50) são conhecidas por serem muito ativas no domínio económico e comercial, envolvendo por vezes

– *Voz e silêncio*: Enquanto os homens se caracterizam pela capacidade de ter voz – "homem é porta-voz", "homem deve ser uma só voz na família" –, as mulheres caracterizam-se pela obrigação de manter segredo, associada à capacidade de sofrimento: "a mulher tem tudo no segredo, aceita sofrer, não vai falar com colegas", "mulher a sério é a que trabalha e dá [dinheiro] ao homem sem dizer nada", "a mulher deve ter respeito, não fazer desavença pública". As mulheres são, assim, responsabilizadas pela manutenção da ordem social e de determinados modelos e regras sociais, mesmo que estes não correspondam à realidade.

– *Racionalidade e natureza*: Os homens autodefinem-se ainda pela sua racionalidade, tendem a responder ao que significa ser homem através da definição universal e abstrata do ser humano: "homem é um ser que pensa", "homem é pensamento", "ser dotado de inteligência", "ser racional com capacidade de agir, ser que traça objetivos". A dimensão do pensamento é algumas vezes frisada, algo que não acontece quando se definem as mulheres, tirando duas exceções em grupos de jovens. As mulheres relacionam-se mais com a natureza por via da procriação.

Em conformidade, a diferenciação dos sexos espelhada no discurso dominante traduz uma hierarquização dos mesmos e dos seus papéis sociais. É uma diferenciação assimétrica que remete para uma relação de poder desigual, em que a dominação dos homens é aceite por homens e mulheres e em que é concedida àqueles uma dominação simbólica sobre estas. Tal como Lígia Amâncio refere em relação a outros contextos, verifica-se, também no caso das representações prevalecentes sobre mulheres e homens na Guiné--Bissau, uma dominância simbólica do género masculino. Com efeito, neste país, «há uma assimetria nos recursos simbólicos que homens e mulheres têm ao seu alcance para construir a sua individualidade», devido a um significado muito mais amplo do masculino relativamente ao do feminino – o masculino é identificado com o de indivíduo e de ser humano, com todas as possibilidades de afirmação de singularidade que essas designações abstratas, e por isso universais, encerram, ao passo que o feminino é muito mais associado ao significado coletivo, cultural e socialmente específico do que é ser mulher (Amâncio, 1993: 134-135).

ter de percorrer grandes distâncias, como também atualmente a esmagadora presença das mulheres na economia informal revela o seu papel de relevo no espaço público (Galli e Funk, 1994; Lourenço-Lindell, 2002).

Esta diferenciação hierarquizada produz papéis e regras distintas de atuação para mulheres e homens na sociedade e contribui para a formação de modelos, de ideais de masculinidade e feminilidade, que seguem normas relativamente rígidas. As diferenças apresentadas nestas categorias estão também na base do estatuto social dos sujeitos e de relações estruturais de desigualdade entre homens e mulheres, que se manifestam ao nível económico, político e familiar, sendo muitas vezes reforçadas pelas leis, pelos costumes e pelas políticas (Grassi, 2003: 80).

## 2.2. Modelos de feminilidade e masculinidade dominantes

Os testemunhos recolhidos permitem esboçar os modelos dominantes do que deve ser uma mulher e um homem e destacar as características e papéis socialmente valorizados para cada sexo que estão na base das regras de comportamento e relacionamento entre homens, entre mulheres e entre uns e outras. Estes modelos, ou o distanciamento dos atores em relação a eles, influenciam o potencial de legitimação social da violência contra as mulheres e, no caso concreto que abordamos, contra as raparigas. Até mesmo as próprias regras que emanam destes modelos podem constituir em si mesmas formas de violência indireta, invisibilizada pela normalização social e cultural de hierarquias sociais e da própria discriminação. Vamos primeiro debruçar-nos sobre esses modelos, para depois refletirmos sobre a situação específica das jovens do sexo feminino.

O modelo ideal de mulher que surgiu como preponderante – aquele que mais foi referido pelos diferentes grupos de entrevistados – é o da mulher decente, normalmente conotado com mulheres a partir da idade adulta, merecedoras de um maior respeito, mas nem por isso isentas de um forte controlo social no que respeita aos ditames da moral dominante. O comportamento da "mulher decente" deve pautar-se pela obediência, submissão, fidelidade, reserva, segredo e sofrimento; além disso, "não deve ser materialista", "deve aceitar a hierarquia" e "deve cobrir o corpo". É alguém que "cumpre as funções da casa, não tem amantes, não anda na bebedeira na rua, tem a casa e a roupa organizadas", assumindo lugar de destaque na valorização social da mulher o cumprimento das suas tarefas domésticas como esposa e mãe. Além disso, deve ter uma relação socialmente formalizada e aceite, deve ser casada, apesar de algumas mulheres terem referido que, nas circunstâncias atuais, isso é cada vez mais difícil. Outros fatores – como a família e linhagem da mulher (nomeadamente, a reputação da família de origem e a educação que recebeu em casa, e ainda o facto de não pertencer a linhagens de feiticeiros, por exemplo) e a pureza (referência ao cumprimento de determinados rituais de passagem) – foram referidos como importantes para uma mulher ser respeitada e admirada, apesar de a virgindade antes do casamento ser pouco valorizada nos testemunhos recolhidos, sobretudo entre os não muçulmanos. Raramente os fatores de admiração ou respeito estão relacionados, por exemplo, com o conhecimento – embora alguns jovens rapazes demonstrem a sua preferência por raparigas escolarizadas[14] – ou com o trabalho para sustentar a família, o que, sabemos, é uma importante função de grande parte das mulheres guineenses. Igor Kopytoff (2005) faz a distinção entre papéis existenciais imanentes – aquilo que as mulheres e os homens são, o núcleo duro das suas características e papéis – e papéis circunstanciais ou práticas sociais, mais negociáveis e transitórias, aquilo que as mulheres e os homens fazem numa determinada época e lugar. Apesar de ser bem conhecido o contributo das mulheres na esfera económica e social na Guiné-Bissau e noutros países africanos, as relações de poder subjacentes à hierarquização dos sexos parecem tender a ocultar determinadas funções, estabelecendo-se uma distância efetiva entre os discursos e as práticas mas que é reveladora do reconhecimento social dos diferentes papéis assumidos por mulheres e homens.

Já no que respeita aos modelos de masculinidade dominante, coexistem dois[15] – o dos homens sérios e o dos *matchus*[16] –, cuja valorização social é bem distinta, nuns casos por "boas" razões, noutros por "más". O modelo dos homens sérios corresponde a atributos como honesto, trabalhador, simples, não ambicioso, respeitador dos outros, que partilha o seu conhecimento,

---

[14] O que significa que a ignorância das raparigas pode começar a não constituir uma mais-valia na hora de conseguir casamento. Vejamos os seguintes exemplos: «Mas os homens de hoje não querem mulheres que não vão à escola» (grupo de jovens, Bubaque) ou «Agora a mulher vai à escola, não quer ficar na dependência. A mulher antes era propriedade do homem porque dependia dele. Isso traz violência, a dependência» (grupo de jovens, Bissau).

[15] «Há vários tipos de homem: há os que ganham dinheiro e há os que roubam. Nesses dois casos, diz-se: – Aquele é homem!» (grupo de homens, Bubaque).

[16] Em crioulo, *matchu* e *omi* são dois termos que significam homem. Enquanto *omi* se refere apenas ao homem adulto, *matchu* pode significar simplesmente o sexo masculino (como por exemplo em *fidju matchu* – filho do sexo masculino) mas, quando se refere ao homem adulto, *matchu* tem geralmente uma conotação de masculinidade agressiva, hipersexuada e violenta.

que resolve os diferendos na *morança*,[17] que ajuda e se sacrifica pelos outros, não é violento, e que garante ou contribui para o sustento da família. Além destes aspetos referidos por todos os grupos, para as mulheres entrevistadas, o respeito e a admiração dados a um homem vêm da forma como se comporta na sociedade, mas sobretudo na família e em relação às mulheres; para elas, o homem deve ser educado, não autoritário, deve ser digno, saber sofrer, deve cumprir as suas obrigações e respeitar as mulheres. Também, "não é preciso ser rico ou bonito, desde que, na casa e na rua, ele respeite as pessoas". Mas reconhecem ainda que, algumas vezes, "na Guiné, se um homem respeita a mulher é mau para ele, é mal considerado, é considerado menos homem". O homem sério é também justo, não discrimina entre as suas mulheres, não vai arranjar outras "fora".

Quanto ao modelo dos *matchus*, trata-se de outras formas de valorização e atribuição de estatuto, relacionadas nomeadamente com a agressividade, em que por vezes as fronteiras entre o medo e a admiração que suscitam são ténues. *Matchundade* é a "capacidade de fazer alguma coisa, positivo ou negativo". Pode ser vista de forma positiva: "valentia ou capacidade de realizar coisas", "mostrar coragem que outros não têm", "mostrar que é um homem válido", "alguém que trabalha, que se esforça por ter dinheiro", "alguém que é esperto, tem poder, aquele que vai ver o Presidente diretamente". Normalmente, porém, o *matchu* é perspetivado de forma negativa, embora não deixe de ser valorizado secretamente: "trapaceiro", "faz coisas que não são sérias", "engana", "pega a mulher do outro", "é malandro", "gaba-se da valentia, canta de galo", "rouba dinheiro", "usa brutalidade", "usa a violência", "ação de força", "guerra", "ódio", "bate na mulher, viola-a", "tem muitas mulheres". Neste modelo, "homem é o que tem coragem", "homem é ciumento", "homem é egoísta, ambicioso", "homem gosta de se exibir, de exibir muitas mulheres".

A diferença entre *matchu* e homem está na forma como "educa a família", promove a sua unidade e demonstra dignidade; "*matchu* é diferente de homem: *matchu* é da natureza, homem tem responsabilidade, homem é maturidade, *matchu* é valentia perante a sociedade". Há ainda quem

---

[17] Agregado familiar que pode compreender várias casas ou *fogões*.

considere que, na Guiné, "*matchu* é dominante [em relação ao homem sério], porque é o exemplo que é dado pelos governantes".[18]

## 2.3. O lugar das raparigas na estratificação social de género

Os estereótipos negativos relativos às raparigas, enunciados no início desta secção (*vide* ponto 2.), apontam para uma posição duplamente subordinada das raparigas – não só partilham da condição de pertença ao sexo feminino, subvalorizado face ao masculino no pensamento dominante, como também da condição de pertença à categoria dos jovens, sendo por isso ainda subvalorizadas face às mulheres adultas e seniores. Para as mulheres (como para os homens), o respeito e o estatuto que lhes é atribuído depende de forma determinante da idade, conforme estabelecem as regras de valorização da autoridade dos mais velhos na sociedade, uma vez que, ao longo da vida, as mulheres contribuíram já para a riqueza e para o bem comum através do seu trabalho produtivo e reprodutivo. Outro dos fatores que têm contribuído para acentuar a diferença de estatuto e da perceção social dos jovens está relacionado com o contexto de crise socioeconómica prolongada no país, resultando, entre outros fenómenos, numa tendência de inversão do contrato intergeracional (Lourenço-Lindell, 2002) e numa perceção da juventude enquanto moratória social (Vigh, 2006).[19]

Qualificando as raparigas de materialistas, interesseiras e levianas, a maioria dos grupos de jovens partilha do ideal da "mulher decente" como modelo respeitado de mulher, com raras exceções,[20] do qual as raparigas de hoje são

[18] «Ninguém diz que outro é homem por fazer coisas boas: só quando faz coisas más» (grupo de jovens, Bafatá).

[19] De acordo com vários autores que escrevem sobre a problemática dos jovens e das relações intergeracionais em África, e também especificamente no caso da Guiné-Bissau, verifica-se cada vez mais uma tendência para os jovens não conseguirem apoiar as gerações mais velhas dada a dificuldade em participar em atividades produtivas e remuneradoras, verificando-se antes uma sobrecarga das gerações mais velhas, e sobretudo das mulheres, para sustentar os jovens (Lourenço-Lindell, 2002: 203-205). Neste contexto, como refere Henrik Vigh, na Guiné-Bissau os jovens encaram a juventude como uma moratória social, ou seja, como uma posição desvalorizada socialmente, e vivencialmente penosa, pelas relações de poder assimétricas e pela ausência de oportunidades de alcançar a autonomia e poderem cumprir a trajetória social e culturalmente almejada para o usufruto dos direitos e deveres da idade adulta (Vigh, 2006: 92-94).

[20] Apenas algumas raparigas, poucas, defendem que devem ser livres de vestir o que quiserem, por exemplo.

vistas como afastadas. De acordo com os testemunhos recolhidos junto de jovens, "respeito é quando tem o mesmo rapaz desde a infância, é calma", "usa roupas completas e não *cintura baixo*, tapa o cabelo", "aquela que não anda nas coisas da rua, nem imita a TV, as novelas", aquela que "mostra respeito pela família, trabalha, cozinha, não passa o tempo só a pintar unhas, não pensa em discotecas, respeita a sua palavra", aquela que "não vai buscar homem antes do casamento". Ou seja, verifica-se uma preponderância de elementos caracterizadores, pela negativa ou pelo contraste, dos fatores de respeito pelas raparigas: o respeito assenta naquilo que muitas raparigas de hoje mais são acusadas de transgredir. O tom verificado em grande parte dos discursos privilegia uma individualização desta transgressão, como se as transformações verificadas ao nível dos comportamentos das raparigas fosse algo apenas com origem exclusiva numa vontade própria, isolada de processos de mudança socioeconómica mais vasta e de uma adaptação estratégica e de negociação de relações de género, em que tanto homens como mulheres, jovens ou adultos, desempenham papéis importantes. Neste sentido, cabe perguntar, por exemplo, qual a relação entre a preponderância do modelo *matchu* e as acusações de que crescentemente são alvo as raparigas.

O poder simbólico atribuído a determinadas categorias de atores contribui para a ordem social vigente ao representar outros tipos de poder (económico, político...), ou seja, ao assumir uma forma transfigurada e legitimadora de determinadas relações de poder, contribuindo para a sua perpetuação (Bourdieu, 1977). A dominância simbólica do género masculino face ao feminino e a avaliação negativa generalizada das jovens raparigas – partilhada não só por homens e mulheres, mas também por algumas das jovens raparigas – traduz uma dinâmica de violência simbólica. Segundo Bourdieu,

> a violência simbólica institui-se por intermédio da adesão que o dominado não pode deixar de conceder ao dominante (e portanto à dominação) quando não dispõe, para o pensar e para se pensar ou, melhor, para pensar a sua relação com ele, senão de instrumentos de conhecimento que tem com ele em comum e que, não sendo mais que a forma incorporada da relação de dominação, fazem com que a relação em causa pareça natural (Bourdieu, 1999: 30).

A eficácia da dominação simbólica reside no facto de não ser matéria da consciência dos agentes mas, sim, de operar através dos *habitus*, ou seja, da incorporação de esquemas de perceção, apreciação e ação, que não são escrutinados por uma consciência pura preexistente ou externa a essa dominação (Bourdieu, 1999: 33).

## 3. Instituições, estatutos e violência estrutural

Se começarmos por tentar traçar um retrato geral da situação das jovens na Guiné-Bissau atual, a imagem preponderante que daí resultará será a imagem da vítima. Vítimas da pobreza, da discriminação e da violência, as jovens vivem diariamente as consequências de um Estado ausente[21] e de uma sociedade que, em alguns relatos, é vista como opressora. De facto, as raparigas são menos escolarizadas do que os rapazes e, sobrecarregadas com os afazeres domésticos desde tenra idade, têm mais dificuldades em aceder a um emprego formal.

Apesar de esta conjuntura de violência estrutural e quotidiana não afetar apenas as raparigas ou o sexo feminino, julgamos pertinente abordar as formas como a pobreza e o desemprego, a falta de acesso à educação e à saúde, a decadência das instituições públicas e a pluralidade dos sistemas jurídicos afetam as jovens enquanto condicionantes da aceitação ou recusa de práticas violentas. Com efeito, em todas as sociedades, as realidades e as relações de poder intergeracionais e intersexos evoluem constantemente, existindo, em momentos diferentes, espaços de negociação e de transformação dos "subordinados" face ao *statu quo*. No caso da Guiné-Bissau, estas negociações e transformações devem ser entendidas num contexto marcado por acentuada violência estrutural que transparece nos mais variados domínios: social, económico, institucional e político.

A corrupção, a falta de investimento nos serviços sociais e na justiça, o exemplo dado pelas elites, a permanente desconfiança face ao Estado, o isolamento de várias comunidades e a pobreza, a justiça praticada fora do âmbito do Estado e de forma aleatória são algumas das condições frequentemente apontadas nas entrevistas realizadas para justificar as violências contra as raparigas (e não só). A maior parte dos entrevistados não revela qualquer

---

[21] Ao falarmos de Estado ausente, referimo-nos à lógica de funcionamento do Estado pós-colonial, não necessariamente como uma anomalia face ao ideal normativo de Estado ocidental, como na maioria das abordagens aos Estados falhados ou ao colapso do Estado, mas simplesmente como constatação da ausência histórica do seu poder hegemónico sobre algumas sociedades, nomeadamente sobre a da Guiné-Bissau no que diz respeito à garantia de serviços à população, seja em matéria de saúde e educação, seja no domínio económico e da segurança (Chabal, 2002: 38).

esperança de resolução dos seus problemas através das vias formais, e a sensação de impunidade favorece o surgimento da violência. A relação entre Estado e cidadão, já desvirtuada ou inexistente em termos gerais, assume proporções de desigualdade acentuada em relação às mulheres e às jovens, uma vez que nem o Estado nem outras instituições garantem proteção face às práticas violentas.

### 3.1. O hibridismo das regras e instituições e os estatutos das mulheres

Algumas autoras argumentam que as sociedades africanas pré-coloniais, nomeadamente na África Ocidental, tinham as suas formas próprias de assimetria, desigualdade e estratificação, e que é errado pensar que o género era já um princípio de organização da sociedade anterior à colonização. Segundo as mesmas, em alguns contextos específicos, não existia a noção de mulher, já que a sociedade era hierarquizada segundo critérios como a idade e a pertença à linhagem ou a associação pelo casamento. Afirmam que a organização social baseada no género é uma construção colonial, reclamando, assim, que a organização da vida social pré-colonial era baseada num sistema dual de papéis associado a formas complementares de poder nas atividades e nos papéis de mulheres e homens, o que normalmente implicava rituais paralelos e tipos diversificados de associações e tarefas para homens e mulheres, separadamente – as mulheres dedicavam-se, *v.g.*, a cultivos diferentes daqueles que estavam a cargo dos homens. Assim, esferas separadas mas paralelas permitiriam a cada sexo manter o controlo de determinadas atividades de forma a beneficiar toda a comunidade através de uma complementaridade harmoniosa. Estas autoras recusam, por exemplo, ser pertinente em África a dicotomia público/privado no domínio da desigualdade entre os sexos, argumentando com o facto de as atividades das mulheres incluírem muitas vezes o comércio de longa distância ou a caça (Okome, 2001; Oyĕwùmí, 2002).

De facto, na Guiné-Bissau, a autoridade colonial contribuiu, em alguns aspetos, para uma deterioração da posição das mulheres face aos homens, designadamente ao nível da autonomia económica: «a conceção da divisão sexual do trabalho e dos papéis de mulher, esposa e mãe, veiculada pelos agentes coloniais, confrontou-se com a preexistência de uma tradição produtiva das mulheres africanas» (Domingues, 2000: 172). Além disso, noções como, por exemplo, a de respeitabilidade, o facto de cobrirem o corpo e o forte controlo da sexualidade feminina não se impuseram necessariamente pelo domínio do ancestral, dito "tradicional", mas, sim, pela história da islamização e, mais recentemente, por via da colonização e cristianização.

As limitações desta perspetiva, ainda que interessante do ponto de vista da análise do poder, dizem respeito a uma certa tendência para idealizar as sociedades pré-coloniais africanas,[22] admitindo, de certa forma, que a papéis diferentes corresponde uma valorização igual. Assumimos aqui, neste ponto, que os contextos africanos pré-coloniais foram também marcados pelas hierarquias onde a «exclusão, face ao poder, e a dependência» são sentidas pelas mulheres, pelos filhos e pelos jovens em relação aos "homens", "pais" e "mais velhos" (Argenti, 2007: 8).[23] Entendemos também que estas hierarquias são ainda hoje reguladas por regras e instâncias de controlo social e jurídico próprias, as quais, em contextos como o da Guiné-Bissau, onde o Estado não se apresenta como instituição reguladora máxima, são de suma importância, mesmo que essas categorias e relações de poder tendam a ser cada vez mais desafiadas, fruto de processos e transformações mais vastos na economia, na sociedade ou na política.

---

[22] Neste sentido, a cientista social feminista nigeriana Ayesha Imam alerta para a necessidade de evitar uma idealização das sociedades africanas, referindo que, na «revolta contra as falsas universalizações etnocêntricas Ocidentais, devemos ter cuidado em não consagrar em seu lugar essencializações de Africanidade igualmente falsas, que nos impedem de examinar certos aspetos de relações opressoras (quer sejam de género, classe ou outro grupo)» (Imam, 1997: 17).
[23] São vários os autores que advogam esta perspetiva. Por exemplo, Bibi Bakare-Yusuf refere que, apesar de ser necessário ter em conta o grande impacto do colonialismo, das religiões monoteístas e das transformações socioeconómicas na renegociação de contratos de género existentes em que os estatutos das mulheres eram distintos dos atuais, é importante não esquecer os contextos extremamente diferenciados no seio do continente africano e não generalizar abusivamente a partir de exemplos específicos em que as mulheres detinham muito poder para retratar a situação das mulheres em todo o continente na era pré-colonial, nem concluir que o género não era pertinente nas sociedades pré-coloniais devido à proeminência de outros fatores de estratificação social, tais como a idade, em determinados contextos (Bakare-Yusuf, 2004). De facto, deve ser analisado em cada contexto específico se faz ou não sentido considerar as relações de género africanas como resultando de uma «sobreposição de patriarcados», alguns impostos através do colonialismo, outros localmente derivados (Miescher e Lindsay, 2003: 3). Neste sentido, em vez de uma análise exclusivamente dicotómica da situação pré-colonial face à situação colonial e pós-colonial, ou seja, entre contratos de género supostamente endógenos *versus* contratos externamente induzidos, dever-se-ia procurar analisar também se existem continuidades, em vez de as negar à partida (Coquery-Vidrovitch, 2007).

Durante a guerra colonial, o programa do PAIGC (Partido Africano para a Independência da Guiné e Cabo Verde) incluía o apelo à participação e mobilização das mulheres para a luta armada, incluindo a criação, em 1961, da UDEMU (União Democrática das Mulheres da Guiné), apelo paralelo ao objetivo da modernização do país, que não se deveria fazer sem respeito pelo que existia, apenas «recusando os seus aspectos negativos» (Cabral, 1969 [1974]) conotados com as práticas ditas tradicionais e vistas como causa da opressão das mulheres: o casamento forçado ou a poligamia, por exemplo. Se, por um lado, existia a noção de que esta modernização deveria ser realista e pragmática, baseada nas condições materiais e culturais do país, por outro lado, eram vivamente desaconselhadas práticas consideradas negativas e vistas como provenientes da ignorância e do atraso.

Esta diferenciação entre práticas "atrasadas" e "tradicionais" e práticas "modernas" e "emancipatórias" subsiste, hoje, nos discursos e nas perceções populares. Foi recorrente nas entrevistas a utilização dos termos "tradicional", "atrasado" e "coisa da *tabanca* [aldeia]" para justificar ou, simultaneamente, condenar práticas como a poligamia, o casamento forçado ou o não acesso à educação pelas raparigas. Da parte dos jovens, sobretudo, verifica-se uma valorização acentuada da necessidade de transformação social para se sentirem mais "modernos", mais "abertos", uma necessidade de diferenciação em relação aos mais velhos. Lorenzo Bordonaro, analisando jovens rapazes de Bubaque, refere-se à apropriação da modernidade pelos jovens simultaneamente utilizada como tática, por um lado, e como mapa, por outro. Como tática, a modernidade constitui um capital simbólico utilizado localmente por um grupo subordinado a fim de criticar os mais velhos e o Estado, distanciando-se destes e remetendo-os para uma posição de suposta inferioridade face às suas ambições e visões "atualizadas" do mundo; como mapa, porque o discurso da modernidade seria não apenas uma opção racional, mas também uma forma de os jovens conferirem sentido às transformações socioeconómicas e ao seu lugar no mundo (Bordonaro, 2006: 139-140).

O paradoxo induzido por esta tendência reside no facto de se remeter a violência apenas para o âmbito do "tradicional" – casamento forçado, por exemplo, muitas vezes apresentado como sinónimo de cultura –, ao mesmo tempo que se justificam outras práticas similares (*v.g.*, violência entre namorados) com a dissolução das velhas regras de autoridade e com as transformações sociais vistas como processos de modernização, conforme adiante veremos.

Após a luta armada e conseguida a independência da Guiné-Bissau, o enquadramento político, jurídico e institucional no respeitante às mulheres alterou-se em relação à época colonial, mas permanece marcado pela bifurcação do Estado (Mamdani, 1996) entre o setor "moderno" e o "tradicional" e ainda pelo pluralismo e pela heterogeneidade política e jurídica (Santos, 2003). Assim, atualmente coexistem a versão colonial cristã e autoritária do lugar da mulher na família e na sociedade, subordinada ao homem, e as diferentes conceções e práticas das sociedades africanas em relação às mesmas.

Na prática, o hibridismo das formas de resolução de conflitos e de controlo social acabam por redundar muitas vezes em impunidade, nomeadamente quando se trata de casos em que as mulheres são discriminadas.

### 3.1.1. Poligamia

A poligamia é um sistema de organização familiar, económica e social praticado por todos os grupos étnicos na Guiné-Bissau.[24] Estima-se que atualmente 49% das mulheres na Guiné-Bissau vivam em casamentos poligâmicos (MICS, 2006). No entanto, segundo os inquéritos coloniais, em 1951, 59% dos homens tinham apenas uma esposa (Carreira, 1951: 929). A poligamia, ao contrário do que muitas vezes se pensa, não é um sistema totalmente generalizado, por razões simbólicas e económicas, uma vez que o número de mulheres corresponde também, em geral, ao poder económico e estatuto dos homens.[25]

Na realidade, apesar de socialmente aceite,[26] uma grande parte das mulheres e dos jovens que entrevistámos revelou-se descontente com esta prática,

---

[24] A África Ocidental é a região africana onde a poligamia atinge maior amplitude devido às suas funções de ordem económica (valor produtivo das mulheres e das crianças), sexual (regra da abstinência pós-parto), religiosa (peso do Islão), social (prestígio do homem) e político (poder dos homens, sobretudo dos mais velhos) (Antoine e Pilon, 1998: 1).

[25] Em alguns grupos populacionais, como os balantas *brassa*, às mulheres é conferida também alguma liberdade sexual. Embora não se trate propriamente de poligamia, se a mulher em causa não for uma primeira esposa, três anos após se casar pode praticar o *kundega* ou *B'nangha*, uma instituição social que permite à mulher deste grupo a possibilidade de escolher e viver durante um período indeterminado noutra *tabanca* com um amante (Handem, 1986: 90; 171-177).

[26] A valorização de um homem vem, muitas vezes, do facto de ter "mais gente", ter muitas mulheres e muitos filhos. Apesar de algum descontentamento, é visto como normal o facto de um homem "necessitar" de várias mulheres, sejam elas "esposas" ou não. Além disso, por vezes, os sentimentos que as mulheres nutrem pelos maridos ou a necessidade de conformidade social podem levá-las a aceitar a situação mesmo que esta as incomode: «O homem pode

quer por motivos patrimoniais, quer por motivos sentimentais. O descontentamento demonstrado não é necessariamente expresso de forma absoluta mas muitas vezes de forma relativa, ou seja, aceita-se a poligamia, desde que esta não produza desigualdades ou situações de vida injustas, desviando recursos de um núcleo familiar para outro.[27]

> O homem e a mulher casam um com o outro, mas o que acontece é que o homem deixa a mulher e vai buscar meninas de 15 anos para casar. Mulher com idade sofre, mas não vai buscar rapazes, colegas dos filhos para casar. Então, o homem não respeita a mulher quando vai buscar outras, a mulher deixa de querer o homem. Às vezes, o homem leva até o dinheiro da mulher para ir buscar outra rapariga (grupo de mulheres, Gabu).

> Ter muitas mulheres é só nome, só fama. Os homens não trabalham, são as mulheres que têm que fazer tudo (grupo de jovens, Quinhamel).

A poligamia pode estar na origem de várias tensões,[28] uma vez que significa também que, dentro da família, se relacionam mulheres com diferentes níveis de poder, sendo tradicionalmente a primeira mulher, a mais velha, que assume um estatuto mais valorizado. No entanto, estas regras não são universais e encontram-se em permanente mutação. A equação que remetia para as mulheres mais velhas a autoridade e para as mais novas a obediência parece diluir-se em muitos casos.[29]

ter várias mulheres, se elas aceitam e ele consegue dominar a situação; se não consegue, é só pólvora dentro de casa. Antes todos tinham três ou quatro mulheres, homens grandes tinham até sete ou oito mulheres, mas agora têm que dar muito arroz para todas, fica difícil» (grupo de homens, Bubaque). Além disso, o facto de um homem necessitar de várias mulheres é atribuído à vontade da própria esposa ou ao descuido da mesma com as suas funções, sobretudo à medida que vai envelhecendo: «Às vezes as próprias mulheres buscam outras mulheres para o marido para descansarem. Então, nesses casos, as mulheres têm culpa» (grupo de mulheres, Gabu). «Às vezes arranja-se outra mulher porque ela já não aguenta para servir o homem todos os dias, homem quer [sexo] todos os dias e a mulher não quer» (grupo de jovens, Bissau).
[27] «É normal que o homem tenha sexo com outras mulheres, é a sua natureza» (grupo de mulheres, Bissorã).
[28] Não pretendemos retratar a poligamia como um sistema mais ou menos conflitual que outros, apenas dar conta das tensões que nos foram relatadas.
[29] Num estudo sobre a sexualidade e a fecundidade na comuna de Ouakam, situada perto de Dacar, são relatados casos em que jovens raparigas não excluem a hipótese de se casarem com

Quando o homem sai, a primeira mulher assume e as outras obedecem. Só que atualmente o poder de decisão está na última mulher. A primeira sofre e acaba até por se suicidar... (grupo de mulheres, Quinhamel).

Também uma parte dos homens entrevistados garante que hoje em dia é cada vez mais difícil casar com várias mulheres, porque isso implica uma situação económica mais favorável.

Casar muitas mulheres antes era grande *ronco*,[30] era muita mão-de-obra para trabalhar no mato. Mas agora, quando se tem mais do que uma mulher, significa que se tem muitas bocas para alimentar (grupo de homens, Canchungo).

Estas dificuldades têm levado a que a poligamia tenda a transformar-se num regime informal,[31] coexistindo vários modelos e regimes de casamento ou coabitação (Domingues, 2000: 353). Apesar de a poligamia ser um sistema formal que implica reconhecimento social das múltiplas relações e coabitação, os nossos interlocutores, eles e elas, incluíram, muitas vezes indiferenciadamente, as relações extraconjugais comuns (a casa dois) como equivalente da poligamia.

### 3.1.2. Recursos e heranças

O acesso à terra e aos recursos naturais ligados à mesma (água, árvores, pastagens, etc.) não é, na maior parte dos casos, reconhecido às mulheres, a não ser em regime de usufruto, e estas estão, face à morte do marido, impossibilitadas de herdar. As mulheres têm em muitos casos direito ao seu próprio pedaço de terra que lhe é atribuído pelo marido. Em caso de divórcio

um homem poligâmico com a condição de serem a última esposa por esta ser tendencialmente a "preferida", a que recebe mais atenção e benefícios do marido (Wade, 2008: 121).

[30] *Ronco* significa bazófia, motivo de admiração e orgulho, sinal de prestígio e de riqueza do homem.

[31] «Apesar de a poligamia colocar quase sempre o homem numa posição de poder em relação às suas mulheres, na sua versão tradicional, ela restringia também as relações extraconjugais. No entanto, em alguns contextos, a tradição tornou-se mais informalmente interpretada como o direito de o homem ter o número de parceiras sexuais que desejar. Assim, ainda que a tradição tenha sido, de certa forma, alterada por diversos fatores sociais e económicos e limitada pela lei, em alguns países, o discurso normativo que garante que o homem precisa de mais do que uma parceira continua a existir» (Barker e Ricardo, 2005: 17).

ou viuvez, as mulheres raramente herdam, ficando a terra para a família do marido, o que pode originar situações muito graves, sobretudo se a descendência for escassa e eventualmente feminina. Quanto ao acesso à propriedade na sua própria família ou linhagem, as mulheres herdam, quase sempre, menos do que os elementos masculinos.[32]

O facto de grande parte dos casamentos se fazer entre homens mais velhos e mulheres mais jovens leva a que a questão das heranças deixadas por cônjuges seja praticamente um assunto de mulheres. Além disso, poucos são os casamentos oficiais, ficando as mulheres dependentes das normas tradicionais de sucessão. O problema radica, por um lado, na discriminação das mulheres no que diz respeito às regras de costume sucessório – em diferentes etnias as mulheres estão afastadas da propriedade, quer enquanto cônjuges, quer enquanto filhas, sobretudo no que diz respeito a bens imóveis –; por outro lado, decorre do facto de o próprio Código Civil guineense não assumir a posição sucessória dos cônjuges com caráter privilegiado (Mané, 2004). Não só as mulheres correm o risco de ser despojadas de todos os bens do marido como até dos próprios filhos quando a família do marido (irmãos e sobrinhos, muitas vezes) assume a prioridade na sucessão.[33] As regras são bastante diversificadas,[34] dependendo de cada grupo étnico – existindo também diferenças intragrupais –, da posição social e económica da mulher e sua família e ainda da sua coragem para reclamar a

---

[32] Para uma síntese sobre os direitos de propriedade e acesso aos recursos pelas mulheres em África, ver Hesseling e Locoh (1997: 7-12).

[33] «A mulher herda se tem filhos, mas nem sempre, sobretudo nos casamentos tradicionais. Quando o casamento é oficial, pode meter queixa mas, se não, a família sempre se intromete» (grupo de mulheres, Bissau). «Depende do tipo de casamento, se é oficial ou comunitário. Neste último, são os filhos e a família do homem que herdam; a mulher pode beneficiar a partir dos filhos. As mulheres mesmo põem de lado, não exigem. Na lei islâmica há diferença entre homens, mulheres e filhos. Mulher não herda porque se vai para outro casamento leva a riqueza da família» (grupo de homens, Catió). «Em quase toda a Guiné, a herança é da família do homem, a mulher agora fica só com os seus filhos. O irmão do homem deve saber tudo o que tem, é o dono da casa, é o irmão que vai orientar, mas não pode tirar tudo» (grupo de homens, Canchungo).

[34] Leonardo Cardoso explora, por exemplo, os sistemas de herança dos Pepel, Mancanha e Manjaco, revelando não só as diferenças entre os grupos, mas também as diferenças dentro do mesmo grupo, dependendo da sua localização (zonas geográfica), e ainda as transformações de adaptação ao direito moderno que já então se faziam sentir (Cardoso, 2003).

herança. Em alguns casos, as próprias viúvas constituem parte da herança[35] dos irmãos ou sobrinhos do falecido, tornando-se, algumas vezes, empregadas da família do marido falecido. O costume de a mulher ser objeto de herança é uma prática cuja extensão globalmente se desconhece mas que se crê em progressivo declínio.

## 3.2. Sobrevivendo entre crises

> Agora mulheres é que são chefe de família, são elas que se preocupam com a casa e com os filhos. Eu é que sou chefe, pago tudo, faço tudo... e depois ele não perde o título? (grupo de mulheres, Canchungo).

> Homem que não cumpre as suas obrigações, perde o respeito. Quando o homem está desempregado, pode até perder a mulher. Mas há outras que sofrem e aceitam, compreendem a situação (grupo de jovens, Catió).

Estes testemunhos revelam a complexidade e a transformação das conceções das relações de poder e autoridade nos agregados domésticos. As mudanças sociais que têm vindo a ocorrer, tanto no respeitante às relações de género como às relações intergeracionais, são resultado de vários processos que vão desde a introdução dos modelos coloniais de família e de divisão do trabalho, passando pela influência das religiões monoteístas, até à progressiva urbanização. Pretendemos, no entanto, focar especificamente o papel de décadas de "crise" e precariedade económica, agravadas pela permanente instabilidade política e pelos conflitos militares, na alteração dos modelos e das regras familiares e de divisão de papéis por género e idade bem como a sua relação com práticas encaradas como formas de violências.

---

[35] A prática da tutelagem da mulher por parte do herdeiro do falecido marido, conhecida como levirato, constitui de certo modo uma forma de garantir à recém-viúva a continuidade da proteção e do acesso a recursos da linhagem do marido. No entanto, a necessidade de essa proteção e acesso serem mediados pela tutela de um elemento do sexo masculino, e não em nome próprio, reflete o modo como os objetivos de concentração de recursos pelas linhagens constituem um elemento importante na definição dos herdeiros.

### 3.2.1. Pobreza e desigualdades

A população da Guiné-Bissau, após a independência, atravessou sempre enormes dificuldades económicas.[36] Nos anos 80 do século XX, na sequência de uma década de centralização económica, deu-se início a um programa de privatizações, de redução da presença do Estado e de liberalização económica, inicialmente induzido pelos Programas de Ajustamento Estrutural, o que, juntamente com a instabilidade política das décadas seguintes, conduziria até hoje a população guineense a um quotidiano de permanente desemprego, de informalidade e sobrevivência. Um ano após a implementação desse programa, os gastos com salários públicos foram reduzidos a metade (Padovani, 1991: 58), implicando uma vaga de despedimentos e de congelamento de salários que contribuíram para o empobrecimento das famílias modestas nos centros urbanos e para a precariedade e insegurança dos rendimentos: «poucas famílias conseguem ter resolvido na véspera os problemas básicos do dia seguinte» (Monteiro e Martins, 1996: 178).

O aumento dos agregados familiares nos contextos urbanos, devido ao êxodo rural, deu origem à improvisação de estratégias de sobrevivência que, associadas ao desemprego dos homens no setor formal, levaram cada vez mais mulheres a integrar o setor informal da economia (Imbali e Cardoso, 1996). As dificuldades de acesso aos recursos, a fraca escolaridade das mulheres guineenses e o seu papel social e familiar fazem delas verdadeiras especialistas no setor "informal". As falhas na economia formal e moderna estão na base da recriação de formas de sustento possíveis de, às vezes, conciliar o seu dever familiar com um emprego "formal". Seja no setor agrícola, seja no comercial ou nas pescas, mas é sobretudo nos mercados urbanos que as mulheres vão buscar parte significativa do seu rendimento.[37]

Este processo intensificou-se ainda mais após o conflito de 1998/99, como é apontado no estudo de Lourenço-Lindell (2002), no qual se analisam os

---

[36] Tal não significa que antes não atravessasse dificuldades, mas que apenas pretendemos delimitar a análise ao período pós-colonial.

[37] Dois estudos relativos a diferentes atividades femininas, com uma década de diferença entre eles, confirmam o papel das mulheres na manutenção económica das famílias na Guiné-Bissau, como, de resto, sucede em toda a África Ocidental, apesar da sua constante desvalorização. No primeiro estudo, de uma amostra de 52 *bideiras* (vendedoras) entrevistadas, cerca de metade custeava inteiramente as suas despesas, dos filhos e outros dependentes em agregados familiares que podem atingir os dez membros (Domingues, 2000: 361); já no estudo mais recente, 53,5% de trabalhadoras do sexo revelaram ter a seu encargo mais de 5 pessoas (ENDA, 2009).

impactos da liberalização e da crise prolongada na degradação das condições de vida nos centros urbanos, bem como na degradação das redes de solidariedade tradicionais entre os pobres urbanos, com consequências na redistribuição económica das famílias e nas conceções de género e das relações intergeracionais.

As mulheres sempre se dedicaram à agricultura familiar e ao comércio, mas estas atividades não são necessariamente valorizadas como são aquelas desempenhadas pelos homens:

> – A vida mais difícil é a vida da mulher.
> – Porque nós, mulheres, não trabalhamos. Os homens às vezes arranjam uns biscates, trabalhar a madeira, consertar carros, etc. E nós, as mulheres? Ou escola ou vender na feira.
> – Por vezes ficas sentada e não vendes nada de manhã até [à] tarde. Tens filhos em casa a sofrer e não tens o que lhes dar. Os homens podem ainda consertar carros, fazer malas, camas. Pode pedir emprestado a outro homem, porque amanhã sabe que vai trabalhar e consegue devolvê-lo (entrevista com grupo de raparigas, Bissau, 2009).

Como ilustrado neste excerto, o desemprego tende a ser visto apenas como um problema masculino, tendo em conta o ideal do homem provedor da família.[38] Apesar do seu contributo económico fundamental, as mulheres, em todas as faixas etárias e em todas as regiões, são mais afetadas pela pobreza humana do que os homens. No entanto, as mulheres dos 31 aos 45 anos são menos atingidas pela pobreza monetária do que os homens (PNUD, 2006: 9-12), tendência que não é acompanhada pela evolução de outros critérios de medição da pobreza humana, como o acesso à educação.[39]

---

[38] Lourenço-Lindell confirma esta perceção, ao referir que em Bissau ocorre uma transferência das responsabilidades de provisão dos homens para as mulheres (sobretudo esposas e mulheres mais velhas) quando aqueles estão desempregados, sendo esta condição vista como justificando e legitimando a evasão de responsabilidades dos homens e a transferência para aquelas que não são afetadas por essa condição de desemprego, que se veem assim levadas a suportar os encargos das famílias através de atividades "não-laborais", como o pequeno comércio (Lourenço-Lindell, 2002: 203).

[39] O indicador de pobreza humana (IPH) é um indicador composto que analisa a pobreza a partir das privações que impedem as populações de levar uma vida decente: longevidade, instrução e acesso ao conhecimento, possibilidade de atingir um nível de vida decente.

"RAPARIGAS DE AGORA É SÓ PROVOCAÇÃO!" DINÂMICAS VIOLENTAS DAS NEGOCIAÇÕES...

Além da subalternização das suas atividades económicas, as raparigas, de modo geral, continuam preteridas, face aos rapazes, no acesso à escola, o que lhes dificulta ainda o acesso a determinadas funções e a melhoria das suas atividades. O acesso das meninas e jovens raparigas à educação está bastante aquém do ideal: o rácio é de 83 raparigas para cada 100 rapazes no ensino primário e de 44 raparigas por cada 100 rapazes no ensino secundário (PNUD, 2006: 14).[40]

Apesar das melhorias na escolarização nos países africanos, e na Guiné--Bissau em particular,[41] a presença educativa do Estado fora das cidades continua a ser bastante deficiente. Não constituindo um problema exclusivamente feminino, devido às dificuldades económicas e da organização e qualidade do sistema de educação, o acesso à educação é, no entanto, diferenciado de acordo com o sexo. As raparigas são, por um lado, impedidas de ir à escola, se não desde sempre, a partir de uma determinada classe/idade; por outro lado, mesmo quando vão à escola, são frequentemente objeto de discriminação por parte de professores face aos rapazes. Não se espera, muitas vezes, que as raparigas atinjam o mesmo grau de sucesso escolar que os rapazes e, por isso, não são feitos esforços equitativos de aprendizagem em relação às mesmas. Ao mesmo tempo, a falta de acesso das raparigas à escola é justificada pela sua aparente inutilidade: tendo em conta o contexto económico, são mais úteis para a família e para elas próprias se forem dadas em casamento. De facto, num país onde nem os detentores de grau universitário têm empregos estáveis e bem pagos, o valor da escola dilui-se no imaginário social. Os poucos cargos de emprego formal para os quais a escola pode ser útil destinam-se sobretudo aos homens, pelo que o valor económico das mulheres é atingido sobretudo no cuidado da casa e dos filhos:

---

[40] Esta diferenciação remonta às políticas educativas coloniais em que «os homens eram os primeiros beneficiários da escolaridade formal», já que eram também «o grupo alvo das acções desenvolvimentistas». Além disso, «instaurou-se um ensino específico para as raparigas nativas, onde se procurava inculcar a ideologia da mulher passiva, esposa e mãe, dependente economicamente do pai ou marido. Por outro lado, a imposição dos Programas de Ajustamento Estrutural revelou-se fatal para a promessa de modernização e universalidade do ensino na Guiné-Bissau, levando à transferência dos custos com a educação suportados pelo Estado para as famílias» (Borges, 2007: 77).

[41] Na Guiné-Bissau, a taxa bruta de escolarização aumentou substancialmente nos últimos anos, sobretudo ao nível do ensino básico, embora registe também um aumento, mais tímido, ao nível do ensino secundário (PNUD, 2006: 13).

Todos têm que ir à escola, mas, dentro de si, muitos não é assim que pensam. Pensam que riqueza é dar a rapariga [em casamento]. Não há dinheiro para o futuro da criança nas *tabancas*. Então as raparigas não vão à escola (grupo de homens, Quinhamel).

Outro fator que impede uma melhor escolarização das raparigas é a circunstância de estas engravidarem enquanto ainda fazem o seu percurso escolar. Isto acontece não só porque engravidam muito cedo, mas porque os percursos escolares muitas vezes não são feitos de forma permanente e contínua, levando a que muitas adolescentes se encontrem ainda no ensino primário ou a que jovens adultas frequentem os liceus. As próprias raparigas, em grande parte, não veem na escola um projeto de vida e de emancipação, aceitando as funções que a sociedade lhes atribui como mulheres: ser mãe e esposa:

O problema é que as raparigas têm filhos muito cedo e depois não vão à escola. Há até casos, por exemplo na ilha de Uno, [em] que as próprias raparigas se negam a ir à escola. Isso pode acontecer porque as próprias meninas não querem ir ou porque a escola não existe (grupo de jovens, Bubaque).

Por outro lado, a escola é ainda encarada, sobretudo nas áreas rurais, como uma fonte de insubmissão e aculturação, uma maneira de as raparigas negarem os propósitos da família e de se distanciarem da cultura da comunidade local e dos seus princípios reguladores da reprodução social, o que não é exclusivo do sexo feminino, mas em relação ao qual se verifica de forma mais acentuada (Cardoso *et al.*, 2007: 7-8).[42]

No entanto, de acordo com o inquérito que realizámos junto de jovens em Bissau, estas perceções vão mudando. Segundo 91% dos inquiridos, "a mulher tem o mesmo direito que o homem de trabalhar fora de casa e estudar". De acordo com outros estudos (Barker e Ricardo, 2005), a aprovação social em relação à escolarização e ao trabalho fora de casa do sexo feminino

---

[42] «Não se aceita que as raparigas vão à escola, porque depois os homens não fazem nada das mulheres, elas não obedecem» (grupo de mulheres, Gabu). «É verdade que a escola ajuda [as filhas] a desobedecerem ao pai» (grupo de homens, Gabu). «Eles impedem os filhos de ir à escola porque depois vão entender crioulo e português, vão ser "civilizados" e depois não vão reconhecer os pais» (grupo de mulheres, Quinhamel).

tende a aumentar em muitas sociedades africanas. Esta alteração, todavia, não se traduz necessariamente em visões mais igualitárias das sociedades no que diz respeito à partilha de deveres domésticos,[43] por exemplo, ou à legitimidade de utilização da violência pelos homens em relação às mulheres.

### 3.2.2. Reconfiguração das relações de poder e violência

As dificuldades económicas, o progressivo abandono da economia agrária, o desemprego masculino e o não pagamento de salários fazem com que os homens vejam o seu poder diminuído por não conseguirem cumprir o papel de provedor da família, como vimos nas citações que iniciam esta secção.

Começa a ganhar algum peso o reconhecimento do papel das mulheres no sustento da família e, consequentemente, geram-se algumas mutações e inversões nas relações de género. Assim, a incapacidade dos homens em cumprir a sua parte no contrato de género e de negociar um novo parece ter sérias consequências para muitas famílias (Lourenço-Lindell, 2002: 205).

Estas mutações verificam-se em dimensões como a chefia da família ou a gestão do dinheiro. A possibilidade de gerir o seu próprio dinheiro não é ainda uma evidência para todas as mulheres guineenses, ficando o homem com o poder de vigiar e controlar os gastos da esposa. Esta prática é justificada com a manutenção do poder do homem,[44] com a desconfiança gerada

---

[43] A prática da divisão de papéis, tarefas e funções entre homens e mulheres é universal e não é necessariamente vista como uma forma de violência ou discriminação. No entanto, é através desta socialização diferenciada que opera a violência simbólica, a aceitação pelas mulheres dos códigos e regras sociais que as fazem subordinadas aos homens em muitas matérias e que determinam o seu valor social. Tanto para as jovens como para as adultas, o não cumprimento das funções das mulheres na casa pode originar conflitos e atos violentos. No entanto, parece certo que a negação destas funções não está em causa para a maioria das raparigas e mulheres entrevistadas, surgindo até expressões de algum desprezo para com as jovens que não cumprem os seus papéis. Apesar de, neste contexto, as crianças, dos dois sexos, trabalharem em casa, há uma tendência para as raparigas terem mais obrigações, sobretudo na adolescência, cozinhando, lavando a roupa, ocupando-se dos irmãos mais novos. Apesar de a divisão de papéis ser provavelmente mais rígida nas zonas rurais, as diferenças notam-se talvez mais nas zonas urbanas, onde os trabalhos físicos dos rapazes não são tão necessários. Quando estes chegam da escola, por exemplo, não se espera que trabalhem em casa, a não ser que não haja uma presença feminina.

[44] «Os homens não querem que as mulheres possam gerir o dinheiro para manterem o poder. Eu não quero uma mulher que tenha mais poder do que eu» (grupo de jovens, Bafatá).

em relação à origem do dinheiro[45] ou, ainda, minimizando as capacidades de reflexão e gestão das mulheres, vistas como seres menores no que respeita à tomada de decisão, pelo que precisam de "aconselhamento".[46] No entanto, na prática, as mulheres acabam por gerir o dinheiro, muitas vezes em segredo:

> As mulheres têm liberdade para gerir o dinheiro, porque não é o homem que trabalha. Mesmo que mostre o dinheiro ao homem para ele contar, guarda sempre uma parte para ela para pôr na *abota*,[47] mesmo que o homem não queira. Ele pode até pedir emprestado, mas há quem não mostre a ninguém o seu dinheiro (grupo de mulheres, Bubaque).

As relações hierárquicas entre os sexos no casamento começam a ser questionadas, sobretudo pelos jovens, com várias referências à necessidade de os casais se organizarem de forma mais horizontal na gestão do dinheiro e da casa.[48]

O reverso da medalha das transformações sociais encontra-se muitas vezes nas práticas de violência contra as mulheres, sobretudo no contexto familiar. A violência doméstica é justificada como forma de castigo ou método de educação das mulheres e crianças, proveniente da ideia de que o homem como chefe da família tem direito a impor as regras na casa, mesmo que seja necessário recorrer à força. Os atos violentos são frequentemente justificados como uma reação a uma outra atitude das mulheres, considerada pelos homens como agressão contra eles próprios. É que, muitas vezes, elas não

---

[45] «A mulher até pode gerir, mas o problema é que se o homem não sabe de onde vem dinheiro pode bater-lhe» (grupo de homens, Bubaque). «O problema é saber como e de onde vem o dinheiro. Pode ser a preocupação do homem. A mulher também deve procurar saber de onde vem o dinheiro do homem, mas não muito. As mulheres ficam contentes se vem dinheiro, não vão perguntar de onde ele vem» (grupo de jovens, Bafatá.)

[46] «A mulher pode gerir o dinheiro mas também pode pedir ao marido, pode ter dinheiro mas não deve gastá-lo de qualquer forma. Há mulheres que não fazem nada sem autorização, mas para evitar isso, deve-se negociar tudo logo no início do casamento» (grupo de mulheres, Bafatá). «A mulher investe o dinheiro na casa de acordo com a sua consciência, sem obrigação, mas deve ter a orientação do homem» (rapazes no grupo de jovens, Bafatá).

[47] Sistema de poupanças coletivo e rotativo.

[48] «Quando homem e mulher trabalham, gerem em conjunto, nenhum pode usar como quiser» (grupo de jovens, Bissau). «Se o homem não mostra [o dinheiro], então a mulher também não deve mostrar» (grupo de jovens, Bissau).

foram "suficientemente boas", "não fizeram tudo o que deviam", o que leva à utilização da violência como uma forma de sanção contra as mulheres se elas se recusam ou falham a desempenhar os papéis que lhes são atribuídos no discurso (ainda) dominante de género[49] ou, ainda, como uma reação provocada pela frustração dos homens.[50]

Mas o que parece preocupar mais as mulheres e jovens não é tanto a violência física, mas sobretudo a desresponsabilização dos homens face às suas obrigações familiares, o abandono, o desprezo e o corte de prestações económicas à família.

## 4. Conjugalidades em transformação e violências diretas

A análise de dois tipos de violência direta ou interpessoal que mais afetam as raparigas guineenses atualmente – o casamento forçado e as retaliações derivadas da sua recusa, bem como a violência entre namorados – reclama também a análise de dinâmicas mais vastas que marcam muitas sociedades africanas contemporâneas. Referimo-nos à autonomização da sexualidade das raparigas e à influência dos ideais de amor romântico, aspetos que estão de certa forma relacionados.

De acordo com vários autores, muitas práticas de conjugalidade inscrevem-se em lógicas de retribuição material, como o pagamento do dote, que garante ao esposo a exclusividade dos direitos sobre a sexualidade e, nas sociedades patrilineares, sobre a descendência do casal. Atualmente, e sobretudo em contextos urbanos, assiste-se a uma individualização e apropriação das recompensas materiais das prestações sexuais por parte de muitas raparigas em detrimento do coletivo do parentesco (Wade, 2008: 105). Este fenómeno suscita tensões não só face às gerações mais velhas, mas também entre os jovens rapazes e algumas raparigas. A sexualidade das jovens mulheres e as acusações de que são alvo (ver ponto 2.) ilustram

---

[49] «Quando mulheres reivindicam direitos, os homens batem, mas elas não podem bater porque não têm força» (grupo de mulheres, Catió). «Se a mulher não tratar bem o homem, não está certo. Há que ter paciência, o homem sai do trabalho cansado. A mulher tem que ter paciência, ter roupa, comida para tratar, para fazer bem» (grupo de jovens, Bubaque). «Muitas vezes a mulher não conhece o seu lugar no casamento, por isso o homem bate. A mulher não deve desafiar o homem. Se ela não se porta bem, bater é uma forma de educar para mostrar o que fazer» (grupo de homens, Quinhamel).
[50] «A mulher é massacrada em todo o lado. A pobreza leva o homem a sentir-se frustrado, não encontra nada» (grupo de homens, Quinhamel).

as tensões suscitadas pela perda de controlo da sexualidade juvenil: «perder o controlo sobre a sexualidade dos jovens é perder o controlo da reprodução social» (Smith, 2001: 104).

Defendemos que a crescente informalidade das relações e o que muitos autores designam como "sexo transacional"[51] devem ser interpretados à luz de transformações socioeconómicas e culturais abrangentes, nas quais as jovens raparigas assumem um papel de relevo enquanto atores dotados de *agência* – capacidade de se posicionar num determinado contexto tendo em vista a prossecução de determinados fins. No entanto, esse contexto não é por elas determinado nem escolhido e nele encontram vários "aliados" que são inúmeras vezes ocultados ou invisibilizados aquando da "guerra de sexos" e da condenação moral de que estas raparigas são alvo.

As motivações associadas ao sexo transacional são múltiplas, dependendo das circunstâncias específicas de cada situação. Pode tratar-se de casos de procura de meios de subsistência e de oportunidades de emprego (num contexto de pauperização e escassez de oportunidades de alcançar meios de outro modo), de formas de responder a necessidades de bens de consumo para aceder a determinado "capital simbólico" considerado essencial para adquirir um estatuto "moderno" (telemóveis, roupa e acessórios de moda, por exemplo) (Leclerc-Madlala, 2003), ou tratar-se mesmo de estratégias de posicionamento no campo matrimonial (Wade, 2008). De referir igualmente é a pressão, ou pelo menos a conivência, implícita de muitos familiares perante estas práticas, patente por exemplo na aceitação de dinheiro para as despesas do agregado ou da própria rapariga, não averiguando a sua origem[52] (ENDA, 2009: 15-16); casos há em que essa forma de pressão

---

[51] É importante distinguir sexo transacional de prostituição. Apesar de em ambos os casos se tratar de relações não conjugais e frequentemente com múltiplos parceiros, que se caracterizam pela oferta de bens ou dinheiro, o sexo transacional difere marcadamente da prostituição de modo bem definido: os participantes são construídos como "namoradas" e "namorados" e não como "prostitutas" e "clientes", e a troca de recompensas por sexo insere-se num conjunto mais vasto de obrigações que pode não envolver um pagamento predeterminado nem automático no tempo (Hunter, 2002: 100-101).

[52] Uma das motivações para o sexo transacional referidas na literatura sobre sexo transacional por parte de raparigas em vários países africanos diz respeito à necessidade que têm de dinheiro para pagar as propinas escolares e os materiais didáticos (Chatterji *et al.*, 2004). Fruto muitas vezes da ambivalência dos pais face à educação das raparigas e também da escassez de recursos, as raparigas procuram elas próprias os meios para financiarem os estudos, envolvendo-se com

é exercida por namorados sem posses que acabam por usufruir dos recursos das suas companheiras (*idem*: 32).

De acordo com Mark Hunter, há três fatores que permitem compreender a generalização de práticas de sexo transacional – quer com homens mais velhos, quer com rapazes do mesmo grupo etário das raparigas. O primeiro está associado à posição económica privilegiada dos homens, derivada do seu acesso a segmentos mais lucrativos da economia formal e informal, bem como a recursos como a propriedade imobiliária, constituindo as desigualdades no acesso a bens uma base material que favorece esse tipo de práticas sexuais. Um segundo fator tem que ver com os discursos masculinos que valorizam o facto de os homens terem múltiplas parceiras sexuais – correspondendo, no contexto guineense, ao modelo *matchu* já acima descrito. Um último fator radica na agência das próprias mulheres: estas não são vítimas passivas, dado encararem o sexo transacional como uma via de aceder ao poder e a recursos de procedimento que podem desafiar (adiando ou mesmo prescindindo do casamento, por exemplo) ou reproduzir estruturas patriarcais (Hunter, 2002: 101).

De facto, por vezes as práticas de sexo transacional surgem para muitas raparigas como forma de aceder a contactos e redes sociais que de outra forma seriam para elas inatingíveis. Este tipo de relações constituiria assim um elemento de relações patrão-cliente, que, longe de serem uma categoria de relações sexuais separadas do resto da vida sexual, podem ser encaradas apenas como uma outra faceta de uma dinâmica social mais profunda pela qual aqueles que têm recursos os transformam em relações com dependentes, constituindo estas relações

> apenas uma forma de um sistema complexo de segurança social que mitiga a incerteza do risco ao unir patrões e clientes – ao nível de qualquer estrato social, e em muitas das atividades da vida – numa rede de laços sustentada por uma moral ética de redistribuição e reciprocidade (Swidler e Watkins, 2006: 21).

Muitas vezes, trata-se de dinâmicas autoalimentadas, no sentido em que este tipo de relações conduz com frequência a gravidezes não desejadas e a uma perpetuação do sexo transacional para aquisição de meios

homens que as apoiam. Frequentemente, porém, uma tal opção resulta em gravidez precoce que leva à interrupção da escolarização feminina (Bledsoe, 2005 [1990]).

destinados a fazer face a um não reconhecimento *de jure* e, sobretudo, *de facto* da paternidade, concretizado na ausência de apoio financeiro – fenómeno que é bastante corrente (Ringsted, 2004), nomeadamente em centros urbanos (Varga, 2003).

As leituras que frequentemente se fazem do sexo transacional pecam, no entanto, por excluírem a questão dos afetos e das emoções da sua análise[53] (Thomas e Cole, 2009: 9). O sexo transacional não implica ausência de afetos: a oferta de presentes ou de dinheiro constitui muitas vezes uma expressão dos afetos e uma relação social, e não uma forma de pagamento. O dinheiro ou os bens seriam assim coconstitutivos e expressivos dos afetos (Cornwall, 2002; Thomas e Cole, 2009: 20). Noutros casos, a forma como o sexo transacional é interpretado pelas raparigas é, em si mesma, expressão de uma postura em relação aos afetos, de uma desconfiança estrutural em relação aos homens e da sua capitalização para a prossecução de um percurso que pretendem que seja o mais autónomo possível.[54]

Outra dinâmica que, a par do sexo transacional, se torna cada vez mais visível nos discursos e nas práticas de jovens africanos, e de raparigas guineenses em particular, consiste na valorização dos ideais de amor romântico e do direito de escolher o parceiro e marido. Apesar de não ser algo recente as novas gerações quererem distinguir-se das anteriores por uma maior valorização da paixão, embora assumam que ao longo da vida do indivíduo as idealizações juvenis das relações sejam passíveis de alteração, parece-nos que se verifica cada vez mais uma maior adesão ao amor romântico e ao ideal de companheirismo entre os jovens. A proliferação de referências globais subjacentes a conceções locais de amor – tal como telenovelas, filmes indianos e europeus, a doutrina cristã, a produção musical em português e crioulo sobre essa temática, em que os média desempenham um importante papel[55] – faz com que o amor constitua uma prática de um

---

[53] Facto que teima em perpetuar uma tradição de ausência de análise do amor na antropologia e história africanistas que está gradualmente a ser superada (Thomas e Cole, 2009: 6-8).
[54] Num artigo sobre a situação de jovens raparigas de baixos rendimentos nas duas principais cidades do Gana (Acra e Kumasi) era amplamente partilhado pelas raparigas entrevistadas o pressuposto de que não se pode confiar num homem e que, por isso, uma relação com ele tem de ser financeiramente compensadora, senão não valeria a pena estar com alguém (Ampofo, 1997).
[55] Como refere Brian Larkin, à medida que mais pessoas através do mundo encaram o seu próprio mundo através de prismas de vidas possíveis oferecidas pelos média, a imaginação constrói uma realidade social importante e a fantasia torna-se uma prática social que entra de

estilo cultural visto pelos jovens como "moderno", que estabelece diferenças marcantes face às gerações mais velhas, à tradição e mesmo à aldeia; «o amor torna-se assim um elemento de distinção, cuja presença ou ausência apoia dicotomias localmente produzidas sob o nome de "modernidade"» (Bordonaro, 2006: 152-154) e que são, no fundo, formas de contestação do poder face às gerações mais velhas, mas também tentativas de reformular relações de género por forma a torná-las mais igualitárias.

## 4.1. A crescente recusa do casamento forçado

Na Guiné-Bissau, 16 anos é a idade mínima oficialmente estipulada para o casamento, através do qual se pode atingir a emancipação, apesar de a maioridade legal ser atingida aos 18 anos. No entanto, embora tendam a diminuir,[56] existem vários casos de casamento abaixo da idade legal. As práticas variam bastante, uma vez que, para diferentes grupos socioculturais, a rapariga está pronta para casar a partir do momento em que atinge a puberdade.

Chama-se casamento arranjado àquele em que a noiva não tem um papel preponderante na escolha do seu marido, e algumas vezes nem o próprio, e que resulta de um arranjo entre famílias. Em alguma literatura confunde-se repetidamente casamento arranjado, precoce – abaixo da idade legal – e forçado.[57] Nas entrevistas, surgem sobretudo as expressões "dar em casamento" ou "casamento dado/arranjado" que não implicam necessariamente práticas violentas ou a utilização da força – trata-se simplesmente da forma como o casamento foi encarado e praticado por vários grupos socioculturais.

---

múltiplas formas na produção da vida quotidiana (Larkin, 1997). Também Elaine Salo refere as dificuldades de controlo, por parte das gerações mais velhas, das influências externas a que as raparigas estão sujeitas através dos média: «As jovens raparigas podiam ver os seus programas favoritos na televisão à tarde e ao início da noite, nas suas salas de estar, permanecendo no interior de espaços domésticos considerados próprios para o sexo feminino. Porém, as mensagens que esses programas transmitiam sobre romance, sexualidade e relações heterossexuais, bem como as discussões das raparigas acerca destas questões, transformavam esses locais domésticos em espaços híbridos de transgressão, nos quais emergiam novas ideias e práticas de novas identidades femininas divergentes» (Salo, 2003: 356).

[56] Segundo os *Censos 2009*, a idade média do primeiro casamento para as raparigas é de 18,7, enquanto para os rapazes é de 24,7.

[57] A noção de casamento forçado implica a expressão de recusa por parte da noiva ou do noivo em aceitar o casamento. No entanto, como muitas vezes nem sequer há consciência da possibilidade de negar tal cerimónia ou então existe muito medo em fazê-lo, torna-se difícil entender o verdadeiro alcance deste tipo de práticas.

É de referir, assim, que nem todas as raparigas veem como necessariamente negativo o casamento arranjado.

O motivo da inclusão deste tema no presente capítulo está relacionado com o facto de haver cada vez mais raparigas a recusar e a fugir destes casamentos, normalmente, mas não necessariamente, com homens bastante mais velhos. Falamos por isso de casamento forçado quando existe recusa por parte da noiva ou não existe sequer possibilidade de recusa para as jovens.

O casamento forçado não é um tipo de violência em si; é uma prática que incorpora diferentes tipos de violência: física, sexual, psicológica, contra a autonomia da pessoa (Roque e Negrão, 2009: 16). Esta prática ocorre sobretudo na adolescência. Quando se fala em casamento forçado ou arranjado, tal significa que falamos muitas vezes de práticas que vão da exploração da rapariga, na casa do marido, pela família e pelo próprio, à violação sexual. Quando as raparigas fogem ou se negam, são submetidas a humilhações e castigos físicos que podem até acabar em morte.

Esta prática afeta sobretudo as raparigas mas, em alguns casos, também pode afetar os homens. Apesar de os casos mais notórios e que mais destaque têm tido na imprensa serem de meninas Balantas, esta não é a única etnia que mantém este tipo de práticas. Na realidade, a prática do casamento forçado deve ser vista num contexto geral em que as famílias exercem pressão e têm ainda muita influência na decisão do casamento, mesmo na sociedade crioula, ainda que não se chegue ao ponto de forçar fisicamente alguém a casar. Apesar de algumas diferenças nas tradições étnicas, parecem ser os fatores ruralidade, isolamento e fechamento relativos da comunidade, ou ainda religioso, os que mais determinam os acontecimentos e não necessariamente o critério étnico.

> Dar casamento em Bissau é difícil, mas tem tribo que ainda dá. Aqui em Bissau, os muçulmanos; no interior, os Balantas também dão casamento. Mas casamento agora, em Bissau, cada um arranja o seu (grupo de mulheres, Bissau).

> Casamento forçado hoje é difícil, só mesmo nas *tabancas*; hoje as raparigas fogem (grupo de mulheres, Bafatá).

São vários os fatores que contribuem para a manutenção desta prática. Entre estes figuram: a manutenção do grupo e da sua identidade, constituindo os casamentos elementos cruciais na construção de alianças entre linhagens; o controlo da sexualidade e das mulheres, representando o casamento precoce uma forma de proteger a respeitabilidade da rapariga (por ir virgem para o casamento ou pelo menos impedir uma gravidez precoce), possibilitando uma maior submissão das raparigas jovens no seio da família e a manutenção da hierarquia, visto permitir que os homens as "formem";[58] a manutenção de um sistema económico, que passa não só pelo pagamento de um determinado valor, em bens, pela família do noivo à família da rapariga (pelos encargos na formação desta e pelo trabalho produtivo e reprodutivo que prestará à família do marido), mas também pela própria libertação da família da rapariga dos encargos na sua subsistência;[59] e, por fim, o rejuvenescimento e valorização do homem, já que o casamento com raparigas muito mais jovens funciona também como uma forma de "renovar o sangue".

Contudo, o grau de aceitação deste tipo de práticas parece dos mais fracos em relação ao de outras, sendo a clivagem geracional até considerada mais importante do que a do sexo. Assiste-se a uma recusa crescente tanto por parte das raparigas, chegando a pôr em risco as suas próprias vidas, como também por parte dos jovens rapazes:

Se eu for forçada a casar, vou a esse casamento mas não cumpro as minhas obrigações até o homem desistir (rapariga, grupo de jovens, Cachungo).

Eu, como homem, se perceber que ela não me quer, vou deixá-la ir (rapaz, grupo de jovens, Canchungo).

No tempo das nossas avós era cultura, mas agora não é admissível. Há leis, mas não são cumpridas. Casamento forçado não é cultura, é abuso (grupo de jovens, Quinhamel).

---

[58] «O casamento arranjado existe porque rapariga pode engravidar ou porque engravida» (grupo de homens, Catió). «Casamento forçado existe porque se o pai esperar que a rapariga seja maior, ela pode engravidar e depois tem que a sustentar e é mais difícil ganhar algo com ela» (grupo de jovens, Bissorã). «Se não é virgem, não é valorizada. Em Gabu, a família do homem não respeita uma mulher que não é virgem» (grupo de mulheres, Gabu). «Os velhos escolhem as raparigas que se comportem, que não sejam escandalosas» (grupo de mulheres, Bafatá). «Homens preferem menores para poderem formá-las» (grupo de mulheres, Gabu).

[59] «Há ainda casamento forçado. Isso acontece mais na entrada da chuva para ter mão-de-obra para trabalhar na *bolanha*; tanto Balantas como Mandingas praticam: as mulheres são quem faz todo o trabalho» (grupo de mulheres, Bissorã). «Existe casamento forçado por causa das condições económicas, para a família beneficiar de alguma coisa» (grupo de homens, Bafatá).

Esta recusa, marcante na alteração do comportamento dos jovens, radica em vários processos, dos quais importa destacar dois fatores: a degradação das condições económicas e o surgimento de novos tipos de relacionamento menos formais em que as regras já não são necessariamente ditadas pela família, apesar do descontentamento dos mais velhos. Semelhantes atitudes evidenciam uma maior autonomia dos jovens que chamam a si a responsabilidade de estabelecer as suas próprias estratégias de sobrevivência e de satisfação emocional. A própria difusão dos ideais de amor romântico, com os quais os jovens crescentemente se identificam, faz com que a ideia de casar com alguém sem amor comece a ser para eles cada vez menos aceitável:

> Casamento é amor, agora; mas antes não era assim; agora já não acontece na cidade casamento forçado, porque meninas fogem, querem ir à escola. Cada um busca a sua felicidade (grupo de jovens, Bissau).

> Eu não estou de acordo. O pai não deve dar alguém em casamento. A rapariga deve escolher alguém que quer e gosta. Namora com ele para saber, para conhecer, é normal (rapariga, Buba).

Além das transformações económicas, da autonomização sexual das raparigas e dos jovens em geral, sem esquecer os ideais do amor romântico, o próprio reconhecimento por vários dos entrevistados das consequências negativas do casamento forçado, nomeadamente a criação de tensões nas famílias, contribui de forma determinante para um recuar progressivo desta prática.

### 4.2 Violência entre namorados

A violência entre casais é normalmente analisada em relação a uniões formalizadas, quer do ponto de vista oficial, quer tradicional. Mas, a par disso, é necessário analisar o uso da violência nas relações de namoro, dada a generalização do namoro e da violência no seu seio. Esta é muitas vezes legitimada por uma noção de transação que se tem destas relações, ou por uma maior visibilidade da necessidade de recompensas materiais para a rapariga, por oposição às relações "tradicionais", apesar de estas assentarem no mesmo fator de troca; contudo, as novas relações são vistas sob um prisma de respeitabilidade e aceitação social diferente. A violência parece surgir também porque, não raramente, as raparigas assumem em certos casos um papel mais ativo de reivindicação, de afirmação. Neste sentido, não é invulgar a contestação por parte de alguns rapazes do significado de amor. Apesar de os ideais românticos estarem associados a um contacto crescente com os média e a um menor controlo social, alguns rapazes remetem o amor para a ruralidade e para uma era passada, referindo a sua raridade ainda atual em meios urbanos como crítica às reivindicações femininas de apoio material no âmbito de relações amorosas.[60] Tal postura demonstra que o pressuposto generalizado que associa tradição a pessoas mais velhas, opondo-as aos jovens, é bastante simplista, já que os jovens também fazem uso do passado, idealizando-o por vezes face às suas circunstâncias atuais. Como referem Whyte *et al.* (2008: 12), «tanto para os jovens como para os mais velhos, a tradição consiste em ler o passado e o presente nos termos um do outro, mas fazem-no a partir de posições diferentes e com propósitos distintos».

As violências nas relações de namoro podem passar pela violência física, psicológica, sexual, incluindo a própria exploração sexual, mas também, muito frequentemente, pela coerção e limitação da liberdade, pelo controlo da forma de vestir, das saídas, entre outros aspetos. Os comportamentos violentos contra as raparigas foram justificados, nas entrevistas, com base em vários argumentos. Um deles consiste na acusação de que "as raparigas são interesseiras", o que constitui em si mesmo uma violência dado criar-se na sociedade um estereótipo negativo muito forte sobre as raparigas, uma espécie de estigma, em que elas são vistas como o oposto e a degeneração das "mulheres sérias de antigamente". Outro fator apontado remete para a precariedade das condições económicas e a impossibilidade de os rapazes cumprirem as suas "obrigações de homem", de contribuir para o sustento e embelezamento das raparigas, levando-os frequentemente a reagir de forma violenta quando confrontados com as solicitações das raparigas:

> A violência aumenta nas quadras festivas, porque as raparigas pedem coisas e até podem pedir a outros rapazes; e aí os namorados batem porque não têm meios nem emprego (grupo de jovens, Bafatá).

---

[60] «Antes aqui era amor verdadeiro... mas agora não sei o que é que entrou na cabeça das nossas mulheres. Amor existe mas é mais no interior do país. Aqui em Bissau é um pouco difícil. Aqui, a garina, se não tiveres dinheiro, mesmo se ela quer andar contigo, a família dela não vai achar bem. Então há gente que tem de roubar para agradar às raparigas» (entrevista com jovem guineense, 28 anos, 2008).

Por fim, a própria aceitação da violência por parte das raparigas contribui para a normalização desses comportamentos nas relações entre namorados. A socialização da rapariga em relações onde o ciúme e o controlo são vistos como demonstração de amor e interesse faz com que ela, muitas vezes, não veja a agressão e o controlo como violência:

Não está certo bater nas raparigas, mas a rapariga que está habituada a isso na sua casa não vê mal em que o rapaz lhe bata (grupo de jovens, Gabu).

As raparigas até ficam contentes com a violência, mostra algum interesse. Há raparigas que gostam de apanhar... Muitas vezes a autoridade até intervém e a rapariga não quer queixar, depende da educação de cada um em casa, aquilo a que está acostumado em casa (grupo de jovens, Bafatá).

Normalmente, as raparigas são consideradas culpadas por "tentarem" os homens, sendo a resposta destes por vezes violenta mas considerada normal e inevitável:

A mulher deve vestir roupas completas, mesmo que não sejam grandes e largas; pelo menos, não deve usar *cintura baixo* porque isso atrai os jovens, é provocação (grupo de jovens, Bafatá).

Muitas vezes os rapazes não podem controlar: são as mulheres que provocam para ter filhos (grupo de jovens, Buba).

Raparigas de agora é só para provocar. Uma mulher quando tem filhos não pode usar *cintura baixo*. Quando é casada deve tapar o cabelo, usar roupa grande, se não vai provocar outros na estrada (grupo de jovens, Quinhamel).

A aceitação destas práticas é muito forte nos dois sexos e em todas as faixas etárias, culpando-se, quase sempre, a rapariga pela situação de violência. Como agravante deste contexto social, foi também referido nas entrevistas que a polícia recusa frequentemente lidar com casos de violência entre namorados.[61]

---

[61] «Aqui em Bissau, se o levares [referindo-se ao namorado] à polícia, mesmo se gostarem um do outro, e a polícia lhe metesse medo, dizendo-lhe "não lhe faças isso, esta gosta de ti. No dia que lhe bateres, se ela te voltar a trazer aqui, vamos-te prender"... Mas a polícia diz

## Conclusões

Visamos, com o nosso estudo, refletir sobre a inter-relação de diferentes expressões de violência que afetam as raparigas na Guiné-Bissau numa densa encruzilhada de dinâmicas de reprodução e transformação social no que respeita aos contratos de género e intergeracionais dominantes.

Os exemplos de violência direta que explorámos (casamento forçado e violência entre namorados) são produto tanto da recusa dos modelos e práticas "tradicionais" como da adesão dos jovens a novas práticas e ideais de feminilidade e de relações amorosas e familiares, cuja legitimação assenta em discursos conotados com a modernidade. Tal como defendem Bordonaro e Carvalho: «é enquanto conceito reivindicativo e ideologia de aspiração que a modernidade pode ainda ser heuristicamente útil para a nossa compreensão de África hoje» (2010: 13).

O uso estratégico que as raparigas podem fazer do contrato de género dominante e das definições de masculinidade, em que o sexo é considerado fator de virilidade, constitui um elemento de divisão e conflito entre os jovens de ambos os sexos e entre estes e os mais velhos – homens e mulheres. A preponderância dos estereótipos negativos sobre as raparigas explica-se por um desafio duplo das normas de género e das normas intergeracionais, desencadeando uma espécie de "aliança" contingente entre rapazes e mais velhos na preservação, ou elogio nostálgico, das tradições. Contingente no sentido em que a defesa das "tradições" bem como a sua recusa são usadas de forma instrumental, conforme a posição de poder que se pretende defender face aos interesses específicos e situados de cada ator.

Perante a escassez de investigação sobre jovens raparigas e violência de género na Guiné-Bissau, julgamos existirem ainda matérias que merecem exploração e/ou aprofundamento no futuro. Parece-nos pertinente realizar investigação que permita superar a invisibilidade atual das raparigas em várias áreas temáticas, de forma a incluir iniciativas económicas, políticas e sociais, bem como as dimensões culturais e religiosas da existência diária das jovens mulheres, por forma a explorar como é que necessidades, aspirações e percursos de vida são esboçados e cumpridos, no âmbito ou nas margens do «contrato de género dominante» (Vasconcelos, 2010), através de abordagens centradas nos discursos e perspetivas das próprias

logo que não, que eles não resolvem problemas de namorados» (entrevista com grupo de raparigas, Bissau, 2009.)

raparigas. Além disso, seria relevante investir em análises comparativas sobre este tema, quer no que diz respeito às especificidades de contextos urbanos ou rurais, quer no que se refere aos distintos grupos étnicos, ao papel das diferentes religiões (incluindo o aprofundamento da dimensão espiritual), quer ainda num mais amplo espaço geográfico relativamente a outros países.

## REFERÊNCIAS BIBLIOGRÁFICAS

ABOIM, Sofia (2008), "Masculinidades na encruzilhada: hegemonia, dominação e hibridismo em Maputo", *Análise Social*, 43(2): 273-295.

AMÂNCIO, Lígia (2003), "Género: Representações e Identidades", *Sociologia. Problemas e Práticas*, 14: 127-140.

AMPOFO, Akosua Adomako (1997), "Costs and rewards. Exchange in relationships: experiences of some Ghanaian women", *in* Eva Evers Rosander (org.), *Transforming female identities. Women's organizational forms in West Africa*. Uppsala: Nordiska Affrikainstitutet, pp. 177-196.

ANTOINE, Philippe e PILON, Marc (1998), "La polygamie en Afrique: quoi de neuf ? – La chronique du CEPED", Janvier-Mars 1998, Centre Français sur la Population et le Développement [disponível em linha em: <http://www.ceped.ined.fr/acivie/publi/chroni28.htm>].

ARGENTI, Nicolas (2007), *The Intestines of the State. Youth, Violence and Belated Histories in the Cameroon Grassfields*. Chicago; London: The University of Chicago Press.

BAKARE-YUSUF, Bibi (2004), "'Yorubas Don't Do Gender': A Critical Review of Oyeronke Oyewumi's *The Invention of Women: Making an African Sense of Western Gender Discourses*", *in* Signe Arnfred *et al.* (orgs.), *African gender scholarship: concepts, methodologies and paradigms*. Dakar: CODESRIA, pp. 61-81.

BARKER, Gary e RICARDO, Christine (2005), "Young Men and the Construction of Masculinity in Sub-Saharan Africa: Implications for HIV/AIDS, Conflict, and Violence", *World Bank Social Development Papers*, 26 [disponível em linha em: <http://www-wds.worldbank.org/external/default/main?pagePK=64193027&piPK=64187937&theSitePK=523679&menuPK=64187510&searchMenuPK=64187283&siteName=WDS&entityID=000012009_20050623134235>].

BLEDSOE, Caroline (2005 [1990]), "School Fees and the Marriage Process for Mende Girls in Sierra Leone", *in* Andrea Cornwall (org.), *Readings in Gender in Africa*. Oxford: James Currey, pp. 81-89.

BORDONARO, Lorenzo (2006), *Living at the margins. Youth and modernity in the Bijagó islands (Guinea-Bissau)*, tese de doutoramento em Antropologia, Lisboa, ISCTE.

BORDONARO, Lorenzo e CARVALHO, Clara (2010), "Introduction: Youth and Modernity in Africa", *Cadernos de Estudos Africanos*, 18/19: 9-18.

BORGES, Manuela (2007), "Educação e Género: Assimetrias e discriminação na escolarização feminina em Bissau", *in* Inocência Mata e Laura Cavalcante Padilha (orgs.), *A mulher em África. Vozes de uma margem sempre presente*. Lisboa: Colibri, pp. 73-88.

BOURDIEU, Pierre (1977), "Sur le pouvoir symbolique", *Annales. Economies, Sociétés, Civilisations*, 32(3): 405-411.

BOURDIEU, Pierre (1999), *A dominação masculina*. Oeiras: Celta.

BOURDIEU, Pierre (2002 [1998]), *La domination masculine*, Paris: Éditions du Seuil.

CABRAL, Amílcar (1974 [1969]), *PAIGC: Unidade e Luta*. Lisboa: Nova Aurora.

CARDOSO, Leonardo (2003), "Sistemas de herança entre os Papeis, Manjacos e Mancanhas", *Soronda Revista de Estudos Guineenses*, 6. Bissau: INEP.

CARDOSO, Leonardo; CÂMARA, Samba Tenem e INDJAI, Bucar (2007), *Relatório do Estudo*. S.l.: Plan International e INEP.

CARREIRA, António (1951), "A poligamia entre os grupos étnicos da Guiné Portuguesa", *Boletim Cultural da Guiné Portuguesa*, VI(24): 929-946.

CATTELL, Maria G. (2007), "Gender, age and power: hierarchy and liminality among Abaluyia women of Kenya and their implications for development", *in* Mario I. Aguilar (org.), *Rethinking age in Africa: colonial, post-colonial and contemporary interpretations of cultural representations*. Trenton, NJ; Asmara, Eritreia: Africa World Press.

CHABAL, Patrick (1996), "The African crisis: context and interpretation", *in* Richard Werbner e Terence Ranger (orgs.), *Postcolonial identities*. Atlantic Highlands, NJ: Zed Books, pp. 29-54.

CHABAL, Patrick (2002), "Lusophone Africa in Historical and Comparative Perspective", *in* Patrick Chabal (org.), *A History of postcolonial Lusophone Africa*. London: Hurst, pp. 3-134.

CHANT, Sylvia e JONES, Gareth A. (2005), "Youth, Gender and Livelihoods in West Africa: Perspectives from Ghana and The Gambia", *Children's Geographies*, 3(2): 185-199.

CHATTERJI, Minki; MURRAY, Nancy; LONDON, David e ANGLEWICZ, Philip (2004), *The factors influencing transactional sex among young men and women in 12 sub-saharan African countries*, POLICY Project [disponível em linha em: <http://www.policyproject.com/BySeries.cfm/CRT>].

Có, João (coord.) (2006), *Abuso e a Exploração Sexual de Menores na Guiné-Bissau*. Bissau: IMC/UNICEF [disponível em linha em: <http://www.unicef.org/wcaro/Countries_2346.html>].

COQUERY-VIDROVITCH, Catherine (2007), "Des femmes colonisées aux femmes de l'indépendance", *in* Thérèse Loch (org.), *Genre et sociétés en Afrique: implications pour le développement*. Paris: Institut National d'Études Démographiques, pp. 69-99.

CORNWALL, Andrea (2002), "Spending Power: Love, Money, and the Reconfiguration of Gender Relations in Ado-Odo, Southwestern Nigeria", *American Ethnologist*, 29(4): 963-980.

DOMINGUES, Maria Manuela A. Borges (2000), *Estratégias femininas entre as bideiras de Bissau*, tese de doutoramento em Antropologia Cultural e Social, Lisboa, Universidade Nova de Lisboa.

DONHAM, Donald (2006), "Staring at suffering: violence as a subject", *in* Edna G. Bay e Donald Donham (orgs.), *States of Violence. Politics, Youth and Memory in Contemporary Africa*. Carlottesville, VA; London: University of Virginia Press, pp. 16-33.

ENDA (2009), *Cartografia das Trabalhadoras do Sexo*. Bissau: ENDA.

GALLI, Rosemary E. e FUNK, Ursula (1994), "O ajustamento estrutural e género na Guiné-Bissau", *Revista Internacional de Estudos Africanos*, 16-17 (1992-1994): 235-254.

GALTUNG, Johan (1996), *Peace by peaceful means. Peace and Conflict. Development and Civilization*. Oslo: International Peace Research Institute.

GRASSI, Marzia (2003), *Rabidantes – comércio espontâneo transnacional em Cabo Verde*. Lisboa: Imprensa de Ciências Sociais.

HANDEM, Diana (1986), *Nature et fonctionnement du pouvoir chez les Balanta Brassa*. Bissau: INEP.

HESSELING, Gerti e LOCOH, Thérèse (1997), "Introduction au thème: Femmes, pouvoir, sociétés", *Politique Africaine, éditon spéciale: L'Afrique des Femmes*, 65: 3-20.

HONWANA, Alcinda (2000), "Innocents et coupables. Les enfants-soldats comme acteurs tactiques", *Politique Africaine* 80, pp. 58-78.

HUNTER, Mark (2002), "The materiality of everyday sex: thinking beyond 'prostitution'", *African Studies*, 61(1): 99-120.

IMAM, Ayesha (1997), "Engendering African Social Sciences: An Introductory Essay", *in* Ayesha Imam, Amina Mana e Fatou Sow (orgs.), *Engendering African Social Sciences*. Dakar: CODESRIA, pp. 1-30.

IMBALI, Faustino e CARDOSO, Carlos (1996), "A Família", *in* António Isaac Monteiro (coord.), *O Programa de Ajustamento Estrutural na Guiné-Bissau. Análise dos Efeitos Sócio-Económicos*. Bissau: INEP.

KIMMEL, Michael (2005,), "Masculinity and Gun Violence: The Personal Meets the Political", *Men, Women and Gun Violence: Options for Action*, UN Second Biennial Meeting of States, New York, 14/07/2005.

KOPYTOFF, Igor (2005), "Women's roles and existential identities", *in* Oyěwùmí Oyèrónké (org.), *African gender studies: a reader.* New York; Hampshire, UK: Palgrave Macmillan, pp. 127-144.

LARKIN, Brian (1997), "Indian Films and Nigerian Lovers: Media and the Creation of Parallel Modernities", *Africa*, 67(3): 406-440.

LECLERC-MADLALA, Suzanne (2003), "Transactional sex and the pursuit of modernity", *Social Dynamics* 29(2): 213-233.

LOURENÇO-LINDELL, Ilda (2002), *Walking the tight rope. Informal livelihoods and social networks in a West African city*, tese de doutoramento, Estocolmo, Departamento de Geografia Humana, Universidade de Estocolmo.

MAMDANI, Mahmood (1996), *Citizen and Subject. Contemporary Africa and the Legacy of Late Colonialism.* Princeton: Princeton University Press.

MANÉ, Fodé (2004), "A mulher e a criança no sistema jurídico guineense", *Soronda Revista de Estudos Guineenses*, Nova série 8: 29-51.

MICS (2006), *Guinée-Bissau: Enquête par Grappes à Indicateurs Multiples.* Bissau: Ministère de l'Économie – Secrétariat d'État du Plan et à l'Intégration Régionale [disponível em linha em: <www.childinfo.org/files/MICS3_GuineaBissau_FinalReport_2006_Fr.pdf>].

MIESCHER, Stephan e LINDSAY, Lisa A. (2003), "Introduction: Men and Masculinities in Modern African History", *in* S. Miescher e L. Lindsay (orgs.), *Men and Masculinities in Modern Africa.* Portsmouth, NH: Heinemann, pp. 1-29.

MONTEIRO, H. e MARTINS, G. (1996), "Os efeitos do PAE no sector da educação", *in* António Isaac Monteiro (coord.), *O Programa de Ajustamento Estrutural na Guiné-Bissau. Análise dos Efeitos Sócio-Económicos.* Bissau. INEP, pp. 177-202.

MOORE, Henrietta L. (1994), *A passion for difference: essays in anthropology and gender.* Cambridge: Polity.

MOURA, Tatiana; ROQUE, Sílvia; ARAÚJO, Sara; RAFAEL, Mónica e SANTOS, Rita (2009), "Invisibilidades da guerra e da paz: Violências contra as mulheres na Guiné-Bissau, em Moçambique e em Angola", *Revista Crítica de Ciências Sociais*, 86: 95-122.

NASSUM, Musna (2007), *Relatório de Estudo sobre a Violência Doméstica na Guiné--Bissau*, Bissau: RENLUV.

OKOME, Mojúbàolú Olúfúnké (2001), "African Women and Power : Reflections on the Perils of Unwarranted Cosmopolitanism", *Jenda: A journal of Culture and African Women Studies*, 1(1).

OMS (2010), "Life tables for WHO Member States", Geneva, World Health Organization [disponível em linha em: <http://apps.who.int/ghodata/?vid=720>, acedido a 5/01/2011].

OYĚWÙMÍ, Oyèrónké (2002), "Conceptualising Gender: The Eurocentric Foundations of Feminist Concepts and the Challenge of African Epistemologies", *Jenda: A journal of Culture and African Women Studies*, 2(1).

PADOVANI, Fernando (1991), "O Programa de Ajustamento Estrutural na Guiné--Bissau e a discussão de um modelo", *Soronda. Revista de Estudos Guineenses* 11: 55-64.

PNUD (2006), *Rapport national sur le développement humain en Guinée-Bissau 2006: Réformer les politiques pour atteindre les objectifs du millénaire pour le développement en Guinée-Bissau.* Bissau: PNUD [disponível em linha em: <http://planipolis. iiep.unesco.org/upload/Guinea%20Bissau/Guinea%20Bissau%20HDR.pdf>].

PRINCE, Ruth (2006), "Popular music and Luo youth in Western Kenya. Ambiguities of modernity, morality and gender relations in the era of AIDS", *in* Catrine Christiansen, Mats Utas e Henrik E. Vigh (orgs.), *Navigating Youth, Generating Adulthood. Social Becoming in an African Context.* Uppsala: Nordiska Afrikainstitutet, pp. 117-152.

RINGSTED, Mette (2004), "Growing up pregnant: events of kinship in everyday life", *African Sociological Review*, 8(1): 100-117.

ROBBEN, Antonius (2008), "Response to Nancy Scheper-Hughes", *Social Anthropology*, 16(1): 87-89.

ROQUE, Sílvia e NEGRÃO, Sara (2009), *Mulheres e violências. Combater as violências: propostas para a Guiné-Bissau.* Lisboa: IMVF.

ROQUE, Sílvia (2010), *Violências contra mulheres na Guiné-Bissau: uma análise de percepções e de regras sociais de sexo e seu papel na legitimação da violência.* Bissau: PNUD/ FNUAP Guiné-Bissau.

SALO, Elaine (2003), "Negotiating Gender and Personhood in the New South Africa: Adolescent Women and Gangsters in Manenberg Township on the Cape Flats", *European Journal of Cultural Studies*, 6(3): 345-365.

SANTOS, Boaventura Sousa (2003), "O Estado heterogéneo e o pluralismo jurídico", *in* B. Santos e J. Trindade (orgs.), *Conflito e transformação social: uma paisagem das justiças em Moçambique.* Porto: Afrontamento.

SCHEPER-HUGHES, Nancy e BOURGOIS, Philippe (2004), *Violence in war and peace, an anthology.* Malden: Blackwell.

SCHLYTER, Ann (1999), *Recycled inequalities: youth and gender in George Compound, Zambia*, Research report no. 114. Uppsala: Nordiska Affrikainstitutet.

SMITH, Daniel Jordan (2001), "'These girls today Na War-o': Premarital sexuality and Modern Identity in Southeastern Nigeria", *Africa Today*, 47(3-4): 98-120.

SPIKE-PETERSON, V. (1992), "Transgressing Boundaries: Theories of Knowledge, Gender and International Relations", *Millennium Journal of International Studies*, 21(2): 183-206.

SWIDLER, Ann e WATKINS, Susan C. (2006), "Ties of Dependence: AIDS and Transactional Sex in Rural Malawi", *On-Line Working Paper Series*, California Center for Population Research, UC Los Angeles [disponível em linha em: <http://escholarship.org/uc/item/7jp020nm>, acedido a 15/12/2010].

TEMUDO, Marina Padrão (2009), "From the margins of the State to the presidential palace: the Balanta case in Guinea-Bissau", *African Studies Review*, 52(2): 47-67.

TICKNER, J. Ann (2005), "What is your research program? Some feminist answers to International Relations Methodological Questions", *International Studies Quarterly*, 49: 1-21.

THOMAS, Lynn M. e COLE, Jennifer (2009), "Thinking through Love in Africa", *in* Jennifer Cole e Lynn M. Thomas (orgs.), *Love in Africa*. Chicago; London: The University of Chicago Press, pp. 1-30.

UTAS, Mats, (2005) "Victimcy, girlfriending, soldiering: tactic agency in a young woman's social navigation of the Liberian war zone", *Anthropological Quarterly*, 78(2): 403-430.

VARGA, Christine A. (2003), "How gender roles influence sexual and reproductive health among South African adolescents", *Studies in Family Planning*, 34(3): 160-172.

VASCONCELOS, Joana (2010), "The double marginalisation: reflections on young women and the youth crisis in Africa", comunicação apresentada no 7º Congresso Ibérico de Estudos Africanos, 9 a 11 de setembro, ISCTE, Lisboa.

VIGH, Henrik (2006), *Navigating terrains of war: youth soldiering in Guinea-Bissau*. Oxford: Berghahn Books.

WADE, Kodou (2008), *Sexualité et fécondité dans la grande ville africaine. Le cas de Ouakam*. Paris: L'Harmattan.

WHYTE, Susan Reynolds; ALBER, Erdmute e VAN DER GEEST, Sjaak (2008), "Generational connections and conflicts in Africa: an introduction", *in* Erdmute Alber, Sjaak van der Geest, Susan Reynolds Whyte (orgs.), *Generations in Africa. Connections and conflicts*. Berlin; Hamburg; Münster: LIT, pp. 1-23.

3ª PARTE

# CONCLUSÕES

# DOS ATORES ÀS TRAJETÓRIAS: DESAFIOS DE UMA ANÁLISE CENTRADA NA "NORMALIDADE" DAS VIOLÊNCIAS

*Sílvia Roque*
*Katia Cardoso*

O projeto que deu forma a este livro surgiu e desenhou-se em torno de um aparente paradoxo da distribuição e da intensidade das manifestações da violência coletiva juvenil registadas em dois contextos urbanos: a emergência de grupos violentos na Praia contrastava com a aparentemente tímida ou inexistente presença deste tipo de associação em Bissau. A intenção de identificarmos com rigor os motivos que levavam a capital de um "país-modelo" africano a sobrepor-se em matéria de violência juvenil a Bissau, capital de um país politicamente instável, levou-nos a percorrer várias hipóteses. Estaremos apenas perante um problema de visibilidade diferenciada? Aquela surpreendente diferença de níveis de violência juvenil será expressão de um olhar concentrado numa parte demasiado restrita da realidade da violência, demasiado centrada nos seus atores – grupos de jovens – que descura outras das suas configurações macro e microssociais (como a violência política ou a violência sexual)?

Uma resposta sólida a estas questões e, mais do que tudo, à necessidade de, a montante delas, identificar as trajetórias de reprodução da violência nos dois contextos juvenis assinalados implica que a tónica de análise seja não a juventude (ator) e a sua responsabilização ou vitimização mas, sim, uma abordagem que, partindo dos jovens enquanto potenciais vítimas e agressores, examine processos mais vastos e complexos, trajetórias de reprodução (ou não) da violência. Nesse sentido, foi nossa preocupação que os capítulos deste livro tentassem dar conta das limitações de uma perspetiva única, unívoca e restrita das causas e das trajetórias da violência ou da não-violência juvenil. Não se apresentam aqui relações simples de causa-efeito.

No entanto, não podemos deixar de aqui salientar aquelas que são, no nosso entender, as principais linhas de reflexão sobre as causas e trajetórias de (não) mobilização coletiva violenta dos jovens que emergem dos diferentes textos e que permitem, até certo ponto, diferenciar as duas realidades estudadas. Reforçamos a ideia, frequentemente ignorada do ponto de vista político, de que contam mais as desigualdades e a exclusão do que a pobreza extrema e generalizada para explicar reações violentas. Assim, mais do que resultado da procura de bens materiais a todo o custo, a violência surge associada a uma procura de bens simbólicos, de possibilidades de existência social. Defendemos que o sentimento de marginalização e de desvalorização social numa sociedade mais desigual e com menos mecanismos de controlo social e de acomodação a um destino social parece favorecer a consolidação de fenómenos de violência coletiva juvenil (manifesto no caso da Praia); enquanto a ausência generalizada de possibilidades e as baixas expectativas em relação à alteração social e política, bem como a fraca recompensa simbólica da violência coletiva (o que não impede, no entanto, o exercício da violência no âmbito dito privado) encaminham os jovens para percursos de alienação, cooptação – pelos esquemas dominantes de aquisição de bens e estatuto – ou desesperança, muitas vezes confundida com apatia (como vimos no caso de Bissau). Recusámos, neste projeto, considerar a não participação dos jovens em grupos ou atividades violentas como um "não-facto". Parece-nos essencial precisar que as dificuldades de existência social não provocam necessariamente reações violentas e que a maior parte dos jovens assume comportamentos não violentos, podendo as razões dessa não-violência situar-se na eficácia do controlo social exercido por diferentes formas de institucionalidade, desde a família à polícia, as quais empregam também elas níveis e formas de violência variáveis, que podem mesmo chegar à repressão policial, militar, política.

Entendemos colocar o foco da nossa análise não nos "jovens" violentos ou problemáticos mas, sim, na "normalidade" ou "normalização" das violências, quer tendo em conta os contextos históricos, políticos, económicos e culturais distintos e o seu estatuto social, quer procurando inserir esta análise num quadro mais vasto de temas das Relações Internacionais e dos Estudos para a Paz. Esta última aspiração insere-se numa preocupação mais ampla de contrariar a imagem recorrente das periferias ou das margens do sistema internacional, nomeadamente o continente africano, como uma fonte de "problemas" globais. Para as narrativas dominantes na literatura mais recente de Relações Internacionais, as periferias são lugares em que imperariam "ameaças" como o subdesenvolvimento crónico e a corrupção, os conflitos armados e os refugiados, ou ainda os chamados Estados "falhados" ou o terrorismo, mas também, cada vez mais, lugares em que se multiplicam os jovens descontentes e ávidos de recursos, dispostos a qualquer negócio, inerentemente perigosos, que deveriam ser alvo de estratégias de contenção. Se há uma preocupação comum e transversal a todos os capítulos deste livro, ela consiste na diferenciação entre as ameaças e perigos imaginados e as inseguranças reais do quotidiano e no consequente questionamento da representação social e mediática da violência juvenil e do "jovem violento". Esta perspetiva não está isenta de desafios conceptuais, metodológicos e políticos que devem ser, pelo menos, enunciados.

Um primeiro desafio consiste em *não transformar uma análise da "normalidade" ou da "normalização" da violência em reforço da sua naturalização e aceitação social e política*. Se, por um lado, pretendemos enfatizar o papel da violência estrutural e simbólica na disseminação da violência direta, por outro lado, há que evitar ao mesmo tempo a reificação da violência como «inerente aos pobres e excluídos» (Bourgois, 2001). A difícil mediação entre a violência estrutural e a violência direta, o papel do agente face à estrutura, a problemática da reprodução da violência por quem também a sofre são questões que exigem permanente reflexão e discussão académica e estão longe de suscitar consensos. Julgamos, por isso, útil uma análise que procure centrar-se em processos (e não "fatores") de mediação que evitem o estabelecimento de relações mecânicas, que evidenciem espirais ou mimetismos, que revelem as formas como os indivíduos experienciam e exprimem a violência política, económica ou institucional no seu quotidiano e como interagem e reagem ao exercício do poder por parte dos atores dominantes.

Uma análise das violências baseada numa perspetiva crítica e emancipatória, como aquela que defendemos, tem como objetivo último a mudança social, mas não escapa ao medo da culpabilização dos excluídos que leva, muitas vezes, a outro extremo: a busca permanente e pouco crítica do politicamente correto, dos "bons exemplos" e das "boas práticas". Não aderimos a este tipo de opção mas estamos conscientes da necessidade de ir mais além na análise e formulação de propostas de ação e reação. E isto relaciona-se com um segundo desafio: *enfrentar a progressiva despolitização e consequente deslegitimação e criminalização da violência*. A violência não considerada como guerra é quase automaticamente vista como criminal, como é o caso da existência de *gangs* juvenis. Outras vezes, a noção de violência política é substituída pela de violência social (Moser e Rogers, 2005). Num tempo em que as reações às desigualdades e à marginalização bem como aos modelos estandardizados de normalização das entidades políticas e sociais se revelam cada vez mais atomizadas e aparentemente menos politizadas, é necessário repensar o significado e as possibilidades da resistência e recusar a estreiteza de definição do que pode ser considerado político (Scott *apud* Schouten, 2009). A diferenciação entre violência social e política é, em nosso entender, artificial. A desesperança, a resignação ou a revolta aparentemente esvaziada de propostas de mudança dos jovens não deixam de ser resultado e expressão de processos políticos.

Um último desafio é *uma compreensão exigente desta realidade que permita superar a tentação dominante de a ler segundo grelhas que sacralizam a internalização das causas e atores da violência e a externalização das respostas*. Não é possível ignorar o papel das políticas e instituições internacionais na manutenção e acentuação dos processos de diferenciação e desigualdade ao nível global. Processos esses que, por um lado, produzem exclusão e exercem violência contra boa parte da humanidade e, por outro, geram, muitas vezes, fenómenos de violência direta significativos. A violência é frequentemente vista, neste sentido, como produto do fracasso das entidades políticas nacionais (ou "locais") na regulação da mesma, ou seja, como uma falha na governação (*bad* ou *poor governance*). As propostas de resolução dos problemas "das periferias" que advêm desta perspetiva só podem assentar na indiferença quanto à necessidade de transformação de estruturas de desigualdade, sejam elas de cariz cultural e social ou económico, ao nível nacional como internacional. Estas respostas baseiam-se num conjunto de prescrições com vista à liberalização económica e à globalização de um modelo particular de governação interna (Paris, 2004). Atuam sobretudo através da aplicação de receitas repetidas *ad nauseam* com os objetivos da "construção" ou "consolidação da paz" – *peacebuilding* – ou ainda da "construção" ou "consolidação dos Estados" – *statebuilding*. São ingredientes invariáveis destas receitas: a abertura económica dos países periféricos, o credo da iniciativa privada, da privatização e da austeridade; a transferência das funções de proteção social para as redes formais e informais fora do Estado; a replicação de instituições formais e aparentemente funcionais de Estados; e uma democracia de baixa intensidade (Pureza *et al.*, 2007; Sogge, 2010). Embora estas propostas surjam sobretudo mencionadas para fazer face às situações dos países pós-guerra, como tem sido o caso da Guiné-Bissau, ela vai muito além disso e aplica-se também aos países considerados em paz, como poderemos ver pelo caso de Cabo Verde, através da insistência na despolitização e burocratização da política (Bickerton, 2009) e no esvaziamento das funções sociais do Estado. Trata-se, para alguns, de um conjunto de mecanismos de controlo e reprodução de estruturas de poder ao nível internacional, que assume a dimensão securitária dos Estados e das organizações internacionais como prioridade e que se baseia na regulação de populações marginais e julgadas como ameaças, cujo princípio dominante é o do controlo e normalização das periferias (Duffield, 2001; Duffield e Wadell, 2006). Para outros, assistimos ao desenvolvimento de um "império em negação", que se baseia na regulação das periferias, não por interesses imperiais clássicos, mas por via da negação da responsabilidade dos países e grupos centrais no que aí acontece, por via da não clarificação dos interesses e da ausência de estratégias claras de intervenção que, mais do que uma lógica assumida de controlo e da dominação, reforçam um simulacro de ordenação e de segurança (Chandler, 2006; 2007).

## REFERÊNCIAS BIBLIOGRÁFICAS

Bickerton, Chris J. (2009), "State-building: Exporting State Failure", in *Arena Journal*, 32: 101-123.

Bourgois, Philippe (2001), "The Power of Violence in War and Peace Post-Cold War Lessons from El Salvador", *Ethnography*, 2: 5-34.

Chandler, David (2006), *Empire in Denial: The Politics of State-Building*. London: Pluto Press.

Chandler, David (2007), "The security–development nexus and the rise of 'anti--foreign policy'", *Journal of International Relations and Development*, 10: 362-386.

Duffield, Mark (2001), *Global governance and the new wars, the merging of development and security*. London/New York: Zed Books.

Duffield, Mark e Waddell, Nicholas (2006), "Securing Humans in a Dangerous World", *International Politics* 43(1): 1-23.

Moser, Caroline e Rogers, Dennis (2005), "Change, Violence and Insecurity in Non-Conflict Situations", *Working Paper 245*. London: Overseas Development Institute.

Paris, Roland (2004), *At War's End, Building Peace after Civil Conflict*. New York: Cambridge University Press.

Pureza, José Manuel; Roque, Sílvia; Cravo, Teresa e Rafael, Mónica (2007), "Do States Fail or Are They Pushed? Lessons Learned From Three Former Portuguese Colonies", *Oficina do CES,* 273. Coimbra: Centro de Estudos Sociais.

Schouten, P. (2009), "Theory Talk 38: James Scott on Agriculture as Politics, the Danger of Standardization and Not Being Governed", Theory Talks [disponível em linha em: <http://www.theorytalks.org/2010/05/theory-talk-38.html> consultado em 15/05/2010].

Sogge, David (2010), "Global Interventionism, Security and Development: a Critical Approach", comunicação apresentada na Escola de Verão Intervencionismo Global: críticas e resistências, Coimbra, Faculdade de Economia.

# ANEXOS

# FICHA TÉCNICA

QUESTIONÁRIO SOBRE ANÁLISE SITUACIONAL DA VIOLÊNCIA NA PRAIA E EM BISSAU

**I. Equipa responsável**: Márcio Segundo (Instituto Promundo, Brasil), Sílvia Roque e Katia Cardoso (Centro de Estudos Sociais, Portugal).

**II. Objetivos**: Conhecimento da análise situacional da violência na Praia e em Bissau, com base num questionário constituído por vários indicadores agrupados em doze secções de perguntas: Características do(a) entrevistado(a); Escala sobre equidade de género; Pessoa masculina e feminina de referência do(a) entrevistado(a) até aos 18 anos; Presença de parceria; Grupo de amigos; Com quem vive e perguntas sobre a família; Situação dos bairros; Uso de alguma substância; Abordagem Policial; Armas de fogo; Bairro em que vivem e *Self Efficacy*.

**III. Metodologia**: A definição da amostra e da estrutura do questionário teve por base a realização prévia de entrevistas prévias a atores-chave nas duas cidades em estudo: polícias, coordenadores de ONG, jovens, etc.

## 1. Na Cidade da Praia, Cabo Verde

O objetivo inicial era aplicar os inquéritos nas escolas e nos bairros, escolhidos com base na sua identificação nos meios de comunicação social e nos relatos da polícia. Tendo em conta que os inquéritos tiveram que ser aplicados durante o período de férias escolares, por dificuldade de conciliação da agenda da equipa do projeto, optou-se por uma metodologia diferente, isto é, fazer os inquéritos exclusivamente nos bairros, inquirindo jovens estudantes (148) e não estudantes (17). Ou seja, a divisão entre os dois grupos na prática acabou por ser norteada pelo binómio "estudante/não estudante" em vez de "escola/bairro". No entanto, consideramos que esta alteração não teve interferência nos resultados – a nosso ver não seriam substancialmente diferentes caso os inquéritos fossem aplicados nos recintos escolares –, uma vez que a maioria dos estudantes inquiridos reside nas áreas circundantes às escolas, nos bairros onde essas escolas ficam localizadas.

## 2. Em Bissau, Guiné-Bissau

O objetivo inicial era aplicar os inquéritos em bairros mais centrais e outros mais periféricos que associassem também a perceção de insegurança por parte da população, bairros vistos como "perigosos". Também fazia parte do objetivo que as entrevistas nos bairros fossem feitas a jovens não estudantes. No entanto, este objetivo não foi alcançado por dois motivos: 1) alguns inquiridores não entenderam este objetivo; 2) alguns inquiridores optaram por fazer inquéritos com públicos "mais acessíveis", argumentando que as pessoas sem escolarização se recusavam a responder ou não entendiam o propósito nem o conteúdo do inquérito. Pensamos que teria sido mais proveitoso ter feito apenas inquéritos nas escolas, delimitando ainda mais a amostra, já que se prova que não há grandes diferenças entre os inquéritos feitos nos bairros e nas escolas e que sendo muito poucos os realizados nas escolas, perde a expressividade toda a parte de perguntas sobre violência na escola.

**IV. Amostra e recolha de dados**: Foram realizados 365 inquéritos no total.

## 1. Na Cidade da Praia, Cabo Verde

Os inquéritos foram aplicados entre os dias 27 de julho e 2 de agosto de 2008, a 165 jovens cabo-verdianos entre os 14 e os 25 anos, estudantes [(a) nas seguintes escolas secundárias: Liceu Achada Grande; Liceu Cónego Jacinto; Liceu Domingos Ramos; Liceu Palmarejo, Escola Técnica Cesaltina Ramos e (b) nos seguintes estabelecimentos de ensino superior: Universidade Jean Piaget; Instituto Superior de Educação e Instituto Pedagógico] e não estudantes (residentes nos bairros seguintes: Achada de Santo António, Achada Grande, Achadinha, Meio da Achada, Calabaceira, Palmarejo). A definição da amostra foi inicialmente orientada pelos seguintes elementos:

- População de jovens entre 14 e 25 anos: cerca de 110 mil (Instituto Nacional de Estatísticas, 2003);
- Percentagem de jovens residentes na Praia: 15% = 16 500 jovens;
- 1% do número de jovens = Total a ser inquirido: 165 jovens;
- Percentagem dos jovens que estudam: 90%;
- Número de jovens inquiridos nos liceus: 90% de 165 = 148 jovens;
- Número de pessoas entrevistadas nos bairros: 10% de 165 = 17 jovens.

Os inquéritos foram aplicados por sete inquiridores (cinco inquiridoras e dois inquiridores), alguns dos quais já tinham experiência anterior de participação em inquéritos, nomeadamente, do Instituto Nacional de Estatísticas (INE) e de outros estudos. A preparação dos inquiridores consistiu no conhecimento e análise das perguntas dos inquéritos e no esclarecimento de dúvidas. Foi coordenada pela investigadora responsável pelo estudo de caso sobre a cidade da Praia, Katia Cardoso, pelo consultor do projeto, Leão de Pina, e pelo investigador, Orlando Borja. Antes da aplicação dos inquéritos foi realizado um pré-teste. A distribuição dos inquéritos foi feita da seguinte forma: quatro dos inquiridores aplicaram 24 inquéritos (21 a jovens estudantes e 3 a jovens não estudantes) e três aplicaram 23 inquéritos cada. Desses três inquiridores, um interrogou exclusivamente jovens estudantes, sendo que os outros dois interrogaram 21 estudantes e 2 não estudantes e 20 estudantes e 3 não estudantes, respetivamente. Seis dos inquiridores aplicaram os inquéritos em duplas nos bairros maiores, e um deles ficou com a responsabilidade de um único bairro. Cada inquiridor fez uma média de sete inquéritos por dia. Foram interrogados mais jovens do sexo masculino. Das cinco inquiridoras só uma inquiriu mais raparigas do que rapazes. Dos dois inquiridores, um questionou mais rapazes e o outro, mais raparigas.

## 2. Em Bissau, Guiné Bissau

Os inquéritos foram aplicados entre os dias 14 de abril e 30 de maio de 2008 a 200 jovens habitantes de Bissau, entre os 14 e os 25 anos:

(a) Estudantes nas seguintes escolas secundárias: Liceu Dr. Agostinho Neto, Liceu João XXI, Liceu Nacional Kwame N'Krumah;

(b) Estudantes nos seguintes estabelecimentos de ensino superior: Universidade Amílcar Cabral e Universidade Colinas do Boé;

(c) Jovens residentes nos bairros seguintes: Bairro Militar, Bairro de Quelele, Bairro de Reno, Bairro do Cupilum, Bairro de Cuntum, Bairro de Afia.

Devido à inexistência de dados no momento da realização dos inquéritos, baseámo-nos em estimativas grosseiras para a definição da amostra, que foi orientada pelos seguintes elementos:

- Segundo o Ministério da Educação (GIPASE) no ano 2005/2006 encontravam-se inscritos no ensino secundário em Bissau (7º a 11º ano) 35 923 alunos (sendo 20 282, homens e 15 641, mulheres).
- Segundo o MICS – Multiple Indicator Cluster Survey 2006 (da Secretaria de Estado do Plano), a percentagem de jovens entre 13 e 17 anos a frequentar o ensino secundário, em Bissau, era de 16,5%, sendo de 16,8% para rapazes e 16,2% para raparigas.

Assumindo, como ponto de partida que existem cerca de 200 mil jovens em Bissau entre os 14 e os 25 anos, a amostra seria de 1%, ou seja, 200 inquéritos. Sendo 16% realizados em liceus e os restantes nos bairros, a jovens que não estudam. Assim sendo, definiu-se que, dos 200 inquéritos:

- 32 seriam realizados em liceus: divididos em 3 liceus (10, 11 e 11 cada), a 6 estudantes de cada classe/ano, excepto 11ª em que seriam 8. Em cada classe, 3 raparigas e 3 rapazes, excepto na 11ª, em que seriam 4 raparigas e 4 rapazes.
- 168 seriam realizados nos bairros: com jovens entre 14 e 25 anos, que não estejam a estudar, divididos pelos Bairros: Militar, Cuntum, Reno, Afia, Quelele, Cupilum. Em cada um dos bairros foram realizados 28 inquéritos, sendo sempre metade rapazes e metade raparigas e tentando equilibrar as diferentes faixas etárias.

Os inquéritos foram aplicados por cinco inquiridores (duas inquiridoras e três inquiridores), alguns dos quais já tinham experiência anterior de participação em inquéritos. Dois deles não tinham qualquer experiência e percebemos, mais tarde, que tinham muitas dificuldades de compreensão e interpretação de algumas questões, devido essencialmente à falta de domínio do português. A sua preparação consistiu em três fases:

- Sessão de leitura e compreensão dos inquéritos com esclarecimento de dúvidas e explicitação dos objetivos gerais do estudo. Foi coordenada pela investigadora responsável pelo estudo de caso sobre a cidade de Bissau, Sílvia Roque, e pelo investigador Alfredo Handem, do Instituto Nacional de Estudos e Pesquisas da Guiné-Bissau.
- Antes da aplicação dos inquéritos foi realizado um pré-teste com uma turma do Liceu Nacional, durante o qual surgiram algumas dificuldades e onde foi possível controlar algumas das incompreensões face ao inquérito.
- Análise de cerca de metade dos inquéritos já preenchidos, com os inquiridores, para preencher lacunas e, em alguns casos, apontar a necessidade de refazer alguns dos inquéritos.

A distribuição dos inquéritos foi feita entre os próprios inquiridores, optando por trabalhar em duplas, nos bairros e nas escolas. Todos os inquiridores realizaram inquéritos em bairros e em escolas. Não foi detetada nenhuma dificuldade ou enviesamento devido ao sexo dos inquiridores.